JOHN R. SEARLE

ZİHNİN YENİDEN KEŞFİ

Litera – 06

Zihin Felsefesi – 01

Zihnin Yeniden Keşfi, John R. Searle
The Rediscovery of the Mind
Çeviri: Muhittin Macit

Kapak Tasarım: Paralel Ajans
Baskı: Çınar Matbaacılık
Redakte: Ferruh Özpilavcı
Mizampaj: Abdulkadir Coşkun

Bu eserin yayın hakları Litera Yayıncılık tarafından MIT Press'ten alınmıştır.

ISBN 975- 6329–00–9

Copyright © Litera Yayıncılık Ltd. Şti.

İstanbul–2004

İcadiye-Bağlarbaşı Yolu 59/3 İcadiye 34674
Üsküdar-İstanbul
Tel: 0(216) 492 43 92–Fax: 0 (216) 341 59 92

JOHN R. SEARLE
ZİHNİN YENİDEN KEŞFİ

THE REDISCOVERY OF THE MIND

Çeviri: Muhittin MACİT

İçindekiler
Önsöz
Giriş

Birinci Bölüm
Zihin Felsefesinde Yanlış Olan Nedir? 13

İkinci Bölüm
Maddeciliğin Yakın Tarihi: Tekrar Tekrar Hep Aynı Hata 45

Üçüncü Bölüm
Etkiyi Kırmak: Silikon Beyinler, Bilinçli Robotlar ve Diğer
Zihinler 91

Dördüncü Bölüm
Bilinç ve Doğadaki Yeri 113

Beşinci Bölüm
İndirgemecilik ve Bilincin İndirgenemezliği 145

Altıncı Bölüm
Bilincin Yapısı: Giriş 163

Yedinci Bölüm
Bilinçdışı ve Bilinçle İlişkisi 191

Sekizinci Bölüm
Bilinç, Niyetlilik ve Arkaplan 217

Dokuzuncu Bölüm
Kognitif Aklın Eleştirisi 243

Onuncu Bölüm
Doğru İnceleme 278

Bibliyografya 301
Dizin 309

Önsöz

Birkaç yıllık bir zaman diliminde arkadaşlarla, öğrencilerle ve meslektaşlarımla bu kitap için düşünülen konular üzerinde yapmış olduğum tartışma ve konuşmalardan oldukça faydalandım. Onların hepsine burada ayrı ayrı teşekkür edebileceğimi zannetmiyorum ancak şu sayacağım isimler için özel olarak minnettarlığımı ifade etmek istiyorum. M. E. Aubert, John Batali, Catharine Carlin, Anthony Dardis, Hubert Dreyfus, Hana Filip, Jerry Fodor, Vinod Goel, Stevan Harnad, Jennifer Hudin, Paul Kube, Ernest Lepore, Elisabeth Lloyd, Kirk Ludwig, Thomas Nagel, Randal Parker, Joe'lle Proust, Irvin Rock, Charles Siewart, Melissa Vaughn ve Kayley Vernallis. Ancak bu isimler bana yardım eden insanlardan yalnızca bir kaçıdır. Bu düşünceleri sadece Berkeley üniversitesinde değil, ziyaretçi olarak bulunduğum Frankfurt, Venedik, Florence, Berlin ve Rutgers üniversitelerinde de ders olarak okuttum. Benim en iyi ve en şiddetli eleştirmenlerim arasında öğrencilerimde bulunmuştur ve ben onların acımasız şüpheciliklerini için teşekkür ediyorum. Bana yardım eden kurumlar arasında 'Akademik Senatosu Araştırma Komitesi'ne, 'California Üniversitesi Rektörlük Ofisi'ne, Berkeley ve özellikle İtalya Bellagio'daki 'Rockefeller Vakıf Merkezi'ne teşekkür etmek isterim. Bu kitapta kullanılan malzemenin bir kısmı ön hazırlık formunda başka yerlerde de yayınlanmıştı. Özellikle yedinci ve onuncu bölümleri kısmen 'Bilinç, Açıklayıcı Ters Çevirme ve Kognitif Bilim'[1], isimli makaleden geliştirilmiş ve dokuzun-

---

[1] Davranışsal ve Beyin Bilimleri, 1990.

cu bölüm de 1990 yılında Amerikan Felsefe Derneği'nde yaptığım başkanlık konuşmama dayandırılmıştır.

Özellikle taslak halindeki metni baştan sona okuyan ve birçok faydalı yorumlar yapan Ned Block'a minnettarlığımı sunarım. Sürekli yardım ve tavsiyelerini gördüğüm karım Dagmar Searle'e sonsuz şükranlarımı sunuyor, her zaman olduğu gibi benim en büyük entelektüel yardımcım, en güçlü cesaret ve ilham kaynağım olduğu için de bu eseri ona ithaf ediyorum.

Giriş

Bu kitabın birkaç hedefi vardır ki bunların bir kısmı çabucak özetlenmeye gelmez, ancak okuyucu ilerledikçe bunlar ortaya çıkacaktır. Kitabın en kolay ifade edilebilecek hedefleri ise şunlardır: Zihin araştırmalarında hem 'maddeci' (materyalist) hem de 'dualist' (ikici) hâkim gelenekleri eleştirmek ve onların üstesinden gelmek istiyorum. Bilinci, merkezî bir zihinsel görüngü olarak düşündüğüm için bu kavramı kendi şartları içinde ciddi olarak incelemeye başlamak istiyorum. Zihnin bir bilgisayar programı olduğunu kabul eden teorinin tabutuna son çiviyi çakmak istiyorum. Ve yine zihnin yeniden keşfi umudunu meşrulaştırabilecek şekilde zihinsel görüngüleri incelememizi yeni baştan şekillendirecek bazı önerilerde bulunmak istiyorum.

Yaklaşık yirmi yıl önce zihin felsefesi problemleri üzerinde çalışmaya başladım. Hem 'söz edimleri' teorim için bir temel sağlamak ve hem de teoriyi tamamlamak için niyetliliğin (intentionality) bir açıklamasına ihtiyaç duydum. Bana göre, dil felsefesi zihin felsefesinin bir dalı olduğu için, hiçbir dil teorisi zihin ve dil arasındaki ilişkilerin bir açıklaması yapılmadan ve de –dilsel öğelerin niyetliliğinden çıkarılan– anlamın, biyolojik olarak nasıl daha esaslı bir zihin/beyin niyetliliğinin asli temellerine oturtulacağı açıklanmadan tamam olamaz.

Standart yazarları okuyup da öğrencilerime onların görüşlerini açıklamaya çalıştığım zaman birkaç istisna dışında bu yazarların, benim zihin hakkında basit ve açık gerçekler diye kabul ettiğim düşünceleri düzenli olarak reddettiklerini keşfetmem beni dehşete düşürmüştü. O zamanlar ve hatta şimdi bile açıktan veya dolaylı olarak şu tür düşünceleri reddetmek oldukça yaygındı: Hepimiz içimizde öznel niteliksel bilinç durumlarına sahibiz ve biz yine özümüzde inançlar, istekler, niyetler ve algılar gibi niyetli (intentional) zihin durumlarına sahibiz. Hem bilinç hem de niyetlilik beyinde alt düzey sinirsel hücrelerin işlemleri ile belirlenen biyolojik süreçlerdir ve de başka bir şeye indirgenemezler. Dahası bilinç ve niyetlilik özü bakımından, 'bilinçdışı niyetli bir durumun yalnızca bilince erişebilirliği fikrine dayanarak anlaşılabileceğiyle bağlantılıdır.

O zaman ve şimdilerde bütün bunlar ve benzer diğer düşünceler yaygın görüşler tarafından reddedilmekteydi. Ortodoks ana akım 'maddeciliğin' farklı türlerinden oluşur. Benzer bir vehamet de -maddecilik karşıtı olanların genellikle bazı 'nitelikçi dualist' doktrinleri benimsemeleri sebebiyle- benim uzun süre önce güvenilemez olarak düşündüğüm kartezyen araçları kabul etmede yatar. O zaman[1] ileri sürdüğüm ve şimdi tekrarladığım düşünce şudur; bir kimse, dünyanın fiziksel özellikleri arasında, içsel-öznel niteliksel bilinç durumlarının ve esaslı niyetlilik gibi biyolojik görüngülerin bulunduğunu reddetmeksizin de onun apaçık olgularını kabul edebilir.

Benim zihin problemlerine olan ilgimin başladığı bu zamanlara yaklaşık bir zamanda yeni bir disiplin olan kognitif bilim ortaya çıktı. Kognitif bilim, zihnin kara kutusuna girmeyi ve onun içsel işleyişini incelemeyi iddia ettiği için, psikolojideki davranışçı geleneğe bir ara vereceği vaadinde bulunmuştu. Fakat ne yazık ki en önemli kognitif bilimciler, davranışçıların en kötü hatalarını basitçe tekrar ettiler. Onlar zihnin özsel niteliklerini görmezden gelerek sadece nesnel olarak gözlemlenebilir görüngüyü araştırmakta ısrar ettiler.

---

[1] Searle, 1984b.

Bu nedenle büyük kara kutuyu açtıkları zaman içeride yalnızca birçok küçük kara kutu buldular.

Araştırmalarımda hem zihin felsefesinin ve hem de kognitif bilimin ana akımlarından küçük yardımlar alabildiğim için kendi niyetlilik teorim ve bunun dil ile ilişkileri[1] hakkındaki açıklamalarımı geliştirme çabamı devam ettirdim. Ancak bir niyetlilik teorisi geliştirirken birçok ana problemi de tartışılmamış bırakıyorsunuz. Daha da kötüsü benim en yaygın olarak gördüğüm hatalar da cevaplanmamış olarak kalmıştı. Bu kitap en azından bu boşlukların bazılarını doldurmaya yönelik bir teşebbüstür.

Felsefenin en güç ve de en önemli görevlerinden biri herhangi bir gözlemciden bağımsız olarak varolması anlamında, dünyanın içkin nitelikleri ile yalnızca dışarıdan bir gözlemci veya kullanıcıya bağlı olarak varolabilme anlamında gözlemciye bağlı nitelikler arasındaki ayrımı açık etmektir. Örneğin bir nesnenin belirli bir kütlesi olması onun içkin özelliğidir. Biz hepimiz ölsek de nesne bu kütleye yine sahip olacaktır. Fakat bu nesnenin bir banyo küveti olması onun içkin bir niteliği değildir. Bu sadece ona küvet olma işlevini tahsis eden kullanıcı ya da gözlemciye görece olarak varolur. Nesne, hem kütleye sahip hem de bir küvet olmakla birlikte kütlesi olma, içkin bir durum iken küvet olma gözlemciye bağlıdır. Bu nedenle kütleyi kendi alanına dâhil eden bir doğa bilimi vardır ancak küvetlerin bir doğa bilimi yoktur.

Bu kitapta yer alan konulardan biri de zihin felsefesinde kullanılan içkin ve gözlemciye bağlı olma nitelikleri denen yüklemleri açıklığa kavuşturma çabasıdır. Zihin felsefesinde ve kognitif bilimde hâkim olan bir eğilim de hesaplamanın (computation) dünyanın içkin bir özelliği olduğunu ve bilinç ile niyetliliğin ister başka bir şey lehine ister ise hesaplama

---

[1] Searle, 1983.

gibi gözlemciye bağlı veya daha temel bir şeye indirgenebilir olmaları sebebiyle bir şekilde dışarıda tutulabileceğini varsaymaktadır. Bu kitapta bu varsayımların tamamen geride bırakılmış olduklarını ileri sürüyorum: Bilinç ve niyetlilik, içkin ve elimine edilemezdirler. Ve yine, bilinçli bir zihin tarafından fiilen gerçekleştirildiği birkaç vak'a dışında hesaplama gözlemciye bağlıdır.

Okuyucuya kitap hakkında yol göstermesi için kısa bir yol haritası şöyle sunulabilir: İlk üç bölüm zihin felsefesinde hâkim görüşlerin eleştirisini içermektedir. Bu bölümler hem dualizmin hem de maddeciliğin üstesinden gelme teşebbüsüdür ve maddeciliğe daha fazla dikkat gösterilmiştir. Bir keresinde kitabı, 'zihin felsefesinde yanlış olan nedir?' diye isimlendirmeyi düşündüm, fakat sonunda bu fikir ilk üç bölümün konuları ve de birinci bölümün ismi olarak şekillendi. Sonraki beş bölüm (4-8), bilince bir tanım getirme girişimi serisidir. Hem maddeciliğin hem de dualizmin ötesine bir kere geçince dünyanın geriye kalan kısmıyla ilişkilerde bilinci nereye yerleştireceğiz? (Bölüm 4). Bilimsel indirgemenin standart kalıplarına uygun olarak bilincin görünen indirgenemezliğini nasıl açıklayacağız? (Bölüm 5). En önemlisi, bilincin yapısal özellikleri nelerdir? (Bölüm 6). Bilinçdışı olan ile bunun bilinçle ilişkisini nasıl açıklarız? (Bölüm 7). Bilinç, niyetlilik ve dünyadaki bilinçli varlıklar olarak bizi işlevsel yapan arkaplan yetenekleri arasındaki ilişkiler nelerdir? (Bölüm8). Bu tartışmaların akışı içinde 'nitelikçi dualist', 'içebakışçılık' ve 'ıslah olmazlık' gibi değişik Kartezyen parolaların üstesinden gelmeye çalışıyorum fakat bu bölümlerdeki temel çabam eleştirel değildir. Bilinci genel dünya kavrayışımızın ve zihinsel hayatımızın geriye kalan kısmına yerleştirmeye çalışıyorum. 9. Bölüm kognitif bilimdeki hâkim paradigmaya benim eleştirel yaklaşımımı[1] içermekte ve son bölüm bu kadar açık yanlışlara düşmeden zihni nasıl inceleyeceğimiz konusunda bazı öneriler içermektedir.

Bu kitapta, diğer yazarların görüşleri hakkında kitaplarımdan herhangi birinde belki de bütün hepsinde söylediklerimden daha çok şey söylemeliyim. Bu durum beni olabildiğince asabileştiriyor. Zira onların beni yanlış anladığı kadar kötü bir şey de benim onları yanlış anlamamdır ve bu her zaman olası bir durumdur. İkinci bölüm bu açıdan benim en fazla başımı ağrıtan bölüm oldu ve ben sıkıcı bulduğum görüşler ailesinin tarafsız bir özetini vermek için elimden gelenin en iyisini yapmaya çalıştığımı söyleyebilirim. Göndermelere gelince; felsefi çocukluk dönemimde okuduğum kitaplar -Wittgenstein, Austin, Strawson, Ryle, Hare vb.'nin kitapları- diğer yazarlara ya hiç ya da çok az gönderme içerirler. Zannediyorum ki bilinç dışı olarak felsefi niteliğin bibliyografik göndermelerin sayısıyla ters orantılı olarak değiştiğine ve hiçbir büyük felsefi çalışmanın çokça dipnot içermeyeceğine inanır bir duruma geldim. Diğer yanlışları ne olur olsun Ryle'ın Zihin Kavramı kitabı bu açıdan bir modeldir ve hiçbir dipnot yoktur. Ancak şimdiki örnekte bibliyografik göndermelerden kaçış yoktur ve muhtemelen gönderme yapmadıklarımdan çok gönderme yaptıklarımdan dolayı yanlışlanacağım. Kitabın başlığı Bruno Snell'in 'Zihnin Keşfi' isimli klasiğine açık bir hürmettir. Bilinci yeniden keşfederken -ne Kartezyen yapaylığı ve ne de davranışçı taklidi, sadece gerçek olanı- zihni de yeniden keşfedebilir miyiz?

---

[1] Searle, 1980a ve b.

Birinci Bölüm

Zihin Felsefesinde Yanlış Olan Nedir?

I- Zihin-Beden Probleminin Çözümü ve Neden Birçok Kimsenin Bu Problemi Çözüme Tercih Etme Nedeni

İki bin yıl boyunca pek çok tartışmanın kaynağı olan meşhur zihin-beden probleminin basit bir çözümü vardır. Bu çözüm, beyin üzerinde ciddi çalışmaların yapılmaya başlandığı yaklaşık yüz yıl öncesinden bu yana herhangi bir eğitimli kişi tarafından elde edilebilir durumdadır ve bir anlamda hepimiz bunun doğru olduğunu biliriz. Çözüm şu: Zihinsel görüngüler beyindeki nörofizyolojik (sinir fizyolojisi) işlemlerin sonucudur ve bu işlemler bizatihi beynin özellikleridir. Bu görüşü bu alandaki diğer görüşlerden ayırdetmek için buna 'biyolojik nitelikçilik' diyeceğim. Zihinsel olaylar ve işlemler, sindirim, mitoz, mayoz veya enzim salgılama kadar bizim tabii biyolojik tarihimizin bir parçasıdır.

Biyolojik nitelikçilik kendine ait binlerce soruyu da beraberinde gündeme getirir. Nörofizyolojik süreçlerin karakteri tam olarak nedir ve nöroanatominin elementleri -nöronlar, snaptik yarıklar, alıcı sinirler (reseptörler), mitokondriler, taşıyıcı sıvılar vs.- zihinsel görüngüleri tam olarak nasıl üretirler? Ve bizim zihinsel hayatımızın -acılar, istekler, gıdıklanmalar, düşünceler, görsel deneyimler, inançlar, tatlar, kokular, endişe, korku, sevgi, nefret, depresyon ve sevinç- bu büyük çeşitliliğinde durum nasıldır? Nörofizyoloji, bizim hem bilinçli hem de bilinç dışı zihinsel görüngü alanımızı nasıl açıklar? Bu tür sorular sinir bilimlerinin konusunu oluşturmakta ve daha önce de yazdığım gibi, bu sorunlar kelimenin tam anlamıyla binlerce insan tarafından araştırılmaktadır.¹ Fakat bu tür soruların hepsi nörobiyolojik değildir. Bazıları felsefidir, bazıları fizyolojiktir bazıları da genel kognitif bilimin bir dalına aittir. Felsefi sorulara verilebilecek birkaç örnek şunlardır: Bilinç tam olarak nedir ve bilinçli zihinsel görüngü bilinç dışı olanla nasıl ilişki kurar? Bilinç, niyetlilik, öznellik ve zihinsel nedensellik gibi zihinsel durumların özellikleri nelerdir ve bunlar tam olarak nasıl işlerler? Zihinsel görüngüler ve fiziksel görüngüler arasındaki nedensellik ilişkileri nelerdir? Ve yangörüngücülüğün (epifenomenalizm) kaçındığı bir yöntemle bu nedensellik ilişkilerini nasıl nitelendirebiliriz?

Daha sonra bu soruların bazıları hakkında birşeyler söyleyeceğim, ancak bu noktada önemli bir gerçeğe dikkat çekmek istiyorum. Zihin-beden probleminin çözümünün herhangi bir eğitimli kişi için açık bir durum olabileceğini daha önce söyledim ancak günümüz felsefe ve kognitif bilimdeki birçok, belki de tüm uzmanlar bu çözümün hiç te açık bir çözüm olmadığını iddia etmektedirler. Gerçekte onlar benim önerdiğim çözümün doğru olduğunu bile düşünmezler. Eğer birileri son birkaç on yıl içinde zihin felsefesi alanındaki değişiklikleri gözden geçirirse, bu alanın bilinç ve niyetliliğin gerçekliği ve indirgenemezliği üzerinde ısrar eden küçük bir azınlık, ayrıca kendilerini 'nitelikçi dualistler' olarak kabul eden bir grup ve de kendilerini herhangi bir türden maddeci olarak kabul eden daha büyük bir ana akım tarafından işgal edildiği görülecektir. 'Nitelikçi dualistler' zihin-beden problemini korkunç derecede zor ve belki de bütünüyle çözülemez olarak görürler.² Maddeciler, eğer niyetlilik ve bilinç

---

¹ Veya en azından bu tür soruların ön hazırlıklarını incelemektedirler. Günümüz sinirbiliminin, örneğin bilincin nörofizyolojisini incelemeye bu denli az önem veriyor olması şaşırtıcıdır.

² Bu görüşün en ünlü savunucusu Thomas Nagel (1986)'dir, fakat ayrıca bkz., Colin McGinn (1991).

gerçekten var ise ve de fiziksel görüngüye indirgenebilir ise bu durumda, ortada zor bir zihin-beden problemi olduğu konusunda hemfikirdirler. Ancak onlar niyetliliği ve belki de bilinci 'doğallaştırma'yı umarlar. Zihinsel görüngüleri tabiileştirmekle, bunları fiziksel görüngülere indirgemeyi amaçlarlar. Onlar bilincin gerçekliğini ve indirgenemezliğini teslim etmenin kişiyi bir şekilde Kartezyenizm'e bağlayacağını düşünürler ve böyle bir görüşün bizim genel bilimsel dünya algımızla uyumlu bir görüş olduğunu anlamazlar.

Ben her iki tarafın da son derece yanılgı içinde olduğuna inanıyorum. Her ikisi de belirli bir kelime hazinesi ve bununla birlikte bir varsayımlar dizisi kabul eder. Ben kullanılan bu kelime hazinesinin ne kadar modası geçmiş olduğunu ve varsayımların ne kadar yanlış olduğunu göstermek niyetindeyim. Hem dualizm hem de monizmin yanlış olduğunu göstermek gerekir. Çünkü genelde varsayıldığı gibi, bu iki görüş, alanı tüketir ve geriye hiçbir seçenek bırakmazlar. Baskın görüş olduğundan dolayı tartışmalarımın çoğu maddeciliğin değişik şekilleri üzerinde olacaktır. Bugün dualizm, bilimsel dünya görüşü ile uyumlu olmadığı düşünüldüğünden hangi şekilde olursa olsun, genel olarak sorgulanmasına gerek olmayan bir görüngü olarak görülür.

Bu nedenle, bu bölümde ve gelecek bölümde ortaya koymak istediğim soru şudur; bizim entelektüel tarihimiz ve zihin-beden problemine ilişkin ortaya koyduğum oldukça basit noktaların anlaşılmasını zorlaştıran çevre nedir? Maddeciliği zihin felsefesine yegâne akılcı yaklaşım gibi gösteren şey nedir? Bu ve gelecek bölümler zihin felsefesinin şimdiki durumu hakkında olacaktır. Ve belki de bu bölümlerin başlığı 'Zihin felsefesinde maddeci geleneğin yanlışı nedir?' şeklinde olabilirdi.

Son elli yıllık perspektiften görüldüğü gibi zihin felsefesi, kognitif bilim ve belirli psikoloji dalları gibi oldukça dikkat çekici bir manzara sunmaktadır. En göze çarpan özellik, geçtiğimiz elli yıldaki zihin felsefesinin ana akımının ne oranda yanlış olduğunun apaçık görülmesidir. İnanıyorum ki, çağdaş analitik felsefenin bu derecede akla uygun olmadığı söylenen başka hiç bir alanı yoktur. Örneğin dil felsefesinde cümlelerin ve söz edimlerinin varlığını inkâr etmek bu derece ortak kabul görmüş bir şey değildir. Fakat zihin felsefesinde bizim hepimizin öznel bilinçli zihinsel durumlara sahip olduğumuz ve bu durumların başka bir şey lehine elimine edilemeyeceği gibi zihinsel olan hakkındaki apaçık olgular, alanın saygın düşünürlerinin birçoğu, belki de büyük bir çoğunluğu tarafından sürekli bir şekilde inkâr edilir.

Nasıl olur da birçok filozof ve kognitif bilimci, yanlış olduğu açıkça görülen, en azından bana öyle görünen bu kadar çok şeyi söyleyebiliyorlar. Felsefedeki aşırı görüşler neredeyse hep zekice olmuştur ve bu tür görüşlerin ileri sürülmesinde genelde çok derin ve güçlü nedenler bulunur. İnanıyorum ki, bu gün geçerli olan görüşler yığınının ardındaki ifade edilmemiş varsayımlardan biri, onların kendilerini geleneksel dualizmle birlikte giden anti bilimci ruhun ölümsüz olduğu inancına, ruhculuk (spiritüalizm) vb. görüşlere karşı kabul edilebilir yegâne bilimsel alternatif olarak sunmalarıdır. Revaçta olan bu görüşlerin kabul edilmesi, yegâne alternatiflermiş gibi görünmelerinin terörü ile motive edildiği kadar, kendi gerçeklerinin bağımsız bir kanaati tarafından motive edilmiş değildir. Yani zımnen sunduğumuz seçim, maddeciliğin revaçta olan versiyonlarından herhangi biri tarafından temsil edilen bir bilimsel yaklaşım ile kartezyenizm ya da zihnin diğer bir geleneksel dini kavrayışı tarafından temsil edilen bir anti bilimsel yaklaşım arasındadır. İlkiyle yakından ilişkili diğer garip bir olgu ise çoğu standart yazarın, geleneksel kelime hazinesi ve kategorilere derinden bağlı olmasıdır. Onlar gerçekten şunu düşünürler: 'dualizm', 'monizm', 'materyalizm', 'fizikalizm' vb. akımların arkaik kelime hazinelerinin bağlı olduğu az veya çok açık bazı anlamlar vardır ve meseleler bu anlamlara bağlı olarak ortaya konulup çözülmelidir. Onlar bu kelimeleri ne sıkılarak ne de ironi ile kullanırlar. Bu kitaptaki hedeflerimden bir tanesi de bu her iki varsayımın da yanlışlığını göstermektir. Doğru biçimde anlaşıldığında, modaya uygun güncel görüşlerin pek çoğu hem kendi deneyimlerimizden hem de özel bilimlerden elde ettiğimiz dünya hakkındaki bilgiyle uyumsuzdur. Hepimiz doğru olarak bildiğimiz şeyi ifade etmek için geleneksel kelime hazinesinin ardındaki varsayımlara meydan okumak zorunda kalacağız.

Bu inanılmaz görüşlerin bazılarını tespit etmeden önce sunum tarzıyla ilgili bir gözlem ortaya koymak istiyorum. Aptalca şeyleri söylemeye yatkın olan yazarlar nadiren de olsa bunu ifade etmişlerdir. Genellikle bir hecelik telaffuzla da olsa onu söylemekten kaçınmak için retorik ve stilistik araçlar kullanırlar. Bu araçlardan en belirgini lafı dolandırarak kaçamaklı ifadeler kullanmaktır. Bence pek çok yazarın yazısında bu durum açıkça ortaya çıkmaktadır. Örneğin onlar inançlar, istekler, korkular vb. zihinsel durumlara gerçekte sahip olmadığımızı düşünürler. Fakat bu düşünceleri doğrudan ifade ettikleri pasajları bulmak oldukça zordur. Onlar bir taraftan genel kabul görmüş kelime hazinesinin gerçek dünyada somut bir şeylerin yerini tuttuğunu reddederlerken çoğunlukla da onu devam ettirmek isterler. İnanılamaz olanı gizlemenin diğer bir retorik aracı da genel kabul görmüş bir görüşe bir isim vermek ve sonra onun içerik bakımından değil de isim bakımından reddetmektir. Bu nedenle, şimdiki dönemde bile 'hiçbir insan hiçbir zaman bilinçli olmamıştır' demeye teşebbüs etmek çok zordur. Dahası, bilgiç (sophisticated) filozoflar şu görüşü ortaya koyarlar: İnsanlar bazen örneğin 'kartezyen sezgi' gibi bir ismin bilincindedirler. Sonra o 'kartezyen sezgi' diye tanımlanan şeyleri sorgulamaya, onlara meydan okumaya ve reddetmeye çalışır. Aynı şekilde, dünya tarihinde hiç kimsenin, susadığı için su içtiğini ve acıktığı için yemek yediğini reddettiğini söylemek çok zordur. Fakat bir şeyi eğer 'halk psikolojisi' diye önceden etiketleyebilirseniz ona karşı olmak kolaydır. Bu manevraya bir isim verebilmek için ona 'ona bir isim koy' mantığı diyeceğim. Hepsinden çok tutulan diğer bir manevra ise, 'bilimin kahraman çağı' diye adlandıracağım bir manevradır. Bir yazar ne zaman sıkıntıya düşse, kendi iddiasıyla geçmişin büyük bilimsel keşiflerinden bazıları arasında bir benzerlik kurmaya çalışır. Bu görüş saçma mı görünüyor? Peki, geçmişin büyük bilimsel dâhilikleri, boş vermiş, dogmatik ve önyargılı çağdaşlarına aptalca görünürdü. Galileo tarihsel, gözde bir benzetmedir. Retorik yöntemle konuşulursa, burada gaye, size yani şüpheci okuyucuya şunu hissettirmektir; eğer geliştirilen düşünceye inanmıyorsanız Galileo'nin yaratıcılığına[1] karşı Kardinal Bellarmine'i oynuyorsunuzdur. Diğer gözde benzetmeler 'phlogiston' (uçucu madde/simya) ve 'yaşayan ruhlar'dır. Ve aynı şekilde buradaki amaç, okuyucuyu, örneğin bilgisayarların gerçekten düşündüğünden şüphe ederse, bu durumun yalnızca onun bilimsel olmayan 'phlogiston' ve 'yaşayan ruhlar' gibi şeylere inanmasından dolayı olduğu varsayımını kabul etmeye zorlamaktır.

II- Altı Farklı Zihin Teorisi:

Burada çağdaş felsefe ve kognitif bilimdeki modaya uygun ve makul olmayan tüm maddeci görüşlerin bir kataloğunu sunmaya çalışmayacağım. Fakat bir fikir vermesi için sadece yarım düzinesini listeleyeceğim. Bu görüşlerin ortak noktası, varlığa ve sıradan zihinsel hayatımızın zihinsel niteliğine karşı düşman olmalarıdır. Bu veya şu şekilde, onların hepsi inançlar, istekler ve niyetler gibi sıradan zihinsel görüngülerin değerini düşürmeye çalışır ve bilinç ile öznel-

---

[1] Örneğin, bkz., P. S. Churcland 1987.

lik¹ gibi genel zihinsel özelliklerin varlığı üzerinde şüphe oluşturmaya yönelirler.

Birincisi ve belki de bu görüşlerin en aşırı versiyonu zihinsel durumların aslında hiç varolmadığı düşüncesidir. Bu görüş kendilerine 'eleyici maddeciler' (eliminative) diyenlerce benimsenir. Fikir şudur; kabul gören yaygın inanışın aksine, gerçekte inançlar, istekler, umutlar, korkular vb. gibi şeyler yoktur. Bu görüşün ilk versiyonları Feyerabend (1963) ve Rorty (1965) tarafından oluşturulmuştur.

Genellikle eleyici maddeciliği desteklemek için kullanılan ikinci görüş ise, halk psikolojisi, bütün ihtimalleriyle basit ve yanlıştır diyen bir iddiadır. Bu görüş P.M. Churchland (1981) ve Stich (1983?) tarafından geliştirilmiştir. Halk psikolojisi 'insanlar bazen su içerler, çünkü susarlar, bazen de yerler çünkü acıkırlar'; 'insanların inançları ve istekleri vardır, bunlardan bazıları doğru veya en azından bazıları yanlıştır ki, bazı inançlar diğerlerinden daha çok desteklenir'; 'İnsanlar bazen bir şeyler yaparlar çünkü bir şeyler yapmak isterler'; 'İnsanlar bazen acı çekerler ve bunlar genelde hoşlanılmayan şeylerdir' gibi iddiaları içerir. Ve bu liste böylece uzar gider. Halk psikolojisi ile eleyici maddecilik arasındaki ilişki şudur: Halk psikolojisinin deneysel bir teori olduğu varsayılır ve onun temel olarak şart koştuğu, acılar, gıdıklanmalar, kaşınmalar vb. varlıklar (gerçek doğalar) teorik varlıklar olarak farzedilir. Tıpkı ontolojik anlamda kuarklar ve mezonların teorik varlıklar olması gibi. Teori devam ettiği sürece teorik varlıklar da devam edip giderler. Halk psikolojisinin yanlışlığını kanıtlamak, yalnızca halk psikolojisinin

---

¹ Tartışmamı çözümleyici filozoflar ile sınırlandıracağım, fakat görünüşe göre, bu aynı tür mantıksızlık Kıtasal denilen felsefeyi etkiler. Dreyfus'a (1991) göre, Heidegger ve öğrencileri de bilincin ve niyetliliğin öneminden kuşku duymaktadırlar.

mevcudiyetini kabul ettiği varlıkların herhangi bir türden meşrulaştırılmasını bertaraf etmekle olabilir. İçtenlikle şunu ümit ediyorum ki bu görüşleri 'akıl dışı' diye nitelendirirken hiç de haksız değilim. Fakat bu görüşlerin beni çok etkilediğini de itiraf etmek zorundayım. Şimdi listeme devam edeyim.

Aynı tarzdan üçüncü bir görüş ise şunu savunur ki, 'zihinsel durumlar' denen durumlarla ilgili özel olarak 'zihinsel' diye nitelenebilecek hiçbir şey yoktur. Zihinsel durumlar bütünüyle birbirleri arasındaki nedensellik ilişkisinden ve bir parçası oldukları sistemin girdi-çıktıları arasındaki nedensellik ilişkilerinden oluşmaktadır. Doğru nedensel özelliklere sahip olan başka herhangi bir sistem oluşturulabilir ise bu nedensel ilişkiler, kopya edilebilir. Bu nedenle eğer doğru nedensel ilişkilere sahip olsa, taşlar ve bira fıçılarından yapılmış bir sistem de, bizim gibi inançlar, istekler vb. aynı zihinsel durumlara sahip olabilirlerdi. Çünkü inançlar ve isteklere sahip olmanın hepsi bu demektir. Bu görüşün en etkili versiyonu 'işlevselcilik' diye isimlendirilir ve bir çağdaş ortodoksi oluşturacak kadar da yaygındır.

Makul olmayan dördüncü bir görüş de bilgisayarın sadece uygun girdi ve çıktılara haiz uygun bir programın uygulanmasıyla düşüncelere, duygulara ve anlamaya sahip olabileceğini ve aslında sahip olması gerektiğini savunan görüştür. Bu görüş en meşhur ve mevcut kataloglarda taraftar kitlesi en geniş olan görüştür. Başka bir yerde bu görüşü 'güçlü yapay zekâ' diye isimlendirmiştim fakat 'bilgisayar işlevselciliği' diye de isimlendirilmektedir.

İnanılamazlığın beşinci bir düşünce şekli ise şu iddiaların içinde saklıdır; inanç, istek, korku, umut vb. zihinsel kelime hazinemizi içsel zihinsel bir fiili görüngü gibi düşünemeyiz. Dahası bunlardan yalnızca bir konuşma biçimi olarak söz edebiliriz. Bu sadece, davranışı tahmin etmek ve açıklamak için kullanışlı bir kelime hazinesidir. Fakat harfi harfine gerçek, içkin, öznel ve psikolojik bir görüngü olarak kabul edilmemelidir. Bu görüşün taraftarları, ortak kelime hazinesinin kullanımını bir sisteme[1] karşı 'niyetli bir duruş' alma olayı diye değerlendirirler.

Altıncı ve diğer aşırı bir görüş ise, normalde düşündüğümüz gibi içsel, özel, öznel, duyarlılığın ve farkındalığın niteliksel görüngüleri olarak bir bilincin hiçbir şekilde varolmayabileceği görüşüdür. Bu görüş nadiren açıkça[2] geliştirilebilmiştir. Çok az sayıda insan ortaya çıkıp da 'bilinç yoktur' demek ister. Fakat son zamanlarda yazarlar arasında, fiili bilinç durumlarına yani içsel, öznel ve nitelikli birinci şahıs zihinsel durumlarına, daha fazla gönderme olmasın diye ve dahası çoğunluk tarafından gözlemlenebilir üçüncü şahıs görüngülerine gönderme yapmak için bilinç fikrini yeniden tanımlama yaygınlaşmaktadır. Bu tür yazarlar bilincin varolduğunu kabul eder gibi görünüp fakat gerçekte onun varlığını reddeden bir sonuca ulaşırlar.[3]

Bazen zihin felsefesindeki hatalar dil felsefesinde de hatalara yol açar. Dil felsefesinde aklıma gelen inanılmaz tezlerden biri -ki bu da dikkate aldığımız diğer örnekler gibi aynı ekipten kaynaklanmaktadır-, 'anlamalar dikkate alındığı zaman sözel davranış kalıplarına ilave bir gerçeklik yoktur' tezidir. Bu görüşe göre, ki en şöhretli taraftarı Quine'dir (1960), sen veya ben 'tavşan' dediğimiz zaman 'bir tavşanın ayrılmaz bir parçasını mı kastederiz yoksa bir tavşanın hayat hikâyesinden bir aşamayı mı kastederiz' bunun tam bir gerçekliği yoktur.[4]

---

[1] Bu görüşün en ünlü savunucusu Daniel Dennett'tir (1987).
[2] Fakat açık bir bildirim için, bkz., Georges Rey (1987).
[3] Farklı yollarla bunun, Armstrong (1968, 1980) ve Dennett (1991) tarafından yapıldığına inanıyorum.
[4] Diğer bir inanılmazlık biçimi, fakat değişik bir felsefi telkinden, her birimizin olası her insan dilinin herhangi bir sözcüğü ile ifade edilebi-

Şimdi bütün bunlar karşısında yapılacak olan nedir? Bana göre bunların hepsinin akıl dışı şeyler olduğunu söylemek yeterli olur. Dahası kanımca yeterli sabrı ve zamanı olan bir filozof oturup satır satır bütün bu geleneği çürütmelidir. Ben bunu, gelenek içinde özel bir tez için yani bilgisayarların sadece uygun bir program geliştirilerek düşüncelere, duygulara ve anlamaya sahip olabileceği iddiası üzerinde yapmaya çalıştım.[1] Güçlü yapay zekâ denilen bu görüş, makul derecede açık olduğu, basit ve kesin bir çürütme yolu olduğu için çekici bir hedeftir. Ayrıca bu çürütme, işlevselciliğin diğer versiyonlarına da taşınabilir. Yine ben Quine'nin cepheden bir saldırıya yardım ettiğine inandığım belirsizlik (indeterminacy) tezini de çürütmeye çalıştım.[2] Ancak bazı görüşler hususunda durum daha da karmaşıktır. Örneğin bir kimse bilincin varolmadığı görüşünü çürütmeği nasıl ele alabilir? Onun taraftarlarını kendilerinin de bilinçli olduğunu hatırlatmak için çimdikleyebilir miyim? Kendimi çimdikleyip sonuçlarını *Journal of Philosophy*'de rapor edebilir miyim?

Geleneksel anlamda bir argüman ileri sürmek için bazı ortak zeminlerin bulunması esastır. Katılımcılar öncüller üzerinde uzlaşmadığı sürece bir netice çıkarmaya çalışmanın bir anlamı olmaz. Fakat birisi bilincin varlığını ta baştan reddediyor ise zihin araştırmasında ortak zeminin ne olacağını bilmek oldukça zordur. Kanaatimce teoriniz bilincin varolmadığı görüşüyle sonlanıyorsa siz basitçe teoriyi muha-

---

len kavramlara doğuştan sahip olduğumuz iddiasıdır, böylelikle, örneğin, Taş Devri insanları 'karbüratör' ya da 'katot ışınlı osilograf' sözcükleri ile ifade edilebilen kavramlara sahiptiler. Bu görüş en dikkat çekici biçimde Fodor (1975) tarafından savunulmuştur.

[1] 'Doğru' girdi ve çıktılarla uyumlu 'Doğru' bilgisayar programı, Searle, 1980a.
[2] Searle, 1987.

le irca etmiş olursunuz. Tıpkı çağdaş zihin felsefesindeki diğer birçok görüş gibi.

Hem halka açık yerlerde hem de yayınlarda bu meseleleri tartıştığımız birkaç yıl beni, tartışmada temel meselelerin gerektiği kadar yüzeye çıkmadığına ikna etti. Örneğin insanlarla güçlü yapay zekâ veya çevirinin belirsizliği hakkında tartışıyor iseniz bu tür teorilerin bütün akıl dışılıklarının, argümanların çarpıtılmış görünür teknik karakterleriyle örtüldüğünü fark edersiniz. Daha da kötüsü, bu teorilerin ortaya çıkmasına neden olan varsayımları yakalamak çok zordur. Örneğin, bir kimse sadece belli bir programın çalışmasından dolayı bilgisayarın aniden ve mucizevi bir şekilde zihinsel durumlara sahip olacağı fikriyle kendini rahat hissettiği zaman bu görüşü mümkün gibi gösteren alttaki varsayımlar nadiren açıkça ifade edilir. Bu nedenle bu tartışmada doğrudan çürütme yönteminden farklı bir yaklaşım denemek istiyorum. Burada bir kez daha 'işlevselciliğin çürütülmesi'ni sunacak değilim, aksine bu düşünceleri ortaya koyma görevine başlamak ve böylelikle bütün geleneğin üzerinde durduğu temelleri sarsmak istiyorum. Benim inancım, eğer işlevselcilik sizi ayartmışsa sizin çürütülmeye değil yardıma ihtiyacınız olduğudur.

Maddeci gelenek heybetli, karmaşık, her yerde hazır-nazır ve de tarifi zor bir gelenektir. Onun bilince karşı tavrı, bilimsel doğrulama kavramı, metafiziği ve bilgi teorisi gibi değişik öğeleri, bir parçası değiştiği zaman, savunucularının kesinliği garanti edilmiş diğer bir parçaya başvuracakları şekilde karşılıklı birbirlerini destekleyicidir. Ben burada kendi tecrübemle konuşuyorum. Siz güçlü bir yapay zekâ çürütmesi/reddiyesi veya belirsizlik tezinin çürütülmesi ya da işlevselciliğin çürütülmesi sunduğunuz zaman savunmacılar sizin fiili argümanlarınızla karşılaşmak konusunda kendilerini zorunlu hissetmezler. Çünkü, onlar önceden senin yanılmış olman gerektiğini bilirler! Yine onlar maddeci geleneğin

-ki sık tekrarlanan bir hata ile buna 'bilim' derler- kendi taraflarında olduğunu da bilirler. Ve gelenek sadece akademik felsefenin bir parçası değildir. Eğer bir kognitif bilim dersi dinler veya yapay zekâ üzerine popüler makaleler okursanız aynı gelenekle karşılaşırsınız. Bu geleneği bir paragraf ya da bir bölümde bile özetlemek çok zordur fakat ben eğer onun kendini açmasına izin vermeye devam edersem okuyucu onu tanımakta zorlanmayacaktır.

Temellere saldırmaya başlamadan önce, yapının belirli öğelerini biraz daha fazla bir kesinlikle belirleme ve onun tarihi hakkında bir şeyler söyleme ihtiyacı hissediyorum.

III. Modern Maddeciliğin Temelleri

'Gelenek' dediğimde kastım, büyük bir parça içindeki görüşler ve aşağıdaki (genelde ifade edilmeyen) varsayım ve tezler etrafında odaklaşan yöntemsel kabullerdir:

1-Zihnin bilimsel olarak incelenmesi dikkate alındığında bilinç ve bilincin temel özellikleri daha az öneme sahiptir. Dilin, bilişin ve zihinsel durumların, bilinç ve öznellik[1] dikkate alınmaksızın genel olarak açıklamasını yapmak mümkündür ve hatta bu arzu edilebilir bir şeydir.

2-Bilim nesneldir. Onun nesnelliği yalnızca kişisel önyargılardan ve bakış açılarından bağımsız sonuçlara ulaşma çabası anlamında değil daha da önemlisi nesnel olan gerçeklikle ilgilenmesidir. Bilim, gerçeklik kendinde nesnel olduğu için nesneldir.

3-Gerçeklik nesnel olduğu için, zihin incelemelerinde en iyi yöntem nesnelliği ya da üçüncü şahıs bakış açısını benimsetmektir. Bilimin nesnelliği incelenen görüngülerin bütü-

---

[1] Howard Gardner, kognitif bilime dair yazdığı kapsamlı özette (1985), bilince bir bölümde (hatta bir dizin girdisinde bile) yer vermedi. Açıkçası zihnin yeni bilimi, bilinç olmadan da yapabiliyor.

nüyle nesnel olmasını gerektirir. Ve kognitif bilimlerde bunun anlamı, nesnel olarak gözlemlenebilir davranışı incelemektir. Olgun bir kognitif bilim dikkate alındığı zaman, zihin ve akıllı davranış (davranışın nedensel temelleri de dâhil) incelemeleri hemen hemen aynı inceleme olurlar.

4- Üçüncü şahıs nesnel bakış açısından 'başka bir sistemin zihinsel görüngüleri hakkında biz nasıl bilgi sahibi olabiliriz?' şeklindeki epistemolojik bir soruya verilebilecek yegâne cevap, 'onun davranışlarını gözlemleyerek bilebiliriz' cevabıdır. 'Diğer zihinler' probleminin tek çözümü işte budur. Epistemoloji, kognitif (bilişsel) bilimde özel bir rol oynar. Çünkü bilişin nesnel bilimi, biliş, akıllı davranış, bilgi işlem vb. şeyleri diğer tabii görüngülerden ayırdedebilmelidir. Zihin incelemelerinde temel ve belki de en temel soru, epistemolojik sorudur; biz diğer bazı 'sistem'lerin şu şu zihinsel özelliklere sahip olup olmadıklarını nasıl bilebiliriz? Ve tek bilimsel cevap; 'onun davranışı sayesinde' cevabıdır.

5- Akıllı davranış ve akıllı davranışın nedensel ilişkileri bir bakıma zihnin özüdür. Zihin ve davranış arasında özsel bir bağlantı olduğu görüşünü savunanlar oldukça geniş bir kitledir. Bunlar, davranışçılığın 'davranış yeteneğine sahip olmanın ötesinde herhangi bir zihinsel duruma sahip olmak diye bir şey yoktur' diyen en aşırı uçlarından, zihinsel kavramları iç ve dış nedensel ilişkilere bağlı olarak tanımlamaya çalışan işlevselcilere ve de Wittgenstein'nın[1] 'bir içsel süreç dışsal bir ihtiyaca dayanır'[2] şeklindeki şaşırtıcı iddiasına kadar uzanır.

6- Evrendeki her gerçek ilke olarak insan araştırmacılar tarafından bilinebilir ve anlaşılabilirdir. Gerçeklik fiziksel ol-

---

[1] 1953, parag. 580.
[2] Benim görüşüme göre, bir içsel süreç, örneğin bir acı hissetmek, hiç bir 'ihtiyaca dayanmaz'. Neden öyle olması gereksin?

duğu için ve bilim de fiziksel gerçekliliği dikkate aldığı için ve de fiziksel gerçeklikle ilgili bilgimizin sınırları da olmadığı için sonuçta evrendeki bütün olgular bizim tarafımızdan bilinir ve anlaşılabilirdir.

7-Fiziksel olanın zihinsel olanın karşıtı olarak geleneksel kavrayışında olduğu gibi sonuçta varolan tek şey fizikseldir. Bu demektir ki, geleneksel karşıtlıklarda –monizme karşı dualizm, zihinselciliğe karşı maddecilik- sağ taraftaki terim doğru görüşü, soldaki terim ise yanlış görüşü belirtir.

Şimdiden bütün bu görüşlerin birbirine bağlı olduğu açıktır. Gerçeklik nesnel olduğu için (madde 2) sonuçta fiziksel olmak zorundadır (madde 7). Madde 2 ve madde 7'nin nesnelci ontolojisi tabii olarak madde 3 ve madde 4'ün nesnelci yöntembilimine götürür. Ancak eğer zihin gerçekten var ise ve nesnel bir ontolojiye sahip ise bu durumda onun bu ontolojisinin bir bakıma davranışsal ve nedensel olması gerekir (madde 5). Şu var ki bu durum epistemolojiyi ön plana çıkarır (madde 4). Çünkü bu zihinsel durumları kabul eden ve etmeyen sistemlerin davranışlarını ayrıştırabilmek için kritik bir öneme sahip duruma gelir. Gerçekliğin sonuçta fiziksel olması (madde7) ve onun tamamıyla nesnel olması (madde 2) durumu sebebiyle gerçeklikteki her şeyin bizce bilinebilir olmasını varsaymak tabiidir (madde 6). Sonuç olarak bir şey açıktır; bu resmin bütününde bilince yer yoktur (madde 1) -veya çok küçük bir yer vardır-.

Kitabın akışı içinde, bütün maddelerin her birinin nihayetinde yanlış olduğunu ve sundukları resmin bütünlüğünün sadece tamamen bilimdışı olmadığını aynı zamanda tutarsız olduğunu da göstermeyi umuyorum.

IV Temellerin Tarihsel Kökenleri

Tarihsel olarak bu duruma nasıl geldik? Biz insanların deneyimlerinin ortaya koyduğu apaçık olgularla uyuşmayan şeyleri söyleyebildikleri bir duruma nasıl geldik?

Zihin Felsefesinde Yanlış Olan Nedir 27

Bir insanın bilmek istediği şey, zihin felsefesi, psikoloji, kognitif bilim ve yapay zekâ alanlarındaki çağdaş tartışmalarda bu görüşleri düşünülebilir yapan ve bunların mükemmel derecede saygın ve kabul edilebilir görünmesini sağlayan şeyin ne olduğudur. Entelektüel tarihin belirli herhangi bir döneminde bizler, doğru sorularmış gibi görünen belirli soruları ve yegâne olası cevaplarmış gibi görünen belirli cevapları içeren belirli gelenekler içinde çalışırız. Çağdaş zihin felsefesinde, tarihsel gelenek, yanlışlığı çok açık olan hipotezleri kabul edilebilir gösteren bir yöntem ve bir kelime hazinesi sunarak deneyimlerimizin apaçık olgularına karşı bizi kör ediyor. Gelenek, yarım yüzyıldan fazla bir zaman önceki ilksel kaba davranışçı başlangıçlarından, 'tür-tür' ve 'gösterge-gösterge' özdeşlik teorileri vasıtasıyla şimdilerdeki hesaba dayalı karmaşık kognitif modellere kadar yükselmiştir. Şimdi, geleneği böylesine mantık dışı bir yolda böylesine güçlü kılan şey nedir? Bu konuları tam bir tarihsel analiz yapmaya yetecek kadar anlamış olmayı çok isterdim ancak korkarım ki sadece belirtilerinin doğasını anlatmaya yönelik birkaç tahminim ve önerilerim var. Bana öyle geliyor ki, bu bağlamda etkin olan en azından dört faktör bulunmaktadır:

Birincisi, kartezyen dualizmine düşme terörüne sahip bulunmamızdır. Kartezyen geleneğin iflası ve dünyadaki cevherlerin ve niteliklerin 'zihinsel' ve 'fiziksel' olmak üzere iki tür olduğu şeklindeki varsayımların saçmalığı bizi öylesine tehdit etmekte ve sefil bir tarihe sahip bulunmakta ki, kartezyenizmin kokusunu taşıyan herhangi bir şeyi kabul etmekte isteksiz kalıyoruz. Bazı ilkelerini kabul ettiğimiz zaman bütün kartezyen metafiziği kabul etmiş gibi görüneceğimizden dolayı kartezyenizmi anımsatan çok yaygın ilkeleri kabul etmekte bile gönülsüz davranıyoruz. Kendi varlığımızın apaçık olgularını tanıyan zihinselciliğin herhangi bir çeşidi, otomatik olarak şüpheli görülür. Bu tavrın en aşırı ucunda bazı filozoflar bilincin varlığını teslim etmekte isteksiz davranırlar. Çünkü onlar bilicin zihinsel durumunun beynin sıradan biyolojik, yani fiziksel bir özelliği olduğunu görememişlerdir. Belki daha fazla kızgınlığa yol açacak şekilde onlar, bu yanlışta bilincin varlığını memnuniyetle kabul eden filozoflardan yardım almışlar ve böyle yapmakla da fiziksel olmayan bazı şeylerin varlığını da onaylamak zorunda kalmışlardır.

Bilinç, zihinsel durumlar vb. şeylerin varlığını ve bunların bizim davranışlarımızda gerçek nedensel bir rol oynadığını en saf ve açık anlamda kabul eden görüşün, kartezyen dualizmle herhangi bir ilgisi yoktur. Bütün bunlardan sonra, birinin bilinçli olması veya zihinsel görüngüler olarak ister bilinçli ister bilinçdışı olsun kişinin isteklerinin gerçek nedensel görüngüler olduğu konusunda bilinçli olmak için *Meditasyonlar*'ı okuma zorunluluğu olamaz. Fakat ne zaman birisi, bu kartezyen sezgilerin filozoflarını hatırlatsa hemen kartezyencilikle suçlanır. Kişisel olarak konuşursak ben, 'nitelikçi dualist'liğin ve 'imtiyazlı erişim'in bazı çılgın öğretilerini savunmakla veya 'içe bakış', 'yeni yaşamcılık' ve dahası 'mistisizm'e inanmakla suçlandım. Hâlbuki ben hiçbir zaman bu görüşlerin herhangi birini onaylamış değilim. Peki neden? Şüphesiz bu kısmen sadece yorumcuların entelektüel dikkatsizliğidir (ve belki de daha kötüsüdür). Fakat daha derin çapraşık bazı şeyler vardır. Onlar bir kimsenin, geleneksel olarak kartezyen öğelerin kabulü ile birlikte var olagelmiş kartezyen aygıtları kabul etmeksizin zihin durumları hakkındaki apaçık olguları kabul etmesini çok zor görmektedirler. Onlar erişilebilir yegâne gerçek çözümlerin, maddeciliğin bazı formları ile dualizmin bazı formları arasında olduğunu düşünürler. Benim bu kitabı yazma hedeflerimden biri bu anlayışın hatalı olduğunu ve güvenilirliğini kaybetmiş herhangi bir kartezyen aygıtı kabul etmeksizin zihinle ilgili olguların tutarlı bir açıklamasının yapılabileceğini göstermektir.

İkincisi, biz kartezyen gelenekle birlikte bir kelime hazinesi ve bu kelime hazinesiyle birlikte içinde bu problemleri düşünmemiz için tarihsel olarak hazırlanmış belirli bir kategoriler dizisi tevarüs ettik. Bu kelime hazinesi masum değildir. Çünkü zımnen, içinde şaşırtıcı bir şekilde, yanlışlığı neredeyse kesin olan bir dizi teorik iddia bulunmaktadır. Yine bu kelime hazinesi 'zihinsel' olana karşı 'fiziksel' olan, 'zihin'e karşı 'beden', 'zihinselcilik'e karşı 'maddecilik' ve 'ruh'a karşı 'madde' gibi görünür karşıtlıklar serisi içermektedir. Bu karşıtlıklar zımnen aynı görüngülerin aynı yönden iki terimin de hakkını veremeyeceği tezini içermektedir. Bazen anlambilim (semantik) ve de biçimbilim (morfoloji) bu karşıtlıkları açığa çıkarır gibidir. Tıpkı maddecilik ve maddecilik karşıtlığı (immaterialism) arasındaki görünür karşıtlık gibi. Bu nedenle bizim 'eğer bir şey zihinsel ise o şey fiziksel olamaz', 'eğer o şey ruhsal bir konu ise maddi bir konu olamaz' ve 'eğer o şey maddi olmayan bir şey ise maddi bir şey olamaz' gibi görüşlere inandığımız varsayılır. Fakat bana bu görüşler nörobiyoloji hakkındaki bildiğimiz bütün veriler bakımından açıkça yanlış gelmektedir. Beyin, bilinçli zihinsel durumlar gibi belirli 'zihinsel' görüngülere sebebiyet vermektedir ve bu bilinçli durumlar basitçe beynin üst düzey özellikleridir. Bilinç, tıpkı katılığın, buz halindeyken H_2O moleküllerinin üst düzeyde ortaya çıkan niteliği olması ve sıvılığın aynı şekilde, H_2O moleküllerinin dalgalı haldeyken üst düzey ortaya çıkan niteliği olması gibi 'üst düzey' ve 'ortaya çıkan' terimlerinin en zararsız anlamında, beynin üst düzey veya ortaya çıkan niteliğidir (property). Bilinç sıvılığın moleküler sistemlerin bir doğası olması anlamında, beynin zihinsel ve bu nedenle de fiziksel bir niteliğidir. Bu tartışmada anlatmak istediğim bir tez var ise o basitçe şudur; bir özelliğin zihinsel olması gerçeği onun fiziksel olmadığını göstermez. Bir özelliğin fiziksel olması gerçeği de onun zihinsel olmadığını göstermez. Şimdi Descartes'ı yeniden gözden geçirirsek, yalnızca 'düşünüyorum, öyleyse varım' ve 'ben düşünen bir varlığım' değil fakat aynı zamanda 'ben düşünen bir varlığım, öyleyse ben fiziksel bir varlığım' diyebiliriz.

Fakat kelime hazinesinin, 'geleneksel terminoloji' derken kastettiğim şeyi söylemeyi, eğer imkânsız değilse, nasıl zorlaştırdığına dikkat ediniz. Bilincin beynin üst düzey bir özelliği olduğunu söylediğim zaman burada çekici olan, zihinselin karşıtı anlamındaki fiziksel gibi bilincin de yalnızca nesnel davranışsal ve nörofizyolojik anlamda tanımlanabilir olmasını işitmektir. Ancak benim gerçekten kastettiğim şey bilinç olması, zihinsel olması, öznel olması ve niteliksel olması bakımından bilincin fiziksel olduğu ve zihinsel olduğu için de fiziksel olduğudur. İnandığım bütün bu şeyler geleneksel kelime hazinesinin yetersiz olduğunu göstermektedir. Görünür karşıtlıklarla birlikte, işgal edilebilecek bütün pozisyonları görünürde tüketen isimler vardır. Dualizmin (ikicilik) karşısında monizm (tekçilik), idealizm ve mentalizm (zihinselcilik) karşısında materyalizm (maddecilik) ve fizikalizm (fizikselcilik) gibi. Geleneksel kategorilere sıkıca tutunma isteği, 'nitelik dualizmi', 'anormal monizm', 'gösterge (token) özdeşliği' vb. garip bazı terminolojiler üretmektedir. Benim kendi görüşüm herhangi bir geleneksel etiketle uyuşmamaktadır fakat birçok filozofa göre, birinin bu kategorilere uymayan bir görüşü benimsemesi anlaşılamaz bir durumdur.[1] Belki hepsinden daha kötüsü, birçok isim ve fiil vardır ki, açık bir anlamı varmış gibi ve gerçekten iyi tanımlanmış

---

[1] Garip biçimde, benim görüşlerim bazı eleştirmenler tarafından kendilerinden emin biçimde 'maddeci' olarak, diğer bazıları tarafından ise aynı kesinlik içinde 'düalist' olarak tanımlanmaktadır. Dolayısıyla, örneğin U. T. Place şöyle yazıyor: Searle 'maddeci bir duruş sergilemektedir' (1988, s. 208), Stephen P. Stich ise şöyle yazıyor: 'Searle bir özellik düalistidir' (1987, s. 133).

nesneler ve fiillerin simgeleri gibi görünmektedirler. 'Zihin', 'kendilik' (self) ve 'içe bakış' bunun en iyi örnekleridir. Çağdaş kognitif bilimin kelime hazinesi bundan daha iyi bir durumda değildir. Biz, 'biliş', 'zekâ' ve 'bilgi işlem' gibi ifadelerin açık tanımlara sahip olduklarını ve gerçekten bazı tabii türleri simgelediklerini eleştirmeden varsayma eğilimindeyiz. Ben bu tür varsayımların hatalı olduğuna inanıyorum. Şu noktayı vurgulamak gerekmektedir; örneğin 'zekâ', 'zeki davranış', 'biliş' ve 'bilgi işlem' gibi kavramlar tam olarak tanımlanmış kavramlar değildirler. Daha da şaşırtıcı olan, örneğin 'bilgisayar', 'hesaplama', 'program' ve 'sembol' gibi dillendirilen birçok teknik kavram çok kötü bir şekilde tanımlanmıştır. Bilgisayar bilimindeki birçok hedef için bu kavramların eksik tanımlanmasının çok fazla önemi yoktur. Tıpkı, mobilya üreticileri için masa, sandalye vb. şeylerin felsefi olarak kesin tanımlarının yapılmamış olmasının önemli olmayışı gibi. Fakat kognitif bilimci, 'beyinler bilgisayarlardır', 'zihinler programlardır' vb. şeyleri söyledikleri zaman bu kavramların tanımları çok önemli olmaktadır.

Üçüncüsü, çağdaş felsefe, bilim ve entelektüel hayatta genel olarak ısrarcı bir reddetme eğilimi vardır. Biz, 'bir şey gerçek ise o şey yetkin her gözlemci tarafından eşit düzeyde erişilebilir olmak zorundadır' şeklinde bir kanaate sahibiz. Onyedinci yüzyıldan beri Batı'da eğitimli insanlar kesin, temel, metafizik bir faraziyeyi kabul ede gelmişlerdir: 'Gerçeklik nesneldir'. Bu varsayım birçok yönden bize kullanışlı olduğunu göstermiştir, fakat birinin kendi öznel durumunun ortaya çıkardığı şey, üzerine bir anlık düşünmesi olarak alındığında açıkça yanlıştır. Ve bu varsayım belki de kaçınılmaz bir şekilde, zihni incelemede yegâne 'bilimsel' yolun bir takım nesnel görüngüler olduğu görüşüne götürmüştür. <u>Biz, 'nesnel olan herhangi bir şey, herhangi bir gözlemciye eşit derecede erişilebilir olandır' varsayımını bir kez benimsediğimiz zaman sorunların yönü otomatik olarak, zihinsel du-</u>

rumların öznelliğinden dışsal davranışın nesnelliğine doğru değiştirilmiş olur. Ve bundan şu sonuç ortaya çıkar; 'bir inanca sahip olmak ne demektir?', 'bir isteğe sahip olmak ne demektir?', 'belirli türden bir bilinç durumu içinde olmak neye benzer?' gibi sorular sormak yerine, 'biz hangi şartlar altında dışarıdaki diğer bazı sistemlere inançlar, istekler vb. nitelikler atfederiz?' şeklindeki üçüncü şahıs soruları sorarız. Bu bize kusursuz bir biçimde tabii görünebilir. Çünkü zihinsel görüngüler hakkında cevaplama ihtiyacında olduğumuz birçok soru sadece kendimizi değil diğer insanları da ilgilendirir.

Fakat bilgibilimin (epistemoloji) üçüncü şahıs karakteri, zihinsel durumların fiili varlıkbiliminin (ontoloji) bir birinci şahıs varlıkbilimi olduğu gerçeğini görmemizi engellememelidir. Üçüncü şahıs bakış açısının pratikteki uygulama tarzı, bizim insan gibi gerçekten bir zihni olan şeyle bilgisayar gibi bir zihni varmış gibi davranan şey arasındaki farkı görmemizi güçleştirir. Ve bir kez gerçekte zihinsel duruma sahip olan bir sistemle, zihinsel durumları varmış gibi davranan sistem arasındaki bu farkı kaybettiğiniz zaman, zihinsel olanın zorunlu bir özelliğini yani onun varlıkbiliminin (ontoloji) zorunlu olarak birinci şahıs varlıkbilimi olduğunu gözden kaçırmış olursunuz. İnançlar, istekler vb. şeyler her zaman birisinin inançları ve istekleridir ve onlar her zaman, dahası fiilen bilinç dışı oldukları durumlarda bile, potansiyel olarak bilinçlidirler.

Yedinci bölümde bu son noktayla ilgili bir argüman sunmaktayım. Şimdilik tarihsel olarak hazırlanmış, üçüncü şahıs bakış açısını, zihni inceleyen ve bilimsel olarak kabul edilebilir biricik bakış açısı gibi gösteren araştırma kalıplarını teşhis etmeğe çalışacağım. 'Hangi şartlar altında zihinsel durumları niteleyebiliriz? sorusu, sorulabilecek doğru soru haline geldiği zaman bu türden soruları cevaplamak için bir düşünce tarihçisine başvurabilirim. Fakat onun sürüp gitmesinin entelektüel etkileri açık gibi gözükmektedir. Tıpkı Kant'ın şeylerin tezahürü ile kendinde şeyler arasındaki yaygın olarak bilinen ayrımının sonuçta mutlak idealizmin aşırı uçlarına götürmesi gibi 'Hangi şartlar altında zihinsel durumları niteleyebiliriz?' şeklindeki yaygın sorunun sürüp gitmesi de bizi davranışçılığa, işlevselciliğe, güçlü yapay zekâya, eleyici maddeciliğe ve niyetli duruşa götürmüştür ki şüphesiz bu bağlamdaki diğer karışıklıklar sadece uzmanları tarafından bilinebilir.

Dördüncüsü, bizim bilginin gelişim tarihi hakkındaki kavrayışımız nedeniyle, Austin'in 'büyük derinliklerin sarhoş ediciliği' (ivresse des grands profondeurs) dediği şeyden acı çeker duruma geldik. Zihinle ilgili açık ve mütevazi olguları her nasıl olsa, herhangi bir şekilde beyan etmek yeterli görünmemekte ve biz daha derin bir şeyler istemekteyiz. Biz teorik bir keşif arzuluyoruz. Ve tabii ki bizim büyük teorik keşif modelimiz fizik bilimleri tarihinden gelmektedir. Zihin çalışmalarında büyük bazı atılımların hayalini kuruyor ve 'yetkin' bir kognitif bilim bekliyoruz. Söz konusu görüşlerin akıl dışı ve sezgi dışı olması gerçeğinden dolayı onları dikkate almaya değmez. Aksine, çağdaş işlevselciliğin ve yapay zekânın bizim sezgilerimizi örseleyici karşıtlığı onların büyük bir erdemi gibi bile görülebilir. Zaten fizik bilimlerini bu derece göz kamaştırıcı kılan asıl özellik te bu değil midir? Bizim uzay ve zamanla veya hatta önümüzde duran masanın katılığı ile ilgili sıradan sezgilerimizin evrenin içsel işleyişinin daha derin bilgisi tarafından salt yer değiştirmiş yanılsamalar olduğu gösterilmiştir. Benzer şekilde, zihin incelemelerindeki büyük bir atılım, zihin durumlarımız hakkındaki en katı inançlarımızın buna denk yanılsamalar olduğunu gösteremez mi? Makul bir şekilde, bizim yaygın kanaatlerimizi yıkacak büyük keşifler bekleyemez miyiz? Ve bu büyük keşiflerin bir kısmını bizlerden bazılarının yapmayacağını kim bilebilir?

V- Temelleri Aşındırmak

Sunacağım delilin göze çarpan özelliklerinden bazılarını ifade etmenin tek yolu, onları daha önce açıkladığım yedi ilkeye karşıt olacak şekilde ortaya koymaktır. Bunu yapmak için, ilkin varlıkbilim, bilgibilim ve nedensellik arasındaki ayrımları netleştirme ihtiyacı duyuyorum. 'O nedir? (varlıkbilim)', 'onu nasıl öğrenebiliriz? (bilgibilim)' ve o ne yapar? (nedensellik) sorularına verilen cevaplar arasında bir ayrım vardır. Örneğin kalbi ele alırsak, varlıkbilim/varlığı onun göğüs kafesinde büyük bir kas dokusu oluşudur; bilgibilim/bilgisi sitetoskoplar, Ekg'ler kullanarak onu öğrenmemiz ve gerektiğinde göğüs kafesini açıp kalbe bir göz atabilmemizdir ve nedensellik kalbin bütün vücuda kan pompalamasıdır. Bu ayrımları aklımızda tutarak çalışmamıza geçebiliriz.

1- Bilinç Önemli Bir Meseledir: Zımnen veya açık bir şekilde bilinci incelemeksizin zihinsel görüngüleri incelemenin herhangi bir yolu olmadığını iddia edeceğim. Bunun temel nedeni, gerçekte kendi bilinç fikrimizden başka herhangi bir zihinsel olanın fikrine sahip olmayışımızdır. Elbetteki bir şahsın hayatının belli bir anında, bu şahsın varlığındaki zihinsel görüngülerin birçoğu bilinçte mevcut değildir. Biçimsel olarak, belirli bir anda bana uygulanan zihinsel yüklemlerin birçoğu, bu andaki benim bilinçli hallerimden bağımsız uygulama şartlarına sahip olacaktır. Bununla birlikte, belirli bir anda zihinsel hayatımızın çoğunun bilinç dışı olmasına rağmen, bilinçli zihinsel durumlardan türetilmiş terimlerin dışında bilinç dışı herhangi bir zihinsel durumun kavramına sahip olmadığımızı iddia edeceğim. Eğer bu konuda haklıysam, zihinsel durumların ilke olarak bilince erişemez olması hakkındaki son konuşulanların hepsi gerçekten tutarsızdır.[1]

---

[1] Daha fazla bilgi için bkz., 7. bölüm.

2- Gerçekliğin tümü nesnel değildir, bir kısmı özneldir: Gerçeğe ilişkin yaptığımız araştırmalardan mümkün olduğu kadar kişisel öznel önyargılarımızı elimine etmeye çalışmamız gerektiği iddiası ile gerçek dünyanın indirgenebilecek şekilde öznel herhangi bir öğe içermediğine dair iddia arasında sürekli bir kafa karışıklığı vardır. Ve bu karışıklık sıra ile öznel/nesnel ayrımının bilgibilimsel anlamı ve varlıkbilimsel anlamı arasındaki bir karışıklığa dayanır. Bilgibilimsel olarak bu ayrım, özel değerler, kişisel önyargılar, bakış açıları ve duyguların kaprislerinden kaynaklanan iddiaların bağımsızlığının farklı derecelerini belirtir. Varlıkbilimsel olarak ise bu ayrım, deneysel gerçekliğin farklı kategorilerinin belirtir. (Bu ayrımlar hakkında daha fazla bilgi için dördüncü bölüme bakınız). Bilgibilimsel olarak nesnellik ideali, elde edilemez bir hedef olsa bile zahmete değer bir durum ifade eder. Ancak varlıkbilimsel olarak bütün gerçekliğin nesnel olduğu iddiası, nörobiyoloji bakımından konuşursak, basitçe yanlıştır. Genellikle daha sonra biraz daha detaylı olarak görme fırsatına sahip olacağımız gibi, zihinsel durumlar indirgenebilir öznel bir varlık/bilimine sahiptirler.

Eğer bilinç ve öznelliğin zihin için özsel bir öğe olduğunu düşünmekte haklıysam, gelenek tarafından kullanılan zihinsel kavramı başlangıçta yanlış kavranmıştır. Zira o esas olarak bir öznel üçüncü şahıs kavrayışıdır. Gelenek, zihni, nötr görüngülerden oluşmuş, bilinç ve öznellikten bağımsızmış gibi incelemeye çalışır. Fakat böyle bir yaklaşım, zihinsel görüngüleri zihinsel olmayan görüngülerden ayırdeden önemli özellikleri dışarıda bırakır. Ve bu, başlangıçta ifade ettiğim görüşlerin makul olmadığını, başka herhangi bir nedenden daha fazla açıklar. Örneğin, eğer inançları bilinçle özsel herhangi bir bağlantısı olmayan görüngüler olarak ele almaya çalışırsan bu çalışmayı muhtemelen, onların sadece dışsal davranışa (davranışçılık) göre veya neden ve nedenli ilişkisine bağlı olarak (işlevselcilik)veya gerçekte hiç varlığa sahip olmadıkları (eleyici maddecilik) veya inançlar ve istekler hakkında konuşmanın belirli bir konuşma tarzı olarak yorumlanması (niyetli duruş) gerektiği üzere tanımlanabilecekleri düşüncesiyle sonuçlandıracaksın. Nihai saçmalık, bilinci, bilinçten bağımsız olarak kendinde ele almaya çalışmaktır. Yani onu sadece bir üçüncü şahıs bakış açısıyla ele almaktır ve bu bilincin aslında 'iç', 'özel' olgusal olaylar olarak gerçekten var olmadığı görüşüne götürür.

Bazen metodoloji ve sonuçların saçmalığı arasındaki gerilim aşikâr olur. Son dönemlerde literatürde 'qualia'[1] denen bir şey hakkında bir tartışma vardır ve problemin 'işlevselcilik qualia'yı açıklayabilir mi?' sorusu olduğu farzedilir. Mesele, adeta zihnin tamamen 'qualia'dan oluştuğunu ilham etmektedir. İşlevselcilik farklı bir konu etrafında, yani üçüncü şahıs kanıtı üzerine dayanan niyetliliğin nitelikleri etrafında dizayn edildiği için 'qualia'yı açıklayamaz. Oysa gerçek zihinsel görüngüler, niteliklerle değil, her ikisi de birinci şahıs ve öznel görüngüler olan bilinçli ve bilinç dışı durumların varlığıyla ilgilenmek zorundadır.

3- Zihinsel olanın varlıkbiliminin öznelliğini varsaymak bir hata olduğu için, zihinle ilgili bir bilimin yöntembiliminin de (metodoloji) sadece nesnel olarak gözlemlenebilen davranışla ilgilenmesinin zorunlu olduğunu varsaymak bir hatadır. Zihinsel görüngüler esasen bilinçle bağlantılı olduğu ve de bilinç te esasta öznel olduğu için, bunun sonucunda, zihinsel olanın varlıkbiliminin esasen bir birinci şahıs varlıkbilimi olması gerekir. Zihinsel durumlar sürekli herhangi bir kişinin durumlarıdır. Her zaman bu zihinsel durumlara sahip bir 'birinci-şahıs', bir 'ben' vardır. Şu andaki tartışma için bunun neticesi, birinci şahıs bakış açısının birincil bakış

---

[1] Qualia, zihinsel durumların ve olayların niyetli olmayan nitelikleri anlamına gelir (çev.).

açısı olmasıdır. İncelemenin gerçek pratiğini de tabii ki diğer insanlarla yapacağız, çünkü araştırmalarımızın çoğu kendimiz üzerine değildir. Fakat diğer insanlar üzerinde çalışırken elde etme gayretinde olduğumuz şeyin, tamamen birinci şahıs bakış açısı olduğunu vurgulamak önemlidir. 'Onun' üzerinde inceleme yaparken, üzerinde çalıştığımız 'onun' olan 'ben'dir. Ve bu bilgiye dair (epistemik) bir nokta değildir. Varlıkbilim, bilgibilim ve nedensellik arasındaki ayrımların ışığında bir kimse eğer geleneğin krizini bir paragrafta özetlemek zorunda kalsa o şöyle olurdu:

Zihinsel olanın öznelci varlıkbilimi hoşgörüsüz gibi görünür. O dünyada indirgenemez derecede öznel ve 'özel' varlıkların bulunabileceğini öngördüğü için metafiziksel olarak hoşgörüsüz ve her şahsın kendi iç zihinsel görüngülerini bilmesinin yolu ve dışarıdan diğerlerinin onları bilme yolu arasında bir asimetri olabileceğini öngördüğü için de bilgibilimsel olarak hoşgörüsüz görünür. Bu kriz öznellikten bir kaçış üretir ve bu kaçışın yönü bilgibilim ve nedenselliğe bağlı olarak varlıkbilimi yeniden yazmaktır. İlkin bilgibilimi, üçüncü-şahıs, bilgisel temel ve davranışa bağlı olarak yeniden tanımlayarak öznellikten kurtuluruz. 'Zihinsel durumlar sadece davranış yetenekleridir' deriz (davranışçılık) ve bunun saçmalığı kanıtlanamaz olunca tekrar nedensellik üzerine geri döneriz. 'Zihinsel durumlar, nedensel ilişkiler tarafından tanımlanır' (işlevselcilik) veya 'Zihinsel durumlar hesaplanabilir durumlardır' (güçlü yapay zekâ) deriz.

Gelenek, zihin üzerine incelemelerde kişinin 'içebakış' ve 'davranış' arasında seçim yapmak zorunda olduğunu varsayar ki benim görüşüme göre bu yanlıştır. Bunun içerdiği birkaç hata vardır, bunlar arasından:

4-Sadece davranışlarını gözlemleyerek, başkalarında zihinsel görüngülerin varlığını bildiğimizi zannetmek bir hatadır. Yüzyıllardır bizimle birlikte olmasına rağmen, 'diğer zihinler problemi'ne sunulan geleneksel 'çözüm'ün bir dakikalık ciddi bir düşünmeyle bile hayatta kalamayacağına inanıyorum. Bu mesele hakkında daha sonra söyleyecek çok şeyim olacak (3. bölüm), fakat şimdilik sadece şunu söyleyebilirim; eğer köpek ve kedilerin bilinçli olduğunu ve bilgisayarlarla arabaların bilinçdışı olduğunu (ve bu arada sizin ve benim bu iki şeyi bildiğimizde hiç şüphe yoktur) nasıl bildiğimizi bir an düşünecek olursanız, kesinliğimizin temelinin 'davranış' olmadığını, fakat daha çok dünyanın nasıl işlediğine ilişkin belirli bir nedensel kavrayış olduğunu göreceksiniz. Birisi kedi ve köpeklerin bir kısım önemli yönlerden konuya ilişkin olarak bizlere benzer olduklarını görebilir. Örneğin gözler, deri, kulaklar vb. bakımından. 'Davranış' sadece temel bir zihinsel gerçekliğin ifadesi veya gösterimi olarak anlam ifade eder. Çünkü bizler zihinsel olanın nedensel temelini görebilir ve bu suretle de davranışı, zihinsel olanın bir gösterimi olarak görebiliriz. Kendisine dayanarak diğer zihinler problemini çözdüğümüz ilkenin, 'aynı davranış- o halde- aynı zihinsel görüngüler' demek olmadığını iddia edeceğim. Bu Turing testinde kutsal bir yeri olan o eski hatadır. Eğer ilke doğru ise, hepimiz zekice sözel davranışlar sergiledikleri için radyoların bilinçli oldukları sonucunu çıkarmak zorunda kalırdık. Fakat böylesi herhangi bir sonuç çıkaramayız. Çünkü radyoların nasıl çalıştıklarına dair bir 'teori'ye sahibiz. 'Kendisine dayanarak diğer zihinler problemini çözdüğümüz ilke'; aynı nedenler –aynı nedenliler ve 'konuyla ilgili olarak benzer nedenler-, konuyla ilgili olarak benzer nedenlilerdir'. Diğer zihinlerin bilgisi söz konusu olduğu zaman davranış, kendi başına bizi ilgilendirmez; o, daha çok bilgimizin temelini biçimlendiren davranışın nedensel temelinin bilgisi ile davranışın birleşimidir.

Fakat yukarıda sözü edilenler bile bana, geleneğe çok fazla teslim olmak gibi geliyor. Çünkü bize köpekler, kediler, radyolar ve diğer insanlara karşı temel duruşumuzun bilgisel olduğunu, günlük dünya uğraşılarımızda bizlerin diğer zihinler problemini çözmekle meşgul olduğumuzu ve köpeklerle kedilerin testi geçtiğini, radyolarla arabaların ise kaldığını öneriyor. Fakat bu öneri yanlıştır. İlginç durumlar dışında, diğer zihinler problemini çözemeyiz, çünkü o ortaya çıkmaz. Dünyayla ilgilenmemiz için sahip olduğumuz arkaplan kapasitelerimiz, bir yönden insanlarla diğer bir yönden ise arabalarla baş etmemizi mümkün kılar. Fakat alışılmadık durumlar dışında bizler, 'bu kişi bilinçlidir' ve 'şu araba bilinçdışıdır' gibi sonuca ilave bir hipotez üretemeyiz. Bu konuya ileride, daha geniş bir şekilde değineceğim (3. ve 8. bölümler).

Tabii ki bilimlerde bilgisel sorular ortaya çıkar, fakat bu bilgisel sorular, zihnin doğasını anlamada, başka herhangi bir disiplinde incelenen görüngülerin doğasının anlaşılmasındakinden daha fazla esaslı değildirler. Neden daha esaslı olsun ki? Tarihte geçmişin veya fizikte gözlenmemiş varlıkların bilgisi hakkında ilginç bilgiye dair (epistemik) sorular vardır. Fakat 'görüngülerin varoluşu nasıl doğrulanacaktır?' sorusu ile 'varlığı doğrulanmış görüngülerin doğası nedir?' sorusu birbirine karıştırılmamalıdır. Burada kritik soru 'hangi şartlar altında zihinsel durumları diğer insanlara atfedebiliriz?' sorusu değildir. Fakat daha çok 'onlar hakkında nasıl bilgi ediniriz ve onlar organizmanın yaşamında nedensel olarak nasıl işlerler?' sorularından farklı olarak 'insanlar zihinsel durumlara sahip olduğu zaman, gerçekten onların sahip olduğu nedir?', 'zihinsel görüngüler nelerdir?' sorularıdır.

Şu noktanın yanlış anlaşılmasını istemiyorum; zihinsel durumları bilmenin kolay olduğunu ve bilgisel sorular hakkında kaygılanmamıza gerek olmadığını söylemiyorum. Bütün mesele bu değildir. Zihinsel görüngüleri incelemenin oldukça güç olduğunu düşünüyorum ve yöntembilim için tek rehber evrensel olandır: Ele geçen herhangi bir alet veya silahı kullan ve çalışan herhangi bir alet veya silaha sarıl. Burada değindiğim farklı bir noktadır: Zihinsel olanı incelemenin bilgibilimi, artık onun varlıkbilimini, diğer herhangi bir disiplinin bilgibiliminin kendi varlıkbilimini belirlemesinden daha fazla belirlemiyor. Bilakis başka yerde olduğu gibi zihnin incelenmesinde, bilgibiliminin bütün meselesi daha önce var olan varlıkbilimini elde etmektir.

5- Davranış veya davranışa ait nedensel ilişkiler zihinsel görüngülerin varlığı için esaslı bir öğe değildir. İnanıyorum ki zihinsel durumların davranışla ilişkisi sırf ihtimalli bir ilişkidir. Davranış olmadan zihinsel durumlara ve zihinsel durumlar olmaksızın da davranışa sahip oluşumuzun nasıl mümkün olduğunu düşündüğümüz zaman bunu görmek kolaydır (üçüncü bölümde bazı örnekler vereceğim). Biz nedensel olarak beyin işleyişlerinin herhangi bir zihinsel durum için yeterli olduğunu biliyoruz ve bu, beyin işleyişleri ile motor sinir sistemi arasındaki bağlantının herhangi bir diğeri gibi, muhtemel nörofizyolojik bir bağlantıdır.

6- Her şeyin tarafımızdan bilinebilir olduğunu varsaymak, evren ve evrendeki yerimiz hakkında gerçekte bildiğimiz şeyle çelişir. Beyinlerimiz kimi evrim süreçlerinin ürünüdürler ve bu sıfatla da bizim beyinlerimiz sadece köpek, babun (şebek), yunus vb. hayvanların beyinlerinin de dâhil olduğu evrim yolunun tüm serilerinde en gelişmiş olanıdır. Şimdi hiç kimse, örneğin, köpeklerin kuantum mekaniğini anlayacak duruma getirilebileceklerini farzedemez; köpek beyni sadece bu çapta gelişmemiştir. Ve aynı evrim ilerleyişinde bizden daha fazla gelişen, bize göre konumu, bizim köpeklerle olan konumumuz gibi olan bir varlığı tahayyül etmek kolaydır. Tıpkı bizim köpeklerin kuantum mekaniğini anlayamayacaklarını düşünmemiz gibi, aynı şekilde bu hayali evrim ürünü varlıklar da, kuantum mekaniğini anlayabilmelerine karşın insan beyninin kavrayamayacağı bir hayli şeyin varolduğu sonucuna varabilirler.[1] Bizim kendimize 'kim olduğumuzu düşünüyoruz?' diye sormamız iyi bir fikirdir. Ve en azından cevabın bir parçası, bizlerin avcı-toplayıcı çevrelerle başa çıkmak için seçilmiş biyolojik hayvanlar oluşumuzdur ve bildiğim kadarıyla birkaç bin yıldan beri gen havuzlarımızda ciddi herhangi bir değişim geçirmedik. Bereket versin ki doğa savurgandır ve tıpkı her erkeğin dünyayı yeniden insanla dolduracak kadar sperme sahip oluşu gibi, bizler de avcı-toplayıcı bir yaşam için ihtiyaç duyduğumuzdan çok daha fazla nörona sahibiz. Artık fazla nöronlar görüngüsünün, sözgelimi başparmakların farklılaştırıcı bir niteliği olarak avcı-toplayıcı toplumlar olmaktan nasıl kurtulduğumuzu ve nasıl felsefe, bilim, teknoloji nevrozlar, reklâmcılık vb. ürettiğimizi anlamamız için anahtar bir role sahip olduklarına inanıyorum. Fakat kim olduğumuzu hiçbir zaman unutmamamız gerekir ve bizim gibiler için, varolan her şeyin beyinlerimiz tarafından anlaşılabilir olduğunu farzetmek hatadır. Tabii ki yöntembilimsel olarak her şeyi anlayabilecekmişiz gibi davranmak zorundayız, çünkü neyi anlayamayacağımızı bilmenin herhangi bir yolu yoktur. Bilginin sınırlarını bilmek için sınırın her iki yanını da biliyor olmak zorundayız. Böyle potansiyel mutlak bilme, keşfe dair bir hile/oyun olarak kabul edilebilir, fakat onu bir gerçek olarak zannetmek kendimizi aldatmak olur. Dahası dünyamızda birçok varlığın bizimkilerden yeterince farklı nörofizyolojik yapılara sahip olduğunu biliyoruz, bunun için bu varlıkların tecrübelerinin gerçekte neye benzediği, bizce harfi harfine bilinemez olabilir. Üçüncü bölümde bunun bir örneğini tartışacağım.

---

[1] Bununla yakından ilişkili bir noktayı da Noam Chomsky (1975) ileri sürüyor.

7-Fiziksel olanın kartezyen kavrayışı yani uzamlı madde (res extensa) olarak fiziksel gerçekliğin kavrayışı, fiziksel gerçeklik hakkındaki ifadelerle uyuşan olguları tasvir etmek için yeterli değildir. 'Gerçeklik fizikseldir' önermesine ulaştığımız zaman, bütün tartışmanın belki de en hassas noktasına ulaşmış oluruz. Fiziksel olanı düşündüğümüz zaman muhtemelen moleküller, atomlar ve atom altı parçacıklar gibi şeyleri düşünürüz. Ve onların zihinsel olanın karşıtı olması anlamında, fiziksel olduklarını ve acı duyumları gibi şeylerin zihinsel olduklarını düşünürüz. Ve eğer kendi kültürümüz içinde yetiştirilirsek aynı zamanda bu iki kategorinin varolan her şeyi tüketmesi gerektiğini düşünürüz. Fakat dünyanın içerdiği şeylerin farklı türleri hakkında yani deneysel ifadelerin çeşitli türlerine karşılık gelen olaylar hakkında düşünmeye başlar başlamaz bu kategorilerin yetersizliği aşikâr olur. Bu yüzden eğer ödemeler dengesi problemleri, gramere aykırı cümleler, kipli mantık hakkında şüpheci olmanın nedenleri, Kaliforniya eyalet hükümeti ve futbol maçlarında kaydedilen puanlar hakkında düşünürseniz, her şeyin ya zihinsel ya da fiziksel olarak kategorize edilmesi gerektiğini düşünmeye daha az meyilli olursunuz. Vermiş olduğum listenin hangisi fiziksel hangisi zihinseldir?

Gerçekliğin fiziksel olduğu hakkındaki geleneksel kavrayışımızla alakalı en az üç yanlış şey vardır. Birincisi, işaret ettiğim gibi terminoloji 'fiziksel' ve 'zihinsel' arasındaki yanlış bir karşıtlık etrafında dizayn edilir ve zaten iddia ettiğim gibi bu bir hatadır. İkincisi, eğer fizikseli kartezyen terimler bağlamında uzamlı madde olarak düşünürsek, fiziğin bir meselesi olarak bile bu tanım üzerinde fiziksel gerçekliğin fiziksel olduğunu zannetmek, modası geçmiş bir şeydir. İzafiyet teorisinden beri, örneğin elektronları kütle/enerji'nin noktaları olarak düşüne gelmişizdir. Bu durumda, 'fiziksel'in kartezyen tanımına göre elektronlar fiziksel sayılamazlar. Üçüncü ve şu andaki tartışmamız için en önemlisi ise, 'deneysel ifa-

Zihin Felsefesinde Yanlış Olan Nedir 43

delerimizin doğru olması için dünyadaki durumun ne olması gerekir?' sorusuna karşıt olacak şekilde, varlıkbilim için can alıcı sorunun 'dünyada ne tür şeyler vardır?' sorusu olduğunu zannetmenin büyük bir hata olmasıdır.

Bir keresinde sohbet esnasında Noam Chomsky dedi ki, herhangi bir şeyi anlamaya başlar başlamaz ona hemen fiziksel deriz. Bu görüşe göre, bir şey önemsizmişçesine, ya fiziksel olur ya da anlaşılamaz olur. Eğer dünyayı oluşturan şeyleri düşünürsek, tabii ki sonuçta, dünyadaki her şeyin parçacıklardan oluştuğunu ve parçacıkların ise bizim fiziksel olan paradigmalarımız arasında olduğunu görürüz. Ve eğer fiziksel parçacıklardan oluşan her şeyi biz, fiziksel diye isimlendirirsek bu durumda dünyadaki her şey, önemsizcesine fiziksel olur. Ancak böyle söylemek, dünyanın futbol oyunundaki sonuç puanlarından, faiz oranlarından, yönetimlerden ve acılardan oluştuğunu inkâr etmek değildir. Bütün bunlar, kendi varoluş tarzlarına –atletik, ekonomik, politik ve zihinsel vs.- sahiptirler.

Sonuç şudur: Dualizmin (ikicilik) tutarsızlığını bir kere gördüğünüz zaman, monizmin (tekçilik) ve maddeciliğin aynı şekilde hatalı olduğunu da görürsünüz. Dualist, 'nesneler ve nitelikler kaç türlüdür?' sorusunu sorar ve bunun cevabının 'iki' olduğunu söyler. Monist, aynı soru karşısında, 'bir' cevabını verir. Fakat buradaki gerçek hata, saymaya başlamaktır. Monizm ve maddecilik, dualizm ve zihinselciliğe bağlı olarak tanımlanmıştır ve bunların tanımları tutarsız olduğu için de monizm ve maddecilik bu tutarsızlığı tevarüs eder. Dualizmi cevherci dualizm ve nitelik dualizmi diye iki çeşit olarak düşünmek alışılagelmiş bir şeydir. Ancak ben bunlara 'kavramsal dualizm' diyeceğim bir üçüncüsünü eklemek istiyorum. Bu görüş, dualist kavramları ciddi bir şekilde dikkate almaya bağlı bir görüştür. Yani, bu görüş bir anlamda önemli, 'fiziksel' olanın 'zihinsel olmayan'ı, 'zihinsel' olanın ise 'fiziksel olmayan'ı zımnen içermesi görüşüne dayanır. Hem geleneksel dualizm hem de maddecilik, kavramsal dualizmin varolduğunu önceden farzeder ve bu yüzden bunlar tanımlıdır. Ben bu tanımı, maddeciliği gerçekte dualizmin bir formu olarak düşünmemin bana en iyi yol olarak görünmesinin nedenini açıklamak için ortaya koyuyorum. Bu kartezyen kategorileri kabul etmeyle başlayan dualizm tarzıdır. İnanıyorum ki, sen tutarlı bir dualist olarak bu kategorileri -zihinsel/fiziksel ve zihin/beden kategorileri- ciddiyetle ele alırsan, sonunda maddeciliği kabule zorlanmış olacaksın. Bu yüzden maddecilik bir anlamda, dualizmin en iyi çiçeğidir ve bunun zorluklarını tartışmak ve de yakın bir tarihini vermek için sonraki bölüme geçiyorum.

İkinci Bölüm

Maddeciliğin Yakın Tarihi: Tekrar Tekrar Hep Aynı Hata

I-Maddeciliğin Gizemi

'Maddecilik' diye bilinen doktrinin tam olarak ne anlama geldiği ne ölçüde varsayılabilir. Bazıları, maddeciliği, dünyanın mikro yapısının tamamen maddi parçacıklardan oluşması görüşüne dayalı olarak düşünebilir. Bununla birlikte bu görüşün ortaya çıkardığı güçlük; hemen hemen diğer bütün zihin felsefeleriyle uyumlu olsa da, muhtemelen, fiziksel parçacıklara ilave olarak 'maddi olmayan' ruhları veya zihinsel cevherleri, bedenlerimizin bozulmasına karşın hayatta kalan ve ölümsüz olan ruhsal varlıkları kabul eden kartezyen görüşle çelişmesidir. Ancak günümüzde, söyleyebileceğim kadarıyla, dini esaslar hariç hiç kimse ölümsüz ruhsal cevherlerin varlığına inanmıyor. Bildiğim kadarıyla da, ölümsüz zihinsel cevherlerin varlığını kabul etmek için, salt felsefi veya bilimsel bir motivasyon da (neden) yoktur. O halde, dini açıdan motive edilmiş olan ölümsüz ruhlar inancına karşı çıkmayı bir kenara bırakırsak, geriye şu soru kalmaktadır: Zihin felsefesinde maddeciliğin tam olarak ne anlama geldiği varsayılmaktadır? Maddeciliğin hangi görüşlere karşı olduğu varsayılmaktadır?

Kendilerini maddeci olarak tanımlayan çağdaşlarımızın [Örneğin, J. J. C. Smart (1965), U. T. Place (1956)ve D. Amstrong (1968) gibi] ilk çalışmaları okunacak olursa; zihinsel olanın kimliğini fiziksel olanla birlikte ileri sürdükleri zaman, onların kartezyen cevherci dualizmin reddedilmesinden daha fazla bir şey iddia ettikleri açıkça görülür. Bana öyle geliyor ki, onlar dünyada indirgenemez herhangi bir zihinsel görüngünün varlığını reddetmek istiyorlar. Onlar bilinç ve qualia[1] gibi herhangi bir indirgenemez görüngübilimsel özelliğin bulunmasını da reddetmek istiyorlar. Peki onlar, indirgenemez esaslı zihinsel görüngülerin varlığını reddetme konusunda neden böylesine istekliler? Onlar, neden bu özelliklerin insan beyni gibi nörofizyolojik sistemlerin sıradan üst düzey biyolojik özellikleri olduğunu kabul etmezler?

Bana göre, bu sorunun cevabı aşırı derecede karmaşıktır ve fakat en azından cevabın bir kısmı onların geleneksel kartezyen kategorilerini ve de bu kategorilerin yanında kategorilerin hizmetkârı olan kelime hazinesini delaletleriyle birlikte kabul etmeleri gerçeğiyle ilintilidir. Bu bakış açısına göre, zihinsel görüngülerin varlığını ve indirgenemezliğini tasdik etmenin bir tür kartezyenizmi kabul etmekle eşanlamlı olacağını düşünüyorum. Onların terminolojisinde bu 'cevherci dualizm'den ziyade bir 'nitelik dualizmi' olabilir. Fakat onlar açısından bakılınca, nitelik dualizmi tıpkı maddecilikle olduğu gibi, cevherci dualizmle de uyumsuz olabilir. Şu ana kadar benim, onların görüşlerinin arkasındaki varsayımlara karşı olduğum açıkça ortaya çıkmıştır. Benim sürekli üzerinde ısrar etmek istediğim nokta şudur; bir kimse örneğin, hepimizin bilinçli olması ve bilinç durumlarımızın oldukça özel indirgenemez görüngübilimsel niteliklere sahip olması gibi kendi tecrübelerimizle ilgili apaçık olguları reddetmeksizin, dünyanın güç alanlarında tamamen fiziksel parçacıklardan oluştuğu gibi fiziğin apaçık olgularını aynı zamanda kabul edebilir. Burada hata bu iki tezin birbiriyle uyuşmayacağını farzetmektir ve bu hata geleneksel kelime hazinesinin arka-

---

[1] Qualia, niyetli olmayan zihinsel durumlar ve görüngüsel özellikler için kullanılan nitelikler anlamına gelir. (Çev.).

sında yatan önkabulleri dikkate almaktan kaynaklanır. Benim görüşüm kesinlikle dualizmin bir formu değildir. Ben hem nitelik dualizmi hem de cevherci dualizmi reddediyorum. Ancak, maddeciliği ve monizmi de tamamen dualizmi reddettiğim sebeplerden dolayı reddediyorum. Buradaki en köklü hata, insanın bu görüşlerden birini seçmek zorunda olduğunu varsaymaktır.

Saf zihinselcilik (mentalizm) ile saf fizikselciliğin (fizikalizm) uyumunu görememek, bu konunun başlangıç evrelerinde yazarların 'konudan bağımsız' bir kelime hazinesi bulmaya veya 'hukuk bilimsel (nomolojik) alakalar' dedikleri bir kısım şeylerden kaçınmaya[1] çalıştıkları çok girift tartışmalara yol açmıştır. Örneğin hiç kimsenin sindirimin 'konudan bağımsız' bir kelime hazinesiyle tanımlanması gereğini hissetmediğine dikkat edilmelidir. Hiç kimse, 'içimde, ben pizzayı hazmederken olan şeyler gibi bir şeyler oluyor' deme dürtüsünü hissetmez. İnsanlar, 'İçimde portakal gördüğüm zaman olan şey gibi bir şeyler oluyor' deme dürtüsünü hissedebilecekleri için dürtü, zihinsel kelime hazinesi kullanmadan görüngülerin bir tasvirini bulmaya çalışmak demektir. Fakat bunu yapmanın anlamı ve önemi nedir? Gerçekler hep aynı kalmaktadır. Yani gerçek; zihinsel görüngülerin, tıpkı midemde olup biten şeylerin sindirimsel özelliklere sahip olması gibi zihinselci özelliklere sahip olmasıdır. Biz sırf alternatif bir kelime hazinesi bularak bu özelliklerden kurtulmuş olmayız. Maddeci filozoflar, bizim zihinselci kelime hazinesini kullanmamızın temelini oluşturan bazı görüngülerin gerçekliğini inkâr etmeksizin zihinsel özelliklerin varlığını reddetmek istiyorlar. Bu durumda onlar görüngüleri tanım-

---

[1] Smart, 1965.

lamak için alternatif bir kelime hazinesi bulmak zorundalar.[1] Ama bence bütün bunlar zaman kaybıdır. Bir kimse başlangıç olarak, midedeki sindirimsel görüngülerin kabul edilmesiyle benzer bir şekilde, zihinsel (bu nedenle de fiziksel) görüngüleri kabul edebilir.

Bu bölümde, oldukça özet bir şekilde, maddeciliğin son yarım yüzyıldaki tarihini incelemek istiyorum. Bence bu tarih, 1930'ların pozitivizminden sonra zihin felsefesinde süre gelen son derece şaşırtıcı, ama aynı zamanda son derece açıklayıcı bir argüman ve karşıt-argüman modelini gösterir. Bu model her zaman yüzeyde görülebilir değildir. Hatta aynı meselelerden bahsedildiğinde bile kolaylıkla görülemez. Fakat ben inanıyorum ki, yüzeysel görünümlerin aksine son elli yıldan beri zihin felsefesinde tek bir temel tartışma konusu vardır ki o da zihin-beden problemidir. Çoğu zaman filozoflar başka bir şey hakkında konuşuyormuş gibi görünürler -örneğin, inancın analizi veya bilincin doğası gibi- ancak, onların gerçekte, inancın veya bilincin özel nitelikleriyle ilgilenmedikleri neredeyse her zaman ortaya çıkar. Onlar, inanmanın varsayımdan ve hipotez oluşturmaktan ne şekilde farklılaştığıyla ilgilenmeyip, sadece zihin-beden problemi hakkındaki kendi kanaatlerini inanç örneğiyle test etmek isterler. Bilinç için de benzer bir durum söz konusudur. As-

---

[1] Bunlara iyi bir örnek olan Richard Rorty (1979), 'acı içindeyim' yerine 'c-liflerim uyarılıyor' diyen bir kabile düşlememizi istiyor. Peki, hadi böyle bir durum düşleyelim. Zihinselci kelime hazinemizi kullanmayı reddeden bir kabile düşledik diyelim, sonra ne olacak? Ya bizim sahip olduğumuz acılara sahip olurlar ya da olmazlar. Eğer olursalar, bunlara acı demeyi reddetmelerinin hiç bir önemi yoktur. Gerçekler, bizim veya bu kabile üyelerinin onları nasıl tanımlayacağımızdan bağımsız olarak, aynı kalmaya devam ederler. Öte yandan, gerçekten hiçbir acıya sahip değilseler, bizden oldukça farklıdırlar ve onların durumu bizim zihinsel görüngüler gerçekliğimizle uyuşmaz.

lında, bilinç tartışmaları şaşırtıcı ölçüde çok azdır. Dahası maddeciler bilinci, maddeci zihin teorisi için 'özel bir problem' olarak görürler. Yani maddeci olmaları göz önüne alındığında, onlar, bilinçle 'başa çıkmak' için bir yol bulmak isterler.[1]

Bu tartışmalarda değişmez olarak şu model ortaya çıkar. Bir filozof, maddeci bir zihin teorisi önerir. O, bunu maddeci zihin teorilerinin bazı versiyonlarının mutlaka doğru olması gerektiği şeklindeki derinlerde yatan varsayıma dayanarak yapar. Bununla birlikte, bilimin keşiflerinden evrende fiziksel parçacıklardan başka gerçek hiçbir şey olmadığını ve bu fiziksel parçacıklar üzerinde güç alanlarının icraatta bulunduğunu bilmiyor muyuz? Ve insan varlığının, bizim genel doğa açıklamamızla uyumlu ve tutarlı bir şekilde açıklanması mümkün olmak zorunda değil midir? Bundan şu sonuç çıkmaz mı? Bizim insan açıklamamız maddeciliğin ta kendisi değil midir? Bu nedenle filozof, zihnin maddeci bir açıklamasını yapmaya girişir. Sonra da, bir dizi güçlükle karşılaşır. Onun bir şeyleri daima dışarıda bıraktığı her zaman bellidir. Maddeci teorinin eleştirisi olan genel tartışma modeli, az veya çok teknik bir şekle bürünür, fakat aslında, teknik itirazların temelinde daha derin bir itiraz yatar. Bu derin itiraz basitçe şöyle ifade edilebilir. Söz konusu teori, zihni dışarıda bırakır. Yine bu teori, örneğin bilinç, 'qualia' ya da semantik içerik gibi bazı zihinsel özellikleri dışarıda bırakır.

---

[1] Son zamanda yazılmış olan üç kitapta, Paul Churchland'ın *Matter and Consciousness* (1984), Ray Jackendoff'un *Consciosness and the Computational Mind* (1987) ve William Lycan'ın *Consciousness* (1987), başlıklarında 'bilinç' kelimesi geçtiği halde, bilince yönelik herhangi bir teori veya yaklaşım olmaması veya çok az olması ilginçtir. Bilinç, kendi doğruluğunda uygun bir mevzu olarak ele alınan bir konu değil, daha çok maddeci zihin felsefesi için can sıkıcı bir problemdir.

Bu modelin sürekli tekrar edildiği görülebilir. Maddeci bir tez geliştirilmiştir ancak bu tez güçlüklerle karşılaşır. Güçlükler değişik şekiller alır ancak bunlar daima daha derin bir güçlüğün göstergeleridir. Yani söz konusu tez, kendi zihnimiz hakkında hepimizin bildiği apaçık olguları reddeder. Bu da, maddeci teoriye daha bir çılgınca sarılmaya ve apaçık olguları korumakta ısrar eden kişilerin ortaya koydukları iddiaları yenilgiye uğratma çabalarına yol açar. Bu güçlüklere açıklama getirebilmek için yıllarca süre gelen umutsuz manevralardan sonra, bu güçlükleri çözdüğü iddia edilen bazı gelişmeler ortaya konuldu. Ancak bu kez de yeni güçlükler oluştu ve biz bu yeni güçlüklerin pek de yeni olmadığını, aynı eski güçlükler olduğunu gördük.

Eğer zihin felsefesinin son elli yılını tek bir birey olarak farzedersek, bu kişinin takıntılı-zorlayıcı nevrozlu bir kişi olduğunu ve nevrozunun sürekli aynı davranış modelini tekrarladığını söyleyebiliriz. Tecrübelerime göre, nevroz doğrudan bir müdahaleyle tedavi edilemez. Sadece yapılan mantıksal hatalara işaret etmek yetmez. Doğrudan çürütme, yalnızca nevrotik davranış kalıbının tekrarlanmasına yol açar. Yapmamız gereken, belirtilerin ötesine geçip, ilk etapta bu davranışa yol açan bilinçdışı varsayımları tespit etmektir. Bu meseleleri birkaç yıl tartıştıktan sonra, şuna kani oldum ki, zihin felsefesinin günlük tartışmalarında yer alan tüm taraflar, bir iki istisna dışında, belli kelime hazinesi dizilerinin esiri olmuşlardır. Onlar, belirli bir terminolojinin mahkûmudurlar. Bu terminoloji en azından Descartes'a, belki de daha gerilere kadar uzanır. Takıntılı-zorlayıcı davranışın üstesinden gelmek için biz bu tartışmaların bilinçdışı kökenlerini incelemek zorunda kalacağız. Tartışmanın devam edip gitmesi için, herkesin neyi olduğu gibi aldığını meydana çıkarmaya çalışmak zorunda kalacağız.

Benim terapiyle ilgili benzetmelerimden, entelektüel konularda psikoanalitik açıklama yöntemini genel olarak onayladığım sonucunun çıkarılmasını hiç istemem. O halde terapiyle ilgili mecazı (metafor) şu şekilde değiştirelim: Şu anki girişimim, bir antropologun ücra bir yerdeki bir kabilenin egzotik davranışını tasvire girişmesine benziyor. Bu kabile, bizim ortaya çıkarmaya ve anlamaya çalıştığımız bir dizi davranış kalıplarına ve bir metafiziğe sahiptir. Zihin felsefecileri kabilesinin maskaralıklarıyla dalga geçmek kolaydır. İtiraf etmeliyim ki böyle yapmanın cazibesinden de çoğu zaman kendimi alamıyorum. Fakat başlangıçta en azından, o kabilenin bizler olduğu hususunda ısrar etmek zorundayım. Kabilenin davranışlarını mümkün hale getiren metafizik varsayımların sahipleri de bizleriz. Kabilenin davranışlarını sunarak, analiz ve eleştirisine geçmeden önce hepimizin kabul edilebilir bulacağı bir fikir ileri sürmek istiyorum. Çünkü bu fikir gerçekten çağdaş bilimsel kültürümüzün bir parçasıdır. İleride bu fikrin tutarsızlığını iddia edecek olmakla birlikte, şimdilik onun aynı nevrotik kalıbın başka bir belirtisi olduğunu söyleyebilirim.

Söz konusu fikir şudur: Biz; 'maddenin zeki (akıllı) olmayan parçalarının zekâ (akıl) üretebiliyor olması nasıl mümkündür?' ve 'beynimizdeki zeki olmayan hücrelerin, hepimizin uğraştığı zeki davranışları üretebiliyor olmaları nasıl mümkündür?' sorularının anlamlı olması gerektiğini sanıyoruz. Şimdi bu sorular bize son derece zekice birer soru gibi görünüyor? Aslında bu çok değerli bir araştırma projesi gibidir ve gerçekte de bu birçok kişinin sürdürdüğü[1] çok iyi finanse edilen bir araştırma projesidir.

---

[1] Bernard Williams (1987), Marvin Minsky'nin *Society of Mind* kitabı üzerine yazdığı eleştiride şöyle yazıyor: 'Bu (Yapay Zekâ.) araştırmasında, kısmen, tartışılmakta olan şey, tam olarak, zeki sistemlerin zeki olmayan maddeden oluşabilir olup olmayacağıdır'.

Soruyu zekice bulduğumuz için, şu cevabı da makul buluyoruz: Maddenin zeki olmayan parçacıkları düzenlerinden (organizasyon) dolayı zekâ üretebilirler. Maddenin zeki olmayan parçacıkları belli dinamik yollarla düzenlenirler ve bu dinamik düzenleme zekânın kurucusudur. Aslında biz zekâyı mümkün kılan dinamik düzenlemenin biçimini, yapay bir şekilde fiilen üretebiliriz. Bu düzenlemenin temel yapısına 'bir bilgisayar' denilir. Bilgisayarı programlama projesine de 'yapay zekâ' denilir. Ve bilgisayar doğru girdi ve çıktıları olan doğru program uygulandığı için, çalışırken zekâ üretir.

Bu hikâye size de en azından makul gelmiyor mu? İtiraf etmeliyim ki, benim için oldukça makul bir hale gelmesi mümkündür. Ve aslında, size asgari ölçüde bile makul gelmiyorsa, bu durumda siz, muhtemelen çağdaş entelektüel kültürümüzün çok etkin bir üyesi değilsiniz demektir. İleride hem bu sorunun, hem de cevabının tutarsız olduğunu göstereceğim. Soruyu bu şekilde ortaya koyup ve buna bağlı olarak cevabını da verirsek ne konuştuğumuz hakkında en küçük bir fikrimiz yok demektir. Ancak burada bu örneği sunuşumun nedeni, tabii görünmesini istemem ve ümit verici bir araştırma projesi olarak düşünmemdir.

Birkaç paragraf yukarıda, yirminci yüzyılda felsefi maddeciliğin tarihinin tuhaf bir model sergilediğini söylemiştim. Bu modelde bir yandan, maddecilerin zihinsel görüngülerin, esaslı veya indirgenemez zihinsel herhangi bir şeye gönderme yapmayan bir açıklama ortaya koyma dürtüsü ile diğer yandan da her araştırmacı için genel bir entelektüel gereklilik olan apaçık yanlış olan herhangi bir şeyi söylememe arasında sürekli yinelenen gerginlikler bulunur. Burada modelin kendisini göstermesi için, olabildiğince tarafsız ve nötr olmaya çalışarak, maddecilerin örneklendirdiği tez modelleri ve cevapların kısa bir özetini sunmak istiyorum. Bunun arkasında yatan amaç, birinci bölümde ileri sürülen iddialara, tespit ettiğim eğilimlerin fiili örneklerini vererek kanıtlar sağlamaktır.

II-Davranışçılık

Başlangıçta sadece davranışçılık vardı. Davranışçılık, 'yöntembilimsel davranışçılık' ve 'mantıksal davranışçılık' diye iki versiyona ayrıldı. Yöntembilimsel davranışçılık, psikoloji ilminin 'uyarıcı girdilerle davranışsal çıktılar arasındaki bağlantıları keşfetmeye dayalı olduğu' sonucuna vardıran, psikolojideki bir araştırma stratejisidir.[1] Bu görüşe göre, dikkatli bir deneysel bilim, hiçbir gizemli iç gözlemsel veya zihinsel şeye hiçbir gönderme yapmaz.

Mantıksal davranışçılık bir adım daha ileri gider ve davranış formunda varolması dışında gönderme yapılabilecek buna benzer hiçbir şeyin olmadığında ısrar eder. Mantıksal davranışçılığa göre, zihinsel kavramların davranışa bağlı olarak tanımlanabileceği bir tanımlama sorunudur ve zihinle ilgili cümlelerin, geriye hiçbir kalıntı bırakmaksızın, davranışla ilgili cümlelere çevrilebilir olması da mantıksal bir analiz meselesidir.[2] Mantıksal davranışçıya göre ise, çeviride birçok cümle şekil bakımından şartlı (varsayımsal) olacaktır. Çünkü söz konusu zihinsel görüngüler, davranış kalıplarının gerçekte vuku bulmasından değil, aksine davranış yeteneklerinden oluşurlar. Bu nedenle, standart bir mantıksal davranışçı açıklamaya göre, John'un yağmur yağacağına inandığını söylemek, sadece, 'John'un pencereleri kapatma yeteneği olacak, bahçedeki alet edevatı toparlayacak ve dışarı çıkar ise yanına bir şemsiye alacak' demektir. Sözün maddi tarzında/tarafında, davranışçılık, zihnin salt davranış ve davranış yeteneği olduğunu iddia eder. Sözün şekli/biçimsel tarafında

---

[1] Watson, 1925.
[2] Hempel 1949, Ryle 1949.

ise, zihinsel görüngülerle ilgili cümlelerin, gerçek ve mümkün davranışlara çevrilebileceği görüşüne dayanır.

Davranışçılığa itirazlar, sağduyu itirazları ve az çok teknik sayılabilecek itirazlar şeklinde iki kısma ayrılabilir. Davranışçının söz konusu zihinsel görüngüleri görmezden geldiği, apaçık bir sağduyu itirazıdır. Davranışçı açıklamada, düşünme ve hissetmenin öznel deneyimine yer yoktur. Sadece nesnel olarak gözlemlenebilen davranış kalıplarına yer vardır.

Mantıksal davranışçılığa karşı, az çok teknik sayılabilecek birkaç itiraz yapılmıştır. Bunların birincisi, davranışçıların 'yetenek' fikrini net olarak hiçbir zaman açıklayamamış olmalarıdır. Hiç kimse, davranış temelli zihinsel kavramların, yetenek bakımından yeterli bir analizini üretmek için, şartlı (hipotetik) ifadelerde ne tür öncüller olması gerektiğini tatminkâr bir şekilde açıklamayı başarmış değildir.[1] İkincisi, analizde belirli bir biçimde dairesellikle ilgili bir problem varmış gibi görünmektedir ki bu döngü şudur; davranışa bağlı olarak inancın bir analizini yapmak isteyen için, isteğe gönderme yapmanın zorunlu olduğu görülmektedir. İsteğin bir analizini yapmak isteyen için de inanca gönderme yapmanın zorunlu olduğu görülmektedir.[2] Bu nedenle, önceki örneği dikkate alırsak, analiz etmeğe çalıştığımız hipotez şu ve benzeri hipotezlerdir; John eğer yağmur yağacağı hipotezine inanıyorsa ve de pencereler açıksa, John pencereleri kapatacaktır. Burada 'hangi şartlar altında neler yapacağına dair belli şartlı ifadelere bağlı olarak John'un yağmur yağacağına inandığı' şeklindeki kategorik ifadeleri analiz etmeye çalışıyoruz. Ancak, John'un yağmur yağacağına dair inancı, ancak ve ancak 'John pencerelerden yağmur suyunun gelmesini

---

[1] Hampshire, 1950; Geach, 1957.
[2] Chisholm 1957.

istemiyor' ve 'John, açık pencerelerin yağmur suyunun içeri girmesine izin verdiğine inanıyor' şeklindeki ilave hipotezleri/varsayımları farzettiğimiz zaman pencereleri kapatma davranışında kendini gösterecektir. Eğer onun, yağmur esintisinin serpintisi pencerelerden içeri girmesinden daha çok hoşlandığı bir şey yoksa pencereleri kapatma mizacı (yeteneği) olmayacaktır. John'un istekleri (ve diğer inançları) hakkında bu türden bazı hipotezler olmadan, onun orijinal inançlarıyla ilgili herhangi bir cümleyi analiz etmeye başlayamazmışız gibi görülmektedir. Benzer mülahazalar, isteklerin analizi için de söylenebilir ve bu analizler inançlara gönderme yapmayı gerektiriyor gibidir.

Davranışçılığa üçüncü bir teknik itiraz da onun, zihinsel durumlarla davranışlar arasındaki nedensellik ilişkisini dışarıda bırakması hususunda olmuştur.[1] Örneğin, acıyı, acı davranışı kabiliyetiyle tanımlarken davranışçılık, acının davranışlara neden olduğu gerçeğini göz ardı eder. Benzer şekilde, inançları ve istekleri davranış bakımından analiz edersek, inançların ve isteklerin davranışa neden olduğunu artık söyleyemeyiz.

Felsefi literatürdeki tartışmaların çoğunluğu davranışçılığa 'teknik' itirazlara ilişkin olmasına rağmen, gerçekte sağduyu itirazları en çok utanç verici olanlardır. Davranışçılığın saçmalığı, gerçekte dışsal davranışa ilaveten hiçbir içsel zihinsel durumun varlığına inanmamasında yatar.[2] Ve biliyoruz ki bu, insan olmanın neye benzediğine dair sıradan deneyimlerimizin aksine olan bir durumdur. Bu yüzden, davranışçılar alaycı bir tarzda anestezi[3] yapılmış (uyutulma) rolü

---

[1] Lewis, 1966.
[2] Ogden and Richards, 1926.
[3] Bu tabirin kaynağını bilmiyorum, fakat muhtemelen Ogden ve Richards'ın Watson'u 'genel anestezideymiş rolü oynuyor' (1926, s. 23, 1949 baskısı) olarak nitelendirmelerinden kaynaklanıyor olabilir.

oynamakla suçlanıp birçok kötü şakaya malzeme oldular. (Örneğin, bir davranışçı diğer davranışçıya cinsel ilişki sonrası sormuş. 'Senin için nefisti, benim için nasıldı?'). Davranışçılığa karşı sağduyu itirazları, bazen de sezgilerimize hitap eden argümanlar biçiminde ortaya konulmuştur. Bunlardan biri süper aktör/süper kahraman (superspartan) itirazıdır.[1] Örneğin, üstün yetenekli bir aktörün, kendisi hiçbir acı duymasa da acı çeken birinin davranışını mükemmel bir şekilde taklit edebileceği kolayca hayal edilebilir. Aynı şekilde bir süper kahraman da inanılmaz acılar içinde kıvransa da hiç belli etmeden buna katlanabileceği kolayca hayal edilebilir.

III- Tür Özdeşliği Teorisi

Mantıksal davranışçılık analitik bir gerçek olarak farzedildi. O, zihinsel ve davranışsal kavramlar arasında tanımsal bir bağlantı ileri sürdü. Maddeci zihin felsefelerinin yakın tarihinde ise bu, 'mümkün, yapma/sentetik ve deneysel bir gerçek olarak zihinsel durumlar, beynin ve merkezi sinir sisteminin durumlarıyla özdeştir' şeklindeki 'özdeşlik teorisi'yle yer değiştirdi.[2] Özdeşlik kuramcılarına göre, maddi gerçeklikten bağımsız, ayrık zihinsel görüngülerin bulunduğunu varsaymada mantıksal bir saçmalık yoktu. Örneğin acı gibi zihinsel durumlarımızın, sinir sisteminin durumlarıyla özdeş olması, daha şimdilerde bir gerçek olarak ortaya çıktı. Bu durumda, acıların C-elyafıyla[3] özdeş olduğu iddia edildi.

---

[1] Putnam, 1963.
[2] Place 1956; Smart 1965.
[3] Bu 'C-lifleri' bahsi üzerinde durmaktan biraz rahatsızlık duyuyorum, çünkü tartışmanın tümü yanlış bilgilendirmeden ibarettir. Maddeciliğin erdem ve uyarılarına bakılmaksızın, C-liflerinin, ağrı duyumlarının odağı olması gerektiği, tam olarak nörofizyolojik nedenlerle mümkün değildir. C-lifleri, belli tür ağrı sinyallerini çevresel sinir uçlarından merkezi sinir sistemine taşıyan bir tür aksondur. Diğer ağrı

Maddeciliğin Yakın Tarihi 57

Descartes, ayrık zihinsel görüngülerin varolduğunu düşünmekte haklı olabilirdi. Onun bu konuda yanıldığının bir gerçek olarak ortaya konması, daha yeni bir şeydir. Zihinsel görüngüler, beynin ve sinir sisteminin durumlarından başka bir şey değildi. Beyin ve zihin arasındaki özdeşlik, tıpkı ışıklandırma ile elektriksel akım arasındaki[1] veya su ile H_2O molekülleri arasındaki[2] özdeşlik gibi deneysel bir özdeşlik olarak farzediliyordu. Işık hüzmelerinin elektron akışlarından ve suyun tüm farklı formlarında H_2O moleküllerinin bir araya toplanmasından başka bir şey olmadığı bir bilimsel keşif gerçeği olarak daha yeni ortaya konulmuştur.

Davranışçılıkta olduğu gibi, özdeşlik teorisinin güçlüklerini de 'sağduyu' ve 'teknik' itirazlar şeklinde ikiye ayırabiliriz. Bu durumda, sağduyu itirazı bir ikilem biçimini alır. Farzedin ki, taraftarlarının iddia ettiği gibi, özdeşlik teorisi deneysel bir gerçektir. Öyleyse, söz konusu görüngülerin, özdeşlik ifadesinin sağ tarafında tanımlandığından farklı bir şekilde aynı ifadenin sol tarafında tanımlanmasını mümkün kılacak, mantıksal olarak bağımsız özelliklerinin bulunması gerekir.[3] Örneğin, eğer acılar nörofizyolojik olaylarla aynı şeylerse, bu durumda acı özellikleri ve nörofizyolojik özellikler diye iki özellik dizisi varolmak zorundadır. Bu iki özellik dizisi, bize yapma/sentetik özdeşlik ifadesinin her iki tarafını çivi çakar gibi sabitleyebilme imkânı verir. Bu nedenle örne-

---

sinyalleri, A-Delta lifleri tarafından taşınır. C-lifleri, uyarıcının, gerçek eylemin gerçekleştiği beyne taşındığı kanallar olarak görev yaparlar. Bildiğimiz kadarıyla, ağrı duyumlarından sorumlu olan nörofizyolojik olaylar talamusta, limbik sistemde, somato-sensor korteksinde ve muhtemelen diğer bölgelerde de meydana gelir. (Bu konuda herhangi bir standart ders kitabına bakınız).

[1] Smart, 1965.
[2] Feigl, 1958; Shaffer, 1961.
[3] Stevenson, 1960.

ğin, 'x acı olayı, nörofizyolojik olay y ile aynıdır' şekilde bir ifadeye sahip olduğumuzu varsayalım. Bir ve aynı olay, farklı iki tür özelliğe yani acı ve nörofizyolojik özelliklere dayanılarak tanımlandığı için böyle bir ifadeyi anlıyoruz. Ancak eğer böyleyse, bir ikilemle karşı karşıya kaldığımız görülüyor. Acı özellikleri ya öznel, zihinsel, içebakışsal özelliklerdir veya değildirler. Eğer öyleyse gerçekten biz zihinden kurtulmuş olmuyoruz demektir. Her ne kadar bu, cevher dualizmi değil de nitelik dualizmi olsa da hala geride bir tür dualizm kalıyor. Yine, zihinsel cevherlerden kurtulmuş olmamıza rağmen, hala geride bir dizi zihinsel özellik kalıyor. Diğer yandan eğer biz, 'acı'dan belirli nörofizyolojik olayların öznel bir zihinsel özelliği olarak adlandırmadan söz edersek, onun anlamı bütünüyle gizemli ve açıklanmamış kalır. Davranışçılık gibi biz de zihni dışarı da bırakıyoruz. Çünkü şimdilik deneyimlerimizin öznel zihinsel özelliklerini nasıl tayin edeceğimizi bilmiyoruz.

Umarım bunun, davranışçılığa karşı sağduyu itirazının sadece bir tekrarı olduğu açıktır. Bu haliyle biz onu ikilem şekline sokmuş olduk. Özdeşlik/kimlik çeşitliliği maddeciliği, ya zihni dışlar veya dışlamaz. Eğer dışlarsa bu yanlıştır, dışlamaz ise bu maddecilik değildir.

Avustralyalı özdeşlik teorisyenleri bu itiraza karşı bir cevapları olduğunu düşündüler. Cevapları zihinsel özellikler denen şeyleri 'konudan bağımsız' bir kelime hazinesiyle tasvir etmeye/resmetmeye çalışmaktı. Düşünceleri, zihinsel özelliklerin, zihinsel olma gerçeğinden bahsetmeyen bir tanımını elde etmeye çalışmaktı.[1] Bu tabii ki yapılabilir. Bir kimse, acılardan onların acı olduğunu söylemeden, tıpkı uçağın uçak olduğunu söylemeden uçaktan bahsedebildiği gibi bahsedebilir. Yani insan, bir uçaktan 'Birleşik Hava Yol-

---

[1] Smart 1965.

ları'na ait bir nitelik parçası' diyerek bahsedebilir. Yine bir kimse, 'içimde, portakalı gördüğüm zaman bende meydana gelen şeye benzer bir hadise cereyan ediyor' diyerek, sarı bir portakalın hayali görüntüsüne gönderme yapabilir. Fakat kişinin bir görüngünün temel niteliklerini açıkça belirtmeksizin o görüngüden bahsetmesi, görüngünün varolmadığı veya temel özelliklere sahip olmadığı anlamına gelmez. Tasvirlerimiz gerçeklerinden bahsetmese de bir acı veya bir hayali görüntü ya da bir uçak hala varolmaya devam ederler.

Özdeşlik teorisine daha 'teknik' bir eleştiri ise şu idi: Her tür zihinsel bir durum için kendisiyle özdeş olduğu sadece ve sadece bir tür nörofizyolojik durum bulunması muhtemel görünmüyor. Benim Colorado'nun başkenti Denver olduğuna inanmam beynimin belli bir durumuyla aynı olsa da, 'Colorado'nun başkenti Denver'dir diye inanan herkesin aynı nörofizyolojik düzenlenişe sahip olmasını bekleyemeyiz.[1] Bütün türleri göz önüne alınırsa, acının tüm insanlarda aynı nörofizyolojik olaylara karşılık geldiği gerçek olsa bile, başka bazı türlerde, başka bazı nörofizyolojik düzenlenişlerle aynı olan acıların bulunması ihtimalini de göz ardı etmek istemiyoruz. Kısacası, her bir zihinsel durumun belli bir nörofizyolojik durumla aynı olmasını beklemek biraz abartılıdır. Ve aslında, sadece bizimkine benzer sinirleri olan varlıkların, zihinsel durumları olabileceğini varsaymak bir tür 'nöronal/sinirsel şovenizm'dir.[2]

Özdeşlik teorisinin üçüncü bir 'teknik' eleştirisi de Leibniz Yasası'ndan türetilmiştir. Eğer iki olay aynıysa onların tüm özelliklerinin ortak olması gerekir. Bu durumda zihinsel durumlar fiziksel durumlarla aynı olamaz, çünkü zihinsel durumlar fiziksel durumların sahip olmadığı belirli

---

[1] Block ve Fodor, 1972; Putnam, 1967.
[2] Block, 1978.

özelliklere sahiptirler.[1] Örneğin, benim acım ayak parmağımda, ama buna karşılık gelen nörofizyolojik durum Talamus ve ötesine kadar tüm yolu kat eder. Bu durumda peki acı gerçekte nerededir? Özdeşlik teorisyenleri bu itiraz konusunda fazla güçlük çekmediler. Onlara göre analiz birimi gerçekte 'acı çekme deneyimi'dir ve bütün bedenin hayali deneyimiyle beraber bu deneyim tahminen merkezi sinir sisteminde gerçekleşir.[2] Bu noktada maddecilerin tamamen haklı olduklarını düşünüyorum.

Özdeşlik teorisine daha radikal bir teknik eleştiri de Saul Kripke (1071) tarafından şu kipli delille ileri sürülmüştür: Eğer acının C-elyaf uyarımıyla aynı olduğu doğru olursa, bu durumda aynı akıl yürütmeyle; 'Isı, moleküllerin hareketiyle özdeştir' şeklindeki özdeşlik ifadesi de zorunlu olarak doğru olmalıdır. Bu böyledir, çünkü her iki örnekte de özdeşlik ifadesinin iki tarafında da 'kesin belirtici' ifadeler vardır. Yani her iki ifade de asli özelliklerine bağlı olarak gönderme yaptığı nesneyle özdeştir. Şu an benim hissettiğim acı esasen de bir acıdır, çünkü bu duyguyla aynı olan her şey bir acı olmak zorundadır. Ve bu beyin durumu esasen de bir beyin durumudur, çünkü bununla aynı olan her şey bir beyin durumu olmak zorundadır. Bu nedenle, 'acılar beyin durumlarının belirli türleridir' ve 'özel bir acı özel bir beyin durumuyla özdeştir' diye iddia eden özdeşlik teorisyenlerinin, hem 'acılar genel olarak beyin durumlarıdır' ve hem de 'özel bir acı da bir beyin durumudur' önermelerini zorunlu gerçekler olarak kabul etmeleri gereği ortaya çıkmaktadır. Ama bunların ikisi de doğru değildir. Ne genelde acıların zorunlu bir şekilde beyin durumları olduğunu ve ne de benim şu anki acımın zorunlu bir şekilde bir beyin durumu olduğunu söylemek

---

[1] Smart, 1965; Schafer, 1961.
[2] Smart, 1965.

doğrudur. Çünkü, bazı varlık türlerinin acıya sahip olmadan bu tip beyin durumlarının olabileceğini ve bu türden beyin durumları içinde varolmadan acısının olabileceğini hayal etmek kolay gibidir. Hatta bu beyin durumu olmadan aynı acıyı hissettiğimiz veya bu acı olmadan aynı beyin durumunu yaşadığımız bir hali tasavvur etmek bile mümkündür.

Bu son kipli delilin (argüman) etkisi hakkında tartışma yıllarca sürdü ve hala sürüyor.[1] Bizim şimdiki ilgilerimiz açısından ben dikkatleri bunun gerçekte daha bilgiç bir surete bürünmüş bir sağduyu itirazı olduğuna çekmek istiyorum. Herhangi bir özdeşlik teorisine karşı yapılan sağduyu itirazı şudur: zihinsel bir şeyi zihinseli dışarıda bırakmaksızın zihinsel olmayan bir şeyle tespit edemezsiniz. Kripke'nin kipli deliline göre, zihinsel durumların, fiziksel durumlarla özdeşleştirilmesi zorunlu olmalıdır ve fakat bu henüz zorunlu değildir. Zira zihinsel olana zorunlu olarak fizikseldir diyemeyiz. Kripke'nin Butler'den iktibas ederken dediği gibi, 'her şey neyse odur, başka bir şey olamaz'.[2]

Ne olursa olsun, herhangi bir zihinsel durumun bir tür nörofizyolojik durumla özdeş olduğu fikri çok fazla kesin

---

[1] Lycan, 1971, 1987; Sher, 1977.

[2] Bu bölümde, zihin-beden problemine ilişkin çözümümü savunmakla ilgilenmiyorum, fakat bunun bu karşı çıkışa bağlı olmadığını belirtmek gerekir. Kripke ve muhalifleri, söz konusu düalist kelime hazinesini, benim reddettiğim, 'zihinsel' ile 'fiziksel' arasındaki karşıtlığı ile birlikte kabul ediyorlar. Bu karşıtlığı reddettiğinizde, benim görüşüme göre, mevcut ağrı durumum, beynimin daha üst-düzey bir özelliği olur. Dolayısıyla zorunlu olarak, beynimin belli bir özelliği ile yani bizzat kendisi ile özdeş olur. Eşit zorunlulukla, beynimdeki daha alt-düzey olaylardan kaynaklansa da, beynimin diğer herhangi bir özelliği ile özdeş olmaz. Bu gibi özelliklerin diğer tür olaylardan kaynaklanması ve diğer tür sistemlerin özellikleri olması mümkündür. Şu halde, ağrılar ile beyinler arasında zorunlu bir bağ olmaz. Her şey ne ise odur, başka bir şey değildir.

görünmektedir. Ama maddeciliğin temelindeki felsefi motivasyonun daha zayıf bir fikirle korunabileceği düşünüldü. Bu tez, her bir zihinsel durumun göstergesi olarak onunla aynı olan bir nörofizyolojik göstergenin bulunduğu tezidir. Bu tür fikirlere 'gösterge-gösterge özdeşlik teorileri' denildi ve sonra da onlar 'tür-tür özdeşlik teorileri'nin yerini aldılar. Bazı yazarlar aslında gösterge-gösterge özdeşlik teorisinin Kripke'nin kipli delilinin gücünden bile kurtulabileceğini düşündüler.[1]

IV- Gösterge-Gösterge Özdeşliği Teorileri

Gösterge özdeşliği teorisyenleri, tür özdeşliği kuramcılarına karşı yapılan sağduyu itirazlarını miras aldılar. Bu karşı çıkma bazı dualist özellikleri içermekteydi, ancak onların bazı ilave güçlükleri daha vardı ki bunlardan birisi şuydu:

Eğer aynı zihinsel durumda olan iki kişi, farklı nörofizyolojik durumda olurlar ise, aynı zihinsel durumları oluşturan farklı nörofizyolojik durumlar için neler söylenecektir. Eğer siz de ben de Denver'in Colorado'nun başkenti olduğuna inanırsak, bizim sahip olduğumuz farklı nörofizyolojik dalgaları aynı inançta ortak kılan şey nedir? Dikkat edilmelidir ki, gösterge özdeşliği teorisyenleri bu soruya sağduyu cevabı veremezler. Ve onlar iki farklı nörofizyolojik olayı aynı türden zihinsel bir olay yapan şeyin aynı tür zihinsel özelliklere sahip olduğunu söyleyemezler. Çünkü bu maddeciliğin ulaşmaya çalıştığı zihinsel özelliklerin tamamen indirgenmesi veya elenmesi olacaktır. Onlar şu soruya zihinselci olmayan bazı cevaplar bulmak zorundadırlar; 'iki farklı nörofizyolojik durumu aynı tür zihinsel durumun göstergesi

---

[1] Örneğin, McGinn (1977). McGinn, Davidson'ın 'kural dışı tekçilik' delilini savunuyor ve ikisi de -McGinn ve Davidson- bunu bir gösterge özdeşliği teorisi versiyonu olarak ele alıyor.

yapan şey nedir?' İçinde çalıştıkları geleneğin tamamı göz önüne alındığında yegâne makul cevap, davranışçı tarzın cevabıydı. Onlar buna, 'bir nörofizyolojik durum, işlevine göre özel bir zihinsel bir durumdur' diye cevap veriyorlardı ve bu tabii olarak sonraki görüşe yol açtı.

V- Karakutu İşlevselciliği

İki farklı nörofizyolojik durumu aynı tür zihinsel durumun göstergesi yapan şey, her ikisinin de organizmanın bütün yaşamı boyunca aynı işlevi yerine getiriyor olmasıdır. Bir işlev düşüncesi biraz belirsiz bir şeydir ancak gösterge özdeşliği teorisyenleri onu şu şekilde ete kemiğe büründürdüler: İki farklı beyin durumu göstergesi, eğer bu iki beyin durumu organizmanın aldığı girdi uyaranları, diğer değişik zihinsel durumlar ve de çıktı davranışları arasında aynı nedensel ilişkilere sahip olursa aynı türden zihinsel durumun göstergesi olabilirler.[1] Bu nedenle, örneğin bende yağmur yağacağı inancı bulutların toplanması ve şimşeklerin çakmasını algılayışımın neden olduğu bir durum ise ve bu durum benim yağmurun içeriye girmemesi isteğimle birlikte bulunur ise, bunlar teselsülen pencereleri kapatmama neden olurlar. Gösterge özdeşlik teorisyenlerinin, zihinsel durumları nedensel ilişkilerine -sadece girdi uyaranları ve çıktı davranışları değil, diğer değişik zihinsel durumları da- bağlı olarak tanımlayarak davranışçılığa karşı ortaya konulan iki itirazdan hemen kaçındıklarına dikkat edilmelidir. Bu itirazlardan biri, davranışçılığın zihinsel durumların nedensel ilişkilerini ihmal etmesiydi. İkincisi ise, davranışsalcılıkta 'isteklerin inançlar, inançların da isteklere bağlı olarak çözümlenmesi zorunluluğu' şeklinde bir döngü vardı. İşlevselci çizginin gösterge özdeşliği teorisyenleri, kavramlar sisteminin tümünün, neden-

---

[1] Lewis 1972; Grice 1975.

sel ilişkiler çerçevesinde elde edileceği delilini ileri sürerek bu döngüyü sevinerek kabul ederler.

İşlevselcilik bu ilişkiler sistemini herhangi bir 'gizemli zihinsel varlığa' tevessül etmeksizin tam olarak açıklamak için, çok güzel bir teknik aygıta sahiptir. Bu aygıtın adı Ramsey cümlesidir[1] ve şöyle çalışır: Farzet ki, John'un 'p' diye bir inancı vardır ve bu inanç p'nin algılanışı nedeniyle ortaya çıkmıştır. Ve 'p' ile birlikte, p'nin a eylemine neden olduğu şeklindeki inanç olan 'q' isteği bulunur. İnançları nedensel ilişkilerine bağlı olarak açıkladığımız için, 'inanç' sözcüğünün bir önceki cümledeki açık kullanımını kaldırır ve bunun yerine sadece şu şu nedensel ilişkilerde bulunan herhangi bir şey deriz. Biçimsel olarak konuşursak, inancın açık ifadesini elemenin basit yolu, John'un 'p' inancına gönderme yapan herhangi bir ifadenin yerine 'x' değişkenini koymaktır. Ve bütün cümleye bir varoluşçu niceleyici ile başlarız.[2] John'un p inancı ile ilgili her şey şu şekilde söylenebilir: John x'e sahip ve 'x', p'nin algılanışı nedeniyledir ve 'x', q'nun 'a' eylemine neden olması isteğiyle birliktedir.

Ayrıca Ramsey cümleleri 'istek' ve 'algı' gibi kalıcı psikolojik terimlerin meydana gelmesinden kurtulmak için de düşünülmüştür. Ramsey cümleleri bir kez bu biçimde dillendirildiği zaman, işlevselcilik, zihinsel durumlarla ilgili hiçbir şey, özellikle de zihinsel hiçbir şey bulunmadığını göstermek için önemli bir avantaj elde etmiş olur. Zihinsel durumları konuşmak, sadece nötr bir nedensel ilişki dizisinden bahsetmektir ve tür-tür özdeşlik teorilerinin görünen şovenizmi, - yani sadece bizimkine benzeyen beyin sistemlerinin zihinsel durumları olabileceğini varsayan şovenizm- şimdilerde daha

---

[1] İngiliz filozof F.P. Ramsey'den sonra, (1903–1930).
[2] Lewis, 1972.

fazla liberal bir görüşle bu durumdan kaçınmaktadır.[1] Herhangi bir sistem -neyin ürünü olduğu önemli değil- sadece ve sadece, girdileri, içsel işleyişi ve çıktıları arasında doğru nedensel ilişkilere sahip olduğu zaman zihinsel durumlara sahip olabilir. Bu çeşitliliğin işlevselciliği, sahip olduğu nedensel ilişkiler için inançların nasıl işlediğine dair hiçbir şey söyleyemez. O zihni, içerisinde bu farklı nedensel ilişkilerin vuku bulduğu bir tür kara kutu olarak ele alır ve bu yüzden bazen bu türe 'kara kutu işlevselciliği' denir.

Bu kara kutu işlevselciliğine karşı itirazlar, daha önce gördüğümüz sağduyulu ve teknik itirazların aynı türden bir karışımını sergiler. Sağduyu itirazı, işlevselcinin, zihinsel durumlarımızın en azından bir kısım nitelikli öznel duygularını dışarıda tutmasıydı. Mutlaka bizim kırmızı bir objeyi görürken ya da sırtımız ağrırken hissettiğimiz oldukça özel belli nitelikli deneyimlerimiz vardır ve bu deneyimleri sadece nedensel ilişkileri içinde tasvir etmek, bu özel qualia'yı dışta bırakmak demektir. Bunun bir delili şu şekilde sunulmuştur: Halkın bir kısmının renk spektrumu, örneğin normal birinin yeşil gördüğünü kırmızı, kırmızı gördüğünü de yeşil görecek şekilde ters yüz olsa.[2] Şimdi farzedelim ki, bu spektrumun tersine dönüşü, anormal grup halkın geriye kalanı gibi, tamamen aynı uyarana cevaben tamamen aynı renk ayrımlarını yapıyor olduğu için, bilinen herhangi bir renk körlüğü testi ile hiç anlaşılamasın. Onlardan kırmızı kalemleri bir istife ve yeşil kalemleri de ayrı bir istife yığmaları istense, onların yapacakları şey bizim geriye kalanlarımızın yapacağıyla aynıdır. Bu, iç dünyalarında kendilerine farklı görünebilir ancak dışarıdan bu farkı algılamanın bir yolu yoktur.

---

[1] Şovenizm' ve 'liberalizm' terminolojisi Ned Block (1978) tarafından öne sürülmüştür.
[2] Block ve Fodor, 1927.

Eğer bu imkân bizce idrak edilebilir olsa bile ki kesinlikle bu böyledir, kara kutu işlevselciliği nötr bir şekilde belirlenmiş nedensel ilişkilerin, zihinsel görüngüleri açıklamak için yeterli olduğunu farzetmekte mutlaka yanılmış olmalıdır. Zira, bu tür belirlemeler birçok zihinsel görüngünün önemli bir özelliğini yani nitelikli duygu olma özelliğini dışarıda bırakır.

Bu türden bir itiraz da diyelim ki, bütün Çin nüfusu gibi devasa bir nüfusun bir insan beyninin işlevsel organizasyonunu, doğru girdi-çıktı ilişkisi ve doğru neden-sonuç ilişkisinin içsel kalıplarına sahip oluncaya dek, taklit edecek şekilde davranabileceğidir. Fakat, yine de sistem hala bir sistem olarak hiçbir şey hissetmeyecektir. Çin halkının tamamı acı duymaya uygun işlevsel bir organizasyonu sadece taklit ederek acıyı hissedemez.[1]

Kara kutu işlevselciliğine karşı daha teknik gibi görünen diğer bir itiraz da 'kara kutu' kısmına yönelikti: İşlevselcilik bu tanımıyla, farklı maddi görüngüleri veren farklı fiziksel durumlar ile aynı nedensel ilişkilerin karşılıklı durumlarını somut kavramlarla ifade etmekte yetersiz kalmaktadır. Bu kadar farklı fiziksel yapının nedensel olarak birbirine denk olması nasıl meydana gelir?

VI-Güçlü Yapay Zekâ

İşte bu noktada maddeciliğin iki bin yıllık tarihinin en heyecan verici gelişmelerinden biri meydana geldi. Gelişen yapay zekâ bilimi, bu soruya bir cevap buldu: Farklı maddi yapılar, eğer aynı bilgisayar programının farklı donanım uygulamaları iseler, zihinsel olarak birbirlerine denk olabilirler. Aslında, bu cevabı dikkate aldığımızda, zihin sadece bir bilgisayar programı ve beyin de bir zihne sahip olabilecek farklı

---

[1] Block, 1978.

bilgisayar donanımlarının (veya wetwares)[1] belirsiz alanlarından biridir. Zihnin beyinle ilişkisi bir program ile donanım arasındaki ilişki gibidir.[2] Yapay zekâ ve işlevselcilik birleşince bu birliğin en hoş tarafı, zihin hakkında bütünüyle maddeci olan birinin, yine de Descartes gibi beynin zihinle gerçekten ilgisi olmadığına inanabilmesidir. Zihin bilgisayar programı olduğu için ve bir program, sadece programdaki adımları uygulamak için yeterince güçlü ve sabit bir donanım tedarik eden herhangi bir donanıma yüklenebileceği için beynin nasıl çalıştığını bilmeksizin, zihnin özel olarak zihinsel yönleri belirlenebilir, incelenebilir ve anlaşılabilirdir. Maddeci bile olsanız zihin üzerine çalışmak için beyin üzerinde çalışmanıza gerek yoktur.

Bu fikir 'bilişsel bilim' (cognitive science) denen yeni bir disiplinin doğmasına neden olmuştur. Bu konuda ileride daha ayrıntılı bir şekilde bilgi vereceğim (7, 9 ve 10. Bölüm). Ancak burada sadece maddeciliğin yakın tarihini takip etmekteyim. Hem yapay zekâ disiplini ve hem de işlevselciliğin felsefi teorisi, zihnin sadece bir bilgisayar programı olduğu fikri üzerinde birbirlerine yakınlaşırlar. Ben bunu 'güçlü yapay zekâ' diye isimlendiriyorum.[3] Ancak buna 'bilgisayar işlevselciliği' de denilir.[4]

Güçlü yapay zekâya karşı yapılan itirazlar bana göre, diğer durumlarda gördüğümüz sağduyu itirazlarının ve az ya da çok teknik itirazların aynı türden bir karışımı gibidir. Yapay zekâya karşı yöneltilen teknik itirazlar ve ortaya konulan güçlükler hem zayıf ve hem de güçlü versiyonlarıyla sayısal

---

[1] Yazar burada 'hardwares' kavramına nazire yaparak beyine gönderme yapmakta ve ıslak emtia/wetwares kavramını parantez içinde vermektedir (çev.).
[2] Johnson-Laird, 1988.
[3] Searle, 1980a.
[4] Denet, 1978.

bakımdan çok fazladır ve de karmaşıktır. Bunları özetlemeye girişmeyeceğim. Genelde onlar bilgisayarları programlamada, kendilerinin Turing testinin şartlarını yerine getirmelerini sağlayacak bir şekilde belli güçlükler çekerler. Bizzat yapay zekâ kampı içinde dahi, 'çerçeve problemi' (frame problem) ve 'tekdüze olmayan akıl yürütme' konusundaki yeterli bir açıklama yapamamak gibi gerçek insan davranışlarına ayna tutacak konularda güçlükler bulunur. Yapay zekâ kampı dışında, Hubert Drayfus'un (1972), 'bir insan zihninin çalışma tarzı, bilgisayarın çalışma tarzından oldukça farklıdır' şeklindeki itirazı gibi itirazlar vardır.

Güçlü yapay zekâya karşı yapılan sağduyu itirazı ise basitçe, zihnin hesaba dayalı modelinin, zihinle ilgili bilinç ve niyetlilik gibi önemli şeyleri dışarıda bıraktığı şeklindedir. Güçlü yapay zekâya karşı bilinen en güçlü argümanın benim Çin odası argümanım olduğuna inanıyorum.[1] Bu argüman, bir sistemin, insanın bazı kapasitelerinin mükemmel bir taklit/simülasyon verecek şekilde bir program geliştirebileceğini, örneğin, bu sistem Çince hiçbir şey bilmemesine rağmen, Çince anlama kapasitesi gibi bir kapasiteyi kendisinin üretebileceğini gösterir. Basitçe şunu hayal edelim; Çince hiçbir şey anlamayan birisi, çokça Çince sembol ve Çince soruları cevaplamak için bir program olan bir odaya kilitlensin. Sistemin girdisi soru biçiminde Çince sembollerden, sistem çıktısı ise sorulara cevaplar biçiminde Çince sembollerden oluşsun. Bu durumda programın sorulara, ana dili Çince olan birinin vereceği cevaplardan ayırt edilemeyecek kadar güzel cevaplar vereceğini farzedebiliriz. Fakat buna rağmen, ne içerdeki insan ne de sistemin diğer herhangi bir parçası harfiyen Çince bilmektedir. Ve programlanan bilgisayar, sistemin sahip olmadığı hiçbir şeye sahip olmayacağı için, bilgi-

---

[1] Searle, 1980a.

sayar olması bakımından Çince'yi de anlamayacaktır. Program salt biçimsel ve dilbilgisel olduğundan ve de zihin, zihinsel veya anlambilimsel içeriklere sahip olduğu için salt bilgisayar programları ile bir zihin üretme çabaları, zihnin esaslı özelliklerini dışarıda bırakacaktır.

Davranışçılığa, tür özdeşliği teorilerine, gösterge özdeşliği teorilerine, işlevselcilik ve güçlü yapay zekâya ilave olarak zihin felsefesinde genel maddeci gelenek çerçevesinde yer alan diğer teoriler de vardır. Bunlardan birisi -ki bu 1960'ların başlarında Paul Fayarabend (1963) ve Roty'nin (1965) eserlerine kadar uzanır-, son zamanlarda P. M. Churchland (1981) ve S. Stich (1983) gibi yazarlarca değişik biçimlerde yeniden diriltilmiştir. Bu görüş zihinsel durumların asla var olmadığı görüşüdür. Bu görüş 'eleyici maddecilik' diye isimlendirilmiştir ve şimdi bu konuya dönüyorum.

VII- Eleyici Maddecilik

En bilgiç versiyonuyla, eleyici maddecilik delil olarak şunları ileri sürer: Bizim zihin hakkındaki ortak inançlarımız, bir çeşit ilkel teori olan bir 'halk psikolojisi' kurar. Fakat her teoride olduğu gibi, teorinin vazettiği varlıkların doğruluğu, o teorinin doğruluğu ölçüsünde kanıtlanabilir. Tıpkı, yanmaya ilişkin uçucu madde (phlogiston) teorisinin başarısızlığının, uçucu maddenin varlığına inancın herhangi bir doğrulamasını ortadan kaldırması gibi, halk psikolojisinin başarısızlığı da halk psikolojisinin oluşturduğu varlıkların mantıksal açıklamalarını ortadan kaldırır. Bu yüzden, halk psikolojisinin yanlış olduğu ortaya çıkarsa, inançların, isteklerin, ümitlerin, korkuların vb. varlığına inanmamız da savunulamaz. Eleyici maddecilere göre, halk psikolojisinin yanlışlığının ortaya çıkması oldukça muhtemeldir. Bir 'olgun bilişsel bilim'in ileride, zihinsel durumlarla ilgili ortak inançlarımızın bir çoğunun bütünüyle savunulamaz olduğunu göstermesi de muhtemeldir. Bu sonuç her zaman varolduğunu zannettiğimiz varlıkların yani bizim sıradan zihinsel varlıklarımızın, gerçekte varolmadığı neticesine götürür. Ve böylece en sonunda biz, basitçe zihni eleyen bir zihin teorisine sahip oluruz. 'Eleyici maddecilik' ifadesi de bu yüzdendir.

'Eleyici maddecilik' lehine kullanılan ilgili bir delil bana öyle dehşet verici geliyor ki, korkarım yanlış anlamak zorunda olmaktan korkarım. Anlatabileceğim kadarıyla bu delil şu şekilde işler;

> Kusursuz bir nörobiyoloji bilimine ve beynin nasıl çalıştığını gerçekten açıklayan bir teoriye sahip olduğumuzu hayal edin. Böyle bir teori halk psikolojisi ile aynı etki alanını kapsayacak ve fakat daha güçlü olacaktır. Ayrıca, bizim halk psikolojisiyle ilgili inanç, istek, ümit, korku, depresyon, sevinç, acı vs. gibi sıradan kavramlarımız hayal ettiğimiz kusursuz nöroloji biliminin sağladığı sınıflandırmayla tamamen ya da uzaktan yakından eşleşebilmesi pek mümkün görünmemektedir. Bu nörobiyoloji biliminde 'inanç', 'korku', 'ümit' ve 'istek' gibi ifadeler için, hiçbir şekilde bir yer bulunmayacak ve varsayılan görüngülerin pürüzsüz bir indirgemesi de olamayacaktır.

Bu öncüldü ve bu öncülün sonucu şudur; Geleneksel (halk) psikoloji ifadelerinin, delalet edici olarak isimlendirdiği, inançlar, ümitler, korkular, istekler vb. varlıklar gerçekte var değildirler.

Bu delilin aslında ne kadar kötü olduğunu görmek için fizikte bir delili buna paralel olarak şöylece hayal ediniz:

> Teorik fizik bilimini düşünün, fiziksel gerçekliğin nasıl işlediğini açıklayan bir teoriye sahibiz ve bu teori her türlü kritere göre, sağduyu teorilerinin hepsinden çok daha üstündür. Fiziksel teori, golf klüpleri, tenis raketleri, Şevrole steyşın arabalar, iç mekânı kademeli çiftlik evi gibi sağduyu

teorilerimizin etki alanıyla aynı etki alanını kuşatır. Dahası, bizim 'golf klübü', 'tenis raketi', 'Şevrole steyşin araba', 'iç mekânı kademeli çiftlik evi' gibi sıradan halk psikolojisi kavramlarımızın teorik fiziğin sınıflandırmasıyla tamamen ya da uzak yakın bir alakası yoktur. Teorik fizikte bu ifadelerin hiçbir kullanımı yoktur ve bu görüngülerin pürüzsüz şekilde indirgenmeleri de mümkün değildir. İdeal bir fiziğin gerçekliği sınıflandırma yöntemiyle –ki aslında bu bizim şimdiki fiziğimizin yöntemidir- sıradan geleneksel fiziğin gerçeği sınıflandırma yöntemi son derece farklıdır.

Bu nedenle iç mekânı kademeli çiftlik evi, tenis raketleri, golf klüpleri, Şevrole steyşın arabalar gerçekte mevcut değillerdir.

Bu hatanın literatürde tartışıldığına hiç rastlamadım. Belki çok daha kötüsü, hata bütünüyle yadsınmıştır. Bu durum açıkça yanlış olan şu öncüle dayanır: Herhangi bir deneysel teori ve ilgili sınıflandırma, sınıflandırılan varlıklar, temel bilimin daha iyi teorilerinin varlıklarına tür-tür indirgemesi olmadıkça varolamazlar. Eğer, öncülün yanlış olduğuna dair en küçük bir şüpheniz varsa, onu hemen etrafında gördüğün herhangi bir şey üzerinde veya kendi üzerinde dene.[1]

Eleyici maddecilikle ilgili olarak, bir kez daha önce belirttiğimiz itirazlarla aynı teknik ve sağduyu itirazları görmekteyiz. Teknik itirazlar, geleneksel halk (folk) psikolojinin bir teori olmakla birlikte bir araştırma projesi olmaması gerçeğiyle ilgilidir. Geleneksel psikoloji bizatihi bilimsel araştırmanın rakip bir alanı değildir ve aslında geleneksel psikolojiye saldıran eleyici maddeciler eleştirmenlere göre çoğu za-

---

[1] Bu delil, çeşitli filozofların çalışmalarında görülmektedir, örneğin Steven Schiffer (1987) ve Paul Churchland. Churchland bu öncülün özlü bir bildirimini sunmaktadır: 'İndirgeme umudumuzdan vazgeçersek, uygun tek alternatif olarak yok etme ortaya çıkar' (1988).

man haksızdırlar. Savunucularına göre, geleneksel halk psikolojisi yine de bu derece kötü bir teori değildir ve birçok merkezi öğretisinin doğru çıkması oldukça muhtemeldir. Eleyici maddeciliğe yöneltilen sağduyu itirazları sadece teorinin çılgınca görünmesinedir. Şu ana kadar hiç susama ve istek duymadım, hiç acım olmadı ve gerçekte hiç inancım olmadı veya inanç ve isteklerim hiçbir şekilde davranışlarımı etkilemiyor gibi şeyler söylemek çılgınca görünür. Önceki maddeci teorilerden farklı olarak, eleyici maddecilik, zihni bu derece dışarıda bırakmaz ve ilk etapta dışarıda bırakılacak şeylerin varlığını reddeder. Ne zaman ki, 'eleyici maddecilik ciddi bir itibar görmeyi hak edemeyecek kadar delice görünüyor' şeklinde bir meydan okumayla karşılaşırsa savunucuları neredeyse hep bir ağızdan bilimin destansı çağı manevrasını/hilesini yardıma çağırırlar.[1] Yani onlar, inançlara sahip olduğumuz inancından vazgeçmeyi, örneğin, dünyanın yuvarlak olduğu ve günbatımı inancından vazgeçmeyle benzer görürler.

Bütün bu tartışmalar içinde, maddeciliğin tarihinde belli bir çelişkili bakışmazlık/asimetri var olagelmiş olduğuna işaret etmek önemlidir. Önceki tür-tür özdeşlik teorileri gizemli kartezyen zihinsel durumlardan kurtulabileceğimizi iddia etmişlerdi. Çünkü zihnin bu durumlarının fiziksel durumlardan başka bir şey değildirler. Ve onlar bu iddialarını, zihinsel durumların türlerinin, fiziksel durumların türleriyle özdeş olduğunun görülebileceği ve yine acı ve inanç gibi olağan tasavvurlarımızla, nörobiyolojinin kabulleri arasında bir eşleştirme kurabileceğimiz şeklindeki varsayımlara dayandırmışlardı. Şimdi, eleyici maddecilik hususunda, bu durum, zihinsel durumların hepten nörobiyoloji lehine elenmesinin haklı çıkarılması olarak görülmüş herhangi bir türden

---

[1] P. S. Churchland, 1987.

eşleştirmenin, iddia edilen başarısızlığıdır. Önceki maddeciler, zihinsel görüngüler beyin durumları ile özdeş kabul ettikleri için ayrışık zihinsel görüngüler olarak bu tür hiçbir şeyin varolmadığını iddia ettiler. En son maddeciler ise, zihinsel görüngüleri beyin durumları ile özdeş kabul etmedikleri için ayrışık zihinsel görüngüler olarak bu tür hiçbir şeyin varolmadığını iddia ederler. Bu modeli çok açık edici bulurum ve o, her ne pahasına olursa olsun zihinsel görüngülerden kurtulmak için bir kışkırtmayı açık eder.

VIII- *İçeriği Doğallaştırmak*

Maddecilik hakkındaki tartışmalarda yarım asırdır yinelenen modelden sonra bir kimse, maddecilerin ve dualistlerin tartışmaya bağlı olarak bir kısım şeylerin yanlış gittiğini düşündüklerini varsayabilir. Fakat her iki taraf için de bir tümevarım henüz meydana gelmemiş gibidir. Ben bunu yazarken aynı model, hali hazırdaki niyetli içeriği 'tabiileştirme' çabaları içinde yinelenmektedir.

Stratejik olarak buradaki düşünce, niyetlilik probleminden bilinç problemini ayırmaktır. Belki biri çıkıp, bilincin indirgenemez olarak zihinsel olduğunu ve böylelikle de bilimsel işlenişe konusu olamayacağını kabul edebilir. Fakat burada bilinç bizim için fazla sorun teşkil etmeyebilir ve biz onsuz da yolumuza devam edebiliriz. Bizim tek ihtiyacımız, 'niyetliliği tabiileştirme'nin tamamen zihinsel olmayan fiziksel görüngülere bağlı bir şekilde –onlara indirgenerek- niyetliliği açıklamak anlamına geldiği yerde niyetliliği tabiileştirmektir. İşlevselcilik, niyetli içeriği tabiileştirmek için bir girişimdi. Ve dışsal görünümü izleyen nedensel teorilerle birleştirilerek yeniden canlandırıldı. Bu tür görüşlerin arkasındaki asıl fikir, kafamızın içindekiler dilin gerçeklikle nasıl ilişki kurduğunu belirlemede yetersiz olduğu için, anlam bilimsel içeriğin yani anlamaların büsbütün kafamızın içinde olamayacağıdır. Kafamızda olanlara ilave olarak -'dar içerik'- biz, dünya üzerindeki nesneler arasında gerçek nedensel fiziksel ilişkilere -'geniş bir içeriğe'- ihtiyacımız vardır. Bu görüşler orijinal olarak dil felsefesindeki problemler etrafında geliştirildi[1] fakat genelde zihinsel içeriklere kadar nasıl uzandıklarını görmek de kolaydır. Eğer, 'su ıslaktır' cümlesinin anlamı İngilizce konuşanların kafasının içindekilere bağlı olarak açıklanamaz ise, bu durumda suyun ıslak olduğu inancı yalnızca onların kafalarının içinde olanlarla da ilgili bir şey değildir. İdeal olarak, beyan edilmiş niyetli içeriğin bir yandan yalnızca insanlar arasındaki nedensel ilişkilere bağlı olarak, diğer yandan da dünyadaki nesneler ve olup biten şeylere bağlı olarak bir açıklaması arzu edilebilir. Dışsalcı nedensel girişimle içeriği tabiileştirmeye bir rakip ve hatta daha az makul bir açıklama olduğuna inandığım girişim, niyetli içeriğin kendi Darwinci, biyolojik, ideolojik işleviyle bireyselleştirilebileceğidir. Örneğin, eğer işlevi bana su ve yiyecek edinmede yardım ederse, benim isteklerim su ve yiyeceğe gönderme yapan bir içeriğe sahip olacaktır.[2]

Şu ana kadar içeriği tabiileştirmek için yapılan hiçbir teşebbüs niyetli içeriğin, çok az makul olsa bile, bir açıklamasını (analiz, indirgeme) üretemedi. İnancın en basit çeşidini dikkate alırsak, örneğin, ben Flubert'in Balzac'tan daha iyi bir romancı olduğuna inanıyorum. Şimdi, kaba fiziksel nedensellik veya Darwinci tabii seleksiyona bağlı olarak beyan edilen bu içeriğin herhangi bir zihinsel terim kullanılmaksızın, analiz edilmesi neye benzer?

Bir kez daha, içeriğin bu tarz tabiileştirilmiş kavranışı, hem teknik hem de sağduyu itirazlarına konu olur. Teknik problemlerin en ünlüsü belki de –ayrıştırma problemidir.[3]

---

[1] Putnam, 1975b.
[2] Millikan, 1984.
[3] Fodor, 1987.

Eğer belli bir kavram belli bir nesne nedeniyle varoluşmuşsa bu durumda hatalı özdeşlik durumlarını nasıl açıklayacağız? Eğer 'at', atlar ve hatayla atlarla özdeşleştirilen sığırlar nedeniyle varolmuşsa bu durumda 'at'ın analiz edilmesinin ayrıştırıcı olduğunu yani onun hem at hem de belli türden sığırlar anlamına geleceğini söylemek zorunda mıyız?

Daha önce yazdığım gibi, içeriğin doğacı (dışsalcı, nedensel) açıklamaları çok modadır. Şu anda açıklığa kavuşacağını umduğum nedenlerle bu açıklamaların hepsi yetersiz kalacaktır. Onlar zihinsel içeriğin öznelliğini dışarıda bırakacaklardır. Teknik itirazlar yoluyla, ayrışma durumları gibi karşıt örnekler olacak ve bu karşıt örnekler hilelerle –hukuki bilimsel incelemeler, karşıt olaylar[1] (counter factuals) veya öngörebilirim gibi- karşılaşacaktır. Fakat karşıt örnekleri bloke etmede başarılı olsalar da hilelerden ümit edebileceğiniz en fazla şey, hilenin çıktısıyla zihinsel içerik hakkındaki sezgiler arasında bir paralelliktir. Ötesinde, zihinsel içeriğin özüne siz hala ulaşmış değilsinizdir.

Niyetli içeriğin doğallaştırılması projesine, henüz birinin apaçık bir sağduyu itirazı yapıp yapmadığını bilmiyorum. Fakat tartışmanın bütününden onun ne olacağının açığa çıkacağını umuyorum. Kimsenin henüz bir şey yapmadığı bu durumda yapılacak itiraz şudur: <u>niyetliliği zihinsel olmayan bir şeye indirgeme çabası, niyetliliği dışarıda bıraktığı için her zaman başarısız olacaktır.</u> Örneğin, suyun ıslak olduğu inancının, mükemmel bir dışsal nedensel açıklamasına sahip olduğunuzu farzediniz. Bu açıklama suya ve ıslaklığa dayalı bir sistem içindeki nedensel bir ilişkiler dizisiyle ifade edilmiş ve bu ilişkiler tamamen hiçbir zihinsel öğe olmadan belirlenmemiştir. Problem aşikârdır: Bir sistem bütün bu ilişkilere sahip olabilir ve yine de suyun ıslak olduğuna inanmaz.

---

[1] Gerçek olmayan şartlı cümleler (çev.)

Bu sadece Çin odası delilinin bir uzantısıdır, ancak ahlâki olan daha genel bir şeye işaret eder: Siz niyetli bir içeriği (ya da acıları veya qualia'yı) başka bir şeye indirgeyemezsiniz. Zira bunu yaparsanız onlar artık başka şeyler olurlar ve fakat onlar başka şeyler değildirler. Benim bu görüşümün zıddı bir görüş Fodor tarafından veciz bir şekilde ifade edilmiştir: 'Eğer yönelmişlik (aboutness) gerçekse, gerçekten o başka bir şey olmak zorundadır.[1] Aksine, yönelmişlik (yani benim niyetlilik dediğim) gerçektir ve o başka bir şey değildir.

Projeyle birlikte kökten yanlış olan bazı şeylerin belirtisi, niyetli fikirlerin esasen kural koyucu/normatif olmalarıdır. Onlar hakikat, akılcılık, tutarlılık vb. gibi standartlar koyarlar ve bu standartların bütünüyle zalim, kör, niyetli olmayan nedensel ilişkilerden oluşan sisteme özgü standartlar olmasının imkânı yoktur. Bilardo topu nedenselliğinin normatif bir bileşkesi yoktur. İçeriği tabiileştirmedeki Darwinci biyolojik girişim, doğası bakımından gayeli/teleolojik farzettikleri biyolojik evrimin normatif karakterini çekici kılarak bu problemden kaçınmaya çalışır. Fakat bu çok büyük bir hatadır. Darwinci evrimle ilgili normatif ya da teleolojik hiçbir şey yoktur. Aslında, Darwin'in daha önemli katkısı amaç ve gayeliliği evrimden tamamıyla çıkarmak ve yerine seleksiyonun salt doğal formlarını koymaktı. Darwin'in açıklaması, biyolojik süreçlerin görünürdeki gayeliliğinin bir yanılsama olduğunu gösterir.

'Amaç' gibi fikirlerin biyolojik organizmanın özünde bir şey olmadığına işaret etmek bu iç görünün basit bir uzantısıdır (tabi ki organizmaların kendiliklerinden bilinçli niyetli durumları ve süreçleri olması hariç). Ve 'biyolojik işlev' gibi fikirler bile, her zaman normatif değeri nedensel süreçlere tahsis eden gözlemciye bağlıdır.

---

[1] 1987, s. 97.

Kalple ilgili olarak; 1-'Kalp kanın pompalanmasına neden olur' demekle, 2-'Kalbin işlevi kan pompalamaktır' demek arasındaki farklılığa uygun düşecek gerçeklere dayalı hiçbir farklılık yoktur. Fakat ikincisi kalp hakkındaki sırf kaba nedensel gerçeklere normatif bir statü tayin eder ve o bunu, bu gerçeğin tıpkı bizim hayatta kalma ilgimiz gibi diğer gerçeklerle ilişkisi üzerine olan ilgimizden dolayı yapar. Kısaca Darwinci mekanizm ve bizzat biyolojik işlevler tamamen amaçtan ve gayelilikten yoksundur. Bütün gayeliliğe ilişkin bütün özellikler tamamıyla gözlemcinin zihnindedir.[1]

IX- Şimdiye Kadarki Ahlâk

Bu bölümde şu ana kadar ki amacım maddecilik tarihinde sürekli yinelenen bir modeli aydınlatmaktı. Bu model 2.1. Tablosunda grafikle gösterilmiştir. Ben maddeciliğin, zihin hakkında, hayatımızın büyük bir kısmından bir çoğumuzun bilinçli olması gerçeği gibi belli sağduyu gerçekleri karşısında, beklenmeyen değişkenliklerini savunmak veya çürütmekle çok fazla ilgili değildim. Maddeciliğin tarihinde; zihinsel olanın bilinç ve öznellik gibi özel niteliklerine, herhangi bir göndermeyi dışarıda bırakan, bir gerçeklik açıklaması yapmakla, aynı zamanda bizim zihin hakkındaki 'sezgilerimizi' açıklamak arasında sürekli yinelenen bir gerilimle karşılaşırız. Tabii ki, bu iki şeyi yapmak imkânsızdır. Dolayısıyla, ortada zihinsel durumların bazı önemli öğelerinin göz ardı edilmesi gerçeğinin üstünü örtmek için neredeyse nevrotik bir karakter arzeden bir dizi girişim vardır. Ve bir kısım apaçık olguların maddeci felsefe tarafından inkâr edildiğine işaret edildiği zaman, bu görüşün taraftarları, neredeyse hep bir ağızdan, maddeciliğin haklı olması gerektiğini ve maddeciliği eleştiren filozofların; dualizmin, mistisizmin, gizmliliğin ya da bilim

---

[1] Yedinci bölümde bu konuya daha fazla değineceğim.

karşıtı genel önyargıların bazı versiyonlarını onaylamak zorunda olduklarını göstermek için hazırlanmış, belli bir söylemsel stratejiye başvururlar.

Tablo 2.1
Yeni maddeciliğin sergilediği genel model

Teori	Sağduyu İtirazları	Teknik İtirazlar
Mantıksal davranışçılık	Zihni göz ardı eder: superspartan/süper kahraman itirazları	1. Dairesel; inançları açıklama istek ve ihtiyaçları ve tersi 2. Şartlıları yapamaz 3. Nedenselliği gözardı eder
Türsel özdeşlik teorisi	Zihni göz ardı eder: ya da nitelik dualizmine götürür	1. Nöral şovenizm 2. Leibniz'in kanunu 3. Zihinsel özellikleri açıklayamaz 4. Kipli deliller
Gösterge özdeşliği teorisi	Zihni göz ardı eder: qualia yoktur	Zihinsel içeriğin zihinsel özelliklerini tanımlayamaz
Karakutu işlevselciliği	Zihni göz ardı eder: qualia ve tersçevirme spektrumu yoktur	Yapı ilişkisi ve işlev açıklanmamıştır
Güçlü yapay zekâ (turing makinası işlevselciliği)	Zihni göz ardı eder: çin odası	İnsan bilişi temsil edilemezdir ve bu yüzden hesap edilebilir değildir
Eleyici maddecilik (halk psikolojisinin reddi)	Zihnin varlığını inkâr eder: Halk psikolojisine haksızlık	Halk psikolojisinin savunması
Niyetliliğin tabiileştirilmesi	Niyetliliği gözardı eder	Ayrıştırma problemi

Fakat bütün bunların bilinçdışı motivasyonu ki bu motivasyon asla bir yolunu bulup da yüzeyi yönetemez, maddeciliğin zorunlu olarak bilincin, öznelliğin vb.'nin gerçekliği ve nedensel etkinliğiyle uyuşmaz olduğu varsayımıdır. Yani, maddeciliğin ardındaki temel varsayım, esasen 'maddecilik anti zihinselciliğe ve zihinselcilik anti maddeciliğe zımnen delalet eder' varsayımıdır. Bu tarihin tümü hakkında gayet can sıkıcı bazı şeylerin varlığı sebebiyle her şey çok anlamsız ve gereksiz görünür. Bütün bunlar, gerçekliğin tamamıyla fiziksel olduğu görüşünün, dünyanın gerçekte düşünceler ve duygular gibi öznel bilinçli durumlar ('niteliksel', 'özel', 'alıngan-duygulu', 'fiziksel olmayan') içerdiği görüşüyle tutarsız olduğu şeklindeki yanlış varsayım üzerine kurulmuştur.

Tüm bu tartışmaların tuhaf olan yanı, maddeciliğin en kötü dualist varsayımı tevarüs etmesidir. Maddecilik, dualistlerin 'dünyada iki tür cevher vardır' veya nitelikçi dualistlerin, 'dünyada iki tür nitelik vardır' tarzındaki iddialarını reddederken, yanlışlıkla dualizmin kategorilerini ve kelime hazinesini kabul eder. O, 'eğer biz bilincinin varolduğunu düşünürsek dualizmi kabul ediyor oluruz' fikrini kabul eder. Tartışmalardan açığa çıktığı gibi ben, kelime hazinesi ve ona eşlik eden kategorilerin, bizim en derin felsefi güçlüklerimizin kaynağı olduğuna inanıyorum. 'Maddecilik' gibi kelimeleri kullandığımız sürece, biz neredeyse her zaman, bunların saf zihinsellikle uyuşmayan bir kısım şeylere delalet ettiği varsayımını kabule zorlanırız. Ben bu durumda, insanın başkasının kekine sahip olup hem de onu yiyebileceğini sürekli vurgularım. Kişi 'tam bir maddeci' olabilir ve de hiçbir şekilde (öznel, içsel, esaslı, sürekli bilinçli) zihinsel görüngülerin varlığını reddetmeyebilir. Bununla birlikte, benim bu terimleri kullanışım üç asırlık felsefi geleneğin aksine seyrettiğinden bu kelime hazinesini bütünüyle terk etmek daha iyi olabilir.

Bir kimse maddeciliğin en derin motivasyonunu tasvir etmek zorunda kalsa, onun sırf bir bilinç terörü olduğunu söyleyebilir. Fakat bu böyle olabilir mi? Maddeciler neden bir bilinç korkusu içindedirler? Neden maddeciler bilinci, tıpkı diğerleri arasında maddi bir nitelikmiş gibi neşeyle kucaklamazlar? Aslında, Armstrong ve Dennett gibi bazıları böyle yaptıklarını iddia ederler. Fakat, onlar bunu, bilincin merkezi niteliğini yani onun öznel niteliğini reddetmeye gelince, 'bilinc'i yeniden tanımlayarak yaparlar. Bilinç korkusunun en derin nedeni, aslında bilincin öznelliğin korkutucu niteliğine sahip olmasıdır. Maddeciler, bu görünümleri kabul etmekte isteksizdirler. Çünkü onlar bilincin öznel varlığını kabul etmenin, dünyanın nasıl olması gerektiğine dair kendi kavrayışlarıyla çelişeceğine inanırlar. Çoğu, doğa bilimlerinin keşifleri dikkate alındığı zaman, öznelliğin varlığını reddeden bir gerçeklik tasavvurunun, sahip olunabilecek yegâne şey olduğunu düşünür. Tekrar, bilinçle baş etmenin yolu, öznelliği artık öznellik anlamını vermeyecek fakat nesnel bir şey olacak şekilde yeniden tanımlamaktır.[1]

Ben tüm bunların büyük bir hata anlamına geldiğine inanıyorum ve 4. 5. ve 6. bölümlerde, bilincin karakterlerini ve varlıkbilimsel statüsünü biraz daha ayrıntılı olarak inceleyeceğim.

X. Kabilenin Putları

Bu bölümde daha önce, neden belirli tabii-sesler sorununun gerçekten tutarsız olduğunu açıklayacağımı söyledim. Soru, 'maddenin zeki olmayan parçaları zekâyı nasıl üretir?' sorusudur. Önce sorunun şekline dikkat etmeliyiz. Neden daha geleneksel bir soru sormuyoruz? Maddenin bilinçdışı parçaları, bilinci nasıl üretiyor? Bu soru bana, mükemmel bir

---

[1] Bir örnek için bkz., Lycan, 1990a.

tutarlılık taşıyor gibi geliyor. Bu, beyindeki bireysel sinir hücrelerinin (ya da sinapslar/sinir hücresi bağlantıları veya reseptörler/alıcılar) bizatihi bilinçli olmamasına karşın, beynin, bilinçli zihin durumlarına neden olacak şekilde nasıl çalıştığına ilişkin bir sorudur. Fakat şu anki durumda, bilincin 'nesnel' kriterinin yokluğu nedeniyle, soruyu bu biçimde sormaya istekli değiliz. Bilinçlilik elenemez öznel bir ontolojiye sahiptir. Öyleyse biz bilinci, zekâyla ilgili soruyu başka bir şekilde ifade etmek için çok daha bilimsel düşünüyoruz. Zira zekâyla ilgili şahsi olmayan nesnel kriterlere sahip olduğumuzu düşünüyoruz. Fakat şimdi de beklenmedik bir güçlükle karşılaşıyoruz. Eğer biz 'zekâ' ile zekânın üçüncü şahıs nesnel kriterlerini tatmin edecek herhangi bir şeyi kastediyorsak o zaman soru yanlış bir ön varsayım içerir. Çünkü eğer zekâ davranışçı bakış açısıyla tanımlanmış ise, o zaman durum tamı tamına sinir hücrelerinin zeki olmaması değildir. Sinir hücreleri de tıpkı dünyadaki diğer her şey gibi, belli bir düzenli ve tahmin edilebilir model içinde davranır. Ayrıca, belirli bir tarzda düşündüğümüzde, sinir hücreleri sıra dışı karmaşık 'bilgi işlem' gerçekleştirirler. Onlar, kendi ağaç biçimindeki sinir hücresi bağlantılarında (sinapslar) diğer sinir hücrelerinden, zengin bir işaretler/sinyal dizisi alırlar. Onlar bu bilgiyi kendi gövdelerinde işlerler ve axonal (sinir hücresi uzantı boşlukları) sinir hücreleriyle bu bilgiyi diğer sinir hücrelerine gönderirler. Eğer zekâ davranışçı bakış açısıyla tanımlanırsa, bu durumda sinir hücreleri, herkesin standartlarınca oldukça zeki sayılır. Kısaca, eğer bizim zekâ kriterlerimiz tamamen nesnel ve üçüncü şahıs kriterleri ise - ve soruyu bu tarzda ortaya koymadaki bütün amacı, bu şartları yerine getirecek bazı şeyleri elde etmek ise- o zaman soru kendi bağlamında yanlış olan ön varsayımlar içermiş olur. Soru, yanlış bir şekilde, küçük parçaların zekâ kriterlerimizi karşılayamayacağını varsayar.

Sorunun cevabı, şaşılmayacak bir şekilde, aynı muğlâklığı tevarüs eder. 'Zeki davranış' ifadesini uygulamak için iki farklı kriter kümemiz vardır. Bu kümelerden bir tanesi üçüncü şahıs veya 'nesnel' kriteri içerir ki bu kriter mutlaka herhangi bir psikolojik alaka içermek zorunda değildir. Fakat diğer kriter kümesi esas olarak zihinseldir ve birinci şahıs bakış açısını içerir. İkinci kriter kümesindeki 'zeki davranış' düşünmeyi içerir ve düşünme esasında zihinsel bir süreçtir. Şimdi, eğer zeki davranış için üçüncü şahıs kriterini benimsersek bu durumda bilgisayarlar -tabii ki cep hesap makinelerinden, arabalardan, buharlı ekskavatörlerden, termostatlardan, aslında dünyadaki hemen her şeyden bahsetmiyoruz- zeki davranış içinde yerini alır. Eğer zeki davranış için Turing testini veya diğer bazı 'nesnel' kriterleri kabul etmede tutarlıysak, bu durumda 'maddenin zeki olmayan parçaları zeki davranışı üretebilir mi?' ve hatta 'tam olarak bunu nasıl yaparlar?' gibi sorulara verilecek cevap saçma bir şekilde aşikârdır. Herhangi bir termostat, cep hesap makinesi veya şelale 'zeki davranış' üretir ve her bir durumda bunun nasıl olduğunu biliriz. Belli sanat ürünleri zekiymiş gibi davranacak bir biçimde dizayn edilmiştir ve her şey doğanın kanunlarına uyduğu için, her şey, zekiymiş gibi davrandıklarını gösteren bazı tanımlamalara sahip olacaktır. Fakat 'zeki davranış'ın bu anlamı hiçbir psikolojik alakaya sahip değildir.

Kısaca, iki farklı kutup arasında salınır gibi hem soruya hem cevaba kulak vermeye eğilimliyiz: a) Maddenin bilinçdışı parçaları bilinci nasıl üretir? (mükemmel derecede güzel bir sorudur ki, cevabı şudur: Beynin özel -gerçi çoğunluğu bilinmiyor- nörobiyolojik özelliklerinden dolayı) ve b) Maddenin 'zeki olmayan' (birinci veya üçüncü şahıs kriterine göre mi?) parçaları, zeki (birinci veya üçüncü şahıs kriterine göre mi?) davranışı nasıl üretir? Fakat üçüncü şahıs kriterini zekâ kriteri yaptığımız ölçüde, soru yanlış bir ön varsayım içerir ve biz (a) şıkkının yorumuna dair soruya kulak vermeye eğilimli olduğumuz için bu bizden gizlenir.

EK: Halk Psikolojisi Hakkında Bir Problem mi Var?

İkinci bölümün amacı kendi görüşlerimi çok fazla sunmak değil, bir felsefi geleneğin çağdaş tarihini tasvir etmekti. Şimdi halk psikolojisi (HP) denilen konuda kendi görüşlerimin bir kısmını ortaya koymak istiyorum. Çünkü literatürde şimdiye kadar bu konunun temsil edildiğine inanmıyorum. Lehte ve aleyhteki standart tartışmalar[1] geleneğin içinde olmuştur.

Delilleri tezler ve cevaplar dizisi şeklinde adım adım ortaya koyacağım:

Tez: Halk psikolojisi diğerleri gibi deneysel bir tezdir ve aslında deneysel doğrulama ve yanlışlamanın konusudur.

Cevap: İnsanların kendi kendileriyle ve başkalarıyla başa çıkmadaki fiili yeteneklerinin büyük bir kısmı önermelere özgü değildir. Benim fikrim, arkaplan yeteneklerdir. Örneğin, yüz ifadelerine nasıl cevap veririz, davranışta neyi tabii buluruz ve hatta söylenen sözlerin teorilerin değil de büyük ölçüde yapabilme-bilgisinin (know-how-, nasıl-bilgisi) konuları olduğunu nasıl anlarız. Eğer, teori olarak düşünecek olursanız bu yetenekleri çarpıtırsınız.[2]

Tez: Yine de, bu yeteneklerin altında teorik ilişkiler veya prensiplerin yattığını tespit edebilirsiniz. Bu bir halk psikolo-

---

[1] Churcland, 1981; Stich, 1983; Horgan ve Woudward, 1985 ve Fodor, 1986.
[2] Bu konu hakkında daha fazlası için 8. bölüme bakınız.

jisi oluşturacak ve genelde halk teorileri yanlış olduğu için bütün ihtimallerde bu da yanlış olacaktır.

Cevap: Biraz çarpıtmayla, pratik bir yeteneğe, teorik bir benzer ortaya koyabilirsiniz. Fakat genel olarak bunlar yanlışsa, bu bir mucize olur. Gerçekten önemli olduğu yerde, şansa bağlı olduğu yerde, halk teorileri genelde doğru olmak zorundadır ya da biz varlığımızı sürdüremeyebiliriz. Halk fiziği gök kürelerinin hareketi ve yeryüzünün kaynağı gibi, çevresel/ikinci dereceden meseleler hakkında yanlış olabilir, çünkü bunlar o kadar sorun yaratmazlar. Fakat konu, uçurumdan atladığınız zaman vücudunuzun nasıl hareket edeceğine veya büyük bir kaya üzerinize düştüğünde ne olacağına geldiği zaman halk teorilerinin doğru olması daha iyidir ya da hayatta kalamayabiliriz.

Tez: Şu anda, halk psikolojisinin hangi tezinin doğru olduğu ve hangi varlıkbilimsel yükümlülüklerine izin verildiğine karar vermek, bilişsel bilimin özel bir konusu durumuna gelmektedir. Örneğin, halk psikolojisi davranışı açıklamak için inançları ve istekleri ilke olarak vazeder. Fakat bilişsel bilimin davranış açıklamasının bununla tutarsız olduğu ortaya çıkarsa, bu durumda inançlar ve istekler varolmaz.

Cevap: Bu iddiayla ilgili neredeyse her şey yanlıştır. İlkin, herhangi bir şeyi açıklamak için, inançları ve istekleri ilkeler olarak vazetmiyoruz. Sadece bilinçli inançları ve istekleri deniyoruz. Gerçek hayat örneklerini düşünün. Sıcak bir gün ve siz Phoenix'in dışındaki çölde bir kamyonet sürüyorsunuz. Klima yok. Hiçbir zaman bu kadar çok susadığınızı hatırlayamıyorsunuz ve bir bira istiyorsunuz. Durum sizi avaz avaz bağırttıracak kadar kötü. Şimdi, bir isteğin 'vazedilmiş ilkeleri' nerede kaldı? Bilinçli istekler denenmişlerdir. Onlar bilinçli acılardan daha çok vazedilmiş ilkeler değillerdir.

İkincisi, inançlar ve istekler bazen eylemlere neden olurlar, fakat ortada esaslı bir bağ bulunmaz. İnançların ve isteklerin çoğu, hiçbir zaman olaylarda ortaya çıkmazlar. Örneğin, ben güneşin 94 milyon mil uzaklıkta olduğuna inanıyorum ve bir milyarder olmak istiyorum. Benim hangi eylemlerim bu inançları ve istekleri açıklayabilir? Eğer, ben güneş için bir bilet satın almak istiyorsam, 94 milyon millik bilet için emin olacak mıyım? Bir dahaki sefer birisi bana bir milyar verirse reddedecek miyim?

Tez: Yine de, ilkeler ister vazedilmiş olsun, ister olmasın, halk psikolojisi varlıklarının daha temel bir nörobiyoloji bilimine pürüzsüz bir indirgemesi pek muhtemel değildir. Böyle olunca, eleme yegâne alternatif gibi görülür.

Cevap: Bunun ne kötü bir delil olduğunu zaten söylemiştim. Bölümleri farklı yükseklikte olan çiftlik evlerinden kokteyl partilerine, faiz oranlarından futbol oyunlarına, gerçek varlıkların birçok türü, bir kısım temel teorilerin varlıklarına pürüzsüz bir şekilde indirgenmeye maruz kalmazlar. Niçin maruz kalsınlar ki? Ben bir kokteyl partileri 'teorisi'ne sahip olduğumu farzediyorum -en azından 'halk psikolojisi' teorisine sahip olduğum kadar- ve kokteyl partileri kesinlikle molekül hareketlerden oluşurlar. Fakat benim kokteyl partileri teorim, hiçbir yerde moleküler fizik teorim kadar iyi bir teorinin teoriye yakın değildir ve kokteyl partilerini fiziğin tasnifine indirgeme gibi hiçbir indirgenme türü yoktur. Fakat yine de, kokteyl partileri gerçekten mevcutturlar. Bu tür varlıkların indirgenebilirliği sorunu, onların varolmaları sorunuyla ilgisizdir.

Herhangi bir kimse, bu tür korkunç bir hatayı niçin yapar? Yani, herhangi birisi inanç ve isteklerin nörobiyolojiye 'pürüzsüz indirgenme'sinin inanç ve isteklerin varlıklarıyla ilgili olduğunu bile neden farzetsin? Cevap şudur: Onlar fiziğin belli bölümlerinin tarihiyle yanlış bir benzetme kuruyorlar. Churcland, 'inanç' ve 'isteğin' halk psikolojisi teorisinde, fizikte 'phlogiston' ve 'caloric sıvı'nınki gibi aynı statüye sahip olduğunu düşünür. Fakat benzetme, her çeşit yöntem açısından geçersizdir: İnançlar ve istekler, phlogiston ve caloric sıvıdan farklı olarak bazı özel teorilerin parçası olarak vazedilmiş değildirler, gerçekte onlar zihinsel yaşamamızın parçası olarak denenirler. Onların varlıkları çiftlik evlerinin, kokteyl partilerinin, futbol oyunlarının, faiz oranlarının, masaların ve sandalyelerin varlıklarından daha fazla teori-bağlantılı değildir. Birisi, bir kimsenin böyle şeyler hakkındaki sağduyulu inançlarını her zaman 'teori' olarak betimleyebilir, fakat görüngülerin varlığı teoriden önce gelir. Yine her zaman fiili durumlar hakkında düşünün. Kokteyl partileri teorim, büyük kokteyl partilerinin küçük olanlardan daha gürültülü olmasının daha muhtemel olduğu gibi şeyler içerir de çiftlik evleri teorim, onların diğer ev tiplerinin çoğundan daha geniş olacağı iddiasını içerir. Bu tür 'teoriler' şüphesiz umutsuz bir biçimde yetersizdir ve bu tür varlıklar pürüzsüz bir şekilde fiziğe indirgenmeye maruz kalmazlar ki benim bu bağlamda aynı görüngüleri betimlemek için daha iyi teorilerim var. Bölümleri farklı yükseklikte olan çiftlik evlerinin varlığıyla ilgili yapılacak ne var? Hiçbir şey. Benzer bir şekilde, sağduyu psikolojisinin yetersizliği ve sağduyu sınıflandırmasının beyin biliminin (bu 'pürüzsüz indirgenmenin' başarısızlığı ile kastedilen şeydir) sınıflandırmasını eşleştirmedeki başarısızlığı inançların ve isteklerinin varlığıyla hiçbir şekilde ilişkili değildir. Tek kelimeyle, inançlar ve bölümleri farklı yükseklikte olan çiftlik evleri tamamen phlogistondan farklıdır. Çünkü onların varlıkbilimi özel bir teorinin hakikatine bağlı değildir ve onların daha temel bir bilime indirgenebilirliği varlıklarıyla alakasızdır.

Tez: Evet, fakat söylediğiniz şey iddiayı delillendirilmiş varsayıyor. Siz kokteyl partileri ve bölümleri farklı yükseklikte olan çiftlik evleri gibi inançlar ve isteklerin de teorik varlıklar olmadığını söylüyorsunuz –yani onların burhani temelleri bazı teorilerden türetilmemiştir–. Fakat tam da bu söz konusu olan noktalardan birisi değil midir?

Cevap: Sanırım inançların ve isteklerin aslında denenmiş oldukları aşikârdır ve davranışı açıklamak için onlar hiç vazedilmedikleri için tabii ki vazedilmiş ilkeler değildirler. Bununla birlikte 'teorik varlıklar' bile genelde, meşruiyetlerini indirgenebilirlikten almazlar. Ekonomiyi düşünün. Faiz oranları, etkin talep, marjinal tüketim eğilimi -bunların hepsine matematiksel ekonomide gönderme yapılmıştır-. Fakat söz konusu varlık türlerinin hiçbiri örneğin, fizik veya nörobiyolojiye pürüzsüz bir indirgemeye uğramazlar. Yine, onlar niçin uğraşınlar ki?

İndirgenebilirlik zaten varlıkbilim için esrarengiz bir gerekliliktir. Zira klasik olarak bir varlığın gerçekte varolmadığını göstermenin bir yolu, onu başka bir şeye indirgemektir. Böylece, gün batımları güneş sistemi içinde gezegensel hareketlere indirgenebilir ve geleneksel olarak algılandığı gibi, bu da gün batımlarının varolmadığını gösterir. Gün batımının dış görünüşü, başka bir nedenden ötürüdür yani, yeryüzünün dönüşü güneşe göredir.

Tez: Halk psikolojisine dair birçok iddiayı listelemek ve birçoğunun şüpheli olduğunu görmek hala mümkündür.

Cevap: Eğer verilen gerçek listelere bakarsanız, işin içinde bir bit yeniği vardır. Eğer halk psikolojisinin bazı önermelerini listeleyecek olsaydım, şu tarz şeyleri listelerdim:

1-Genelde inançlar ya doğru ya da yanlış olabilir.

2-İnsanlar bazen acıkırlar ve acıktıkları zaman çok defa bir şeyler yemek isterler.

3-Acılar çok defa tatsızdır. Bu nedenle insanlar genelde onlardan kaçınmaya çalışır.

Ne tür deneysel bir kanıtın bu önermeleri çürütebileceğini tahayyül etmek çok zordur. Bunun nedeni, tabii bir yorumlamayla, onların deneysel hipotezler olmaması veya tastamam deneysel hipotez olmamalarıdır. Onlar daha çok söz konusu görüngülerin kurucu ilkeleri gibidirler. Örneğin, önerme 1 daha çok, Amerikan futbolunda bir golün 6 puan sayılması 'hipotezi' gibidir. Eğer size bilimsel bir araştırmanın, gollerin gerçekte sadece 5,999999999 sayıldığını gösterdiği söylenirse, birilerinin ciddi şekilde kafasının karışık olduğunu bilirsiniz. Bir golün 6 puan sayılması, onun şu anki tanımının bir parçasıdır. Biz tanımı değiştirebiliriz fakat farklı bir gerçek keşfedemeyiz. Benzer bir şekilde, inançların doğru veya yanlış için aday olmaları 'inanç' tanımının bir parçasıdır. İnançların doğru veya yanlış olmaya hassas olmadığını keşfedemeyiz.

Halk psikolojisi 'kanunları' için verilen adayların listelerine bakarsanız, ya açık bir şekilde yanlış olmaya eğilimli olacaklardır veya onlar kurucu ilkelerdir. Örneğin, Churchland (1981) şu ilkeleri listeler, 'karışıklık, düzensizlik vb. dışında' herhangi biri p'ye inanıyorsa ve eğer p, q ise, bu durumda o kişi q'ya inanır.[1] Sağduyu inancına aday biri olarak, bu, kelimesi kelimesine inanılmazdır. Eğer bu doğruysa, teoremleri kanıtlamak birinin inançlarını ('karışıklık, düzensizlik vb.' olmaksızın) dikkatle incelemekten daha zor olmayacaktır. Eğer başlangıç için, böylesine yanlış ilkelerden oluştuğunu söylerseniz halk psikolojisini çürütmek çok kolaydır.

'Herhangi bir kimse p'den korkuyorsa, p olmayan bir durumda olmak ister' şeklindeki Churchland'in örneği kurucu ilke için bir adaydır. Bunun yanlış olduğunun deneysel kanıtını nasıl ararsınız? O 'korkunun' tanımının parçasıdır. Bu nedenle, burada daha derin olan hata, halk psikolojinin bir teori olduğunu farzetmek değil, teorinin bütün önermelerinin deneysel varsayımlar olduğunu kabul etmektir.

Deneysel değil de kurucu olduklarından onların yanlış olduklarını göstermenin tek yolu, uygulama alanlarına sahip olmadıklarını göstermektir. Örneğin, büyücülüğün 'kurucu

---

[1] Lycan, 1990b içinde, s. 209.

ilkeleri' hiç bir şeye uygulanamaz, çünkü hiçbir büyücü yoktur. Fakat büyücülerin varolmadığını gösterdiğiniz yolla, bilinçli isteklerin ve acıların varolmadıklarını gösteremezsiniz. Çünkü bunlar bilinçli deneyimlerdir ve bilinçli deneyimler için alışılmış görünür gerçeklik ayrımını yapamazsınız.[1]

Sağduyusal psikolojik inançların çoğunun yanlış olduğu gösterildi ve şüphesiz daha çok gösterilecektir. Harikulade bir örnek düşünelim: Sağduyu acılarımızın vücudumuzdaki fiziksel mekânda yer aldığını söyler. Örneğin, ayağımızdaki bir acı gerçekten ayağın alanının içindedir. Fakat şimdilerde bunun yanlış olduğunu biliyoruz. Beyin bir beden imajı oluşturur ve acılar, bütün bedensel duyuları gibi, bu beden imajının parçalarıdır. Ayaktaki acı gerçekte beynin fiziksel alanındadır.

Böylece, sağduyu fiziksel alanlardaki acıların konumunun bazı yönleri hakkında büyük ölçüde hatalıdır. Fakat böylesine aşırı bir yanlışlık bile acıların var olmadığını göstermez, -gösteremez-. Vuku bulması gerçekten muhtemel olan, aslında gerçekleşiyor olan, sağduyunun ilave bilimsel bilgiyle tamamlanacak olmasıdır. Örneğin, şimdilerde uzun ve kısa dönem hafızası arasındaki ayrımları, bu ayrımlarla ve ikonik hafızalar arasındaki farklılıkları ve bütün bu ayrımların nörobiyolojik araştırmaların sonuçları olduğunun farkına varmaktayız.

---

[1] Daha fazla bilgi için 3. bölüme bakınız.

Üçüncü Bölüm

Etkiyi Kırmak: Silikon Beyinler, Bilinçli Robotlar ve Diğer Zihinler

Dünyanın tamamıyla nesnel olduğu görüşü, deneyimlerimizin en aşikâr gerçekleriyle tutarsız olmasına rağmen üzerimizde çok güçlü bir etkiye sahiptir. Mademki bu tasavvur yanlıştır onun etkisini kırabilmeliyiz. Bunu yapabilmenin herhangi bir kolay yolunu bilmiyorum. Bununla birlikte, bu kitabın birçok amacından biri de her şeye rağmen bu göreve başlamaktır. Bu bölümde tasavvurun kesin doğruluğuna meydan okuyacak bir kısım düşünce deneyimlerini tanımlayacağım. Düşünce deneyimlerinin öncelikli amacı zihinsel olanın, davranışla bir kısım önemli içsel bağlantılara sahipmiş gibi kavranmasına meydan okumaktır.

Bütün bu düşünme tarzının temellerini sarsmaya başlarken bilinç, davranış ve beyin arasındaki bazı ilişkileri dikkate almak istiyorum. Tartışmaların çoğu bilinçli zihinsel görüngülerle ilgili olacaktır. Ancak bu noktada bilinçdışı olanı dışarıda bırakmak çok da büyük bir kısıtlama olmaz. Çünkü, 7. bölümde detaylı bir şekilde delillendireceğim gibi bilinçli durumlara bağlı olarak ürettiklerimiz dışında hiç bir bilinçdışı zihinsel durum fikrine sahip değiliz. Delili ortaya koymaya, daha önce başka bir yerde kullandığım[1] bir düşünce deneyimiyle başlayacağım. Bu düşünce deneyimi (Gedankenexperiment) felsefede eski bir espridir ve onu ilk kimin kullandığını bilmiyorum. Senelerdir derslerimde bunu kul-

---

[1] Searle, 1982.

lanmaktayım ve bu konular hakkında düşünen herkeste eninde sonunda buna benzer fikirler oluşacağını zannediyorum.

I- Silikon Beyinler

İşleyişi şöyledir: Beyninizin, sizi yavaş yavaş körlüğe götürecek bir tarzda kötüleşmeye başladığını hayal edin. Umutsuz ve fakat durumunuzu hafifletmeye istekli doktorların, görüşünüzü iyileştirmek için her yola başvurduğunu düşünün. Son çare olarak görsel beyin kabuğuna silikon çipleri yerleştiriyorlar. Herkesi şaşırtacak bir şekilde silikon çiplerin görme duyunuzu eski haline kavuşturduğunu hayal edin. Şimdi daha ileri bir aşama olarak, can sıkıcı bir şekilde beyninizin kötüleşmeye devam ettiğini ve doktorların daha fazla silikon çipleri yerleştirdiğini hayal edin. Düşünce deneyinin nereye vardığını görebilirsiniz: Sonunda başınızı salladıkça kafatasınız içinde çiplerin tıkırdadığını duyabileceğiniz bir şekilde beyninizin tamamen silikon çipleri ile yer değiştirmiş olduğunu hayal ediniz. Böylesi bir durumda, çeşitli ihtimaller olacaktır. Tek başına herhangi bir apriori temelin üzerine dayandırılmamış mantıksal ihtimallerden biri, senin her çeşit düşünceye, deneyime, hatıraya vb. sahip olmaya devam etmen ve daha önce sahip olduğun gibi, zihinsel hayatının düzeni etkilenmemiş olarak kalmasıdır. Bu durumda biz, silikon çiplerin sadece senin girdi-çıktı işlevlerini kopyalama gücüne değil, dahası normalde senin girdi-çıktı işlevlerinden sorumlu olan zihinsel görüngüler, bilinç ve benzer başka şeyleri kopyalama gücüne de sahip olduğunu hayal ediyoruz.

Hemen eklemeliyim ki, böyle bir şeyin deneysel olarak mümkün olduğunu hiç bir şekilde bir an bile düşünmüyorum. Nöronların nedensel güçlerini silikon içinde kopyalayabileceğimizi zannetmenin deneysel olarak saçma olduğunu düşünüyorum. Ama bu benim açımdan deneysel bir iddiadır. Apriori olarak kurabileceğimiz bir şey değildir. Böylece düşünce deneyimi, mantıksal veya kavramsal ihtimal olarak geçerli kalmaktadır.

Şimdi de düşünce deneyimi üzerinde bir kısım çeşitlilikler hayal edelim. Yine herhangi bir apriori temelin üzerine dayandırılmamış ikinci bir ihtimal de şudur: Giderek küçülen beyninize derece derece silikon yerleştirildikçe, bilinçli deney alanınızın büzüldüğünü görürsünüz, ancak bu dışsal davranışınız üzerinde hiçbir etki göstermez. Doğrusu, dışsal davranışlarınızın kontrolünü kaybettiğinizi büyük bir şaşkınlık içinde fark ediyorsunuz. Örneğin, görmenizi test ederken doktorların, 'size kırmızı bir nesne gösteriyoruz, lütfen ne gördüğünüzü söyleyin' dediklerini işitir ve 'hiçbir şey göremiyorum, tamamen kör oluyorum', diye haykırmak istiyorsunuz. Ama kontrolünüzün tamamen dışında bir yolla söyledikleriniz, 'kırmızı bir nesne görüyorum', diyen sesinizi işitiyorsunuz. Bu düşünce deneyini sınırlarına varana dek tamamlarsak, geçen seferkinden daha can sıkıcı sonuçlara ulaşırız. Dışa dönük gözlemlenebilen davranışlarınız aynı kalırken, biz sizin bilinçli deneyiminizin yavaş yavaş hiçliğe doğru büzülüp çekildiğini düşünüyoruz.

Bu düşünce deneyimlerinde her zaman birinci şahıs bakış açısından düşünmeniz önemlidir. Kendinize 'bana benzer olan nedir?' sorusunu sorunca, göreceksiniz ki dışsal davranışlarınız aynı kalırken içsel bilinçli düşünce işlemlerinizin derece derece sıfıra çekildiğini hayal etmeyi çok mükemmel bir şekilde kavrayabiliyorsunuz. Dışarıdan gözlemleyenler sizi çok iyi görürken, içerden siz yavaş yavaş ölüme yaklaşıyorsunuzdur. Bu vak'ada, dıştan gözlemlenebilen davranışlarınız aynı kalırken, sizin er geç zihinsel olarak ölü olacağınız ve hiç bir bilinçli zihinsel hayatınızın olmayacağını düşünüyoruz.

Bu düşünce deneyiminde, siz bilinçdışı bir hale gelirken, aksine davranışlarınızın etkilenmemesi şartınının bulunduğunu hatırlamak önemlidir. Böyle bir şeyin nasıl mümkün olabileceği konusunda şaşıranlara basitçe şunu hatırlatalım ki; bildiğimiz kadarıyla bilincin temeli mesela beynin retiküler (ağ şeklindeki) formasyonu gibi belli özel bölgelerinde yer alır. Bu durumda bu bölgelerin, sistem içinde bilinç bulunmayan bir noktaya doğru yavaş yavaş bozulduklarını varsayabiliriz. Fakat dahası, sistemin kalıntılarında bilince dair hiçbir şey olmamasına rağmen, silikon çiplerin tüm merkezi sinir sisteminin girdi-çıktı işlevlerini kopyalayabileceğini zannedebiliriz.

Şimdi üçüncü bir çeşitleme üzerinde düşünün. Bu vak'ada, silikon çiplerin aşamalı yerleştirilmesinin zihinsel hayatınızda herhangi bir değişiklik üretmediğini ancak, sizin düşüncelerinizi, duygularınızı ve niyetlerinizi aşamalı olarak aratacak şekilde eyleme koyamaz bir duruma geldiğinizi tahayyül ediyoruz. Bu durumda düşünceleriniz, duygularınız, deneyimleriniz, hatıralarınız vb. bozulmadan kalsa da, gözlemlenebilen dışsal davranışınızın yavaşça umumi bir felce doğru azaldığını tahayyül ediyoruz. Neticede zihinsel hayatınız değişmemiş olsa da umumi felç durumundan acı çekersiniz. Böylece bu durumda doktorların; 'silikon çipler kalp atışını, solunumu ve diğer yaşamsal işlemleri sürdürüyor ancak hasta açıkça beyin ölümüne uğradı. Hastanın hiçbir zihinsel yaşamı kalmadığından, sistemi prizden çekmemek için bir neden yoktur' dediğini işitirsiniz.

Şimdi bu durumda siz, onların bütünüyle hatalı olduklarını bilecek ve şöyle haykırmak isteyeceksiniz:

'Hayır, ben hala bilinçliyim. Etrafımda olup biten her şeyi algılıyorum. Sadece fiziksel olarak hareket edemiyorum. Tamamen felçli bir haldeyim!'

Düşünce deneyimi üzerine yapılan bu üç çeşitlemenin amacı, durumun noktası beyin işlemleri, akıl işlemleri ve dışarıdan gözlenebilir davranış arasındaki nedensel ilişkileri resmetmektir. İlk vak'ada, silikon çiplerinin beynin nedensel güçlerine eşit bir nedensel güce sahip olduklarını hayal ederek böylece bu çiplerin hem zihinsel durumlara hem de beyin işlevlerinin neden olduğu davranışa neden olacağını düşündük. Normal durumda böylesi zihin durumları girdi-uyaran ile çıktı davranışı arasında aracılık eder. İkinci durumda, zihin ve davranış kalıpları arasındaki arabulucu ilişkinin kırıldığını hayal ettik. Bu vak'ada, silikon çiplerin bilinçli zihinsel durumları üreten beynin nedensel gücünü kopyalamadı. Onlar sadece beynin belirli girdi-çıktı işlevlerini kopyaladılar. Temelde yatan bilinçli zihinsel hayat dışarıda bırakılmış oldu.

Üçüncü durumda, önceden sahip olduğu zihinsel hayatın aynına sahip bir failin bulunduğu bir ortam hayal ettik, ancak bu durumda zihinsel görüngülerin hiçbir davranışsal ifadesi yoktu. Gerçekte bu vak'ayı hayal etmek için, silikon çipleri düşlemeye ihtiyacımız yoktur. Bilinç ve diğer zihinsel görüngüler etkilenmeden aynı kalırken, kendisi umumi bir felç geçirecek bir şekilde motor sinirleri bozulmuş olan bir insan hayal etmek çok kolay olabilirdi. Buna benzer bazı vak'alar kliniksel gerçeklikte de bulunur. Gullian-Borre sendromundan acı çeken hastalar tamamen felçtirler ancak onların bilinçleri de tastamam yerindedir.

Bu üç düşünce deneyiminin felsefi açıdan anlamı nedir? Bana öyle geliyor ki, bunlardan alınacak birçok ders vardır. En önemlisi zihin ve davranış ilişkisi hakkında bir kısım şeyleri resmediyor olmasıdır. Davranışın zihin kavramı için önemi tam olarak nedir? Varlıkbilimsel açıdan konuşulursa davranış, işlevsel rol ve nedensel ilişkiler bilinçli zihinsel görüngülerin varlığıyla ilgili değildir. Deneysel olarak; diğer insanların bilinçli zihinsel durumları hakkında kısmen onların davranışlarından bilgi ediniyoruz. Nedensel olarak, bilinç girdi-uyaran ve çıktı-davranışı arasındaki nedensellik ilişkisine aracılık eder. Ve evrimci bir bakış açısından, bilinçli zihin nedensel olarak davranışı kontrol işlevi görür. Fakat varlıkbilimsel olarak konuşulursa, söz konusu görüngüler, herhangi bir davranışsal çıktıdan bağımsız olarak bütünüyle var olabilir ve kendi özsel niteliklerine sahip olabilirler.

Benim eleştirdiğim birçok filozof aşağıdaki iki önermeyi kabul edecektir:

1-Beyinler bilinçli zihinsel görüngülere neden olurlar.

2-Bilinçli zihinsel görüngülerle dışsal davranışlar arasında bir tür kavramsal ve mantıksal bağlantı vardır.

Ancak bu düşünce deneyimlerinin tasvir ettiği şey, bu iki önerme bir üçüncü önerme ile uyumlu bir şekilde kabul edilemez (ki o önerme şudur;)

3-Beynin bilince neden olan yetisi, kavramsal olarak onun motor davranışa neden olan kapasitesinden ayrıdır. Bir sistem davranış olmaksızın bilince ve bilinç olmaksızın davranışa sahip olabilir.

Fakat biz 1 ve 3'ün doğruluğunu göz önüne alarak 2'den vazgeçmek zorundayız. Böylece, bizim düşünce deneyimlerimizden çıkarılacak birinci husus, 'bilinç ve davranışın bağımsızlığı ilkesi' dediğimiz şeydir. İkinci vak'ada, davranışın etkilenmediği, ama zihinsel durumların ortadan kalktığı, bu yüzden davranışın zihinsel görüngüler için bir yeter şart olmadığı bir ortam hayal ettik. Üçüncü vak'ada zihinsel görüngülerin bulunduğu, ama davranışın kaybolduğu bu yüzden de davranışın zihinsel herhangi bir şeyin bulunması için zorunlu bir şart olmadığı bir ortamı hayal ettik.

Bu düşünce deneyimleriyle iki başka husus daha gösterildi. Birincisi, zihinsel olanın varlıkbilimi esasen birinci şahıs varlıkbilimidir. Bu sadece, 'her bir zihinsel durum 'bir kimsenin' zihinsel durumu olmalıdır' demenin süslü bir yoludur. Zihinsel durumlar yalnızca öznel birinci şahıs görüngüler olarak var olurlar. Ve bununla bağlantılı ikinci husus, bilgibilimsel olarak konuşursak, birinci şahıs bakış açısı, üçüncü şahıs bakış açısından oldukça farklıdır. Bir kimsenin üçüncü şahıs bakış açısından benim herhangi bir zihinsel duruma sahip olup olmadığımı söyleyemediği yerde, bizim düşünce deneyimlerimizle resmettiğimiz durumlar gibi durumları resmetmek yeterince kolaydır. Ben bütünüyle bilinçli olduğum bir haldeyken dahi, o kişi benim bilinçdışı olduğumu bile düşünebilir. Üçüncü şahıs testlerinin elde mevcut olmadığı ortaya çıksa dahi, birinci şahıs bakış açısından benim bilinçli olmamda bir sorun yoktur.

II- Bilinçli Robotlar

Birinci düşünce deneyiminden elde edilen sonuçları desteklemek için ikinci bir düşünce deneyimi takdim etmek istiyorum. Birincide olduğu gibi bunda da amaç, zihinsel durumlarla davranış arasına bir kama sıkıştırmaya çalışmak için sezgilerimizi kullanmaktır. Üretim hattında çalışmak üzere robotlar tasarladığımızı düşünelim. Varsayalım ki robotlar gerçekten çok üstünkörü yapılmışlar ve görevlerinin daha rafine öğelerinde bir karışıklık yaratmaya meyilliler. Fakat düşünelim ki, oldukça düşük düzeyde bilinci olan robotların nasıl üretileceğini bilecek kadar insan bilincinin elektrokimyasal özelliklerini biliyoruz ve de bu durumda bilinçli robotlar tasarlayıp, üretebiliriz. Dahası, bu bilinçli robotların, bilinçdışı robotların yapamadığı ayrımı yapıp, üretim hattında daha iyi işler çıkardıklarını hayal edelim. Yukarıda tutarsız herhangi bir şey var mıdır? Şunu söylemek zorundayım ki, 'sezgilerime' göre yukarıda söylediklerim mükemmel derecede tutarlıdır. Tabi ki bunlar bilim-kurgudur! Ancak bu durumda felsefe ve bilimdeki birçok en önemli düşünce deneyimleri bütünüyle bilim kurgu olacaktır.

Fakat şimdi bu bilinçli robotlarla ilgili talihsiz bir durum düşünün: Farzedin ki hepsi kesinlikle çok zavallı. Yine mevcut nörofizyolojinin, onların bütünüyle mutsuz olduğunu ortaya koyacak derecede yeterli olduğunu farzedelim. Şimdi robot araştırma grubumuza şu görevi verdiğimizi düşünelim: Öyle bir robot tasarlayınız ki bilinçli robotlar gibi ayrım yapabilme yeteneğine sahip olsunlar ancak tamamen bilinçdışı olsunlar. Mutsuz robotlarımıza, haz bakımından daha tatmin edici bir yaşlılık dönemine geçerek emekli olmaları için izin verebiliriz. Bu bana iyi tanımlanmış bir araştırma projesi gibi geldi: İşlevsel olarak konuşursak bilim adamlarımızın bilince neden olmayacak veya bilinci sürdürmeyecek bir 'donanımı' olan fakat bilince neden olacak veya bilinci sürdürecek bir 'donanımı' olan bir robotla aynı girdi-çıktı işlevleri olan bir robot tasarlamaya çabaladıklarını farzedebiliriz. Sonra onların, tümüyle bilinçdışı ama davranış güçleri ve yetenekleri bilinçli robotların davranış güçleri ve yetenekleriyle mutlak aynı olan bir robot inşa ettiklerini düşünebiliriz.

Öncekiler gibi bu deneyimin de amacı, bilincin varlıkbiliminin ilgilendiği kadarıyla davranışın basitçe konu dışı olduğunu göstermektir. İki farklı sistemde biri bilinçli diğeri tümüyle bilinçdışı iki 'özdeş davranış'a sahip olabiliriz.

III- Deneycilik ve 'Diğer Zihinler Problemi'

Deneysel bir zihne sahip olan birçok filozof bu iki düşünce deneyiminden özellikle de birincisinden sıkıntı duyacaktır. Onlara göre ben, hiç bir deneysel araçla doğrulanamayacak bir sistemin zihinsel durumları hakkında deneysel olguların varlığını iddia ediyor gibi olabilirim. Onların zihinsel olguların varlığını kesinkes doğrulamak için deneysel araçlar kavrayışı bütünüyle davranışsal kanıtın ön varsayımı üzerine dayanır. Onlar diğer sistemlere zihinsel durumlar atfetmek için sahip olduğumuz yegâne yolun bu sistemlerin davranışı olduğuna inanırlar.

Bu kısımda, birinci bölümde başladığım başka zihinler problemini irdelemeye devam etmek istiyorum. Burada kısmen amacım, tasvir ettiğim iki düşünce deneyiminin bilgiye dair uzantılarında tutarsız ve itiraz edilebilir hiç bir şey bulunmadığını göstermek olacaktır. Fakat öncelikli hedefim, 'diğer insanların ve üst düzey hayvanların az çok bizimkine benzeyen bilinçli zihinsel görüngülere sahip oldukları' şeklindeki varsayımımızın 'deneysel' temellerinin bir açıklamasını vermektir.

Tartışmanın başında, deneysel felsefenin ve zihin felsefesinin tarihi içinde 'deneysel' kelimesinin kullanımında sistematik bir belirsizlik olduğunu, yani varlıkbilimsel anlamla, bilgiye dair anlam arasında bir belirsizlik olduğunu vurgulamakta fayda vardır. İnsanlar deneysel olgulardan bahsederken bazen dünyadaki, diyelim ki matematiğin veya mantığın olgularına karşılık olarak fiili ve muhtemel olguları kastederler. Fakat bazen insanlar deneysel olguları zikrettiklerinde üçüncü şahıs yordamıyla test edilebilen olguları kastederler. Yani 'deneysel olgular' ve 'deneysel yöntemler' ile bütün yetkin gözlemciler tarafından erişilebilen olgular ve metotları kastederler. 'Deneysel' kelimesinin kullanımındaki bu sistematik belirsizlik kesinlikle yanlış olan bir şey önermektedir: Dünyadaki bütün deneysel olgular, yani varlıkbilimsel anlamında olgusal varlıklar, tüm yetkin gözlemciler tarafından bilgi bilimsel bakımdan eşit bir şekilde erişilebilirdirler. Bunun bağımsız olarak yanlış olduğunu biliyoruz. Tüm gözlemciler tarafından eşit erişebilirlikte olmayan birçok deneysel gerçek vardır.

Önceki kısımlar, bunu göz önüne sermeye yönelik bazı düşünce deneyleri ortaya koydu, fakat tam olarak aynı sonuca götüren deneysel verilere zaten sahibiz.

Şu örneği düşünelim.[1] Biraz güç olmakla beraber, uçan bir kuş olmanın nasıl bir şey olduğunu hayal edebiliriz. 'Biraz güç olmakla beraber' dedim, çünkü tabii ki genel eğilim her zaman, kabaca söylersek, *bir kuş* için uçmanın nasıl bir

---

[1] Tomas Nagel'in 'Yarasa Olmak Nasıl Bir Şeydir?' (1974) makalesi tarzında.

şey olduğunu değil de, eğer uçuyor olsaydık bunun *bizim için* nasıl bir şey olacağını hayal etmektir.

Fakat artık birtakım yakın zamanlı araştırmalar, yeryüzünün manyetik alanını saptayarak uçan bazı kuşlar olduğunu söylemektedir. Şimdi kuşun, kanatlarını çırpma veya başı ve bedenine yönelik rüzgâr basıncını hissetme bilinçli deneyimine sahip olduğu gibi, bedeni boyunca dalgalanan manyetizmayı hissetme bilinçli deneyimine de sahip olduğunu farzedelim.

Şimdi, bir manyetik dalga hissetmek nasıl bir şeydir? Bu örnekte, bir kuş için, hatta bir insan için, yeryüzünün manyetik alanından gelen bir manyetik dalgayı hissetmenin nasıl bir şey olduğuna dair en küçük bir fikrim yok. Manyetik alanı belirleyerek uçan kuşların gerçekte manyetik alanı belirleme bilinçli deneyimine sahip olup olmadığını deneysel bir olgu olarak kabul ediyorum. Fakat bu deneysel olgunun kesin niteliksel karakterine, deneysel testlerin standart biçimleri ile erişilemez. Ayrıca neden böyle olsun ki? Neden, dünyadaki tüm olguların standart, nesnel, üçüncü-şahıs testleri ile eşit oranda erişilebilir olduğunu varsayalım? Bunun üzerinde düşünürseniz, böyle bir varsayımın açık bir biçimde yanlış olduğunu görürsünüz.

Bu sonucun göründüğü kadar iç karartıcı olmadığını söylemiştim. Bunun nedeni basittir. Bazı durumlarda asli öznelliklerinden ötürü belli deneysel olgulara eşit oranda erişme sahip olmasak ta, genelde aynı deneysel olgulara ulaşacağımız dolaylı yöntemlerimiz vardır. Şu örneği ele alalım. Köpeğimin, diğer üstün hayvanlar kadar, görsel deneyimler, acı hisleri, susuzluk ve açlık, soğuk ve sıcak duyumları gibi bilinçli zihinsel durumlara sahip olduğuna tam olarak ikna edildim. Peki, neden buna bu kadar ikna oldum? Standart cevap şudur: Köpeğin davranışından ötürü, yani davranışını gözlemleyerek, onun da benimki gibi zihinsel durumlara sahip olduğu sonucunu çıkardım. Bu cevabın hatalı olduğunu düşünüyorum. Çünkü bunun nedeni yalnızca köpeğin bilinçli zihinsel durumlara uygun bir tarzda davranması değil, ayrıca köpeğin fizyolojisindeki davranışın nedensel temelinin uygun biçimde benimki gibi olduğunu görebilmemdir. Neden, sadece, köpeğin benimki gibi bir yapıya ve benim kendi davranışımı yorumlama tarzıma benzer tarzlarda yorumlanabilen davranışlara sahip olması değildir. Fakat neden, şu iki olgunun; köpeğin davranışının uygun olduğu görebilmem ve temelde yatan fizyolojide uygun *nedenselliğe* sahip olduğu olgularının bileşimindedir. Örneğin, şunların köpeğin kulakları olduğunu; şunun derisi olduğunu; şunların gözleri olduğunu; eğer derisini çimdiklerseniz, deri çimdiklemeye uygun davranışı alacağınızı; kulağına bağırırsanız, kulağa bağırmaya uygun davranışı alacağınızı görebilirim.

Köpeğin yapısının şaşalı veya bilgece bir anatomik ve fizyolojik teorisine sahip olmak gerekmediğini belirtmeliyim, fakat sadece, tabiri caizse, 'halk' düzeyinde anatomi ve fizyoloji (deri, gözler, dişler, saç, burun, vb.nin yapısını tanıyabilme yetisi ve bunların köpeğin deneyimlerinde oynadıkları nedensel rolün, uygun biçimde, bu tür özelliklerin kişinin kendi deneyimlerinde oynadığı nedensel rol gibi olduğunu farzedebilme yetisi) yeterlidir. Aslında, 'gözler' ya da 'kulaklar' gibi belli yapıları tasvir etmek dahi onlara, kendi gözlerimize ve kulaklarımıza benzer işlevler ve nedensel güçler atfediyor olduğumuzu örtülü olarak gösterir. Özetle, köpeğin bilincine doğrudan erişimim olmasa da, bana öyle geliyor ki, köpeklerin bilinçli olduğu iyi-kanıtlanmış bir deneysel olgudur ve oldukça ikna edici kanıtlarla doğrulanmaktadır. Filogenetik ölçekte çok daha aşağıda yer alan hayvanlara gelindiğinde, bu derecede emin olduğum bir şey yoktur. Pirelerin, çekirgelerin, yengeçlerin veya salyangozların bilinçli olup olmadıkları hakkında hiçbir fikrim yok. Bana öyle geliyor ki, bu tür soruları, makul bir şekilde, nörofizyologlara bırakabilirim. Fakat bir nörofizyolog ne tür kanıtlar arayacak? Bu noktada, sanırım, tahayyül edebileceğimiz başka bir düşünce deneyimi var.

Bilincin insanlardaki nörofizyolojik temeline yönelik bir açıklamamız olduğunu farzedelim. Diyelim ki, insanlarda bilincin oldukça kesin, nörofizyolojik olarak belirlenebilen nedenleri var, öyle ki ilgili nörofizyolojik görüngülerin bulunması bilinç için hem zorunlu hem de yeterli olsun. Eğer bu görüngüye sahip olsaydınız, bilinçli olacaktınız; kaybetseydiniz, bilinçdışı bir duruma gelecektiniz. Şimdi hayal edin ki, bazı hayvanlar bu görüngüye -buna kısaca 'x' diyelim- sahip ve diğerleri sahip değil. Farzedin ki, bizler, maymunlar, köpekler, vb. gibi, genel fizyolojileri temelinde bilinçli olduklarından oldukça emin olduğumuz tüm hayvanlarda bu x olsun ve amipler gibi, kendilerine bilinç atfetme eğiliminde olmadığımız hayvanlarda bu x hiç bir şekilde olmasın. Dahası, farzedin ki, herhangi bir insanın nörofizyolojisinden x'in çıkarılması derhal bilinçdışılık üretsin ve tekrar sokulması da bilinç üretsin. Böyle bir durumda, bana göre, mantıklı bir şekilde, x'in bulunmasının bilincin üretiminde kritik nedensel bir rol oynadığını varsayabiliriz ve bu keşif, hayvanların bilinçli durumlara sahip olup olmadıkları şüpheli durumlarını açıklığa kavuşturmamızı sağlayacaktır. Eğer yılanlar x'e sahip olsaydı ve keneler sahip olmasaydı, makul bir biçimde, kenelerin basit soyut nitelikler (tropizmler) üzerinde hareket ettiği ve yılanların ise bizlerin, köpeklerin ve Habeş maymunlarının sahip olduğu anlamda bilince sahip oldukları sonucunu çıkarabilirdik.

Bilincin nörofizyolojisinin bu denli basit olacağını bir an bile varsayamam. Bana daha muhtemel geliyor ki, bilince ait oldukça değişik nörofizyoloji biçimleri bulabileceğiz ve her türlü gerçek deneysel ortamda, bilince sahip olmayan organizmalardaki, görünüşte amaca yönelik davranışları açıklayacak olan mekanik işleyişlere benzer tropizmlerin varlığının bağımsız kanıtlarını arayabileceğiz. Bu örneğin amacı, basitçe, esas olarak öznel ve dolayısıyla doğrudan üçüncü şahıs testleri ile erişilemeyen deneysel görüngülere ulaşmayı sağlayan nesnel, üçüncü şahıs ve deneysel türden dolaylı araçlara sahip olabileceğimizi göstermektir.

Bununla birlikte, bu birinci şahıs öznel deneysel olguları keşfetmek için, üçüncü şahıs deneysel yöntemlerde ikinci sınıf veya eksik bir şey olduğunu düşünmemek gerekir. Bu yöntemler, bilim ve gündelik yaşamın başka alanlarında da kullandığımız basit ama kullanışlı bir ilkeye dayanmaktadır: *Aynı nedenler-aynı sonuçlar ve benzer nedenler-benzer sonuçlar(ı doğurur)*. Diğer insanların deneyimlerinin nedensel temellerinin bizim deneyimlerimizin nedensel temelleri ile neredeyse özdeş olduğunu kolaylıkla görebiliriz. Gerçek hayatta 'başka zihinler problemi' olmamasının nedeni de budur. Hayvanlar fizyolojik olarak bizimle özdeş olmasalar da, önemli belli açılardan doğal olarak bize benzemeleri nedeniyle bu ilkenin görülebileceği iyi bir test vakası sağlarlar.

Gözleri, kulakları, burunları, ağızları, vb. vardır. Bu nedenle, bu çeşitli aparat türlerine uyan deneyimlere sahip olduklarından gerçekten kuşku duymayız. Buraya kadar, tüm bu düşünceler bilim öncesine aittir. Fakat insanlarda bilincin kesin nedenlerini tespit edebildiğimizi ve ardından, diğer canlılarda da tam olarak aynı nedenleri keşfedebildiğimizi farzedelim. Böyle olsaydı bana göre, oldukça kesin olarak, diğer canlı türlerinin de bizim sahip olduğumuzla tamamen aynı türden bir bilince sahip olduklarını saptamış olacaktık, çünkü aynı nedenlerin aynı sonuçlara yol açtığını tahmin edebiliriz. Bu zırzop bir spekülasyon olmayacaktı, çünkü bu nedenlerin diğer canlı türlerinde aynı sonuçları meydana getireceğini varsaymak için iyi bir gerekçemiz olacaktı.

Gerçek uygulamada ise, nörofizyoloji ders kitapları düzenli olarak, örneğin, kedinin renk algısının insanınkine *ve hatta diğer hayvanlarınkine* benzer olduğunu ve bunlardan farklı olduğunu anlatıp dururlar. Ne soluk kesici bir sorumsuzluk! Bu yazarlar nasıl oluyor da diğer kedi problemini bu kadar kolaylıkla çözmüş gibi görünebiliyorlar? Cevap şudur; kedinin görme aparatının tam olarak ne şekilde bizimkine ve diğer canlı türlerininkine benzediğini ve bunlardan ne kadar farklı olduğunu bildikten sonra kedinin görme problemi çözülmüş olur.[1]

Bir kez, diğer hayvanlara zihinsel durumlar atfetmenin nedensel temelini anladıktan sonra, 'başka zihinler' problemine yönelik çeşitli geleneksel şüpheli problemlerin kolay bir çözümü olur. İkinci bölümde değindiğim spektrumun ters yüz oluşu problemini düşünelim. Hepimizin bildiği gibi, nüfusun bir kesimi, geriye kalanlarımızın yaptığı ile aynı davranışsal ayrımları yapmalarına rağmen, yeşil gördükleri ve bu deneyime 'yeşil görme' dedikleri fiili deneyimlerin, bizim o deneyimleri yaşadığımızda 'kırmızı görme' diye nitelendireceğimiz deneyimler veya bunun tam tersi olabilecek bir kırmızı-yeşil ters yüz oluşu yaşayabilirler. Fakat şimdi şöyle düşünün: Diyelim ki tam olarak, ters yüz edilmiş kırmızı ve yeşil alıcılarına gerçekten sahip olan ve geri kalan görsel aparatlarıyla da oldukça bağlantılı olan, bir nüfus kesimi bulduk, öyle ki molar ayrımları bizimki ile aynı olmasına rağmen gerçekte bunların altında yatan farklı deneyimlere sahip olduklarına dair elimizde çok güçlü nörofizyolojik kanıtlar olsun. Bu felsefi şüphecilik için bir problem olmayabilir ancak, iyi tanımlanmış bir nörofizyolojik varsayım (hipotez) olacaktır. Fakat eğer böyle bir nüfus kesimi olmazsa ve renk körü olmayan insanların tümü aynı kırmızı-yeşil algı

---

[1] Sözgelimi, 'Tahmin edilebileceği gibi, maymun, yer sincabı ve bazı balık türleri dâhil çeşitli hayvanlarda, alıcı alanları özel biçimde renk-kodlu olan hücreler tespit edilmiştir. *Bu hayvanlar, kedinin aksine, kusursuz bir renk görüşüne* ve renk işlemeye yönelik karmaşık bir sinir mekanizmasına *sahiptirler*' (Kuffler ve Nicholls, 1976, s. 25, italik ifadeler çevirmene aittir).

kanallarına sahip olursa, nesnelerin diğer insanlara bize göründüğü gibi göründüğüne dair sağlam deneysel kanıtlarımız olur. Felsefi kuşkuculuk bulutu, bir sinirbilim damlacığına dönüşür.

Dikkat ederseniz, 'diğer zihinler problemi'ne yönelik bilimde ve gündelik yaşamda kullandığımız bu çözüm, diğer varlıklara zihinsel görüngüleri doğru olarak atfetmek için yeterli şartları sağlasa da, zorunlu şartları sağlamaz. Bu bölümde daha önce öne sürdüğüm gibi, bilincin zorunlu şartlarını ayırt edebileceğimizi varsaymak için, hayal edebileceğimiz herhangi bir şeyden çok daha zengin bir nörobiyolojik bilinç teorisine ihtiyacımız var. Önümdeki masanın, her gün kullandığım bilgisayarın, yazı yazdığım dolmakalemin ve kayıt yaptığım kaset çaların bilinçli olmadıklarından oldukça eminim, fakat elbette ne ben ne de bir başkası bunların bilinçdışı olduklarını *kanıtlayamaz*.

IV. Özet

Bu bölümde şimdiye kadar iki amacım vardı: Birincisi, zihnin varlıkbiliminin ilgili olması kadar, davranışın tamamen alakasız olduğunu delillendirmeye çalıştım. Elbette gerçek yaşamda davranışımız varlığımız için önemlidir, fakat kendi zihinsel durumlarımızın varlığını zihinsel durumlar olarak incelediğimizde, bununla bağlantılı davranış bu zihinsel durumların varlığı için ne zorunlu ne de yeterlidir. İkincisi, davranışı diğer zihinlerin varlığını bilmeyi sağlayan yegâne temel olarak gören 'diğer zihinler problemi'nin üç yüz yıllık bilgibilimsel tartışmalarının, etkisini kırmak için bir başlangıç yapmaya çalıştım. Bu (iddia) bana apaçık bir yanlış gibi geliyor. Zira bunun nedeni, yalnızca, başkalarındaki zihinsel durumların keşfi ile her bakımdan alakalı olan davranışla, diğer organizmaların nedensel yapısı arasındaki *bağlantıdır*.

Aynı oranda önemli olan son bir husus da şudur: Felsefe yaparken hariç olmak üzere, diğer zihinler hakkında gerçekte bir 'problem' yoktur, çünkü, başka insanların bilinçlive sandalyelerin, masaların, bilgisayarların ve arabaların ise bilinçdışı olduğuna yönelik bir 'hipotez,' 'inanç' veya 'tahmin'e sahip değiliz. Dahası, davranmanın belli arkaplan tarzları, belli arkaplan yetilerimiz vardır ve diğer insanların bilinciyle ilişkilerimizin kurucuları bunlardır. Arkaplan öğelerine, doğrulanması zorunlu olan hipotezlermiş gibi bakıldığında çoğu kez, şüpheci problemlerin ortaya çıkması felsefede sıkça rastlanılan bir şeydir. Köpeğimin veya bölüm başkanımın bilinçli olduğuna yönelik bir 'hipotez' benimsemiyorum ve sonuçta felsefi tartışmalar dışında bir sorun ortaya çıkmıyor.

V. İçsel, Mış Gibi ve Türetilmiş Niyetlilik

Daha fazla ilerlemeden önce, buraya kadar söylediklerimde örtük olan fakat aşağıdaki nedenlerden ötürü belirginleşmesi gereken bazı basit ayrımları ortaya çıkarmam gerekiyor. Bu ayrımları ortaya çıkarmak için, niyetli zihinsel görüngüler atfetmek için kullandığımız cümlelerin çeşitli doğruluk-şartları arasındaki benzerlikleri ve farklılıkları üzerinde düşünelim:

1. Şu an susadım, gerçekten susadım, çünkü bütün gün hiç bir şey içmedim.

2. Çimlerim susadı, gerçekten susadı, çünkü bir haftadır sulanmadılar.

3. Fransızca'da 'j'ai grand soif', ' çok susadım' anlamına gelir.

Bu cümlelerin birincisi, harfi harfine, bir kişiye gerçek bir niyetli zihinsel durum atfetmek için kullanılır. Eğer bu cümleyi doğru bir ifadeyle (statement) söze dökersem (utter), bende bu ifadeyi doğru yapan bilinçli bir susuzluk duygusu olur. Bu duygu niyetliliğe sahiptir, çünkü bir su içme isteğini içermektedir. Fakat ikinci cümle oldukça farklıdır. İkinci cümle, çimlerime susuzluk atfetmek için sadece mecazi veya sembolik olarak kullanılır. Susuz olan çimlerim, benim susamış olacağım bir durum içinde olduklarından, onları sembolik olarak susa*mış gibi* tanımlamaktayım. Arada bir temsil (analoji) ile ve oldukça zararsız bir şekilde, gerçek anlamda susadıklarını bir an bile kabul etmesem de, çimlerimin susadığını söylerim. Üçüncü cümle, niyetliliği harfi harfine atfetmek bakımından birinci cümle gibidir, fakat birinci cümlenin aksine, tanımlanan niyetliliğin, sistemin içsel özelliği olmaması bakımından ikinci cümle gibidir.

Birinci atıf türü, *içsel* niyetlilik atfeder. Böyle bir ifade doğru ise, *atfetmenin nesnesinde* gerçekten bir *niyetli durum* olmalıdır. İkinci cümle özgün veya başka türlü herhangi bir niyetlilik atfetmez; sadece sembolik veya mecazi olarak konuşmak için kullanılır. Bu nedenle, bu atıftaki 'niyetlilik' için, içsel değil demek yerine, sadece '*mış gibi*' diyeceğim. Kafa karıştırmamak için, '*mış gibi*' niyetliliğin bir niyetlilik türü olmadığını, daha çok, '*mış gibi*' niyetliliğe sahip bir sistemin niyetliliğe-sahipmiş –gibi– olduğunu vurgulamak gerekiyor. Üçüncü durumda niyetliliği harfi harfine Fransızca cümleye atfediyorum, yani, Fransızca cümle harfi harfine olduğunu söylediğim anlamı kastediyor. Fakat bu Fransızca cümledeki niyetlilik, tıpkı bir söz dizimsel nesne gibi yorumlanan o özel cümlenin içsel (özelliği) değildir. Bu sözcük dizisi, farklı bir anlama gelebilirdi veya hiçbir anlama gelmeyebilirdi. Fransızca *konuşanlar* bu diziyi *kendi* niyetliliklerini ifade etmek için kullanabilirler. Dilbilimsel anlam gerçek bir niyetlilik biçimidir, fakat bir içsel niyetlilik değildir. Dilin kullanıcılarının içsel niyetliliğinden türemiştir.

Bu noktaları şu şekilde özetleyebiliriz: İçsel niyetlilik, insanların ve belli diğer hayvanların, biyolojik yapılarının bir parçası olarak sahip oldukları bir görüngüdür. Nasıl kullanıldıklarının veya kendilerini nasıl düşündüklerinin veya kendilerini nasıl betimlemeyi (tasvir) tercih ettiklerinin bir önemi yoktur. Bu tür hayvanlar hakkında örneğin, bazen *susamaları* veya *acıkmaları*, nesneler *görmeleri*, şeylerden *korkmaları* vb. durumlar sadece basit birer olgudur. Bu son cümledeki italik ifadelerin tümü içsel niyetli durumlara gönderme yapmak için kullanılır. Niyetlilik tabiri, ona sahip olmayan, fakat sahipmiş gibi davranan, sistemlerden bahsederken kullanılmaya oldukça müsaittir. Termostatım için sıcaklıktaki değişiklikleri *algıladığını* söylerim; karbüratörüm için karışımı ne zaman koyulaştıracağını *bildiğini* söylerim ve bilgisayarım için *hafızasının* geçen yılki bilgisayarımın *hafızasından* daha büyük olduğunu söylerim. Bu nitelemelerin tümü tam anlamıyla zararsızdır ve en sonunda bu mecazlar yok olduklarında yeni literal anlamlar üreteceklerine şüphe yoktur. Ancak, bu nitelemelerin psikolojik açıdan konu dışı olduklarını vurgulamak gerekir, çünkü herhangi bir zihinsel görüngünün bulunduğunu ima etmezler. Bu üç örneğin tümünde resmedilen niyetlilik tamamen *'mış gibi'*dir.

Üçüncü tür örnekler, sık sık zihinsel olmayan görüngüleri, harfi harfine niyetlilik özellikleri ile donattığımız için ilginç bir hal alırlar. 'Belli cümleler belli şeyler *anlamına gelir*' veya 'Belli haritalar Kaliforniya eyaletinin doğru *temsilleri*dirler' veya 'Belli tablolar Winston Churchill'in *resimleri*dir' ifadelerinde mecazi veya *–mış gibi* hiçbir şey yoktur. Bu niyetlilik biçimleri gerçektir; fakat insan faillerin niyetliliğinden türemişlerdir.

'İçsel' terimini on yılı aşkın süredir kullanmaktayım[1], fakat bu terim sürekli olarak belli ısrarlı yanlış anlamalara maruz kalmaktadır. Konuşma dilinde 'içsel' kavramı çoğu zaman 'ilişkisel' kavramının karşıtıdır. Bu yüzden, Ay içsel olarak (kendiliğinden) bir kütleye sahiptir, fakat içsel olarak bir uydu değildir. Yalnızca, dünya ile göreli olarak bir uydudur.

---

[1] Bkz., Searle, 1980b.

İçsel teriminin bu anlamında, 'geniş içerikli', yani zihnin dışındaki nesnelerle olan ilişkileri özsel olarak içeren bir genişlikte, niyetli durumlara inanan insanlar, bu tür niyetli durumların içsel olduklarını reddetmek durumunda kalabilirler, çünkü bu durumlar ilişkiseldir. Ben geniş içeriğin varlığına inanmadığımdan[1] dolayı, benim için bir sorun yoktur. Şu an yaptığım ayrımlar, geniş ve dar içerik hakkındaki tartışmadan bağımsızdır. Bu yüzden, 'içsel niyetlilik' ile bir şeyin yalın görüntüsüne (*mış gibi*) ve cümleler, tablolar, vb. gibi türemiş niyetlilik biçimlerine karşıt olarak, sadece gerçek bir şeyi kastetmeyi şart koşuyorum. Şu an yapmaya çalıştığım ayrımları kabul etmek için geniş içeriğe itirazlarımı kabul etmek zorunda değilsiniz.

Bir başka -bana şaşırtıcı gelen- yanlış anlama da, benim, gerçek şey durumlarına 'içsel' derken bu şeylerin bir şekilde gizemli, kutsal ve felsefi açıklamanın veya bilimsel incelemenin erişiminin ötesinde olduklarını ima ettiğimin varsayılmasıdır. Fakat bu anlamsızdır. Tam şu anda birçok içsel niyetli duruma sahibim, örneğin, banyoya gitme isteği, şiddetli bir soğuk bira içme isteği, gölde bir yığın sandalın görsel deneyimi. Bunların tümü, benim kullandığım anlamda, sadece gerçek şey olduklarını ve az veya çok gerçek şeye benzeyen (-*mış gibi*) bir şey veya bir başkasının bu şeyi kullanımlarının ya da ona yönelik tavırlarının sonucu olan (*türemiş*) bir şey olmadıkları anlamına gelen *içsel* niyetli durumlardır.[2]

Bu ayrımları reddetmeye yönelik çabalar görmekteyim, fakat bu inkârları ciddiye almak çok zordur. İlkesel farklılıkların olmadığını düşünüyorsanız, *Pharmacology* dergisinden alınmış olan şu kesiti değerlendirebilirsiniz:

---

[1] Bkz., Searle, 1983, 7. bl.
[2] Bu yanlış anlamaya örnek için, P. M. Ve P. S. Churcland'a bakınız (1983).

Gırtlak büzgeç kasını geçtikten sonra, yiyeceğin hareketi, dışkılama sırasındaki dışkıların son boşaltımı hariç, neredeyse tamamen gayri ihtiyaridir. *Mide bağarsak sistemi bölge o denli zeki bir organdır ki,* sadece yiyeceğin lümende bulunmasını değil ayrıca kimyasal bileşimini, miktarını ve akışkanlık da *hisseder* ve uygun kasılma kalıpları üreterek ön uyarı ve karışım oranını ayarlar. *Oldukça gelişmiş olan karar verme yetisinden ötürü,* düzgün kas katmanlarından, sinirsel yapılardan ve civardaki hormonal hücrelerden oluşan boşaltım kanalı çeperine *çoğu kez boşaltım kanalı beyini denir.*[1]

Bu açıkça, 'boşaltım kanalı beyini'ndeki bir *'mış gibi'* niyetlilik durumudur. Bu boşaltım kanalı beyini ile beyin beyini arasında bir ilkesel fark olmadığı düşünülebilir mi? İki tür durumun da aynı olduğunun; bunun tümüyle, sisteme yönelik bir 'niyetli duruş' alma meselesi olduğunun söylendiğini duymuşumdur. Fakat gerçek hayatta boşaltım kanalı beyininin 'algı' ve 'karar verme' yetilerinin gerçek beyninkinden farklı olmadığını varsaymayı, hele bir deneyin.

Bu örnek, diğer şeylerin içinde, içsel ve *'mış gibi'* niyetlilik arasındaki ayrımı reddetmeye yönelik herhangi bir çabanın, genel bir saçmaya indirgeme (muhale irca) ile karşı karşıya geleceğini ortaya koymaktadır. Eğer bu ayrımı reddederseniz, bu, evrendeki herşeyin niyetliliği olduğu anlamına gelir. Evrendeki her şey doğa kanunlarına uyar ve bu nedenle, her şey belli derecede bir düzenlilik ile hareket eder ve bu nedenle de, her şey, örneğin, bir kurala uyuyor*muş gibi,* belli bir görevi yerine getirmeye çalışıyor*muş gibi,* belli isteklerle uyumlu biçimde işliyor*muş gibi* hareket eder. Örneğin, bir taş düşürdüğümü farzedin. Bu taş yerkürenin merkezine ulaşmaya *çalışır,* çünkü yerkürenin merkezine ulaşmak *ister*

---

[1] Bu makaleye dikkatimi çektiği için Dan Rudermann'a minnettarım; Sarna ve Otterson 1988, italikler bana aittir.

ve bunu yaparken $S=1/2gt^2$ kuralını *takip eder*. İçsel ve *'mış gibi'* niyetlilik arasındaki ayrımı reddetmenin bedeli, kısaca saçmalıktır, çünkü bu, evrendeki her şeyi zihinsel yapar.

Şüphesiz, marjinal durumlar vardır. Örneğin çekirgeler veya pireler hakkında ne söyleyeceğimizden pek emin olamıyoruz. Ayrıca, kuşkusuz, bazı insani örneklerde bile niyetliliği literal anlamda mı yoksa mecaz anlamda mı atfetmemiz gerektiğini şaşırabiliriz. Fakat marjinal durumlar, içsel niyetlilik atıfları ile örtüşen olgu türleri ile *'mış gibi'* mecazi (metaforik) niyetlilik atıfları ile örtüşen olgu türleri arasındaki ayrımı değiştirmez. *'Mış gibi'* mecazi atıflarda zararlı, yanlış yönlendirici veya felsefi bakımdan hatalı hiçbir şey yoktur. Yegâne hata onları literal anlamlarıyla değerlendirmektir.

Umarım yapmakta olduğum bu ayrımlar acı verici biçimde aşikârdırlar. Ancak, tabiri caizse cepheden, şunu nakletmek zorundayım: Çağdaş entellektüel yaşamın en büyük bazı hatalarının altında bu basit ayrımların ihmali, yatmaktadır. Yaygın hata kalıplarından birisi de, içsel niyetliliğe sahip olmayan sistemlere *'mış gibi'* niyetlilik atıfları yapabiliyoruz diye, o veya bu şekilde niyetliliğin doğasını keşfettiğimizi zannetmektir.[1]

---

[1] Bkz., örneğin, Dennett, 1987.

Dördüncü Bölüm
Bilinç ve Doğadaki Yeri

I. Bilinç ve 'Bilimsel' Dünya Görüşü

Çoğu kelime gibi, 'bilinç' kelimesinin zorunlu ve yeterli şartlara bağlı olarak bir tanımını yapmak mümkün olmadığı gibi, sözcüğü Aristotelesçi tarzda cins ve fasıl (ayrım) yoluyla da tanımlamak da mümkün değildir. Bununla birlikte, döngüsel olmayan kelimesi kelimesine tam bir tanımını yapamasak da, bu kavramla neyi kastettiğimi belirtmek benim için elzemdir, çünkü sık sık diğer birkaç kavramla karıştırılmaktadır. Örneğin, hem etimolojik ve hem de kullanıma ilişkin nedenlerle, 'bilinç' çoğu kez 'vicdan', 'kendilik bilinci' ve 'biliş (cognition) kavramlarıyla karıştırılır.

'Bilinç' kavramı ile neyi anlatmak istediğimi en iyi, örneklerle açıklayabilirim. Rüyasız bir uykudan uyandığımda, bilinç durumuna girerim, uyanık olduğum sürece devam eden duruma. Uykuya daldığımda, ya da genel anestezi altına alındığımda veya öldüğümde, bilinçli durumum kesilip biter. Bilincin rüya biçimleri, çoğu zaman uyanıklık durumundaki olağan bilinçten çok daha az düzeyde bir yoğunluk ve canlılıkta olsa da, eğer uykumda rüya görürsem bilinçli duruma geçerim. Bilincin derecesi uyanık olduğumuz saatlerde bile değişebilir; örneğin, tam uyanıklılık ve uyarılmışlık durumundan uykulu ve uyuşuk bir duruma geçtiğimizde, ya da sadece çok bıkkın ve dikkatsiz olduğumuz durumlarda. Kimi insanlar, farklı bilinç durumları yaşamak amacıyla, beyinlerini kimyasal maddelerle tanıştırırlar, oysaki günlük hayatta, kimyasal destek almadan da, değişik bilinç dereceleri ve biçimlerini idrak etmek mümkündür. Bilinç bir açma kapama düğmesidir: bir sistem ya bilinçlidir ya da değildir. Fakat bir kez bilinçli olduğunda, sistem bir direnç aygıtıdır; yani bilincin farklı dereceleri vardır. Benim anlayışıma göre, 'bilinç'in yakın bir eşanlamlısı 'farkındalık'tır, fakat anlam bakımından tam olarak eşdeğer olduklarını düşünmüyorum. Çünkü 'farkındalık', genel bilinç kavramından daha çok biliş ve bilgi ile yakından bağlantılıdır. Dahası, bilinçdışı olarak bir şeyin farkında olunması durumu da mümkün olabilir.[1] Ayrıca, buraya kadar olan bilinç tanımımda *kendilik bilinci*'ni ima eden bir şey olmadığı da önemle vurgulanmalıdır. İleride (altıncı bölümde) bilinç ile kendilik bilinci arasındaki ilişkiyi tartışacağım.

Kimi felsefeciler (örn., Block, *Two Concepts of Consciousness*), bu kelimenin her hangi bir bilinçlilik ima etmeyen bir anlamı olduğunu savunuyorlar, bu anlama göre, gerçek bir zombi de 'bilinçli' olabilir. Ben böyle bir anlam bilmiyorum, fakat hiç bir durumda sözcüğü bu anlamda kullanmadığım kesin.

Bilinç durumları sürekli olarak bir içeriğe sahiptir. Hiç bir zaman sadece bilinçli olunmaz, bilinçli olunduğunda şöyle bir sorunun cevabı olmalıdır, 'bilincinde olunan nedir?' Fakat bu sorudaki 'bilincinde olunan' şey her zaman kendisi için niyetli olunan şey değildir. Eğer kapıya vurmanın bilincinde isem, bu bilinç durumum niyetlidir, çünkü kendisinden ötede bir şeye (kapıya vurmak) gönderme yapıyor. Eğer bir ağrının bilincinde isem, bu ağrı niyetli değildir, çünkü kendisinden ötede bir şeyi temsil etmez.[2]

---

[1] Weiskrantz vd. 1974.
[2] Bu noktaya yönelik bir sınırlama vardır. Bedendeki yer duyusu niyetlidir, çünkü bedenin bir bölümüne gönderme yapıyor. Ağrının bu yönü niyetlidir, çünkü doyum şartlarına sahiptir. Örneğin, budamlama yanılsaması durumunda, kişi yanılabilir ve yanılma ihtimali en azından bu görüngünün niyetli olduğuna yönelik iyi bir ipucudur.

Bilinç ve Doğadaki Yeri

Bu bölümün temel amacı bilinci, genel 'bilimsel' dünya kavrayışımızın içine yerleştirmektir. Zihnin açıklamasını yaparken bilince vurgu yapılmasının nedeni, bilincin merkezî bir zihinsel kavram olmasıdır. O veya bu şekilde, niyetlilik, öznellik, zihinsel nedensellik, zekâ vb. diğer tüm zihinsel kavramların *zihinsel* olup olmadıkları, ancak bilinçle olan ilişkilerine bakılarak tam olarak anlaşılabilir (daha fazla bilgi için yedinci bölüme bakınız). Yaşamımızın uyanık olarak geçen belli bir anında zihinsel durumlarımızın sadece küçük bir bölümü bilinçlidir, bu yüzden bilincin merkezi bir zihinsel kavram olduğunu düşünmek paradoksal görülebilir. Fakat bu kitabın akışı içinde bu paradoksal görüntüyü çözmeye niyetliyim. Bilincin genel dünya görüşümüzdeki yerini belirledikten sonra, İkinci Bölüm'de irdelediğimiz zihne yönelik maddeci teorilerin, en azından saldırdıklarını zannettikleri dualizim kadar bilimsellik karşıtı olduklarını görebiliriz.

Olguları ifade etmeye çalıştığımız zaman, geleneksel kategoriler ve terminolojinin üzerindeki baskının neredeyse dayanılmaz duruma geldiğini ve bu baskının altında çatlamaya başladıklarını göreceğiz. Söylediğim şey kendinde çelişik gibi gelecek: Bir yandan bilincin dünyanın sıradan biyolojik bir özelliği olduğunu iddia edeceğim, öte yandan da niçin onu, harfiyen neredeyse kavranamaz olarak kabul etmemiz gerektiğini göstermeye çalışacağım.

Çağdaş dünya görüşümüz on yedinci yüzyılda gelişmeye başladı ve bu gelişim yirminci yüzyılın sonuna doğru halen devam ediyor. Tarihsel olarak, bu gelişimin anahtarlarından birisi, bilincin on yedinci yüzyılda Descartes, Galileo ve diğerleri tarafından bilimin konusu olmaktan çıkarılmasıydı. Kartezyen (Dekartçı) görüşe göre, doğa bilimlerinin 'zihin'i (*res cogitans*) içermemesi gerekir ve sadece 'madde' (*res extensa*) ile ilgilenmeleri gerekir. On yedinci yüzyılda zihin ve madde arasındaki bu ayrılma, bilimlerdeki ilerlemenin büyük bir bölümünü kolaylaştıran keşfe götürücü yararlı bir vasıta oldu. Ancak, bu ayırım felsefi açıdan karışıktır ve yirminci yüzyıla kadar bilincin doğal dünyadaki yerinin bilimsel olarak anlaşılmasının önünde büyük bir engel teşkil etmiştir. Bu kitabın başlıca amaçlarından birisi bu engeli ortadan kaldırmak ve bilinci diğerleri gibi biyolojik bir görüngü olarak tekrar bilimin konusu yapmaktır. Bunu yapmak için çağdaş kartezyencilerin düalist itirazlarına cevap vermemiz gerekiyor.

'Bilimsel' dünya görüşümüzün, oldukça karmaşık olduğunu ve evrenin nasıl bir mekân olduğuna ve nasıl işlediğine yönelik genel olarak kabul edilmiş teorilerin tümünü içerdiğini söylememize gerek yok sanırım. Yani, bilimsel dünya görüşümüz Kuantum mekaniği ve izafiyet teorisinden; jeolojinin yerkabuğu hareketi teorisi ve kalıtsal aktarımın DNA teorisine kadar uzanan geniş bir teoriler dizisini kapsamaktadır. Örneğin, günümüzde kara deliklere, hastalıkların mikrop teorisine ve güneş sisteminin helyosentrik (Güneş merkezli) açıklamasına inanıyoruz. Bu dünya görüşünün bazı hususları çok geçici olsa da, diğer hususlar oldukça sağlam kurulmuştur. Bu dünya görüşüne ait özelliklerden en az ikisi, günümüzün iyi eğitimli insanlarına seçme şansı bırakmayacak kadar esaslı ve sağlam temellere dayalıdır. Hatta bu özellikler modern dünya görüşünün büyük bir kısmının kurucusudur. Bunlar atom teorisi ve evrim teorisidir. Elbette, bunlar da, diğer teoriler gibi, yeni birtakım araştırmalarla çürütülebilirler; fakat şu anda deliller, bu teorilere kolayca karşı çıkılamayacak kadar sağlamdır. Bilincin dünya anlayışımızdaki yerini, onu bu iki teoriyle ilişkilendirerek tespit etmek zorundayız.

Atomcu madde teorisine göre, evren bütünüyle oldukça küçük fiziksel görüngülerden oluşmaktadır. Tam olarak doğru olmasa da, bu görüngülere 'parçacıklar' (partikül) demeyi uygun buluyoruz. Dış dünyamızda yer alan gezegenler, galaksiler, arabalar ve paltolar gibi büyük ve orta ölçekteki varlıkların tümü daha küçük varlıklardan ve onlar da sırasıyla daha da küçük varlıklar, moleküller, atomlar ve atomdan küçük parçacıklardan oluşur. Elektronlar, hidrojen atomları ve su molekülleri bu parçacıklardan bazılarıdır. Bu örneklerin de resmettiği gibi, daha büyük parçacıklar daha küçük parçacıklardan oluşur; nihai en küçük parçacığın belirlenmesine yönelik tartışma sürmekle beraber henüz ortada net bir sonuç yoktur. En az iki nedenden ötürü 'parçacık' kelimesini kullanmaktan biraz sıkıntı çekiyoruz. İlkin, bu varlıkların esas temelini, uzayda yer kaplayan varlıklar değil, kütle/enerji noktaları olarak tanımlamak daha isabetli görünüyor. İkincisi, daha köktenci olarak, kuantum mekaniğine göre, 'parçacıklar' elektronlar gibi, ölçülmedikleri veya bir şekilde engellenmedikleri sürece parçacıklardan daha çok dalgalar gibi hareket etmektedirler. Ama yine de, uygunluk açısından 'parçacık' sözcüğünü kullanacağım.

Önceki örneklerimizde görüldüğü gibi, parçacıklar daha büyük *sistemler*e doğru düzenlenmişlerdir. Bir sistem kavramının ne olduğunu tanımlamaya çalışmak yanıltıcı olabilir, fakat basit sezgisel bir düşünceyle sistemler, bir sistemin uzay zamansal sınırlarının nedensel ilişkilerle belirlendiği yerlerde oluşan parçacık koleksiyonlarıdır. Buna göre, yağmur damlası da buzul da bir sistemdir. Bebekler, filler ve dağ sıraları da sistemlere örnektir. Bu örneklere bakılarak sistemlerin alt sistemleri içerdikleri açıkça görülmelidir.

Atom teorisinin açıklayıcı araçlara (apparatus) sadece büyük sistemlerin küçük sistemlerden oluştuğu görüşü değil ayrıca büyük sistemlerin birçok özelliğinin küçük sistemlerin davranışlarıyla *nedensel olarak açıklanabileceği* düşüncesi de esas teşkil eder. Bu tarz bir açıklama anlayışı, birçok makro görüngünün, mikro görüngülere bağlı olarak açıklanabilmesini mümkün, hatta gerekli, kılmaktadır. Ve bu da bizi, sağdan sola doğru makrodan makroya veya mikrodan mikroya, ya da aşağıdan yukarıya doğru mikrodan makroya yaptığımız harekete bağlı olarak, aynı görüngünün farklı açıklanma düzeyleri olduğu sonucuna götürür. Bu düzeyleri basit bir örnekle açıklayabiliriz. Farzedin ki ben çaydanlıktaki suyun neden kaynadığını açıklamak istiyorum. Sol-sağ (yatay) makro-makro tarzındaki açıklama şöyle olabilir: Çaydanlığı ocağa koydum ve ateşi yaktım. Bu açıklamaya 'sol-sağ' diyorum, çünkü bir önceki olayın bir sonraki olayı açıkladığını belirtiyor[1] ve 'makro-makro' diyorum, çünkü hem açıklayan (neden) hem de açıklanan (sonuç) makro düzeydedir. Aşağı-yukarı mikro-makro diğer açıklama şöyle olabilir: Su kaynıyor, çünkü hidrokarbonların oksitleşmesiyle H_2O moleküllerine aktarılan kinetik enerji bu moleküllerin çok hızlı hareket etmesine neden oldu, böylece molekül hareketlerinin neden olduğu iç basınç dış hava basıncına eşit olmaktadır, bu basınç dışarıdaki havanın içinde bulunan moleküllerin hareketiyle açıklanabilir. Bu açıklamaya 'aşağı-yukarı mikro-makro' diyorum, çünkü yüzeyin veya makro görüngülerin özelliklerini veya hareketini daha alt düzeydeki mikro görüngülerle açıklıyor. Bunların mümkün yegâne açıklama düzeyleri olduğunu ima etmek de istemiyorum. Sol-sağ mikro-makro açıklamalar da vardır ve her mikro veya makro düzeyde daha başka altbölümler de oluşturulabilir.

Bu durumda, atomcu teorinin temel derslerinden biri şu oluyor: Büyük nesnelerin birçok özelliği küçük nesnelerin davranışlarıyla açıklanır. Tam olarak bu modele uydukları için hastalıklarda tohum teorisini veya genetik aktarımın DNA teorisini büyük buluşlar olarak kabul ediyoruz. Eğer birisi hastalıkları, gezegenlerin hareketleriyle açıklasaydı ve üstelik bu açıklama teşhis ve tedavilerde işe yarasaydı, gezegenler ve semptomlar düzeyindeki makro nedenlerin ve so-

---

[1] 'Sol-sağ' metaforu, tabii ki, Avrupa dillerinin ortak tercihi olan soldan sağa yazma şeklinden esinlenerek kullanılmıştır.

nuçların, aşağı-yukarı mikro-makro nedensel yapılarda nasıl işlediğini anlayana kadar, bunu asla eksiksiz bir açıklama olarak kabul etmezdik.

Şimdi de atom teorisinin bu temel fikirlerine evrimsel biyolojisinin ilkelerini ekleyelim. Uzun zaman dilimlerinde, yaşayan sistemlerin belli *türleri* belli ve çok özel yollarla evrimleşirler. Bu küçük dünyamızda, söz konusu sistem türlerinin istisnasız tümü karbon-bazlı moleküller içermekte ve çok miktarda hidrojen, nitrojen ve oksijen tüketmektedirler. Bunların evrimleşme yolları karmaşıktır, fakat temel işleyiş; söz konusu türlerin gösterge örneklerinin, benzer göstergelerin varlığa gelmesine neden olması şeklindedir. Böylelikle, asıl göstergeler ortadan kaldırıldıklarında, bu göstergelerin örnekledikleri tür veya model diğer göstergelerde devam eder ve bu tür veya model bir sonraki gösterge soyu başka göstergeler ürettikçe türetilmeye devam eder. Göstergelerin yüzey özelliklerindeki (fenotiplerdeki), değişimler bu göstergelere, kendilerini içinde buldukları özgün çevrelere bağlı olarak, daha fazla veya daha az hayatta kalma şansı verir. Yaşadıkları çevreye bağlı olarak daha fazla hayatta kalma olasılığı olan göstergelerin, böylelikle, kendileri gibi, aynı genetik özelliğe sahip, daha fazla gösterge üretme ihtimalleri daha yüksek olacaktır. Ve tür böylelikle evrimleşir.

Evrim teorisinin Mendel ve DNA genetikçileri tarafından tamamlanan entelektüel cazibesi, teorinin atom teorisinden çıkarsadığımız açıklayıcı modelle uygunluk göstermesidir. Özel bir biçimde de, genetik mekanizmaların moleküler biyolojide temellenmesi;, fiziksel görüngülerin sahip olduğumuz farklı açıklama düzeyleriyle uygunluk içinde biyolojik görüngülerin farklı açıklama düzeylerini dikkate alır. Evrimsel biyolojide, karakteristik olarak, iki açıklama düzeyi vardır; türlerin üyelerinin sahip olduğu fenotip (yüzeysel) niteliklere bağlı olan 'kapsayıcı uygunluk' bakımından türlerin devamını (hayatta kalmalarını) açıkladığımız 'işlevsel' düzey ve söz konusu özelliklerin gerçekte organizmayı çevreyle nasıl ilişkilendirdiğine bakarak nedensel mekanizmaları açıkladığımız, 'nedensel' düzey. Bunu basit bir örnekle açıklayabiliriz: Yeşil bitkiler niçin yapraklarını güneşe doğru çevirirler? İşlevsel açıklama:[1] Bu nitelik hayatta kalma değerine sahiptir. Bitkinin fotosentez yapma kapasitesini arttırarak, hayatta kalma ve üreme kapasitesini de arttırır. Bitki hayatta kalmak için güneşe doğru dönmez; bilakis hayatta kalmaya eğilimlidir, çünkü bir şekilde güneşe doğru dönmeye önceden kabiliyetlidir. Nedensel açıklama: Genetik yapısı tarafından belirlendiği şekliyle, bitkinin biyokimyasal yapısı, büyüme hormonu olan oksinini gizlemesine ve oksinin değişen konsantrasyonları da, yaprakların ışık kaynağına doğru dönmesine neden olmaktadır.

Bu iki açıklama düzeyini birleştirdiğinizde şu sonuca ulaşırsınız: Genotipin çevre ile etkileşiminden üretilen fenotipin, çevreye bağlı olarak hayatta kalma değeri olduğundan, genotip hayatta kalır ve çoğalır. Kısacası, bunlar doğal ayıklanmanın mekanizmalarıdır.

Evrimsel sürecin ürünleri olan organizmalar, 'hücreler' denilen alt sistemlerden oluşur ve bu organizmalardan bazıları sinir hücrelerinin alt sistemlerini geliştirir, biz bu alt sistemleri 'sinir sistemleri' olarak kabul ediyoruz. Ayrıca, kritik bir nokta şudur: Bazı aşırı karmaşık sinir sistemleri, bilinç durumlarına ve işleyişine neden olma ve onları sürdürme kapasitesine sahiptir. Bilhassa, belirli büyük sinir hücresi koleksiyonları, yani beyinler, bilinç durumlarına ve işleyişine neden olmakta ve onları sürdürmektedir. Beyinlerin bilince

---

[1] İşlevsel terimi biraz yanıltıcıdır, çünkü işlevsel düzey ayrıca nedenseldir de, fakat nedensel açıklamayı 'işlevsel' ve 'nedensel' diye iki türe ayırmak biyolojide oldukça yaygın bir kullanımdır. Bunu böyle tanımlamakla birlikte, ikisinin arasında bir ayırım yapmak da önemlidir ve ben onuncu bölümde bu ayırımı yapıyorum.

nasıl neden olduğunun ayrıntısını bilmiyoruz, fakat bunun insan beyinlerinde meydana geldiği olgusunu biliyoruz ve birçok hayvan türlerinin beyinlerinde de meydana geldiğine dair oldukça sağlam delillerimiz var.[1] Ne var ki bilincin evrimsel ölçekte daha ne kadar genişleyeceğini şu an bilmiyoruz.

Dünya görüşümüzün temelinde insanların ve diğer yüksek hayvanların, diğer bütün organizmalar gibi, biyolojik düzenin bir parçası oldukları düşüncesi yer almaktadır. İnsanlar doğanın geri kalanıyla yaşamlarını sürdürürler. Fakat bu durumda bu hayvanların; zengin bir bilinç sistemine sahip oluşları, üstün zekâları, konuşma yetenekleri, oldukça gelişmiş algısal ayırma yetenekleri, mantıklı düşünme yetenekleri vb. özgün biyolojik özellikleri, diğerleri gibi biyolojik görüngüler olur. Ayrıca, bu özelliklerin tümü fenotiplerdir. Bunlar da diğer fenotipler gibi biyolojik evrimin neticesinde oluşmuştur. *Kısacası, bilinç insanların ve belli hayvanların beyinlerinin biyolojik bir özelliğidir. Nörobiyolojik süreçlerin sonucunda ortaya çıkar ve en azından fotosentez, sindirim veya mitoz gibi biyolojik özellikler kadar doğal biyolojik düzenin bir parçasıdır.* Bu ilke, bilincin dünya görüşümüzdeki yerini anlamanın ilk aşamasıdır[2]. Bu bölümün buraya kadar savunduğu tez,

---

[1] Griffin, 1981.
[2] Bazı kişiler, nedensellik ile özdeşlik arasındaki bağıntıları yanlış anladıkları için, benim görüşlerime karşı çıkıyorlar. Örneğin, U.T. Place (1988) şöyle yazıyor: 'Searl'e göre, zihinsel durumlar kendileriyle örtüşen beyin durumlarıyla hem özdeştir hem de bu durumlara bağımlıdır. Ben hem keke sahip olup hem de onu yiyemezsin diyorum. Ya zihinsel durumlar beyin durumlarıyla özdeştir, ya da biri ötekine bağımlıdır. İkisi birden olamaz' (s. 209).
Şöyle bir durumda bu düşünce yerinde olur: 'Bu ayak izleri nedensel olarak hırsızın ayakkabılarına bağımlı olabilir, fakat aynı zamanda bu ayakkabılarla özdeş olamaz.' Peki ya şu durumda: 'Bu suyun sıvı hali nedensel olarak moleküllerin hareketine bağımlı olabileceği gibi mo-

çağdaş bilimsel dünya görüşünün merkezinde atom teorisi ile evrim teorisinin yer aldığını gördükten sonra, bilincin, oldukça gelişmiş sinir sistemlerine sahip belli organizma türlerine ait evrimleşmiş bir fenotipik nitelik kategorisine girdiğidir. Ben bu bölümde bu dünya görüşünü savunmakla ilgilenmiyorum. Aslında, fikirlerine saygı duyduğum birçok düşünür, bilhassa da Wittgenstein, bu görüşü değişen derecelerde itici, aşağılayıcı ve tiksindirici bulmaktadırlar. Onlara göre bu görüş, genel olarak dine, sanata, mistisizme ve 'manevi' değerlere yer vermemekte veya en fazla ikincil bir yer vermektedir. Ne var ki, beğensek de beğenmesek de sahip olduğumuz dünya görüşü budur. Dünyanın detayları hakkında bildiklerimize örneğin, elementlerin periyodik cetveldeki yeri, farklı türlerin hücrelerindeki kromozom sayısı, kimyasal bağın yapısı gibi verilere baktığımızda, bu dünya görüşü bir seçenek bile değildir. Bu görüş net olarak herkesin değiştirebileceği bir görüş olmadığı gibi, bu görüşe karşı olan çok fazla alternatif dünya görüşü de yoktur. Burada sorunumuz, bir şekilde Tanrı'nın varlığına yönelik ikna edici bir delille karşılaşmayışımız veya ölüm ötesi hipotezinin hala oldukça şüpheli olduğu değil, bilakis en derin düşüncelerimizde bu tür fikirleri ciddi bulmuyor oluşumuzdur. Böyle şeylere inandığını iddia eden kişilerle karşılaştığımızda, bu inançların kendilerine sağladığını söyledikleri huzur ve güveni kıskanabiliriz, fakat içimizden bu insanların ya söz konusu bilgileri hiç duymadıklarını ya da inançlarına çok sıkı bağlı olduklarını düşünürüz. Bu tür şeylere inanmak için bu insanların zihinlerini ayrı ayrı bölmelere ayırdığına kanaat getiri-

---

leküllerden oluşan sistemin bir özelliği de olabilir'? Bana öyle geliyor ki mevcut bilinç durumuma beynimdeki nöronal hareket neden olmaktadır ve bu bilinç durumum sadece beynimin üstün bir özelliğidir. Eğer bu kekiniz olması ve onu yemenizle de uyuşuyorsa, yiyin o zaman.

riz. Hindistan'da zihin-beden sorunu hakkında ders verirken dinleyicilerimden birkaçının görüşlerimin yanlış olduğunu çünkü kendilerinin önceki hayatlarında kurbağa, fil vs. olduklarını söylemelerinin ardından, 'İşte bu alternatif bir dünya görüşünün ispatı' veya 'kim bilir, belki de haklıdırlar' diye düşünmedim. Duyarsızlığımın sebebi, bu görüşleri önemsiz bir kültürel cehalet olarak görmekten çok daha öte bir şeydi: Dünyanın nasıl işlediğine yönelik bildiklerimi düşündüğümde, onların görüşlerini hakikatin ciddi birer adayları olarak değerlendiremezdim.

Ve eğer dünya görüşümüzü bilinci kabul etmenin önündeki tek engel olarak görürseniz, bilincin organizmaların biyolojik bir özelliği oluşu, modası geçmiş düalist/maddeci bir varsayım olur, çünkü bu durumda bilincin 'zihinsel' yönünün onun 'fiziksel' bir nitelik olma ihtimalini ortadan kaldırdığı görüşünü kabul etmiş olursunuz.

Buraya kadar bilincin, yeryüzünde yaşayan karbon-bazlı canlı sistemleriyle olan ilişkisini irdeledim, fakat elbette, bilincin evrenin diğer kısımlarında yer alan başka güneş sistemlerine ait başka başka gezegenlerde evrimleşmiş olması ihtimalini göz ardı edemeyiz. Evrenin tamamı düşünüldüğünde, bizlerin bilince sahip olan tek varlıklar olduğumuzu düşünmek istatistiksel açıdan şaşırtıcı olur. Ayrıca, bilincin karbon-bazlı olmayan sistemlerde de evrimleşmiş ve tamamen başka tür bir kimya kullanmış olma ihtimalini de dışlamak istemiyoruz. Şu an biliyor olduklarımıza bakarsak, bilincin başka elementlerden oluşmuş sistemlerde gelişmesine karşı teorik bir engel olmayabilir. Şu an bilincin nörofizyolojisine yönelik yeterli bir teoriden çok çok uzaktayız; fakat böyle bir teori bulana kadar, bilincin olası kimyasal bazları hakkında önyargısız olmayı sürdürmek zorundayız. Benim önsezilerime göre bilincin nörobiyolojisi en azından, söz gelişi, sindirimin biyokimyası kadar sınırlı olabilir. Sindirimin değişik çeşitleri vardır, fakat herhangi bir şey herhangi bir şey tarafından sindirilemez. Benzer şekilde, bana öyle geliyor ki, bilincin biyokimyasal olarak farklı türlerinin olabilmesi ihtimaline rağmen, bunun her şeye uymayacağını anlayabiliriz.

Dahası, bilinç tamamen daha alt düzeydeki biyolojik görüngülerin davranışının sonucunda oluştuğu için, ilke olarak bir laboratuvar ortamında beynin nedensel güçlerini kopyalayarak yapay bilinç üretmek mümkün olabilir. Birçok biyolojik görüngünün yapay olarak üretildiğini biliyoruz. Belli organik bileşenleri sentezleyebilir ve hatta fotosentez gibi belli biyolojik süreçleri yapay olarak oluşturabiliriz. Yapay olarak fotosentez oluşturabiliyorsak, neden yapay bir bilinç de üretemeyelim? Fotosentez için, görüngülerin yapay formu, pratik olarak kimyasal süreçleri laboratuvarda kopyalayarak oluşturulacaktı. Benzer şekilde, eğer birisi yapay olarak bilinç üretecek olsaydı, bunu gerçekleştirmenin en doğal yolu bilincin bizim gibi organizmalarda sahip olduğu nörobiyolojik temeli kopyalamaya çalışmak olacaktı. Şu an bu nörobiyolojik temelin ne olduğunu tam olarak bilmediğimiz için, böyle bir 'yapay zekâ'nın başarı şansı çok uzak görünüyor. Bundan başka, daha önce belirttiğim gibi, beyinlerimizin gerçekte kullandığından tamamen farklı bir kimya türü kullanarak bilinç üretmek de mümkün olabilir. Ancak, böyle bir incelemeye başlamadan önce bilmemiz gereken bir şey var: *Bilince neden olma yeteneği olan bir sistemin, beynin nedensel güçlerini kopyalama yeteneği de olmalıdır.* Örneğin, eğer bilinç nöronlar yerine silikon çiplerle yapılırsa, silikon çiplerin kimyası, bilince neden olan nöronların kendilerine özgü nedensel güçlerini kopyalama yeteneğine sahip olmalıdır. Bilince neden olma yeteneğine sahip olmakla beraber tamamen farklı bir mekanizma kullanan, beyinden başka bir sistemin en azından beynin bilince neden olma gücüne eşdeğer bir güce sahip olmak zorunda olması, beynin bilince neden olduğu gerçeğinden üretilen saçma bir mantıksal çıkarımdır. (Karşılaştırın: uçakların uçmak için tüyleri olmak zorunda değil, fakat kuşların sahip olduğu atmosferdeki yerçekimi kuvvetine nedensel karşı koyma yeteneğine uçaklar da sahip olmak zorundadır.)

Özetle: Bizim dünya tasavvurumuz, ayrıntıya inildiğinde aşırı karmaşık görünse de, bilincin varlığını daha basit bir söylemle açıklamaktadır. Atom teorisine göre, dünya parçacıklardan oluşmaktadır. Bu parçacıklar sistemlere doğru düzenlenmişlerdir. Bu sistemlerin bazıları canlıdır ve bu canlı sistem türleri uzun zaman dilimlerinde evrimleşmektedirler. Bu canlı sistemlerin bazılarının evrimleşmesiyle neden olma ve bilinci sürdürme yeteneğine sahip beyinler ortaya çıkmıştır. Bu yüzden fotosentez, mitoz, sindirim ve üreme belli organizmalar için ne kadar 'biyolojik' bir özellik ise, bilinç de belli organizmaların o denli biyolojik bir özelliğidir.

Bilincin bizim dünya görüşümüzdeki yerini oldukça basit terimlerle tarif etmeye çalıştım, çünkü bilincin yerinin çok açık bir biçimde görülmesini istiyorum. 1920'lerden sonra çok az da olsa bilimsel eğitim almış olan herkes söylediklerimde ihtilaflı veya çelişkili bir şey olmadığını anlamalıdır. Ayrıca, söylenen hiçbir şeyin geleneksel Dekartçı kategorilerle bir ilgisinin olmadığını da vurgulamak gerekiyor. Her hangi bir düalizm, monizm, maddecilik veya bu türden başka bir sorun da olmadı. Ayrıca, 'bilinci doğallaştırma' gibi bir problemim de yok; bilinç zaten tamamen doğal bir şey. Tekrar etmek gerekirse, bilinç doğal bir biyolojik görüngündür. On yedinci yüzyılda bilincin doğal dünyanın dışına çıkarılması, yararlı bir buluşlara vesile olmuştu, çünkü bilim adamlarının, ölçülebilir, nesnel, anlamsız, yani niyetlilikten bağımsız görüngülere odaklanmalarını sağlamıştı. Fakat bu dışlama yanlış bir temele dayanıyordu. Bilincin doğal dünyanın bir parçası olmadığı yanlış inancına dayanıyordu. Tek başına bu yanlışlık, tam bir bilinç anlayışına ulaşmamızı, diğer her şeyden, hatta bilinci eldeki bilimsel araçlarla incelemenin bütün zorluklarından bile daha fazla, engellemiştir.

II. Öznellik

Bilinçli zihin durumları ve süreçleri diğer doğal görüngülerin sahip olmadığı özgün bir niteliğe, yani öznelliğe sahiptir. Bilincin, geleneksel biyolojik ve psikolojik araştırma yöntemleriyle incelenmeye bu kadar direnmesini sağlayan ve felsefi analizini anlaşılamaz kılan, onun bu özelliğidir. 'Öznellik' kavramının birkaç farklı anlamı vardır ve hiç birisi tam olarak belirgin değildir. Bilincin öznel olduğunu iddia ederken kastettiğim anlamı en azından biraz netleştirmek istiyorum.

Çoğu kez yargıların, doğruluklarının veya yanlışlıklarının 'nesnel olarak' belirtilemeyeceğini kastettiğimizde, 'öznel' olduklarını söyleriz. Çünkü doğruluk veya yanlışlık basit bir olgu olmayıp aksine yargıyı verenlerin ve bu yargıyı işitenlerin belli tutumlarına, duygularına ve bakış açılarına bağlıdır. Böyle bir yargıya, 'Van Gogh, Matisse'ten daha iyi bir sanatçıdır' örnek olabilir. 'Öznellik' kavramının bu anlamında, bu tür öznel yargıları, 'Matisse 1917 yılı boyunca Nice'te yaşadı' gibi tamamen nesnel yargılarla karşılaştırırız. Dünyadaki ne tür olguların böyle nesnel yargıları, kişilerin bu yargılara yönelik tutum veya duygularından bağımsız olarak, doğru ya da yanlış kıldığını belirleyebiliriz.

Benim bilinci öznel olarak değerlendirirken kullandığım 'öznellik' anlamı, yargılara 'öznel' veya 'nesnel' derken kullandığımız anlamla aynı değildir. Burada 'öznel' terimini kullandığım anlam, bilgiye dair bir tarza değil, varlıkbilimsel bir kategoriye göndermede bulunuyor. Örneğin, 'Şu an belimde bir ağrı var' ifadesini düşünün. Bu ifade gerçek bir olgunun varlığı ile doğrulanması bakımından tamamen nesneldir ve gözlemcilerin tutumuna, tavırlarına veya kanaatlerine bağımlı değildir. Ancak, görüngünün kendisi, yani bizzat varolan ağrı, öznel bir varlık tarzına sahiptir ve benim bilincin öznel olduğunu söylerken kastettiğim anlam da budur.

Bu öznel varlık tarzı hakkında daha fazla ne söyleyebiliriz? İlk olarak, ağrının öznelliğinin bir sonucu olarak her gözlemciye eşit şekilde erişilebilir olmadığını kabul etmek gerekir. Ağrının varlığının, birinci şahıs varlığı olduğunu söyleyebiliriz. Ağrının, bir ağrı olması için, *birisinin* ağrısı olması gereklidir ve bu, örneğin, bir bacağın birisinin bacağı olması gerektiği anlamından çok daha güçlü bir anlamdır. Ayak nakilleri mümkündür; bu anlamda, ağrı nakilleri ise mümkün değildir. Ve ağrılar için doğru olan her şey, genel olarak bilinç durumları için de doğrudur. Her bilinç durumu daima *birisinin* bilinç durumudur. Ve tıpkı benim kendi bilinç durumlarımla, diğer insanların bilinç durumları ile olan ilişkiler gibi olmayan, özel bir ilişkim olduğu gibi, diğer insanların da kendi bilinç durumları ile benim onların bilinç durumları ile olan ilişkim gibi olmayan, bir ilişkileri vardır.[1] Öznelliğin başka bir neticesi de şudur: Kendimden bağımsız olan dünya hakkında bana bilgi veren bilinç niyetliliği biçimlerimin tümü daima özel bir bakış açısından çıkar. Dünyanın kendisi bir bakış açısına sahip değildir, fakat benim kendi bilinç durumlarım yoluyla dünyaya erişimimin daima bir perspektifi vardır, bu erişim daima benim bakış açımdan olur.

Bilincin öznelliğini kabul edememenin, geçen yarım asrın felsefi ve psikolojik çalışmaları üzerinde yarattığı feci etkileri abartmak zor olacaktır. Yüzeysel olarak hiç de belirgin olmayan yollarla, geçen elli yıl boyunca, yani benim tüm entelektüel yaşamım süresince, zihin felsefesi üzerine yapılan ça-

---

[1] Bu, bir 'ayrıcalıklı erişim' kanıtı değildir, çünkü bir ayrıcalık ve bir erişim yoktur. Bu bölümde bu konuda söyleyeceğim başka şeyler de olacak.

lışmaların çoğunun birçok kez iflası ve akademik psikolojinin büyük ölçüdeki verimsizliği, zihin varlıkbiliminin indirgenemez biçimde birinci şahıs varlıkbilimi olduğu gerçeğini ısrarla anlayamamak ve kabul edememekten kaynaklanmıştır. Gerçek dünyanın, yani fizik, kimya ve biyolojinin tanımladığı dünyanın kaçınılmaz olarak öznel bir öğe içerdiği düşüncesini kabul etmeyi imkânsız olmasa da zor bulmamızın çok derin nedenleri vardır ve birçoğu da bilinçdışı tarihimizde gömülüdür. Böyle bir şey nasıl olabilir? Eğer dünya bu gizemli ve bilinçli varlıkları içeriyor ise, bizim tutarlı bir dünya tasavvuruna sahip olmamız nasıl mümkün olabilir? Üstelik hepimiz hayatlarımızın çoğu bölümünde bilinçli olduğumuzu ve etrafımızdaki insanların da bilinçli olduğunu biliyoruz. Kusurlu felsefe ve akademik psikolojinin bazı formları gözümüzü kör etmemiş olsaydı, köpeklerin, kedilerin, maymunların ve küçük çocukların bilinçli olduğundan ve bilinçlerinin tıpkı bizimkiler gibi öznel olduğundan şüphe etmezdik.

O halde şimdi, öznelliği asgari bir öğe olarak içeren dünya tasavvurunu biraz daha ayrıntıya inerek açıklamaya ve ardından bu dünya tasavvurunu kabul etmede karşılaştığımız güçlüklerden bazılarını belirtmeye çalışalım. Eğer dünyanın parçacıklardan oluştuğunu, bu parçacıkların sistemlere doğru düzenlendiğini, bu sistemlerden bazılarının biyolojik sistem olduğunu, bu biyolojik sistemlerden bazılarının bilinçli olduğunu ve bilincin temelde öznel olduğunu kabul edersek, bu durumda bilincin öznelliğini düşündüğümüzde bizden düşünmemiz istenen şey ne olur? Ne de olsa, düşündüğümüz diğer bütün şeyler -parçacıklar, sistemler, organizmalar, vb.- tamamen nesneldir. Sonuçta, bütün bunlar yetenekli gözlemcilerin tümüne eşit uzaklıktadır. Dolayısıyla, eğer bu metafizik potanın içine indirgenemez öznel bir şey atacaksak, bizden hayal etmemiz istenen şey nedir? Aslında, bizden 'hayal etmemiz' istenen şey net olarak varolduğunu bildiğimiz dünyadır. Örneğin, ben şu an bilinçli olduğumu ve içinde bulunduğum bu bilinç durumunun gönderme yapa geldiğim öznelliğe sahip olduğunu biliyorum, ayrıca benim gibi çok sayıda diğer organizmaların benzer şekilde bilinçli olduklarını ve benzer öznel durumlara sahip olduklarını da biliyorum. O halde, başından beri yaptığım şeylerin tümü bize gözümüzün önündeki olguları hatırlatıyor olduğu halde, neden zor olan veya bir bakıma mantıksız olan bir şeyi hayal etmemizi istiyor gibi görünüyorum? Cevabın bir kısmı, fakat sadece bir kısmı, bir önceki paragrafta oldukça masumane bir şekilde 'gözlemci' sözcüğünü tercih etmemle ilgili olmak zorundadır. Bir dünya *görüşü* veya bir dünya *tasavvuru* oluşturmamız istendiğinde, bunları görsel modelle oluştururuz. Tamamen, maddenin en küçük parçacıklarını, yani 'parçacıkları', içerecek bir gerçeklik imgesi oluşturmaya yöneliriz ve ardından, yine büyük görsel özellikler ile bunların sistemlere doğru düzenlendiğini düşünürüz. Fakat dünyayı bu içsel bakışla gözümüzde canlandırırsak, bilinci göremeyiz. Aslında bilinci can alıcı noktada görülmez yapan bilincin öznelliğinin ta kendisidir. *Eğer bir başkasının bilincinin resmini çizmeye çalışırsak, sonuçta o kişiyi çizmiş oluruz* -belki de onu başının üstünde yükselen bir balonla çizeriz-. *Eğer bizzat kendi bilincimizi çizmeye çalışırsak, sonuçta bilincinde olduğumuz herhangi bir şeyi çizmiş oluruz.* Eğer bilinç gerçekliğe ulaşmanın bilgiye dair asgari temeli ise, bu şekilde bilincin gerçekliğine ulaşamayız. (Alternatif formülasyon: Bu şekilde bilincin gerçekliğine ulaşamayız, bilinci kullanarak, diğer görüngülerin gerçekliğine ulaşabiliriz.)

Bunu, sıradan yöntemle çabucak geçmektense, nispeten yavaş bir şekilde incelemek önemlidir, bu yüzden izin verin düşük viteste adım adım gözden geçireyim. Başkasının bilincini gözlemlemeye çalışırsam, gözlemlediğim şey bu kişinin öznelliği değil, basitçe bilinçli davranışı, yapısı ve yapı ile davranış arasındaki nedensel bağıntılar olur. Dahası, bir yandan yapı ile davranış arasındaki nedensel bağıntıları gözlemlerken, diğer yandan da, onu etkileyen ve karşılığında ondan etkilenen çevreyi gözlemlerim. Dolayısıyla, bu şekilde bir kişinin bilincini gözlemleyebilmeme imkânı yok; bilakis, gözlemlediğim şey, kişinin kendisi, davranışı ve kişi, davranışı, yapısı ve çevresi arasındaki bağıntılar olur. Peki, ya benim içimde olup bitenler? Onları gözlemleyemez miyim? Böyle bir gözlemi imkânsız kılan, gözlemlemeye çalıştığımız aynı öznellik olgusudur. Niçin? Çünkü bilinç öznelliği ile ilgilenilen yerde, gözlem ile gözlemlenen arasında, algı ile algılanan arasında bir fark yoktur. Görsel model, ancak görülen ile görme arasında bir fark olduğu varsayımı ile işe yarar. Fakat bir 'iç gözlem'de böyle bir ayırım yapmak, net olarak mümkün değildir. Kendi bilinç durumuma yönelik yaptığım bir iç gözlemin kendisi bu bilinç durumudur. Bu, bilinçli zihin görüngülerimin farklı düzeyleri ve çeşitleri -ki bunlardan bazılarını ilerde ayrıntılı olarak inceleme imkânı bulacağızolmadığı anlamına gelmez. Bu basitçe, standart gözlem modelinin bilinç öznelliğini gözlemlemede bir işe yaramayacağı anlamına gelir. Kişinin kendi bilincini gözlemlemesinde bir işe yaramayacağı gibi, diğer kişilerin bilincini gözlemlemede de işe yaramaz. Bu nedenle, özel bir bilinç inceleme yöntemi, yani 'iç gözlem', olabileceği düşüncesi daha baştan başarısızlığa mahkûmdur. Dolayısıyla, iç gözlem psikolojisinin iflas etmiş olması da şaşırtıcı değildir.

Öznelliği kabul etmek bize zor gelir, çünkü nihaî gerçekliğin tamamen nesnel olmak zorunda olduğu düşüncesiyle yetiştirildik, ayrıca gerçekliğin nesnel olarak gözlemlenebileceği düşüncemiz, gözlem kavramının kendisinin kaçınılmaz olarak öznel olduğunu ve gözlemin kendisinin, dünyada nesnel olarak varolan nesneler ve olup bitenler gibi, bir gözlem nesnesi olamayacağını önceden kabul eder. Kısaca, öznelliği dünya görüşümüzün bir parçası olarak resmetmemiz mümkün değil, çünkü tabiri caizse, söz konusu öznellik resmetmenin ta kendisidir. Özel bir resmetme tarzı, bir tür süper iç gözlem geliştirmeye çalışmak çözüm değildir. Bunun yerine, resmetmeyi bütünüyle bırakmak ve bu noktada sadece olguları kabullenmek daha doğru olur. Bu olgular, biyolojik süreçlerin bilinçli zihin görüngüleri ürettiği ve bunların da indirgenemez olarak öznel olduklarıdır.

Felsefeciler, öznelliğin belirli özelliklerini tanımlamak için, bana sağduyu iç gözlem metaforundan bile daha bulanık gelen, başka bir metafor üretmişlerdir, ki bu da 'ayrıcalıklı erişim'dir. Bizden, *görsel* iç gözlem metaforunun yerine, *uzaysal* ayrıcalıklı erişim metaforunu kullanmamız isteniyor. Bu modele göre bilinç, içine sadece bizim girmemize izin verilen özel bir odadır. Kendi bilincime ait mekâna (uzay) sadece ben girebiliyorum. Ne var ki, bu metafor da işe yaramıyor, çünkü oranın benim ayrıcalıklı erişimim olan bir yer olması için, ben içine girdiğim mekândan farklı olmak zorundayım. Fakat nasıl ki iç gözlem metaforu, gözlenecek tek şeyin gözlemin kendisi olduğu ortaya çıkınca, yarıda kalıp başarısız olduysa, aynen öyle de, özel içsel mekân metaforu, içine girebileceğim bir mekân olmadığını anladığımda, çalışmaz hale geliyor, çünkü üç öğe (kendim, içeri girme eylemi ve içine girmem gereken mekân) arasında gerekli ayrımları yapamıyorum.

Bu noktaları şöyle özetleyebiliriz: Çağdaş gerçeklik modelimiz ile gerçeklik ve gözlem arasındaki ilişki anlayışımız, öznellik görüngüsünü barındıramıyor. Bu model, nesnel (bilgiye dair anlamda) gözlemcilerin nesnel olarak (varlıkbilimsel anlamda) varolan bir gerçekliği gözlemledikleri bir modeldir. Fakat bu modelin gözlemleme eyleminin kendisini gözlemlemesi mümkün değildir. Gözlemleme eylemi, nesnel gerçekliğe öznel (varlıkbilimsel anlamda) bir erişimdir. Başka bir kişiyi kolayca gözlemleyebilsem de, onun *öznelliğini* gözlemleyemem. Ve daha da kötüsü, kendi öznelliğimi *gözlemleyemem,* çünkü yapmayı düşüneceğim her türlü gözlem, gözlenmesi beklenen şeyin kendisi olacak. İçinde bir gerçeklik gözlemi barındıran düşüncenin bütünü, tam olarak gerçekliğin temsillerinin (tasarımlarının) - varlıkbilimsel açıdan- öznel olduğu düşüncesidir. Gözlemin varlıkbilimi, bilgi biliminin aksine kesinlikle öznellik varlıkbilimidir. Gözlem, daima birisinin gözlemidir; çoğu zaman bilinçlidir; bir bakış açısından yapılır; kendine yönelik öznel bir hisse sahiptir; vb.

Tam olarak ne söylediğimi ve ne söylemediğimi açıklığa kavuşturmak istiyorum. Öznelliğin incelenmesinde kendine gönderme yapan bir çelişki olduğu anlamında eski ve bulanık bir görüş sunmuyorum. Bu tür çelişkiler beni hiç ilgilendirmiyor. Gözü incelemek için gözü, beyini incelemek için beyini, bilinci incelemek için bilinci, dili incelemek için dili, gözlemi incelemek için gözlemi, öznelliği incelemek için öznelliği kullanabiliriz. Bunların hiç birinde sorun olmaz. Asıl sorun şu ki; öznellik varlıkbiliminden ötürü, 'inceleme' modellerimiz, yani gözlem ile gözlemlenen arasındaki ayrıma dayanan modeller, öznelliğin kendisi için bir işe yaramaz.

Bu durumda öznelliğin, anlamakta zorluk çektiğimiz bir anlamı var. Gerçekliğin nasıl olması gerektiğine ve bu gerçekliği keşfetmenin nasıl bir şey olacağına yönelik anlayışımızdan ötürü, evrende indirgenemez olarak öznel bir şeylerin olması gerektiği, bizim için kavranılamaz gibi görünüyor. Hâlbuki hepimiz öznelliğin var olduğunu biliyoruz.

Umarım şu anda, öznelliği dışarıda bırakarak evreni tasvir etmeye çalışırsak, neler olabileceğini biraz daha net olarak görebiliyoruzdur. Bir an için dünyanın tamamen nesnel bir açıklamasını yapmakta ısrar ettiğimizi varsayın ve bu açıklama, sadece iddialarının birbirinden bağımsız olarak kontrol edilebilir olduğu bilgiye dair anlamda değil, ayrıca bu anlayışın tanımladığı görüngülerin bir öznellik formundan bağımsız olarak var olduğu varlıkbilimsel anlamda da nesnel olsun. Bu stratejiyi -son elli yıldır zihin felsefesinin temel stratejisini- benimsediğinizde, bilinci tasvir etmek imkânsız olacaktır, çünkü bu durumda bilinç öznelliğini kabullenmek tamamen imkânsız olmaktadır. Bunun örnekleri burada zikredilemeyecek kadar çok sayıdadır, fakat bilinç sorununa net olarak değinen iki yazardan bahsedeceğim. Armstrong (1980) bilinci, sırf kişinin kendi içsel durumlarını birbirinden ayırt edebilme kapasitesi olarak görüp öznelliği gizlice saf dışı bırakıyor. Fransız nörobiyoloğu Changeux, bilinci sadece 'zihinsel nesnelerle ve bu nesneler kullanılarak yapılan hesaplamalarla uğraşan küresel düzenleyici bir sistem' olarak tanımlıyor.[1] Bu iki açıklamanın ardında üçüncü şahıs gerçeklik anlayışı yatmaktadır, bu gerçeklik anlayışı sadece bilgiye dair olarak değil, varlıkbilimsel olarak da nesneldir ve böyle bir gerçeklikte varlıkbilimsel öznelliğe yer olmadığı için bilince de yer yoktur.

III. Bilinç ve Zihin-Beden Problemi

Zihin-beden probleminin, en azından geniş bir çerçevede, çok daha basit bir çözümü olduğunu düşündüğümü defalarca söyledim. Ayrıca, zihin-beden ilişkilerini tam olarak anlamamızın önündeki engeller, sadece, zihinsel alan ile fiziksel alanın birbirinden ayrı olduklarına yönelik felsefi önyargımız ve beynin işleyişine yönelik bilgisizliğimizdir. Yeterli bir beyin bilimine, bütün formları ve çeşitleriyle bilince yönelik nedensel açıklamalar getirebilen bir beyin açıklamasına sahip olsaydık ve kavramsal yanılgılarımızın üstesinden gelebilseydik, ortada bir zihin-beden problemi olmazdı. Ancak, zihin-beden probleminin çözüm imkânına, yıllardır Thomas Nagel'in (1974, 1986) eserleriyle güçlü bir şekilde karşı çıkılmıştır. Nagel şunları savunmaktadır: Şu an, zihin-beden probleminin çözümünü anlayabilmek için bile kav-

---

[1] Changeux, 1985, s. 145.

ramsal araca sahip değiliz. Bunun sebebi şudur: Doğa bilimlerinde, nedensel açıklamalarının bir tür nedensel zorunluluğu vardır. Örneğin, H_2O moleküllerinin davranışlarının suyun sıvı halde olmasına nasıl neden olduklarını anlarız, çünkü sıvılığın moleküler davranışın zorunlu bir sonucu olduğunu biliriz. Moleküler teori, sadece H_2O molekülleri sistemlerinin belli şartlar altında sıvılaşacağını değil, daha da önemlisi sistemin niçin sıvı halde *olması gerektiğini* ortaya koymaktadır

Söz konusu fiziksel olayları anlasak da, moleküllerin bu şekilde davranmaları gerektiğini ve suyun sıvı halde olmadığını kavrayamayız. Kısaca, Nagel, bilimdeki açıklamaların, zorunluluğa delalet ettiğini ve zorunluluğun da zıddının kavranamazlığına delalet ettiğini delil olarak ileri sürer.

Bu durumda, diyor Nagel, madde ile bilinç arasındaki ilişki için bu tür bir zorunluluğun üstesinden gelemeyiz. Örneğin, sinirsel davranışın, böyle bir hareket gerçekleştiğinde, mümkün hiçbir açıklaması, neden acı çekmek *zorunda* olduğumuzu izah edemez. Hiçbir açıklama, acının niçin belli türden sinir hücrelerinin yanmasının zorunlu bir sonucu olduğunu izah edemez. Böyle bir açıklamanın, nedensel zorunluluğu izah edemeyeceğinin delili, bizim her zaman zıddını kavrayabilmemizdir. Nörofizyolojinin sizin belirlediğiniz herhangi bir şekilde davrandığını, ama yine de, sinir sisteminde acı olmadığı bir durumu her zaman kavrayabiliriz. Eğer yeterli bir bilimsel açıklama zımnen zorunluluğa delalet ediyor ve zorunluluk da zımnen zıddının kavranamazlığına delalet ediyorsa, bu durumun karşıtı olarak biz şöyle düşünürüz; zıt olanın kavranabilirliği bir zorunluluğa sahip olmadığımızı ve bu da sonuçta bir açıklamamızın olmadığını gösterir. Nagel ümitsizce şöyle bitiriyor: Şimdiye dek zihinbeden problemini çözebilmiş olsaydık, kavramsal aparatımızın ciddi bir bakıma ihtiyacı olurdu.

Bu delil beni ikna etmiyor. Öncelikle, bilimin bütün açıklamaları, molekül hareketi ile sıvılık arasında görülen ilişki türünden bir zorunluluğa sahip değildir. Örneğin, ters kare kanunu yerçekiminin bir açıklamasıdır, fakat bu kanun niçin bedenlerin yerçekimsel bir çekime *sahip olmak zorunda* olduğunu göstermez. İkincisi, herhangi bir bilimsel açıklamanın görünürdeki 'zorunluluğu', bu açıklamayı, örneğin, moleküllerin kendilerine özgü bir şekilde hareket etmelerini ve H_2O'nun sıvı olmadığını kavrayamayacağımız kadar ikna edici bulduğumuz gerçeğinin bir işlevidir sadece. Antikçağ'da veya Ortaçağ'da yaşamış bir kişi söz konusu açıklamayı bir 'zorunluluk' meselesi olarak görmeyebilirdi. Moleküler biyolojinin gelişmesinden önce hayat veya Clerk-Maxwell'in denklemlerinden önce elektromanyetizm ne kadar gizemli idiyse, bugün de bilinç aşağı yukarı o kadar 'gizemlidir'. Bilinç bize gizemli geliyor, çünkü nörofizyoloji-bilinç sisteminin nasıl işlediğini bilmiyoruz, eğer nasıl işlediğine yönelik yeterli bilgiye sahip olursak, bu gizem ortadan kalkar. Ayrıca, belli beyin durumlarının uygun bilinç durumlarına neden *olamayabileceği* ihtimalini her zaman kavrayabileceğimiz iddiası, sadece beynin nasıl işlediğini bilmiyor oluşumuza dayanabilir. Beyini tam olarak anlamış olsaydık, bana öyle geliyor ki, 'eğer beyin belli türden bir durumda olsaydı, bilinçli olurdu' cümlesinin, muhtemelen çok açık olduğunu düşünürdük. Dikkat ederseniz, büyük kütlesel görüngüler için bilinç durumlarının bu tarz bir nedensel zorunluluğunu zaten kabul ediyoruz. Örneğin, ayağını baskı makinesine kaptırmış, çığlık atan bir adam gördüğümüzde, adamın korkunç bir acı çektiğini anlarız. Normal bir insanın böyle bir duruma düşmesi ve korkunç bir acı çekmemesi bana, bir bakıma, kavranamaz geliyor. Zira bu olaydaki fiziksel nedenler acıyı zorunlu kılmaktadır.

Bununla birlikte, argüman uğruna Nagel'in görüşüne lutfedip bakalım. Hiçbir şey dünyanın gerçekte nasıl işlediğini açıklayamaz. Nagel'in işaret ettiği sınırlama sadece kavrayış gücümüzün bir sınırlamasıdır. Haklı olduğunu kabul etsek bile, sunduğu delilin ortaya koyduğu şey sadece şudur: Maddesel olan ile maddesel görüngüler arasındaki ilişkileri ele aldığımızda, öznel olarak ilişkinin her iki tarafını da tasavvur edebiliriz; fakat maddesel olan ile zihinsel görüngüler arasındaki ilişkilerde, ilişkinin bir tarafı zaten özneldir ve bu yüzden bu öznel tarafın maddesel olan ile ilişkisini, örneğin, sıvılık ile moleküler hareket arasındaki ilişkilerde yaptığımız gibi tasavvur edemeyiz. Nagel'in delilinin sunduğu şey kısaca şudur: Bilincin, maddesel temeliyle olan zorunlu ilişkisini görmek için, bilincimizin öznelliğinden kaçamayız. Öznelliğimize dayanan bir zorunluluk tasavvuru oluşturabiliriz, fakat aynı yolla, öznellik ile nörofizyolojik görüngüler arasındaki ilişkiye yönelik bir zorunluluk tasavvuru oluşturamayız, çünkü zaten öznelliğin içindeyiz ve böyle bir ilişkinin tasavvuru, öznelliğin dışında olmamızı gerektirir. (Eğer katılık bilinçli olsaydı, doku yapılarındaki moleküllerin titreşim hareketlerinden kaynaklandığı kendisine gizemli gelirdi, ama yine de bu hareketler katılığı açıklar.)

Nedensel olarak zorunlu olan ilişkileri saptamanın başka yolları olduğunu düşünüyorsanız, bu itirazı Nagel'e yönelterbilirsiniz. Düşünün ki Tanrı veya bir makine, nedensel olarak zorunlu olan ilişkileri kolayca saptayabiliyor, bu durumda Tanrı veya bu makine için, madde -zorunluluğun maddi biçimleri- ile madde - zorunluluğun zihin biçimleri- arasında bir fark olmazdı. Ayrıca, bilinç ile beyin ilişkisini, sıvılık ve molekül hareketi arasındaki ilişkinin her iki tarafını da kafamızda tasarladığımız gibi, tasarlayamayacağımızı kabul etsek bile, yine de bilincin dolaysız yollarla üretilmesinde yer alan nedensel ilişkilere ulaşamayız. Gerçekten, beyinde, bilince neden olan nörofizyolojik süreçlerin bir açıklamasını yapabildiğimizi farzedin. Böyle bir açıklama getirebilmemiz hiç de imkânsız değil, çünkü nedensel ilişkilerin olağan testleri, herhangi bir doğal görüngüye uygulanabildikleri gibi, beyin/bilinç ilişkilerine de uygulanabilir. Kanun gibi olan nedensel ilişkilerin bilgisi, bize ihtiyacımız olan bütün nedensel zorunluluğu sunacaktır. Aslında, böyle kanun gibi ilişkilerin başlangıçlarına zaten sahibiz. Üçüncü bölümde değindiğim gibi, standart nörofizyoloji ders kitapları düzenli olarak, örneğin, kedilerin olaylara nasıl baktığı ile insanların nasıl baktığı arasındaki benzerlikleri ve farklılıkları açıklar. Belli türden nörofizyolojik benzerlik ve farklılıkların nedensel olarak görsel deneyimlerdeki belli türden benzerlik ve farklılıklar için yeterli olduğu konusuna yönelik herhangi bir sorun yoktur. Bunun dışında, 'Beyin nasıl bilince neden oluyor?' şeklindeki büyük soruyu örneğin, kokain kendine has belli deneyimlere nasıl sebep oluyor? Gibi birçok daha küçük soruya ayırabiliriz ve de öyle yapacağız. Ayrıca, şu an vermeye başladığımız örneğin, 'kokain belli sınaptik alıcı sinirlerin noradrenalini tekrar emme kapasitesini engeller' gibi detaylı cevaplar, zaten nedensel zorunluluğa uyan karakteristik çıkarımların yolunu açmaktadır. Örneğin, 'eğer kokainin dozunu arttırırsanız, etkiyi arttırırsınız' gibi. Bu konuyu Nagel'in, zihin-beden problemini, şu anki kavramsal araçlarımız ve dünya görüşümüzle bile, çözülemez olarak göstermediğini söyleyerek kapatıyorum.

Colin McGinn (1991) Nagel'in delilini bir adım öteye taşıyor ve zihin-beden probleminin çözümünü şimdiye kadar anlayabilmemiz gerektiği konusunun *ilke olarak* imkânsız olduğunu savunuyor. McGinn'in delili, Nagel'inkinden öteye geçiyor ve Nagel'in, en azından açık bir şekilde, belirtmediği varsayımlarla uğraşıyor. McGinn'in varsayımları felsefi düalizm geleneğinde yaygın olarak zikredildiği için ve ben bu kitapta, diğer konuların yanında bu varsayımları alt etmeye çalıştığım için, onları açıkça belirtip yanlış olduklarını göstermeye çalışacağım. McGinn şöyle varsayıyor:

1-Bilinç bir tür 'madde'dir.[1]

2-Bu madde 'iç gözlem yeteneği/gücü' ile bilinir. Nasıl ki fiziksel dünya algı yeteneğinin nesnesi ise, bilinç de iç gözlem yeteneğinin nesnesidir.[2]

Emin olmasam da, eğer McGinn uygun görürse, 1 ve 2'den şöyle bir sonuç çıkıyor: Bu tür, iç gözlemle bilinen, bilinç uzamsal değildir; buna karşın, bu tür algıyla bilinen, fiziksel dünya uzamsaldır.

3-Zihin-beden ilişkilerini anlamamız için, bilinç ile beyin arasındaki 'bağ'ı anlamak zorundayız (kitabın çeşitli yerlerinde).

McGinn, böyle bir 'bağ' olduğundan şüphe duymuyor, fakat bu bağı anlamamızın ilke olarak imkânsız olduğuna inanıyor. Kant'ın terimini kullanarak, bu bağın bizim için 'nomenal' olduğunu söylüyor. Bu bağı anlamamız imkânsız ve bu yüzden zihin-beden ilişkilerini anlamamız da imkânsız. McGinn'in tahminine göre, bu bağ, iç gözlemle erişilemeyen gizli bir bilinç yapısı tarafından sağlanıyor.

Bu üçü, Dekartçı varsayımlardır ve önerilen 'çözüm' de Dekartçı tarzda bir çözümdür (ilave dezavantajı ise, gizli bilinç yapısının ilke olarak bilinemez olduğudur. En azından beyin epifizine ulaşılabilir!). Ancak, beyin epifizi ile de olsa, bu çözüm bir çözüm değildir. Eğer bilinç ile beyin arasında bir bağ kurmak istiyorsanız, bu durumda gizli bilinç yapısı ile beyin arasında da bir bağ kurmalısınız. Gizli bir yapının varsayımı anlaşılabilir olsa da bizi bir yere götürmez.

---

[1] 'Mantıksal olarak', 'bilinç', 'madde' gibi bir özdek terimidir ve ben, metafiziksel olarak, bilinci bir tür madde gibi görmede bir sakınca görmüyorum (s. 60).

[2] s. 14 vd. ve s. 61 vd.

Bana göre, bu üç varsayımdaki gerçek sorun, aslında bu varsayımların üç yüzyıldır süregelen geleneksel düalizmin çoğu yanılgısını içeriyor olmalarıdır. Özel olarak:

1-Bilinç bir 'madde' değildir, örneğin tıpkı, sıvılığın suyun bir özelliği olması gibi, bilinç de beynin bir *özelliği ya da niteliği*dir.

2-Bilinç, dünyadaki nesnelerin algı ile bilinmesi tarzına benzer bir şekilde, iç gözlem ile bilinmez. Bu noktayı bir sonraki bölümde geliştireceğim, ama burada tartışmaya başlamış bulundum, dolayısıyla burada basitçe şunu ifade edeyim: 'İç denetim' denilen model, denetleme eylemi ile denetlenen nesne arasında bir ayırım yapmayı gerektirir ve bu tür bir ayırımı bilinç için yapamayız. İç gözlem öğretisi, Wittgenstein'in zekâmızın dil vasıtasıyla büyülenmesi dediği şeye iyi bir örnektir.

Bundan başka, bilincin, iç gözlem 'nesne'si olan bir madde olduğu düşüncesini bertaraf ettikten sonra, uzamsal olduğunu görmek kolay olur, çünkü beyinde yer almaktadır. Bilinçli deneyimlerimiz esnasında, ne uzamsal mekânın ne de bu bilinçli deneyimlerimizin boyutlarının farkındayız, peki ama neden böyle olmamız gerekiyor? Bu soru, bilinçli deneyimin beyinlerimizin tam olarak neresinde olduğunu anlamaya yönelik oldukça hileli bir nörofizyoloji sorusudur ve cevabını bulmaktan da çok uzağız. Hepimizin bilmesine rağmen, beynimizin geniş bir kısmına yayılmış olabilir.

3-Bilinç ile beyin arasında, suyun sıvılığı ile H_2O molekülleri arasındaki bağ'dan daha fazla bir 'bağ' yoktur. Eğer bilinç beynin üst düzey bir özelliği ise, bu durumda, bu özellik ile bu özelliğin ait olduğu sistem arasında bir bağ olmasında herhangi bir sorun olmaz.

IV. *Bilinç ve Ayıklanım Avantajı*

Benim zihin felsefesine yönelik yaklaşımım olan biyolojik doğacılık, bazen şöyle bir itirazla karşılaşıyor: Eğer bilinçdışı bir zombinin bizimkilerle aynı veya onlara benzer bir davranış sergilediğini tasavvur edebileceksek, o halde neden evrim hiç bilinç üretmedi? Aslında, bu itiraz çoğu kez, bilinç diye bir şeyin olmayabileceği ileri sürmek suretiyle yapılır. Elbette, bilincin varlığını kanıtlamaya kalkışmayacağım. Eğer birisi bilinçli değilse, hiçbir şekilde ona bilincin varlığını ispat edemem, eğer bilinçli ise, bilinçli olduğu konusunda ciddi biçimde kuşkularının olması kesinlikle düşünülemez. Bilinçli olduğundan kuşku duyduğunu *söyleyecek* kadar felsefi açıdan kafası karışık insanların olmadığını söylemiyorum, fakat bu tür ifadeleri fazla ciddiye almanın zor olduğunu düşünüyorum.

Bilincin evrimsel rolü hakkındaki soruyu cevaplarken, biyolojik açıdan kalıtsal olan her özelliğin organizmaya bir tür ayıklanma avantajı sağlama zorunluluğu olduğu şeklindeki örtük varsayımı reddetmek istiyorum. Bu bana aşırı kaba bir Darwincilik gibi geliyor ve şu an böyle bir düşünceyi terk etmenin bütün iyi gerekçelerine sahibiz. Eğer bir organizmanın doğuştan gelen her yatkınlığının, bir tür ayıklamalı baskının bir sonucu olduğu düşüncesi doğru olsaydı, buradan köpeğimin tenis toplarını kovalamak için ayıklandığı sonucunu çıkarırdım. Tenis toplarını kovalamaya yönelik bir tutkusu var ve bunun sonradan öğrendiği bir şey olmadığı da apaçık bir durum, fakat bu, onun biyolojik bir ödül kazanmış olması gerektiğini farzetmek için bir gerekçe olamaz. Veya daha yakına gelirsek, bence, insanların dağ kayakçılığına olan tutkusu, eğitimin veya şartlanmanın sonucu olmayan biyolojik bir temele sahip. Kayakçılığın yaygınlaşması sadece görüngüsel bir şeydir ve insanların bir kayak pistinde birkaç saat geçirmek uğruna feda etmek için istekli oldukları; para, konfor ve zaman bile, biyolojik doğalarına kalıtımla geçmiş birtakım hazları kaymakla yaşadıklarının oldukça iyi bir kanıtıdır. Fakat bu net olarak dağ kayakçılığına olan yatkınlığımızın bize evrimin ayıklamasıyla geldiğini ispat etmez.[1]

Bu kısıtlamalara rağmen, yine de 'bilincin evrimsel avantajı nedir?' sorusuna değinebiliriz. Bu sorunun cevabı şudur: Bilinç her türlü şeyi yapar. İlkin, bilincin her türlü biçimi vardır; görme, işitme, tat alma, koku alma, susuzluk, acılar, gıdıklanmalar, kaşıntılar ve istekli eylemler. İkincisi, bu alanların her birinde, bu farklı duyuların bilinçli formlarının hizmet ettiği çeşitli işlevler olabilir. Ancak, genel bir şekilde söylersek, bilincin, organizma ile çevresi ve kendi durumları arasında belli bir ilişkiler kümesini düzenlemeye yaradığı aşikârdır. Ayrıca, yine en genel tarzda ifade edersek, bu düzenleme biçimi, 'temsil' (representation) diye betimlenebilir. Örneğin, duyular yoluyla organizma, dünyanın durumu hakkında bilinçli bilgi alır. Yakınındaki sesleri işitir; görüş alanındaki nesneleri ve olup bitenleri görür; çevresindeki farklı özelliklerin kendilerine has kokularını alır, vb. Bilinçli duyu deneyimlerine ilave olarak, organizmanın kendine özgü eylem deneyimleri de olacaktır. Koşacak, yürüyecek, yemek yiyecek, mücadele edecek, vs. Bu bilinç biçimlerinin birincil amacı, dünya hakkında bilgi toplamak değil; daha çok, bilincin, organizmanın dünya üzerinde hareket etmesini ve belli etkiler yaratmasını mümkün kılmaktır. Yine kabaca diyebiliriz ki -ileride bu noktaları daha belirgin terimlerle irdeleyeceğiz-, organizmanın bilinçli algılarında dünyada olup bitenlerden oluşan temsiller bulunur ve niyetli eylemlerde, organizma bilinçli temsilleri yolu ile dünyadaki olaylara neden olur.

---

[1] Başka bir açıklama da şudur: Bu tür çeşitli aktivitelerle tatmin olan daha başka genel biyolojik dürtülere de sahibiz. Elliot Sober'in *neyin ayıklandığı* ile *neye ayıklandığı* arasında yaptığı ayırıma da bakabilirsiniz (1984, bl. 4).

Eğer bu varsayım doğru ise, bilincin evrimsel avantajına yönelik genel bir iddia da bulunabiliriz: Bilincin bize sağladığı ayrım yapma yetenekleri, bilinçdışı mekanizmaların sağladıklarından çok daha önemlidir.

Penfield'in (1975) vaka incelemeleri bu iddiayı doğruluyor. Penfield'in bazı hastaları *petit mal* (küçük hastalık) denilen bir tür saraya yakalanmışlardı. Bu vakalardan bazılarında, sara nöbeti hastayı bilinçdışı duruma getiriyordu, ama yine de hasta, amaca yönelik diye nitelendirilebilecek davranışlar sergilemeye devam ediyordu. Bazı örnekleri şunlardır:

Bir hasta, buna A diyeceğim, ciddi bir piyano öğrencisiydi ve sara otomatizmlerinin etkisi altındaydı. Uygulama yaptığı sırada annesinin, 'bulunmama'nın başlangıcı diye tanımladığı, küçük bir ara verme eğilimi gösteriyordu. Ardından, büyük bir ustalıkla bir müddet daha çalmaya devam ediyordu. B hastası, geçici lopta oluşan bir boşalma ile başlayan sara otomatizminin etkisindeydi. Sara nöbeti, bazen işten eve dönerken geliyordu. Böyle anlarda, yürümeye devam ediyor ve kalabalık sokaklarda yavaş yavaş ilerleyip evin yolunu buluyordu. Daha sonra nöbet geçirdiğini fark edebiliyordu, çünkü yolculuğunu hatırlamaya çalıştığında, söz gelişi X caddesi ile Y caddesi arasında, bir boşluk kalıyordu. C hastası ise, nöbeti araba kullanırken geldiğinde, sürmeye devam ediyor ve daha sonra bir veya daha fazla kez kırmızı ışıkta geçtiğini fark edebiliyordu (s. 39).

Bu vakaların tümünde, bilinçdışı olarak açık biçimde amaca yönelik davranışların karmaşık biçimlerini görmekteyiz. O halde niçin bütün davranışlar böyle değildir? Bilincin katkısı nedir? Dikkat ederseniz, söz konusu vakalarda, hastalar alışılmış, rutin ve hatırlanan eylemler yapıyorlar. Muhtemelen B hastasının beyninde, eve dönüş güzergâhının bilgisi ile örtüşen iyice yerleşmiş sinirsel yollar bulunuyordu. Benzer şekilde, muhtemelen piyanist kendine has piyano parçasını nasıl icra edeceğinin bilgisini, beynindeki sinir yollarında önceden gerçekleştirmişti. Beynin bu tür durumlarda nasıl çalıştığı hakkındaki bildiklerimiz kadarıyla, karmaşık davranışlar beynin yapısında önceden programlanabilir. Görünüşe göre, söz konusu hastaların aktiviteleri bir kez başladıktan sonra sara nöbeti sırasında bile normal seyrini sürdürebiliyor. Fakat insanın normal bilinçli davranışında, Penfield'in bilinçdışı sürücü ve bilinçdışı piyanist vakalarında olmayan bir esneklik ve yaratıcılık derecesi vardır. Bilinç, ayrım yapma ve esneklik güçlerini, ezberlenen rutin aktivitelere dahi ilave eder.

Görünüşte, bilinçli organizmaların, çoğu zaman bilinçdışılardan çok daha fazla ayrım yapma güçleri olduğu biyolojik bir olgudur. Örneğin, ışığa doğru yönelen bitkilerin ayırt etme gücü ve esneklik yeteneği, insanın görsel sisteminin ayırt etme gücü ve esneklik yeteneğinden çok daha azdır. Bu durumda benim hipotezim şudur: Bilincin bize bahşettiği evrimsel avantajlardan birisi; bilinçli oluşumuzdan ortaya çıkan, çok daha fazla esnek, çok daha fazla duyarlı ve çok daha fazla yaratıcı oluşumuzdur.

Tevarüs ettiğimiz davranışçı ve mekanikçi gelenekler bu olguları görmemizi engelliyor; hatta doğru soruları sormamızı bile imkânsız hale getiriyor, çünkü bu gelenekler, zihinsel ve nörofizyolojik olguları sadece bir girdi-çıktı mekanizması (girdi uyaranların çıktı davranışlarla eşlenmesi) olarak gören çeşitli açıklama biçimleri getirmekten başka bir şey yapmamaktadır. Doğru soruların sorulmasına yönelik belli sınırlamalar, bilincin anlaşılmasında çok önemli olan belli konuların (örneğin, yaratıcılık) su yüzüne çıkmasını engellemektedir.

Beşinci Bölüm

İndirgemecilik ve Bilincin İndirgenemezliği

Benim ileri sürdüğüm zihin ile beden arasındaki ilişki görüşü bazen 'indirgemeci', bazen de 'anti indirgemeci' olarak adlandırılıyor. Buna çoğu kez 'kestirilemezcilik' (emergentism) deniliyor ve genellikle bir 'beklenmedik oluş' olarak ele alınıyor. Bu nitelemelerin çok da açık olduğundan pek emin değilim, fakat bu gizemli terimleri çevreleyen bir dizi olay bulunmakta ve bu bölümde ben onlardan bazılarını araştıracağım.

I. Kestirilemez Özellikler

Farzedelim ki *a, b, c...* öğelerinden (element) oluşan bir *S* sistemimiz var. Örneğin, *S* bir taş ve bu öğeler de moleküller olsun. Çoğu zaman, *S* nin özellikleri *a, b, c...* öğelerinde bulunmaz veya bulunması gerekmez. Örneğin, *S* on kilo gelebilir, fakat moleküller bireysel olarak on kilo gelmez. Bu özelliklere 'sistem özellikleri' diyelim. Taşın şekli ve ağırlığı sistem özellikleridir. Sistem özelliklerinin bazıları *a, b, c...* öğelerinin özelliklerine, bakılarak çıkarılabilir, anlaşılabilir veya hesaplanabilir. Bunun için sadece bu öğelerin bileşim ve düzenlenme şekline (ve bazen de öğelerin kendileri dışındaki çevreyle ilişkilerine bakmak) yeterlidir. Bu özellikler şekil, ağırlık ve hız olabilir. Fakat diğer bazı sistem özellikleri sadece öğelerin bileşiminden ve çevresel ilişkilerden anlaşılmaz; bunlar öğelerin arasındaki nedensel etkileşimler bakımından açıklanmak zorundadırlar. Bunlara 'nedensel olarak kestirilemez sistem özellikleri' diyelim. Katılık, sıvılık ve saydamlık bunlara örnektir.

Bu tanımlara göre, bilinç bir nedensel olarak kestirilemez sistem özelliğidir. Nasıl ki katılık ve sıvılık molekül sistemlerinin kestirilemez özellikleri ise, bilinç de belli sinir sistemlerinin kestirilemez bir özelliğidir. Bilincin varlığı mikro düzeyde beynin öğeleri arasındaki nedensel etkileşimlerle açıklanabilir, fakat bilinç tek başına sırf sinirlerin fiziksel yapısına bakılarak çıkarılamaz veya hesaplanamaz, bunun için sinirler arasındaki nedensel etkileşimlere yönelik ilave bir açıklama gerekir.

Bu nedensel kestirilemezlik kavramı (buna '1. kestirilemez' diyelim) çok daha maceracı bir kavramdan (buna da '2. kestirilemez' diyelim) ayırt edilmek zorundadır. Eğer bir F özelliği '1. kestirilemez' ise ve $a, b, c...$ öğelerinin nedensel etkileşimleri ile açıklanamayan nedensel güçlere sahipse, bu durumda bu F özelliği '2. kestirilemez' dir. Eğer bilinç '2. kestirilemez' olsa idi, o zaman bilinç sinirlerin nedensel davranışıyla açıklanamayan şeylere neden olacaktı. Buradaki yalın düşünce şudur: Bilinç beyindeki sinirlerin davranışıyla fışkırıp ortaya çıkar, fakat bir kez ortaya çıktı mı, artık kendine ait bir hayatı var demektir.

Bir önceki bölüme bakıldığında benim görüşüme göre bilincin '2. kestirilemez' değil '1. kestirilemez' olduğu açıkça görülmelidir. Aslında, bana göre '2. kestirilemez' olan bir şey yok ve '2. kestirilemez' olan herhangi bir özellik bulabilmemiz pek muhtemel görünmüyor, çünkü böyle bir özelliğin varlığı galiba nedenselliğin en zayıf geçişlilik kuralını dahi ihlal ederdi.

II. İndirgemecilik

Çoğu indirgemecilik tartışması aşırı derecede kafa karıştırıcıdır. Bir ideal olarak indirgemecilik, şu an birçok açıdan itibar görmeyen pozitivist bilim felsefesinin bir özelliği olagelmiştir. Ancak, indirgemecilik tartışmaları hala sürmektedir ve indirgemecilik kavramının altında yatan temel sezgi, belli şeylerin diğer belli şey türlerinden *başka hiçbir şey* olmadığının gösterilebileceği düşüncesidir. O halde, indirgemecilik, 'başka hiçbir şey' ilişkisi de diyebileceğimiz tuhaf bir özdeşlik ilişkisi biçimine yol açar: Çoğu zaman, *A*'lar *B*'lerden başka hiçbir şey değilse, *A*'lar *B*'lere indirgenebilir.

Bununla birlikte, 'başka hiçbir şey' ilişkisinde dahi, insanlar 'indirgeme' kavramıyla çok farklı şeyler kastedebilirler. Bu konuda birkaç ayrım yapmaya başlamamız gerekiyor. Her şeyden önce ilişkinin bağlantısının (relata) ne olduğu konusunda açık olmak önemlidir. Geçerlilik alanının ne olması beklenir; nesneler mi, özellikler mi, teoriler mi veya başka bir şey mi? Ben teorik literatürde 'indirgeme'ye en az beş farklı anlam yüklüyorum -veya beş farklı çeşit indirgeme demeliyim- ve hangilerinin zihin-beden problemi tartışmamızla ilgili olduğunu görebilmemiz için her birinden bahsetmek istiyorum.

1. Varlıkbilimsel İndirgeme

İndirgemenin en önemli biçimi varlıkbilimsel indirgemedir. Bu biçimde belli tür nesnelerin diğer tür nesnelerden başka hiçbir şeye bağlı bulunmadıkları gösterilebilir. Örneğin, sandalyelerin bir araya gelmiş (koleksiyon) moleküllerden başka hiçbir şey olmadıkları gösterilir. Bu biçimin bilim tarihi açısından önemli olduğu ortadadır. Örneğin, maddi nesneler çoğu zaman moleküllerin bir araya gelmesinden başka hiçbir şey olmadıkları, genlerin DNA moleküllerinden başka hiçbir şeye bağlı olmadıkları gösterilebilir. Bana öyle geliyor ki bu indirgeme biçimi diğer biçimlerin amaçladıkları şeydir.

2. Nitelikçi Varlıkbilimsel İndirgeme

Bu bir ontolojik indirgeme biçimidir, fakat niteliklere yöneliktir. Örneğin, (bir gazın) ısısı molekül hareketlerinin ortalama kinetik enerjisinden başka hiçbir şey değildir. Teorik terimlerle örtüşen niteliklere yönelik nitelikçi indirgemeler (örn., ısı, ışık vb.) sıklıkla teorik indirgemelerin sonucudur.

3. Teorik İndirgeme

Teorik indirgemeler teorisyenlerin literatürdeki gözdeleridir, fakat bilimin gerçek uygulamasında nispeten daha nadir görülürler ve belki de standart ders kitaplarında birbirinin aynı yarım düzine örneğin tekrar tekrar verilmesi şaşırtıcı değildir. Bilimsel açıklamanın bakış açısından, teorik uygulamalar eğer varlıkbilimsel indirgemeleri başarabilmemizi sağlıyorlarsa çoğunlukla ilgi çekicidirler. Her halükarda, teorik indirgeme ilk olarak teoriler arasındaki bir ilişkidir ve bu ilişkide indirgenmiş teorinin yasaları (öyle veya böyle) teoriyi indirgeme yasalarından çıkarsanır. Bu da indirgenmiş teorinin özel bir teori indirgeme olayından başka hiçbir şey olmadığını gösterir. Ders kitaplarında genellikle verilen klasik örnek, gaz yasalarının istatistiksel termodinamik yasalarına indirgenmesidir.

4. Mantıksal veya Tanımsal İndirgeme

Bu indirgeme biçimi filozofların en önemli gözdelerinden biriydi, fakat geçen on yıllar içinde gözden düştü. Bu sözcüklerle cümleler arasındaki bir ilişkidir, bu ilişkide bir varlık türüne gönderme yapan sözcükler ve cümleler, diğer varlık türüne gönderme yapanlara bir şey bırakmaksızın çevirilebilirler. Örneğin, Berkeley'de yaşayan ortalama bir su tesisatçısı hakkındaki cümleler, Berkeley'deki özgün bireysel su tesisatçıları hakkındaki cümlelere indirgenebilir; bir teoriye göre, rakamlar hakkındaki cümleler, kümeler hakkındaki cümlelere çevrilebilirler ve dolayısıyla onlara indirgenebilirler. Sözcükler ve cümleler *mantıksal* veya *tanımsal* açıdan indirgenebilir oldukları için, bu sözcüklerin ve cümlelerin yaptıkları göndermelerle örtüşen varlıklar *varlıkbilimsel* açıdan indirgenebilirdir. Örneğin, rakamlar kümelerin kümelerinden başka hiçbir şey değildir.

5. Nedensel İndirgeme

Bu, nedensel güçleri olabilen herhangi iki tür şey arasındaki bir ilişkidir ve bu ilişkide indirgenmiş varlığın varoluşunun ve daha ziyade nedensel güçlerinin, görüngüleri indirgemenin nedensel güçlerine bağlı olarak tamamen açıklanabilir olduğu gösterilir. Böylece, örneğin, bazı nesneler katıdır ve bunun nedensel sonuçları vardır: Katı nesnelerin içlerine diğer nesneler giremez, bunlar basınca dayanıklıdır vb. Fakat bu nedensel güçler, kafes yapılarında bulunan moleküllerin titreşimli hareketlerinin nedensel güçleriyle, nedensel olarak açıklanabilirler.

Bu durumda benim savunduğum görüşler indirgemeci - veya zaman zaman yetersiz derecede indirgemeci- olmakla, suçlandığında, suçlamayı yapanların zihninde bu farklı anlamlardan hangisi bulunuyor acaba? Sanırım kastedilen teorik indirgeme ve mantıksal indirgeme değil. Görünüşe göre, sorun, benim nedensel indirgeme görüşümün varlıkbilimsel indirgemeye yol açıp açmadığıdır. Ben, kavramı 'zihinsel özellikler nörobiyolojik süreçlerden kaynaklanır' diyerek tanımlarken, bir nedensel indirgeme biçimi olan zihin/beyin ilişkileri görüşünü savunuyorum. Bu, ontolojik indirgemeye zımnen delalet eder mi?

Bilim tarihinde çoğu zaman, başarılı nedensel indirgemeler, varlıkbilimsel indirgemelere yol açmaya eğilimlidir. Çünkü başarılı bir nedensel indirgemenin olduğu yerde indirgenmiş görüngüleri belirten ifadeyi net olarak şöyle bir şekilde tekrar tanımlayabiliriz: Söz konusu görüngüler artık nedenleri ile özdeşleşebilirler. Böylelikle, örneğin, renk terimleri daha önce (örtük olarak) renk algılayıcılarının öznel deneyimine bağlı olarak tanımlanırdı; mesela, 'kırmızı' görsel olarak örnekleri gösterilerek tanımlanırdı ve daha sonra gerçek kırmızı 'normal' şartlar altında 'normal' gözlemcilere kırmızı görünen şey olarak tanımlandı. Ne var ki, nedensel olarak renk görüngülerini ışık yansımalarına indirgedikten sonra, birçok düşünüre göre, renk ifadelerini ışık yansımaları bakımından tekrar tanımlamak mümkün olur. Böylece, öznel renk deneyimini 'gerçek' renkten ayırıp çıkarırız. Gerçek renk, nitelikçi varlıkbilimsel bakımından ışık yansımalarına indirgenmiş oldu. Isının moleküler harekete indirgenmesi, katılığın kafes yapılarındaki moleküler hareketlere indirgenmesi ve sesin hava dalgalarına indirgenmesi hakkında da benzer yorumlar getirilebilir. Her bir durumda, nedensel indirgeme doğal olarak, indirgenmiş görüngüyü belirten ifadeyi tekrar tanımlama yoluyla, bir varlıkbilimsel indirgemeye yol açabilir. Böylece, 'kırmızı' örneğini devam ettirecek olursak, renk deneyimlerine belli bir tür ışık yaymanın (emission) neden olduğunu bildikten sonra, sözcüğü ışık fotonu yaymaya has özelliklere bağlı olarak tekrar tanımlarız. 'Kırmızı', artık, bazı teorisyenlere göre, 600 nanometrelik[1] ışık fotonu yaymalara gönderme yapıyor. Bu durumda kırmızı rengi net olarak 600 nanometrelik ışık fotonu yaymalarından başka hiçbir şey değildir. Bu durumlarda genel ilke şöyle açığa çıkar: Bir niteliğin 1. *kestirilemez* nitelik olduğu görüldükten sonra, otomatik olarak nedensel bir indirgeme yaparız ve bu da, eğer gerekliyse tekrar tanımlama yoluyla, bir varlıkbilimsel indirgemeye yol açar. Bilimsel bir temeli olan varlıkbilimsel indirgemelerdeki genel eğilim daha büyük genelliğe, nesnelliğe ve altta yatan nedenselliğe bağlı olarak tekrar tanımlamaya yöneliktir.

Buraya kadar herşey yolunda. Fakat şimdi açıkça sarsıcı bir asimetri ile karşı karşıyayız. Bilince gelecek olursak, varlıkbilimsel indirgemeyi uygulayamayız. Bilinç, sinirlerin davranışlarının nedensel olarak kestirilemez bir özelliğidir ve dolayısıyla bilinç nedensel olarak beyin süreçlerine indirgenebilir. Fakat -ki sarsıcı olan da budur- kusursuz bir beyin bilimi,

---

[1] Bir metrenin milyarda birine eşit ölçü birimi.

mevcut bilimin ısıyı, katılığı, rengi, ya da sesi indirgeyebildiği gibi, bilincin bir varlıkbilimsel indirgenmesine hala yol açamamaktadır. Görüşlerine saygı duyduğum birçok insana göre bilincin indirgenemezliği, zihin-beden probleminin bu denli kontrol edilemez olmaya devam etmesinin birincil nedenidir. Düalistler bilincin indirgenemezliğini düalizm olgusunun karşı konulamaz bir kanıtı olarak ele alırlar. Maddeciler ise bilincin maddesel gerçekliğe indirgenebilir olması gerektiğinde ve bilincin indirgenebilirliğini inkâr etmenin bedelinin bilimsel dünya görüşümüzün tümünü terk etmek olacağında ısrar ederler.

Kısaca iki sorunu tartışacağım: İlkin, bilincin neden indirgenemez olduğunu göstermek istiyorum ve ikinci olarak, bilincin indirgenemez olması gerekliğinin niçin bilimsel dünya görüşümüzde o kadar da bir değişiklik yapmadığını göstermek istiyorum. Bu bizi nitelikçi düalizme veya bu tür bir şeye zorlamaz. Bu daha genel belli görüngülerden çıkan önemsiz bir sonuçtur.

III. Bilinç Niçin Fiziksel Gerçekliğin İndirgenemez bir Özelliğidir?

Bilincin ısı vb. gibi indirgenebilir olmadığını göstermeye yönelik standart bir delil mevcuttur. Bu delil değişik şekillerde Thomas Nagel'in (1974), Saul Kripke'nin (1971) ve Frank Jackson'ın (1982) çalışmalarında görülmektedir. Sanırım, varlıkbilimsel değil de sadece bilgiye dair olarak ele alınması yüzünden sıklıkla yanlış anlaşılsa da, bu delil kesindir. Zaman zaman, örneğin, üçüncü şahıs tarzı, yani bir yarasanın nörofizyolojisi hakkındaki muhtemel nesnel bilgimizin hala birinci şahsı, yani bir yarasa olmanın nasıl bir şey olacağına yönelik öznel deneyimi içermeyeceği sonucunun bilgiye dair (epistemik) bir delili olarak ele alınır. Fakat şu andaki amaçlarımız açısından, delilin anlamı bilgiye dair değil varlıkbilimseldir. Bu anlam dünyada ne tür gerçek özelliklerin var olduğu hakkındadır, bu özellikleri, çıkarım yapma dışında, nasıl bildiğimiz hakkında değil.

Şöyle devam edelim: Dünyadaki hangi olguların, acı gibi içinde bulunduğunuz belli bir bilinç durumlarını yaptığını düşünün. Dünyadaki hangi olgu 'ben şu an acı çekiyorum' şeklindeki doğru ifadenizle örtüşür. Basit olarak, en azından iki tür olgu var gibi görünüyor. Birincisi ve en önemlisi, şu an hoş olmayan belli bilinçli duyumlara sahip olduğunuz gerçeğidir ve bu duyumları öznel, birinci şahıs bakış açınızla tecrübe ediyorsunuz. Şu anki acınızın kurucusu bu duyumlardır. Fakat bu acı ayrıca, talamusunuzdaki ve beyninizin diğer bölgelerindeki sinir yanması örüntülerinin büyük kısmına bağlı bulunan temeldeki belli nörofizyolojik süreçlerden de kaynaklanmaktadır. Şimdi öznel, bilinçli, birinci şahıs acı duyumunu, nesnel, üçüncü şahıs sinir yanmaları kalıplarına indirgemeye çalıştığımızı farzedin. Acının gerçekten sinir yanmaları örüntülerinden 'başka hiçbir şey' olmadığını söylemeye çalıştığımızı varsayın. O halde, böyle bir varlıkbilimsel indirgeme yapmaya çalışsaydık, acının temel özellikleri göz ardı edilirdi. Öznel, birinci şahıs acı karakterini ifade eden bir üçüncü şahıs, nesnel, fizyolojik olgular tanımı yoktur, çünkü basitçe birinci şahıs özellikleri üçüncü şahıs özelliklerinden farklıdır. Nagel bu noktayı, üçüncü şahıs özelliklerinin nesnelliğini, öznel bilinç durumlarının benzer özelliklerinden ayırarak açıklar. Jackson ise, aynı noktayı, acının ne olduğunu, nasıl bir his verdiğini bilmeksizin, acı gibi zihinsel bir görüngünün nörofizyolojisine yönelik eksiksiz bilgiye sahip birisinin bile bilmeyeceği gerçeğine dikkat çekerek açıklar. Kripke aynı noktayı, acıların talamusta veya başka bir yerdeki sinir yanmaları gibi nörofizyolojik durumlarla özdeş olamayacağını, söyleyerek ifade eder, çünkü böyle bir özdeşlik, özdeşlik ifadesinin her iki yanının da katı birer tasarımcı olmasından ötürü zorunlu olurdu, kaldı ki biz özdeşliğin zorunlu olamayacağını biliyoruz.[1] Bu olgunun apaçık bilgiye dair sonuçları vardır: Benim acı içinde olduğuma yönelik bilgim, sizin acı içinde olduğunuza yönelik bilgimden farklı bir tür temele sahiptir. Fakat bu delilin indirgenemezci anlamı bilgiye dair değil varlıkbilimseldir.

İndirgemeci karşıtı delil hakkında söylenecek çok şey var. Bu delil gülünecek kadar basit ve oldukça belirgindir. Buna cevap vermek için devasa mürekkep harcandı, fakat hepsi boşa gitti. Ne var ki birçok insana göre böyle bir delil bizi köşeye sıkıştırmaktadır. Onlara göre bu delili kabul edersek, bilimsel dünya görüşümüzü terk etmiş ve nitelik düalizmini benimsemiş oluruz. Aslında, şu soruları sorabilirlerdi: Nitelik düalizmi indirgenemez zihinsel özellikler olduğu görüşünden başka nedir? Gerçekten de Nagel nitelik düalizmini kabul etmiyor mu? Jackson fizikselliği tam olarak bu delilden dolayı mı reddetmiyor? Ve eğer tam zihnin kapısına gelmişken duracaksa bilimsel indirgemeciliğin anlamı nedir? O halde şimdi tartışmanın temel noktasına dönme zamanıdır.

IV. Niçin Bilincin İndirgenemezliğinin Köklü Sonuçları Yok?

Bilincin neden indirgenemez olduğunu tam olarak anlamak için, ısı, ses, renk, katılık, sıvılık vb. gibi algılanabilir özellikler için bulduğumuz indirgeme kalıplarını biraz daha detaylı olarak değerlendirmek ve bilinci indirgeme çabasının, diğer durumlardan nasıl ayrıldığını göstermek zorundayız. Her durumda varlıkbilimsel indirgeme, öncelikli bir nedensel indirgemeye bağlıydı. Bir görüngünün yüzeysel özelliğinin, altta yatan bir mikro yapının öğelerinin davranışından kaynaklandığını keşfettik. Bu, indirgenen görüngünün ısının

---

[1] Bu konuya yönelik daha fazla görüş için ikinci bölüme bakınız.

veya rengin 'ikincil nitelikleri' gibi öznel görünümlerin bir maddesi olduğu durumlarda ve de katılık gibi 'birincil niteliklerin', içerisinde hem öznel görünüm öğesi olduğu (katı şeyler katı hissi verir) hem de öznel görünümlerden bağımsız birçok özelliğin bulunduğu (örneğin katı şeyler basınca dayanıklıdır ve içlerine diğer katı nesneler giremez) durumlarda doğrudur. Fakat her bir durumda, hem birincil hem ikincil nitelikler açısından, indirgemenin anlamı, yüzeysel özellikleri ayırmak ve asıl kavramı bu yüzeysel özellikleri üreten nedenlere bağlı olarak tekrar tanımlamaktır.

Böylece, <u>yüzeysel özelliğin öznel bir görünüm olduğu yerde orjinal kavramı, görünümü tanımın dışında tutarak tekrar tanımlarız.</u> Örneğin, teori öncesinde ısı fikrimiz algılanan sıcaklıklara bağlıdır: Diğer şeyler denk olduğunda, sıcak bize sıcak gelen, soğuk da soğuk gelen şeydir. Renkler de böyledir: Kırmızı normal şartlar altında normal gözlemcilere kırmızı görünen şeydir. Fakat bunların ve diğer görüngülerin neden kaynaklandığına yönelik bir teorimiz olduğunda, sıcak ve soğuk duyumlarına (ayrıca, basınçtaki artışlar gibi diğer görüngülere) moleküler hareketlerin neden olduğunu ve belli tür görsel deneyimlerin (ayrıca, ışık ölçülerinin hareketleri gibi diğer görüngülerin) ışık yansımalarından kaynaklandığını keşfederiz. Ardından, ısıyı ve rengi hem öznel deneyimlerin hem de diğer yüzeysel görüngülerin temeldeki nedenlerine bağlı olarak *tekrar tanımlarız*. Ve bu tekrar tanımlamada öznel görünümlere ve altta yatan nedenlerin diğer yüzeysel sonuçlarına yönelik her türlü göndermeyi bertaraf ederiz. Bu durumda, 'gerçek' ısı moleküler hareketlerin kinetik enerjisine bağlı olarak tanımlanır ve sıcak bir nesneye dokunduğumuzda hissettiğimiz öznel ısı duyusu artık, ısının bir sonucu olarak, sadece ısıdan kaynaklanan öznel bir görünüm olarak ele alınır. Bu duyu artık gerçek ısının bir parçası değildir. Benzer bir ayrım gerçek renk ile öznel renk deneyimi arasında yapılır. Aynı model birincil nitelikler için de geçerlidir: Katılık kafes yapılarındaki moleküllerin titreşim hareketlerine bağlı olarak tanımlanır ve diğer nesneler tarafından içine girilemezlik gibi nesnel, gözlemciden bağımsız özellikler ise artık temelde yatan gerçekliğin, yüzeysel sonuçları olarak görülür. Bu tür tekrar tanımlamalara görüngünün yüzeysel özelliklerinin tümünün, öznel veya nesnel olarak, ayrılması ve bunların gerçek şeyin sonuçları olarak görülmesi yoluyla ulaşılır.

Fakat şimdi şuna dikkat edin: Özgün sıcaklıklar gibi özel ısı biçimleri hakkındaki ifadelerle örtüşen dünyadaki olguların fiili kalıpları, acı gibi belirli bilinç biçimleri hakkındaki ifadelerle örtüşen dünyadaki olguların kalıpları ile oldukça benzerlik gösterir. Şimdi eğer 'bu oda sıcak' dersem, buradaki olgular nelerdir? O halde, ilk olarak, moleküllerin hareketini içeren bir 'fiziksel' olgular dizisi var, ikincisi, benim öznel ısı deneyimimi içeren bir 'zihinsel' olgular dizisi var ve bu da hava moleküllerinin hareketinin sinir sistemim üzerindeki etkisinden kaynaklanır. Fakat acıda da benzer bir durum vardır. Şimdi eğer 'acı çekiyorum' dersem, buradaki olgular nelerdir? İlkin, talamusumu ve beynimin diğer bölgelerini kapsayan bir 'fiziksel' olgular dizisi var, ikincisi öznel acı deneyimimi kapsayan bir 'zihinsel' olgular dizisi var. Bu durumda, neden ısıyı indirgenebilir ve acıyı indirgenemez olarak görüyoruz? Cevabı şu: <u>İlgimizi ısıya çeken şey öznel görünüm değil temelde yatan fiziksel nedenlerdir. Bir nedensel indirgeme yaptıktan sonra, kavramı bir varlıkbilimsel indirgeme yapmamızı sağlayacak şekilde sadece tekrar tanımlarız.</u> Isı hakkındaki tüm olguları (molekül hareketleri, duyu sinirlerinin uçlarındaki etki, öznel duygular vb. hakkındaki olguları) bildikten sonra, ısının molekül hareketlerine indirgenmesi herhangi bir yeni *olguyu* içermez. Bu tekrar tanımlamanın sadece sıradan bir sonucudur. İlk önce bütün olguları keşfedip ardından da yeni bir olguyu (ısısının indirgenebilir olduğu olgusunu) keşfetmiyoruz; daha ziyade, indirgemenin tanımın ardından gelmesi için, ısıyı sadece tekrar tanımlıyoruz. Fakat bu tekrar tanımlama öznel ısı (veya renk vb.) deneyimlerini dünyadan çıkarmaz ve çıkarmak gibi bir niyeti de yoktur. Bunlar her zaman oldukları gibi vardırlar.

Tekrar tanımlamayı yapmamış olabiliriz. Örneğin, Piskopos Berkeley bu tür tekrar tanımlamaları kabul etmemiştir. Bu tür tanımlamaları yapmanın ve bunların sonuçlarını kabul etmenin niçin akılcı olduğunu görmek kolaydır: Daha iyi bir gerçeklik anlayışı ve denetimine sahip olmak için, bunun nedensel olarak nasıl işlediğini bilmek istiyoruz ve kavramlarımızın bunun bağlantılarındaki yapıya uymasını istiyoruz. Görüngüleri altta yatan nedenlere bağlı olarak yüzeysel özellikleri ile basit bir biçimde tekrar tanımlarız. Ardından, ısının, moleküler hareketin ortalama kinetik enerjisinden *başka hiçbir şey* olmadığı ve tüm öznel deneyimler dünyadan yok olduğunda gerçek ısının yine aynı kalacağı yeni bir keşif gibi görülür. Fakat bu yeni bir keşif değil, yeni bir keşfin sıradan bir sonucudur. Bu tür indirgemeler (örneğin, yeni bilgilerin denizkızlarının ve tek boynuzlu atların var olmadığını gösterdiği gibi) ısı, katılık vb.nin, gerçekte var olmadığını göstermez.

Aynı şeyi bilinç için söyleyemez miyiz? Bilinçle ilgili olarak, 'fiziksel' süreçler ile öznel 'zihinsel' deneyimler arasında bir ayrım yapıyoruz, o halde niçin ısıyı altta yatan fiziksel süreçlere bağlı olarak tekrar tanımladığımız gibi bilinci de nörofizyolojik süreçlere bağlı olarak tekrar tanımlayamıyoruz? Tekrar tanımlamada ısrar etmiş olsaydık, elbette yapabilirdik. Mesela, 'acıyı' öznel acı duyumlarına neden olan sinirsel etkinlik kalıpları olarak tekrar tanımlayabilirdik. Ve eğer böyle bir tekrar tanımlama gerçekleşseydi, ısı için yaptığımız indirgemenin aynısını acı için de yapabilirdik. Fakat acının fiziksel gerçekliğine indirgenmesi elbette öznel acı deneyimini indirgenmemiş bırakır, tıpkı ısının indirgenmesinin öznel ısı deneyimini indirgenmemiş bıraktığı gibi. Bu indirgemelerin bir bölümünde öznel deneyimler ayrılıp gerçek görüngülerin tanımının dışında tutulacaktı, hâlbuki şimdi bunlar bizi en çok ilgilendiren bu özellikler bakımından tanımlanmaktadır. Fakat bizi en çok ilgilendiren görüngülerin kendilerinin öznel deneyimler oldukları yerde hiç bir şeyi ayırmak mümkün değildir. Isıyla ilgili indirgemenin bir bölümünde, bir taraftan öznel görünüm diğer taraftan da altta yatan fiziksel gerçeklik arasında bir ayrım yapılacaktı. Aslında, görüngünün 'görünüm' açısından değil de 'gerçeklik' açısından tanımlanması bu tür indirgemelerin genel bir özelliğidir. Fakat bu tür görünüm-gerçeklik ayrımını bilinç için yapamayız, çünkü bilinç bizzat görünümlere bağlı bulunmaktadır. *Görünümle ilgilendiğimiz yerde görünüm-gerçeklik ayrımı yapamayız, çünkü görünüm zaten gerçekliktir.*

Şu an ki amaçlarımız için, bu noktayı şöyle özetleyebiliriz: Bilinç diğer görüngülerin indirgenebilir olduğu şekilde indirgenebilir değildir, bunun nedeni gerçek dünyadaki olguların kalıplarının özel bir şey içermesi değil, diğer görüngülerin indirgenmesinin bir bakıma, bir yandan 'nesnel fiziksel gerçeklik' ve diğer yandan da sırf 'öznel görünüm' arasında ayrım yapmaya ve görünümü indirgenmiş görüngülerden bertaraf etmeye dayalı olmasıdır. Fakat bilincin gerçekliği ise görünümün kendisidir; dolayısıyla, eğer görünümü dışta tutup bilinci altta yatan fiziksel gerçeklik bakımından tanımlarsak indirgemenin amacı kaybolabilir. Çoğu zaman, indirgemelerimizin kalıpları, özelliğin kendi nihai kurucusunun parçası olarak varoluşuna yönelik öznel bilgiye dair temeli reddetmeye dayalıdır. Hissederek ve görerek ısıyı veya ışığı farkederiz, fakat sonrasında görüngüyü bilgibilimden bağımsız bir şekilde tanımlarız. Bilincin bu kalıp için bir istisna oluşunun sıradan bir sebebi vardır. Tekrar edecek olursak bu sebep, bilgiye dair temelleri ve görünümleri göz ardı eden indirgemelerin bizzat bilgiye dair temeller için bir işe yarayamadığıdır. Bu tür durumlarda, görünüm gerçekliğin kendisidir.

Bu da şunu gösteriyor ki bilincin indirgenemezliği tanımsal uygulamalarımızın kullanımbiliminin (pragmatics) sıradan bir sonucudur. Böyle bir sıradan sonucun da ancak sıradan neticeleri olur. Bilimsel dünya görüşümüzün birliğine yönelik köklü metafiziksel neticeleri olmaz. Bu, bilincin, gerçekliğin nihai malzemesinin bir parçası olmadığını veya bilimsel araştırmanın konusu olamayacağını veya fiziksel evren kavrayışımızda yerini alamayacağını göstermez. Sadece bizim indirgemeler yapmaya karar verdiğimiz şekilde, bilinç, tanım gereği, belli bir indirgeme kalıbının dışında tutulur. Bilincin indirgenebilir olamayışının nedeni sahip olduğu gizemli bir özellik değil, basitçe tanım gereği, bizim faydacı sebeplerle kullanmayı seçtiğimiz indirgeme kalıbının dışında kalmasıdır. Teori öncesi bilinç, katılık gibi, belli fiziksel sistemlerin yüzeysel bir özelliğidir. Fakat katılığın aksine bilinç temelde yatan bir mikro yapı açısından tekrar tanımlanamaz ve ardından da yüzeysel özelliklerine, ilk etapta bilinç kavramına sahip olmanın anlamını kaybetmeksizin, gerçek bilincin salt sonuçları olarak ele alınamaz.

Bu bölümün delili, şu ana kadar adeta bir maddecinin bakış açısından nakledildi. Neyi anlatmak istediğimi şöyle özetleyebiliriz: Bir yandan, ısı, renk, katılık vb.nin indirgenebilirlikleri; öte yandan da, bilinç durumlarının indirgenemezliği arasındaki fark, gerçekliğin yapısındaki herhangi bir ayrımı değil, tanımsal uygulamalarımızdaki bir ayrımı yansıtır. Bir nitelik düalistinin bakış açısından aynı noktayı şöyle ifade edebiliriz: Bilincin indirgenemezliği ile renk, ısı, katılık vb.nin indirgenebilirliği arasında görülen fark, gerçekten *sadece* görünüştedir. Biz, örneğin, kırmızıyı ışık yansımalarına indirgediğimizde, kırmızının öznelliğini dışta tutmadık; sadece öznel kısma 'kırmızı' demekten vazgeçtik. Bu 'indirgemeler'de akla gelebilecek her hangi bir öznel görüngüyü saf

İndirgemecilik ve Bilincin İndirgenemezliği

dışı bırakmadık; biz basitçe onlara eski adları ile hitap etmekten vazgeçtik. Söz konusu indirgenemezliği ister bir maddeci ister bir düalist gözüyle ele alalım, karşımızda yine fiziksel gerçekliğin bir bileşeni olarak indirgenemez ölçüde öznel bir fiziksel bileşen içeren bir evren olacak.

Tartışmanın bu kısmını bitirirken neyi söylediğimi ve neyi söylemediğimi açık etmek istiyorum. Ben, bilincin tuhaf ve olağanüstü bir görüngü olduğunu söylemiyorum. Tam aksine, ben, evrim süreçlerinin, öznel bilinç durumlarına neden olup onları koruyabilen sinir sistemlerini ürettiği gerçeğinin hepimizi şaşırtması gerektiğini düşünüyorum. Dördüncü bölümde işaret ettiğim gibi, bir zamanlar, insanların evrenin Newton ilkelerine göre hareket etmesi gerektiğini düşündüklerinde elektromanyetizm ne kadar gizemli ise bilinç de deneysel olarak bizim için şu an o kadar gizemlidir. Ben şunu söylüyorum: Bir kere (öznel, nitel) bilincin varlığı kabul edildikten sonra (ki aklı başında hiçbir insan varlığını inkâr edemez, gerçi çoğu öyle yapıyormuş gibi davranıyor), bilincin *indirgenemezliğine* yönelik ortada tuhaf, olağanüstü veya gizemli bir şey kalmaz. Varlığı teslim edildikten sonra, bilincin indirgenemezliği tanımsal uygulamalarımızın sıradan bir sonucu olur. Bu indirgenemezliğin bilime uymayan herhangi bir neticesi yoktur. Dahası, ben bilincin indirgenemezliğinden bahsederken, onun *standart indirgeme kalıplarına göre indirgenemezliğinden* bahsediyorum. Hiç kimse, hangi bilincin indirgenebilir olduğuna yönelik, yeni ve şu an hayal bile edilemeyen bir indirgeme kavramını bize sağlayacak olan, büyük bir entelektüel devrimin *a priori* ihtimalini reddedemez.

V. Beklenmedik Oluş

Son yıllarda 'beklenmedik oluş' denilen özellikler arasındaki ilişkiler hakkında oldukça yoğun bir eğilim oluştu.[1] Sık sık zihin felsefesi tartışmalarında zihinsel olanın fiziksel olan için beklenmedik olduğu söylenir. Sezgisel olarak, bu iddia ile anlatılmak istenen şey, zihinsel durumlardaki bir değişikliğin zorunlu olarak nörofizyolojik durumlarda da buna uygun bir değişikliği gerektireceği anlamında, zihinsel durumların kendileriyle uyuşan nörofizyolojik durumlara tamamen bağımlı olmasıdır. Örneğin, eğer bir susuzluk durumundan artık susuz olmama durumuna geçersem, beyin durumlarımda, zihin durumlarımdaki değişime uygun olarak bir değişim olmak zorundadır.

Önerdiğim açıklamaya göre, zihinsel durumlar şu açıdan nörofizyolojik durumlar için beklenmediktir: Tür-özdeş nörofizyolojik nedenler, tür-özdeş zihinselci sonuçlara yol açacaktır. Bu durumda, tüpteki beyin örneğini ele aldığımızda, eğer en son moleküle kadar tür-özdeş olan iki beyniniz olsa idi, bu durumda zihinsel olanın nedensel temeli, bu beyinlerin aynı zihinsel görüngülere sahip olmalarını garanti ederdi. Beklenmedik oluş ilişkisine yönelik bu tanımlamaya göre, zihinsel olanın fiziksel olan için beklenmedik oluşu, fiziksel durumların, kendileriyle örtüşen zihinsel durumlar için, nedensel olarak zorunlu olmaları şart değilse de nedensel olarak yeterli oldukları olgusuyla gösterilirler. Yani başka bir şekilde ifade etmek gerekirse, bu beklenmedik oluş tanımını ilgilendirdiği kadarıyla, nörofizyolojinin aynılığı zihinselliğin aynılığını garanti eder; fakat zihinselliğin aynılığı, nörofizyolojinin aynılığını garanti etmez.

Şunu da vurgulamakta yarar var ki, bu tür bir 'beklenmedik oluş' *nedensel* bir beklenmedik oluştur. Beklenmedik oluş

---

[1] Örn., Kim, 1979, 1982; Haugeland, 1982.

tartışmaları başlangıçta ahlak felsefesi bağlamında ortaya çıktı ve söz konusu kavram (fikir) nedensel bir kavram değildi. Moore (1922) ve Hare'nin (1952) ilk çalışmalarındaki düşünce, ahlaki özelliklerin doğal özellikler için beklenmedik olduğu, iki nesnenin yalnızca, örneğin, iyilik açısından birbirinden ayrılamayacağı şeklindeydi. Eğer bir nesne diğer bir nesneden daha iyi ise, birinci nesnenin ikincisinden daha iyi olması nedeniyle birtakım bazı özelliklerin olması gerekir. Fakat bu ahlaki 'beklenmedik oluş' kavramı nedensel bir kavram değildir. Yani bir nesneyi iyi yapan özellikleri, bu nesnenin iyi olmasına *neden* olmaz, sadece bu nesnenin iyiliğini *oluşturur*. Zihin/beyin beklenmedik oluşunda ise, sinirsel görüngüler zihinsel görüngülere neden olur.

O halde en azından iki beklenmedik oluş kavramı (fikri) vardır: Oluşturucu kavram ve nedensel kavram. Ben, zihinbeden problemi tartışmaları için sadece nedensel kavramın önemli olduğuna inanıyorum. Bu açıdan benim açıklamam zihinsel olanın fiziksel olan için beklenmedik oluşuna yönelik açıklamalardan ayrılıyor. Dolayısıyla, Kim (1979, özellikle sayfa 45 ve sonrası), sinirsel olayların kendilerini takip eden zihinsel olaylarla olan ilişkisini nedensel olarak görmememiz gerektiğini savunuyor ve aslında Kim, takip eden zihinsel olayların, 'daha doğrudan bir nedensel role' sahip olan nörofizyolojik olaylar için 'beklenmedik oluş' dışında, nedensel bir statüye sahip olmadıklarını iddia ediyor. Neşeli bir eda ile şöyle diyor: 'Eğer bu bir yan etkicilik (epiphenomenalism) ise, bunu sonuna kadar kullanalım.'[1]

Ben bu iddiaların ikisiyle de farklı görüşteyim. Beyin hakkında bildiklerimize baktığımda, bana öyle geliyor ki, makro düzeydeki zihinsel görüngülerin tümü daha alt düzeydeki mikro görüngülerden kaynaklanıyor.

---

[1] Kim, 1979, s. 47.

Böyle bir alt-üst nedenselliğinde gizemli olan bir şey yoktur; bu durum fiziksel dünyada oldukça yaygındır. Dahası, zihinsel özelliklerin sinirsel özellikler için beklenmedik olması gerçeği, hiçbir şekilde bunların nedensel etkinliğini azaltmaz. Pistonun katılığı, nedensel olarak, moleküler yapısı için beklenmediktir fakat bu, katılığı bir yan etki yapmaz; benzer şekilde, benim mevcut sırt ağrımın beynimdeki mikro olaylar için nedensel 'beklenmedik oluşu' bu ağrıyı bir yan etkisel yapmaz.

Sonuç olarak, alt-üst, yani mikro düzeyden makro düzeye, nedensellik biçimlerinin varlığını kabul ettikten sonra, 'beklenmedik oluş' kavramının artık felsefede yeri olmayacaktır. İlişkinin biçimsel özellikleri mikro-makro nedensellik biçimlerinin, nedensel yeterliliğinde zaten mevcuttur. Dolayısıyla, ahlak felsefesiyle benzetme yapmak kafa karıştırmaktan başka bir şey değildir. Beynin makro düzeydeki zihinsel özelliklerinin, mikro düzeydeki sinirsel özellikleri ile ilişkisi, iyiliğin iyi yapan özellikler ile ilişkisinden tamamen farklıdır ve bunları bir araya getirmek kafaları karıştırır. Wittgenstein'ın bir yerde dediği gibi, 'Eğer farklı türden eşyaları yeterli miktarda ambalaj ile paketlerseniz, hepsini aynı şekle sokabilirsiniz.'

Altıncı Bölüm

Bilincin Yapısı:
Giriş

Şimdiye kadar bilincin doğası hakkında çeşitli iddiaları değerlendirdim, şimdi ise daha genel bir açıklama yapmaya çalışacağım. Böyle bir görev hem imkânsız bir şekilde zor hem de garip bir şekilde de kolay görülebilmektedir. Zor, çünkü bilincimizin hikâyesi aynı zamanda tüm yaşamımızın hikâyesi değil midir? Kolay çünkü ne de olsa biz bilince başka her hangi bir şeyden daha yakın değil miyiz? Dekartçı geleneğe göre, kendi bilinç durumlarımızı doğrudan ve kesin bir şekilde bilmekteyiz, o halde bu iş kolay olmalı. Fakat öyle değil. Örneğin, önümdeki bir masada bulunan nesneleri tanımlamayı kolay bulabilirim, fakat bununla birlikte, bu nesnelerin her biri hakkındaki bilinç deneyimimi nasıl tanımlayacağım.

İki konu bilinç için çok önemlidir, fakat onlar hakkında söyleyecek çok şeyim yok, çünkü onları henüz yeterince anlamış değilim. Birincisi zamansallık. Kant'tan beri, bilincin mekân ve zamanla ilişkili olduğu yönündeki asimetrinin farkındayız. Nesnelerin ve olayların hem uzamsal yer kaplayan olarak hem de zamansal süreçle tecrübe edilmesine karşın, bilinç, zamansal olarak yer kapladığı tecrübe edilse de uzamsal olarak tecrübe edilmez. Doğrusu, örneğin, 'bilinç akıntısı' dediğimizde, zamanı tanımlamak için olan uzamsal metaforlar bilinç için de nerdeyse kaçınılmaz görünüyor. Açıkça bilinmektedir ki, görüngüsel zaman gerçek zamanla tam olarak eşit değildir, fakat bu eşitsizliğin sistematik karakterinin nasıl açıklanacağını bilmiyorum.[1]

İhmal edilen ikinci konu toplumdur. 'Diğer insanlar' kategorisinin bilinç deneyimlerimizin *yapısında* özel bir rol oynadığını düşünüyorum, nesnelerin ve olup bitenlerin yapısına benzemeyen bir rol. Ve bu, diğer bilinç bölgeleri için özel bir statü belirleme yetisinin hem biyolojik bir temele dayandığına hem de tüm kolektif niyetlilik biçimleri için bir arkaplan ön kabulü olduğuna inanmaktayım.[2] Fakat bu iddiaları nasıl kanıtlayacağımı ve bireysel bilinçteki sosyal öğenin yapısını nasıl çözümleyeceğimi henüz bilmiyorum.

I. Bir Düzine Yapısal Özellik

Bu bölümde, normal, gündelik bilincin tüm yapısal özelliklerini açıklamaya çalışacağım. Bir özelliği tanımlamak için kullanacağım delil çoğunlukla, patolojik formlarda, özelliğin bulunmaması şeklinde olacaktır.

1. Sonlu Duyu Biçimleri (Modalities)

İnsan bilinci oldukça sınırlı sayıda duyu biçimleriyle açıklanır. Beş duyu, görme, dokunma, koklama, tatma, işitme ve altıncısı, 'denge duyusunun' yanı sıra bedensel duyumlar ve düşünce akıntıları da vardır. Bedensel duyumlardan, sadece ağrılar gibi belirgin fiziksel duyumları değil, aynı zamanda, kollarımın ve bacaklarımın pozisyonu veya sağ dizimdeki duygu hakkındaki duyusal farkındalığımı da kastetmekteyim. Düşünce akıntıları ise, görsel ve görsel olmayan sözcük ve imgelerin yanı sıra, diğer sözlü ve imgeci öğeleri de içermektedir. Örneğin, bir kişiye bir düşünce, hem sözcük hem de

---

[1] Canımızın sıkkın olduğu zamanlarda 'zamanın daha yavaş ilerlemesi' gibi açık konuların bile açıklanması gerekebilir. Canımızın sıkkın olduğu durumlarda zaman niye daha yavaş geçsin ki?

[2] Searle, 1990.

imge biçiminde ansızın, 'yıldırım hızıyla' gelebilir. Ayrıca, benim kullandığım ifade de düşünce akıntıları, genellikle 'duygular' olarak bilinen hisleri de içermektedir. Örneğin, ben düşünce akıntılarında, ani bir öfke akını veya bir kişiye vurma isteği veya bir bardak su için şiddetli bir susuzluk hissedebilirim.

Bilincin niçin bu biçimlerle sınırlandırılabileceği hakkında öncelikli bir sebep yoktur. Bu sadece, insanlığın evrimleşme tarihi boyunca türümüzün gelişmekte olduğu olgusu gibi görünmektedir. Belli diğer türlerin farklı duyu biçimleri olduğu hakkında iyi bir kanıt vardır. Görme insanlar için özellikle önemlidir ve bazı nörofizyolojik görüşlere göre, korteksimizin yarıdan çoğu görsel işlevlere tahsis edilmiştir.

Her duyu biçiminin bir diğer genel özelliği de, zevkli yahut zevksiz yönün altında gerçekleşebilmesidir, kipin keyifli ve keyifsiz olduğu yön genelde o duyu biçimine özgüdür. Örneğin, keyifli kokular hakkında keyifli düşünceler olsa dahi, keyifli kokular, keyifli düşüncelerin olduğu gibi, keyifli değildir. Bilinç duyu biçimlerinin keyifli yahut keyifsiz yönü, her zaman olmamakla birlikte sıklıkla niyetlilik biçimiyle ilişkilendirilir. Dolayısıyla, görsel deneyimlerin keyifli ya da keyifsiz olması genellikle niyetliliğin, salt duyusal yönlerinden daha çok görsel deneyimler için içsel olması ile ilgilidir. Kusmakta olan bir kimse gibi, tiksindirici bir şeyi görmek bize keyifsiz gelir, fakat havanın açık olduğu bir gecedeki yıldızlar gibi, etkileyici bir şeyi görmek ise keyifli gelir. Fakat her iki durumda da, keyifli ya da keyifsizlik niteliklerinin kaynağı olan, sahnenin tamamen görsel yönlerinden daha fazla şey vardır. Bu her zaman bedensel duyumlarda geçerli olmaz. Acı, kendisine ilişkin bir niyetlilik olmadan da, sadece acılı olarak tecrübe edilebilir. Ancak, acının keyifsizliği, ona ilişkin belli bir tür niyetlilikle değişecektir. Eğer bir kişi acının kendisine haksız olarak etkilediğine inanıyorsa acı ona, örneğin, zorunlu tıbbi tedavinin bir parçası olarak basitçe acı çektiğine inanmaktan, daha fazla keyifsiz gelir. Benzer bir şekilde orgazm da niyetlilikle renklendirilmiştir. Bir kişi herhangi bir erotik düşünce veya başka bir şey olmaksızın orgazm olmayı kolayca hayal edebilir (örneğin, bu orgazm elektriksel anlamda canlandırılmış olsun), fakat orgazm bir bedensel duyum olsa dahi, ondan alınan haz çoğunlukla içsel olarak niyetlilikle ilişkilidir. Bu bölümde sadece her bir kipliğin keyifliliği/keyifsizliği ile ilgilendim. Bütün bilinç durumlarının keyifliliği/keyifsizliği konusunu 12. özellik olarak inceleyeceğim.

2. Birlik

Patolojik olmayan bilinç durumlarının, birleşmiş bir ardışıklığın bir parçası olarak algılanması onların bir özelliğidir. Sadece diş ağrısı deneyimine sahip değilim, aynı zamanda, benden bir kaç adım ötede duran kanepenin, sağımdaki vazodan taşmakta olan güllerin görsel deneyimine de sahibim, tıpkı çizgili gömleğimi giydiğim zamanda lacivert çoraplarımı da giydiğim gibi. Esas farklılık şudur: Tek ve aynı bilinç olayının parçaları olan deneyimlerimle, ben gülün, kanepenin ve diş ağrısının tüm deneyimlerine sahibim. Birlik, benim 'yatay' ve 'dikey' diye isimlendireceğim, uzamsal metaforları sürdüren en az iki boyutta gerçekleşir. Yatay birlik, kısa süreli bilinç deneyimleri düzenlemeleridir. Örneğin, uzun da olsa bir cümleyi söylediğimde veya düşündüğümde, o cümlenin başındaki farkındalığım, o bölüm artık düşünülmüyor veya söylenmiyor olduğu anda da devam eder. Bu tür resimsel hafıza bilincin birliğine temel teşkil eder. Dikey birlik ise, kanepe, diş ağrısı ve gül örneğinde belirtildiği gibi, herhangi bir bilinç durumunun farklı tüm özelliklerinin eşzamanlı farkındalığının bir konusudur. Bilincin bu birliği nasıl oluşturabildiğini çok az anlayabiliyoruz. Nörofizyolojide buna 'bağlayıcı tertibat problem' denmektedir, Kant ise aynı görüngü için 'tam algının aşkın birliği' tabirini kullanmıştır.

Hatırlanan mevcut durumun[1] yatay birliği ve öğelerin bağlanmasının birleşmiş bir sütundaki dikey birliği şeklindeki bu iki özellik olmadan, deneyimlerimizi normal olarak anlamlandıramayız. Buna, örneğin, bölünmüş-beyin görüngüleri ve Korsakov sendromu gibi patolojinin çeşitli biçimlerinde değinilmiştir.[2]

3. Niyetlilik

Hepsi değil, fakat çoğu bilinç niyetlidir. Örneğin ben özel bir şey için sıkıntı (depresyon) çekmeden veya sevinmeden, basitçe sıkıntı veya sevinç haline geçebilirim. Bu durumlarda benim ruh halim aslında niyetli değildir. Fakat herhangi bir bilinçli durumda, yönelinen şey gerçekte var olmasa bile, genelde bu durum bir şeye ya da diğerine yönelmiş olur. Ve bu anlamda bilinçli durum niyetliliğe sahiptir. Çoğu durumlar için bilinç aslında bir şey'in bilincidir ve buradaki '-in' niyetliliği gösteren 'in'dir.

Masadaki nesneleri tasvir etmem ile bu nesnelerle ilgili deneyimimi tasvir etmem arasında ayrım yapmayı zor bulmamızın nedeni, nesnelerin özelliklerinin, tam olarak benim onlarla ilgili bilinçli deneyimlerimin içerik şartları olmasıdır. Dolayısıyla, masayı tasvir etmek için kullandığım; 'sağda bir lamba, solda bir vazo ve ortada küçük bir heykel var' şeklindeki kelime hazinesi, o masa ile ilgili bilinçli görsel deneyimlerimi betimlemek için kullandığım kelime hazinesidir. Bu deneyimleri tasvir etmek için, örneğin, şöyle demek zorundayım: 'Görsel olarak bana, sağda bir lamba, solda bir vazo ve ortada küçük bir heykel var gibi geliyor.'

Benim bilinçli deneyimlerim, deneyimlerin nesnelerinden farklı olarak, sürekli, bir perspektiften gelir. Devamlı bir bakış açısından kaynaklanır. Fakat tek başlarına nesnelerin bir

---

[1] Bu ifade Edelman'a (1991) aittir.
[2] Gazzaniga, 1970; Sacks, 1985.

bakış açıları yoktur. Perspektif ve bakış açısının görme için son derece belirgin bir önemi vardır, fakat tabii ki onlar aynı zamanda bizim duyusal deneyimlerimizin diğer özellikleridir. Eğer bir masaya dokunuyorsam, onu ancak belli yönleri ile ve belli bir uzamsal konumdan tecrübe ederim. Eğer bir ses duyuyorsam, onu ancak belli bir taraftan duyarım ve onun belli yönlerini duyarım. Ve daha buna benzer şeyler.

Bilinç deneyiminin görüş açısına bağlı niteliğini vurgulamak, kendimize bütün *niyetlilik* türlerinin *yönsel* olduğunu hatırlatmak için iyi bir yoldur. Örneğin, bir nesneyi bir bakış açısından görmek, onu sadece belli yönleri ile görmektir. Bu anlamda, bütün görmeler '... olarak görmedir.' Ve görme için geçerli olan her şey, bilinçli ya da bilinçdışı olsun, bütün niyetlilik biçimleri için de geçerlidir. Bütün temsiller kendi nesnelerini, ya da diğer içerik şartlarını, yönlerine göre temsil ederler. Her niyetli durumun, benim tabirimle, *yönsel bir şekli* vardır.

4. Öznel Duygu

Niyetliliğin tartışılması, doğal olarak bizi bilinç durumlarımızın öznel hissine götürmektedir. Önceki bölümlerde öznelliği bir dereceye kadar inceleme fırsatım olmuştu, dolayısıyla bu konu üzerinde fazla durmayacağım. Burada öznelliğin, bilinçli durumların 'ne – hissi - veriyor' yönünü zorunlu olarak gerektirdiğini söylemek yeterli olacaktır. O halde, örneğin ben makul bir şekilde, bir yunus balığı olmanın ve gün boyu yüzmenin, okyanusta sıçrayıp oynamanın, nasıl bir his vereceğini merak edebilirim, çünkü yunus balıklarının bilinç deneyimleri olduğunu kabul etmekteyim. Fakat ben bu anlamda, her yıl çatıya çivilenen bir tahta kiremit olmanın nasıl bir his vereceğini merak edemem, çünkü bu ifadede kullandığımız anlamda, tahta kiremitler bilinçli olmadıkları için, bir tahta kiremit olmanın ne gibi hissettireceğine yönelik hiç bir şey yok.

Daha önceden de belirttiğim gibi, bilinçle ilgili felsefi bilmeceden, diğer herhangi bir şeyden daha çok öznellik sorumludur.

5. Bilinç ve Niyetlilik arasındaki İlişki

Şu ana kadar söylediklerimin çoğunun oldukça açık olduğunu umuyorum. Şimdi ise, bir sonraki bölüme kadar tam olarak kanıtlamayacağım, daha güçlü olan şu iddiada bulunmak istiyorum: Ancak bilinçli ve niyetli olan durumlara sahip olabilen bir varlık, niyetli durumlara sahip olabilir ve her bilinçdışı ve niyetli olan durum en azından potansiyel olarak bilinçlidir. Bu tez zihin incelemeleri için önemli neticeler taşır. Örneğin bu tez, bilinç problemini dışlayan bütün niyetlilik tartışmalarının eksik olacağını ima etmektedir. Aslında, bilinci tartışmaksızın niyetli görüngülerin mantıksal yapısını tasvir etmek mümkündür, *Niyetlilik (Intentionality)* kitabımda[1] büyük ölçüde ben öyle yaptım, fakat bilinç ile niyetlilik arasında, eksiksiz bir niyetlilik teorisinin bir bilinç açıklaması gerektirdiği neticesine götüren, kavramsal bir bağlantı vardır.

6. Figür temelli, Bilinçli Deneyimin Gestaltçı Yapısı

Algısal deneyimlerimizin bize, arkaplana karşı bir figür olarak görünmesi Gestalt psikolojisinden bildiğimiz bir konudur. Örneğin, eğer ben önümdeki masanın üzerinde kazağı görüyorsam, kazağı masanın arkaplanına karşı olarak görüyorum. Eğer masayı görüyorsam, onu zeminin arkaplanına karşı olarak görüyorum. Zemini görüyorsam, onu odanın tamamının arkaplanına karşı olarak görüyorum, görsei alanımın limitlerine varıncaya kadar böyle devam eder. Fakat algının ayırıcı niteliği olan şey, genellikle bilincin de ayırıcı niteliği gibi görünmektedir: Dikkatimi odakladı-

---

[1] Searle, 1983.

ğım bir şey, dikkatin merkezinde olmayan bir arkaplana karşı olacaktır ve dikkatin faaliyet alanı ne kadar geniş olursa ulaşacağımız bilinç sınırlarım o kadar yakın olacaktır. Bu noktada arkaplan artık sınır şartları olacaktır ki, bunu 10 numaralı özellik olarak ileride daha fazla tartışacağım.

Normal algıların sürekli yapılanmış olması olgusu, bilinç deneyimlerinin figür temelli yapısıyla ilişkilidir. Şöyle ki ben sadece ayrılmamış şekilleri algılamıyorum, aynı zamanda algılarım nesnelere ve özelliklerine doğru da yönelmiştir. Bu da, her normal görmenin 'olarak görme' ve her normal algılamanın da 'olarak algılama' olduğu neticesini doğurmaktadır ve aslında, bütün bilinçler *şöyle şöyle bir şeyin bilincidir*.

Birbirinden farklı fakat birbiriyle ilişkili iki özellik vardır. Birincisi, algının ve genellikle bilincin figür temelli yapısı, ikincisi ise algısal ve diğer bilinç deneyimlerimizin düzenlenmesidir. Figür temelli yapı, yaygın olsa da, yapılanmışlığın daha genel özelliğinin ayrıcalıklı bir durumudur. 10 numaralı özellik olarak kısaca tartışacağım bir diğer ilgili özellik de, herhangi bir bilinç durumuna uygulanabilen genel sınır şartlarıdır.

7. Tanıdıklık (âşinalık) Yönü

Zamansallık, toplumsallık, birlik, niyetlilik, öznellik ve bilincin yapılanmışlığı gibi özelliklerin yanında, benim 'tanıdıklık yönü' tabirini kullanacağım özellik, bana göre, bilinçli farkındalığın sıradan, patolojik olmayan durumlarının en yaygın özelliğidir. Bütün bilinçli niyetliliklerinin yönsel (3. özellik) olması gibi, bilincin patolojik olmayan biçimlerinin yapılanmış ya da düzenlenmiş olması nedeniyle, yönsel ve düzenli bilinci üretmeye yeterli olan önceden elde bulunan bir aygıt, bilinçli deneyimin yönsel özelliklerini ve oluşan yapılar ile bilinç düzeninin daha çok ya da daha az tanıdık olacağını otomatik olarak garanti eder. Şimdi bunun ne şekillerde olacağını açıklamaya çalışacağım.

Bilincin Yapısı: Giriş 171

Tanıdıklık yönüne, en iyi benim yaklaşımım ile Wittgenstein'ın yaklaşımı karşılaştırılarak ulaşılır. Wittgenstein (1953) bize, odaya girdiğimde bir 'tanıma edimi' tecrübe edip etmediğimi soruyor ve bize, gerçekte böyle bir edimin olmadığını hatırlatıyor. Onun bu konuda haklı olduğuna inanıyorum. Bununla birlikte, odama girdiğimde, *odam bana tanıdık geliyor*. Bir şeyin tamamen yabancı olduğunu hayal ederseniz bunu görebilirsiniz, örneğin, eğer odanın ortasında büyük bir fil varsa veya tavan çökmüşse, ya da birisi odadaki eşyaları tamamen değiştirmişse. Fakat normal günü birlik durumlarda o da bana tanıdık görünür. O halde, oda deneyimimin gerçeği olan şey, bana göre, daha büyük ya da daha düşük derecede dünya denetimlerimin gerçeğidir. Sokaktan aşağı yürürken bu nesneler evler olarak bana tanıdık gelir ve bu diğer nesneler de insanlar olarak bana tanıdık gelir. Ağaçları, kaldırımı, sokakları tanıdık olanın bir parçası olarak tecrübe ederim. Hatta yabancı bir şehirdeyken ve insanların giyimlerindeki tuhaflıktan veya evlerinin mimarisinin garipliğinden etkilendiğimde yine de bir tanıdıklık yönü bulunur. Bunlar hala insanlardır; şunlar hala evlerdir; ben hala cisimleşmiş bir varlığım; kendi ağırlığımın bilinçli bir duyusuna sahibim; üzerimdeki ve diğer nesnelerdeki çekim gücünü hissedebiliyorum; bedensel parçalarımı ve bulundukları yerleri sezebiliyorum. Belki de en önemlisi, ben olmanın ne hissi verdiğini sezebiliyorum ve kendim duygusuna sahibim.[1]

---

[1] Hume böyle bir duygunun olamayacağını düşünüyordu, çünkü, eğer olsaydı, tek başına bir duygunun yapamayacağı bir çok bilgiye ve metafiziğe dair görev yapmak zorunda olacaktı. Sanırım, aslında hepimiz, kendimize ait bir kişilik hissine sahibiz. Fakat bu histe çok az bilgiye veya metafiziğe dair zevk vardır. Bu his, 'kişisel kimliği,' 'kendilik birliğini' veya bu tür bir şeyi garanti etmez. Sadece örneğin, ben olmanın bana verdiği histir.

Bu tanıdıklık yönünü kırmak entelektüel bir çaba gerektirir. Dolayısıyla, örneğin, sürrealist ressamlar, içlerinde tanıdık nesneler bulunmayan manzara resimleri çizerler. Fakat bu durumlarda bile bir ortamda bulunan nesneleri, yeryüzünün bir ufkunu, nesnelere yönelik yerçekimi kuvvetini, bir kaynaktan gelen ışığı, resmin çizildiği bakış açısını ve resme bakarken kendimizi hissederiz. Bu hissetmelerin tümü bilincimizin tanıdıklık yönünün parçalarıdırlar. Bitkin bakış hala bakıştır, üç-başlı kadın hala bir kadındır. William James'in tabiriyle bilinçli durumları 'parıldayan, vızıldayan karışıklık' olmaktan alıkoyan, örneğin, tümevarımsal tahmin edilebilirlikten daha çok, bu tanıdıklık yönüdür.

Dile daha yatkın olan 'tanıdıklık duygusu' yerine 'tanıdıklık yönü' ifadesini niyetli olarak kullanıyorum, çünkü irdelediğim görüngünün ayrı bir duygu olmadığını vurgulamak istiyorum. Örneğin, ayakkabılarımı gördüğümde, ayakkabıların hem görsel bir deneyimini hem de bir tanıdıklık duygusunu yaşamam, dahası o anda ayakkabıları; ayakkabılar *olarak* ve benimkiler *olarak görürüm*. Tanıdıklık yönü ayrı bir deneyim değildir ve Wittgenstein'ın 'odamı gördüğümde burada bir tanıma edimi olmadığını' söylerken haklı oluşunun nedeni de budur. Bununla birlikte, o bana benim odam gibi görünür ve onu bu tanıdıklık yönü ile algılarım.

Bu tanıdıklık yönü değişik derecelere sahiptir ve bu ölçülebilir bir görüngüdür. Tanıdıklık ölçeğinin tepesinde nesneler, sahneler, insanlar ve benim sıradan günlük yaşamıma ait görüntüler yer alır. Daha aşağıda, hala kolaylıkla tanıyabileceğim ve sınıflandırabileceğim nesnelerin ve insanların yer aldığı yabancı sahneler vardır. Ama daha da aşağıda, tanıyabileceğim ve sınıflandırabileceğim çok az şey olan sahneler bulunur. Bunlar sürrealist ressamlar tarafından betimlenen türde sahnelerdir. Tamamen hiçbir şeyin tanıdık olarak algılanmadığı sınırlayıcı bir durum hayal etmek mümkündür, böyle bir durumda hiçbir şey, hatta nesneler bile, tanınamaz ve sınıflandırılamaz. Hatta kendi bedenim bile artık benimki olarak veya bir beden olarak dahi sınıflandırılamaz. Böyle bir durum aşırı derecede patolojiktir. Tanıdık sahneler birdenbire tanıdıklığını yitirdiğinde daha az aşırı patoloji biçimleri meydana gelir. Örneğin, nevrotik ümitsizlik durumlarında kişi masanın ahşap dokusuna gözlerini dikip bakar ve onun içinde tamamen kaybolur, sanki daha önce hiç böyle bir şey görmemiş gibi.

Bilinçli deneyimlerimin çoğu tertip ve düzenini mümkün kılan tanıdıklık yönüdür. Odamın ortasında bir fil görsem veya tavanını çökmüş bulsam dahi yine de nesne bana bir fil olarak veya çökmüş bir tavan olarak ve oda benim odam olarak tanıdık gelir. Psikologlar algının beklentinin bir işlevi olduğunu gösteren birçok kanıta sahiptirler.[1] Algı düzenlemesinin, yalnızca varlıkları tanıdıklık yönüyle tanımlayan bir kategori grubu bulunduğunda mümkün olması, bu iddianın doğal bir sonucudur.

Bana göre, deneyimin zikrettiğim bu özelliğini, onun hakkında düşünen birisi tanıyacaktır, fakat niyetliliğin çapraşık yapısını betimlemek oldukça yanıltıcıdır. <u>Nesneleri ve olup bitenleri tanıdık olarak tecrübe ediyorum, fakat tanıdıklık genelde hoşnutluğun ayrı bir şartı değildir.</u> Dahası, bilinç örneğin, benim bir şeyleri; ağaçlar, insanlar, evler, otomobiller vb. olarak görmem gibi, sınıflandırmayı gerektirir. Fakat bu kategoriler deneyimden önce varolmalıdır, çünkü onlar bu deneyimleri yaşama ihtimalinin şartlarıdırlar. Bunu bir 'ördek' veya 'tavşan' olarak görmem için, algıdan önce 'ördek' veya 'tavşan' kategorilerine sahip olmam gereklidir. Sonrasında, algı tanıdıklık yönü ile gerçekleşecektir, çünkü algıyı mümkün kılan kategoriler kendi başlarına tanıdık kategorilerdir. Delil kısaca şöyledir: Bütün algılamalar, 'olarak

---

[1] Örneğin, Postman, Brunner ve Walk, 1951.

algılama'dır ve daha genel biçimde, bütün '..in bilinci'leri (consciousness *of*), 'olarak bilinç'tir (consciousness *as*). Bir şeyin bilincinde olmak için, patoloji ve benzer bir durum olmadığı takdirde, onun bir şey olarak bilincinde olmalısınız, fakat 'olarak algılama' ve 'olarak bilinç'lerin diğer biçimleri kategorileri gerektirmektedir. Ancak, önceden varolan kategoriler, kategoriler hakkında önceki tanıdıklığı ima ettiğinden, algılar tanıdıklık yönü ile gerçekleşir. *O halde bu özellikler birbirleriyle bütünleşirler: Yapılanmışlık, 'olarak algı', bütün niyetliliklerin yönsel şekli, kategoriler ve tanıdıklık yönü. Bilinçli deneyimler bize yapılanmış olarak görünür, bu yapılar bir şeyleri belli yönleri ile algılamamızı sağlar, fakat bu yönler bir grup kategorilerin idaresiyle zorlanmıştır ve tanıdık olan bu kategoriler, tuhaf da olsa, değişik derecelerde, deneyimlerimizi tanıdık olarak özümsememizi sağlarlar.*

Benim burada sunduğum delil, tanıdık yönlerle tecrübe ettiğimiz ve dolayısıyla tanıdık bir yönü tecrübe ettiğimiz için, yanıltıcı değildir. Ne de olsa konumuz bu değil. Konumuz daha çok, patolojik olmayan bilinç biçimlerinin gerçekte bir tanıdıklık yönüne sahip olduğudur. Ve bu, özgün yapıların ve yönlerin daha çok ya da daha az tanıdık olduğu yerlerde, deneyimleri hem yapılanmış hem de yönsel olarak üretmek için, arkaplan yetilerine sahip olduğumuz gerçeğiyle açıklanır ve nörobiyolojik olarak fark edilir. Söz konusu yetiler bilincin değil arkaplanın parçalarıdır.[1]

8. Taşma

Bilinçli durumlar genellikle eldeki memnuniyetlerin ötesine gönderme yaparlar. Ben bu görüngüye 'taşma' diyorum. Aşırı bir tür vaka düşünün. Sally, Sam'e bakıyor ve ansızın aklına bir düşünce geliyor: 'İşte bu!' Bu düşünceyi açıklaması istendiğinde şöyle başlayabilir: 'Sekiz ay boyunca zama-

---

[1] Arkaplan hakkında daha fazla bilgi için bölüm 8'e bakınız.

nımı, tam olarak bana uygun olmayan birisiyle ilişkide bulunarak harcadığımı fark ettim. Diğer avantajları ne olursa olsun, Sam ile olan ilişkim benim açımdan yanlış bir temelde kurulmuştu. Cehennem zebanileri gibi bir motosiklet çetesinin başı olan biriyle ilişkiye artık asla tahammül edemeyeceğimi ansızın fark ettim, çünkü...' Ve böyle devam ediyor.

Bu gibi bir durumda elde mevcut olan içerik, bir bakıma bu içeriğin parçası olan bir bakıma da olmayan diğer düşüncelerle bağ kurmak için, taşmaya meyleder. Böyle aşırı uçta bir vaka örneğiyle en iyi şekilde örneklendirilmiş olsa da, bana göre bu görüngü geneldir. Örneğin, şimdi pencereden dışarıdaki ağaçlara ve göle baktığımda, eğer gördüklerimi betimlemem istenirse, buna sonsuz bir genişleyebilirlik ile cevap verilebilir. Ben bunları sadece ağaç olarak değil, aynı zamanda, çam ağaçları olarak, Kaliforniya çamları gibi de görüyorum; bazı yönleriyle de Kaliforniya çamlarından farklı görüyorum; şu bakımlardan benzer fakat şu bakımlardan farklı vb.

9. Merkez ve Çevre

Bilinç alanı içinde, dikkatimizin merkezinde ve çevresinde bulunan şeyler arasında ayrım yapmak zorundayız. Dikkat etmediğimiz ve ilgimizi odaklamadığımız çok sayıda şeyin bilincindeyiz. Örneğin, şu ana kadar ben, bilinci tanımlamanın felsefi problemine odaklandım ve arkamda bir sandalye olduğu duygusuna, ayakkabılarımın ayağımı sıktığına ve geçen gece çok fazla şarap içmemin neden olduğu hafif baş ağrıma hiç dikkatimi vermedim. Fakat bütün bu görüngüler benim bilinçli farkındalığımın parçasıdır. Dile daha yatkın bir tabirle belirtmek gerekirse, biz sıklıkla bilinçli yaşamımızın bu türdeki özelliklerinden bilinçdışı olarak söz ediyoruz, fakat örneğin, 'ayak tırnaklarımın büyümesi hakkında bilinçdışı olmam anlamında, cildime karşı gömleğimi hissetmem hakkında bilinçli değilim' şeklinde bir ifadede bulunmak yanlıştır. Kısaca, bilinçli/bilinçdışı ayrımıyla dikkatin merkez/çevre ayrımını birbirinden ayırmalıyız.

Bir başka örnek düşünelim. Bugün ofisime arabayla giderken, dikkatimin çoğunu felsefi düşüncelere vermiştim. Ancak, bilinçsizce araba sürdüğümü söylemek doğru değildir. Bilinçsizce araba sürme trafik kazasına yol açabilirdi. Yolculuk boyunca bilinçliydim, fakat ilgimin merkezinde trafik ve yol değil, felsefi problemlerle ilgili düşünceler vardı. Bu örnek, bilinçli durumlardaki dikkatin farklı düzeyleri arasında ayrım yapmanın, önemli olduğunu göstermektedir. Bu sabah ofisime arabayla giderken, en yüksek düzeydeki dikkatim, beni rahatsız eden felsefi problemlere yönelikti. Alt düzeydeki dikkatim ise, ki gerçekte bu hala *dikkat* olarak tanımlanabilen bir düzeydir, araba sürmeye yönelikti. Ve Aslında, zaman zaman, *tam dikkatimi* gerektiren bir şeyler olabilirdi; bu durumda felsefe hakkında düşünmeyi bırakıp bütün dikkatimi yola verebilirdim. Bu iki dikkat düzeyinin yanı sıra, çevresel olarak farkında olduğum birçok şey de vardı. Fakat bunlar hiç bir yerde dikkatimin merkezinde değildiler. Bunlar, geçtiğim yolun kenarındaki ağaçlar, evler, arkamda araba koltuğunun bulunması duygusu, elimdeki direksiyon ve arabanın radyosundan çalan müzik gibi şeylerdi.

Bu ayrımları doğru bir biçimde yapmaya çalışmak önemlidir. Çünkü bilincin çevresinde olan birçok şeyin aslında bilinçdışı olduğu yönünde zaman zaman şaşırtmalar olmaktadır. Ve bu yanlıştır. Dreyfus (1991) sık sık Heidegger'in, çivi çakan yetenekli marangoz örneğini gösterir. Marangoz çivileri çakarken kız arkadaşını ya da öğle yemeğini düşünüyor olabilir ve bütün dikkatini çivi çakmaya yöneltmiyor olabilir. Fakat çivi çaktığının bilincinde olmadığını öne sürmek hala tamamen yanlıştır. Eğer o tam bir zombi ya da bilinçdışı bir makine değilse, çivi çaktığının tam bir bilincine sahiptir, bu bilinç dikkatinin merkezinde olmasa da.

William James, hatırlamamızın faydalı olduğu bir yasayı öne sürmüştür. O bu yasayı şöyle ifade etmiştir: 'Bilinç ihtiyaç duyulmadığı yerden uzaklaşır.' Aslında şöyle açıklamak daha iyi olur: 'Dikkat, ihtiyaç duyulmadığı yerden uzaklaşır.' Örneğin, ayakkabılarımı ilk defa giydiğimde, onların baskısı ve hissi bilincimin merkezinde olur veya bir sandalyeye oturduğumda onun duygusu aynı şekilde bilincimin merkezinde olur. Fakat bu odaklanmalar gerçekte, dünya ile ilgilenmemi sağlamak için gereksiz olduğundan, bir süre sonra ayakkabılarımın ve sandalyemin özellikleri bilincimin çevresine doğru çekilirler. Artık merkezde değildirler. Eğer ayakkabıma bir çivi batarsa veya sandalyeden düşersem, bu tür deneyimler tekrar bilincimin merkezine geçerler. James'in vurguladığı noktanın, bilinç ve diğer şeylerden daha çok, bilincin merkezi ve çevresi hakkında olduğuna inanmaktayım.

10. Sınır Şartları

Şimdiki zaman hakkındaki yansıtmaların akışında; nerede yaşıyorum, bugün ayın kaçı, yılın hangi zamanı, kahvaltıdan beri ne kadar zaman geçti, ismim ve geçmiş tarihim nedir, hangi ülkenin vatandaşıyım, vb. şeylerle ilgili hiçbir düşünce kafamdan geçmez. Fakat bana öyle geliyor ki bütün bunlar; yerleşmişliğin ve şu anki bilinçli durumlarımın uzay-zamansal ve sosyo-biyolojik konumunun parçasıdır. Bu anlamda ayırıcı nitelik olarak, hiçbir bilinç durumu yerleşik değildir. Fakat ne de olsa mekân, tek başına çevrede bile bilincin nesnesi değildir.

Bilincin sınırının genişliğini anlamanın bir yolu da bilincin sarsıldığı durumlardır. Örneğin, bir kişi bir an, hangi ayda olduğunu veya nerede olduğunu, ya da saatin kaç olduğunu hatırlayamazsa bir şaşkınlık hissine kapılır.

11. Ruh hali

Çoğu zaman bilinçli olmakla birlikte, kendiliklerinde niyetli olmayan ruh hallerine sahip olduğumuzdan daha önce bahsetmiştim. Sevinçli veya sıkıntılı, keyifli ya da üzgün bir ruh hali içinde olabilirim ve bunlar her hangi bir niyetli içerik şartına bilinçli olarak yönelmiş olmayı gerektirmez. Bir ruh hali tek başına asla bir bilinçli durumun tüm içeriğini kuramaz. Aksine o, bütün bilinçli durumları veya bilinç durumlarının neticesini nitelendiren tonu veya rengi sağlamaktadır.

Sürekli öyle veya böyle bir ruh hali içinde mi oluruz? Bu sorunun cevabı ruh hali kavramını ne genişlikte yorumlamak istediğimize bağlıdır. Kesinlikle her zaman İngilizce gibi bir dilde sahip olduğu anlamda bir ruh hali içinde olmayız. Şu an, özellikle ne sevinçli ne de sıkıntılıyım; ne vecd ne de ümitsizlik halindeyim ve ne de gerçekten can sıkıcıyım. Ama yine de şu anki deneyimlerime 'tavır' denilebilir. Ve bu bana, genel ruh hali kavramına uygun bir şekilde dönüştürülebilir gibi geliyor. Şu anki deneyimlerimin oldukça nötr bir tavra sahip olmaları olgusu, bunların bir şekilde hiçbir tavra sahip olmadıkları anlamına gelmez. Ruh hallerinin bir niteliği de, bilinçli deneyimlerimizin tümünü kaplamış olmalarıdır. Sevinçli bir adam için bir ağacın, bir manzaranın veya gökyüzünün görüntüsü büyük bir zevk kaynağıdır; ümitsiz bir adam için ise aynı görüntü sadece daha fazla sıkıntıya yol açar. Bana göre, hepimizin sürekli öyle veya böyle bir ruh hali içinde olmamız ve bu ruh halinin, tek başına niyetli olmasa da veya olması gerekmese de, bilinçli niyetlilik biçimlerimizin tümünü kaplaması, normal insanların bilinç hayatlarının ayırıcı bir niteliğidir.

Hiç bir şey dramatik bir değişimden daha fazla, bir kişinin ruh halinin genişliğini fark etmesini sağlayamaz. Kişinin normal hali aşağı veya yukarı yönde, beklenmedik bir sevince veya sıkıntıya doğru, köklü bir şekilde değiştiğinde kişi aniden sürekli bir ruh halinde olduğunu ve ruh halinin bilinçli durumlarını kaplamış olduğunu fark eder. Ne yazık ki birçok insan için sıkıntı sevinçten daha çok yaygındır.

Benim tahminime göre, ruh halinin iyi bir nörobiyolojik açıklamasını, söz gelişi, duygulardan çok daha kolay yapacağız. Ruh halleri yayılmıştır ve oldukça basittirler çünkü özellikle temel bir niyetliliğe sahip değildirler ve hatta bazı ruh hallerinin biyokimyasal bir açıklaması bile olabilir. Zaten, klinik depresyonu hafifletmek için ilaçlar kullanıyoruz.

12. Keyif/Keyifsizlik Boyutu

Hatırlarsanız bir bilinç durumunun tamamını, düşünce akıntısından gelen, açıklamaya çalıştığım birlik ve uyuma sahip olabilecek kadar büyük bir damla olarak görüyoruz. Böyle bir damlanın her zaman bir keyif ve keyifsizlik boyutu var gibidir. Bir kimse her zaman, en azından şunları içeren sorular sorabilir: 'Eğlenceli miydi yoksa değil miydi?'; 'Ondan hoşlandın mı yoksa hoşlanmadın mı?'; 'Nasıl hissettin; acılı, sinirli, kızgın, keyifli, sıkılgan, sevinçli, tiksinmiş, nefret dolu, meraklı, ürkmüş, çileden çıkmış, büyülenmiş, mutlu, mutsuz, vb.?' Dahası, keyif/keyifsizlik boyutunda bir kaç alt boyut vardır. İlginç de olsa, cinsel haz sırasında sıkıntılı ve fiziksel acı sırasında sevinçli olmak mümkündür. Ruh haline ilişkin olarak, ölçek üzerinde arada kalmış ve dolayısıyla tanımlanamayan durumların hiçbir şekilde ölçek üzerinde olmadığını varsayma hatasından kaçınmalıyız.

II. Üç Geleneksel Hata

Şimdi de, oldukça yaygın biçimde kabul edilmiş olmalarına rağmen, doğal bir yorumlama ile bana yanlış gelen, bilinç durumları hakkındaki üç teze değineceğim. Bunlar:

1. Bütün bilinçli durumlar, kendilik bilincidir.
2. Bilinç, özel bir iç gözlem yeteneğiyle bilinir.
3. Kendi bilinç durumlarımızın bilgisi düzeltilemez. Bu tür sorunlarda hatalı olamayız.

Şimdi bunları sırayla ele alalım.

1. Kendilik Bilinci

Her bilinç durumunun ayrıca bir kendilik bilinci durumu olduğu; bunun bilinçli zihinsel durumların ayırıcı niteliği olduğu, tabiri caizse, kendilerine dair bilinç olduğu, zaman zaman tartışılmaktadır.[1] Bu iddiayı nasıl değerlendireceğimden tam olarak emin değilim, fakat sanırım, bu iddiayı incelediğimizde ya önemsiz biçimde doğru, ya da basitçe yanlış olduğunu göreceğiz.

İlk olarak, sıradan ve sorunsuz kendilik bilinci kavramını felsefecilerin teknik kavramından ayırt etmeliyiz. Sıradan bir anlamda, kendi kişiliğimin bilincinde, belki de zorunlu olmasa da, kendi bilinçli durumlarımın bilincinde olduğum bilinç durumları vardır. Bu noktaları örneklerle açıklayabiliriz.

Birincisi, düşünün ki, bir restoranda oturmuş biftek yiyorum. Normal anlamda, niteliksel olarak hiç de kendilik bilincine sahip olmazdım. Bifteğin tadının iyi olduğunun, içmekte olduğum şarabın çok yeni olduğunun, pateteslerin fazla pişmiş olduğunun, vb. bilincinde olabilirdim. Ama burada bir kendilik bilinci yok.

İkincisi, diyelim ki, ansızın restorandaki herkesin gözlerini bana diktiklerini fark ediyorum. Dalgınlıkla pantolonumu giymeyi unuttuğumu fark edinceye kadar niçin işlerini bırakıp bana baktıklarını merak edebilirdim. Ben orada iç çamaşırımla oturuyorum. Böyle bir olay, normalde 'keskin kendilik bilinci' diye tanımladığımız duyguları üretebilirdi. Kendi kişiliğimin ve diğer kişilerin üzerinde bıraktığım etkinin farkındayım. Fakat bu durumda bile, kendilik bilincim bilinçli durumlarıma yönelmez.

Üçüncüsü, düşünün ki, şu an tüm elbiselerimi giymiş bir vaziyette restorandayım ve aniden tüm dikkatimi, yemek yemek şarap içmek gibi bilinçli deneyimlerime yöneltiyo-

---

[1] Örneğin, David Woodruff Smith (1986).

rum. Ve ansızın, örneğin, savunmasız bir halde bu midesel deneyimleri sağlamaya çok fazla zaman, çaba ve para yatırımı yapmak için, bir tür aşırı hassas kendilik düşkünlüğü içinde yuvarlanagelmişim gibi geliyor. Ve ansızın, bütün bunlar gereksizmiş gibi geliyor.

Bu durum da, normal anlamda, bir kendilik bilinci durumu gibi görünüyor. İkinci durumdan farkı şu: Burada kendilik bilinci, failin toplumsal kişiliğine değil kendisinin bilinç durumlarına yöneltiliyor.

Şimdi ikinci ve üçüncü durumlarda örneklendiği gibi kendilik bilincinin normal anlamında, her bilinç durumunun bir kendilik bilinci durumu olduğu yanlış gibi görünüyor. Normal anlamda kendilik bilinci, aşırı derecede karmaşık bir duyarlılık biçimidir ve muhtemelen sadece insanlarda ve belki diğer bir kaç canlı türünde bulunur.

O halde, bütün bilinçlerin kendilik bilincini gerektirdiği iddiası teknik anlamda kastedilmiş olmalıdır. Peki, bu anlam nedir? Merkez ve çevre arasındaki ayrımı incelerken, daima, dikkatimizi bilincin merkezindeki nesnelerden çekip çevredeki nesnelere yöneltebileceğimizi gördük. Böylece, daha önce çevreye ait olan merkeze geçebilir. Benzer şekilde, daima, dikkatimizi bilinçli deneyimin *nesnesinden* alıp *deneyimin kendisine* yöneltebiliriz. Örneğin, izlenimci ressamların yaptığını her zaman yapabiliriz. İzlenimci ressamlar dikkatlerini nesneden çekip, nesneye baktıklarında edindikleri gerçek görsel deneyime yönelterek resim sanatında bir devrim gerçekleştirdiler. Bu, deneyimlerin niteliği hakkında bir kendilik bilinci durumudur. Bana göre, herhangi bir bilinçli durumun, kendilik bilinci oluşunun önemsiz bir biçimde doğru olduğu yerde, 'kendilik bilincini' anlamlandırabiliriz. Herhangi bir bilinçli durumda, dikkatimizi durumun kendisine yöneltebiliriz. Örneğin, dikkatimi karşımdaki görüntüye değil de bu görüntüyü görme deneyimime odaklayabilirim. Dikkatimi bu şekilde değiştirme ihtimali durumun kendisinde bulunuyordu. Bu çok özel teknik anlamda, her bilinç durumunun bir kendilik bilinci olduğunu söyleyebiliriz.

Fakat bu anlamın, bütün bilinçlerin kendilik bilinci olduğunu iddia edenlerin kastettikleri anlam olduğundan oldukça kuşkuluyum. Bu çok özel anlam dışında bu iddiayı ileri sürmek herhalde yanlış olur.

2. İç gözlem

Bilinçli zihin durumları, özel bir yetisiyle yani iç gözlem yetisiyle, bilinir mi? Önceki bölümlerde, hem felsefede hem de genel anlamda hâkim olan bu görüş üzerinde şüphe uyandırmaya çalıştım. Kendilik bilinci durumunda olduğu gibi, hem teknik hem de genel geçer bir iç gözlem kavramı vardır. Normal anlamda, çoğu kez kendi bilinç durumlarımıza yönelik iç gözlemde bulunuruz. Örneğin Sally, kendisine daha yeni teklif yapmış olan Jimmy ile evlenmesi gerekip gerekmediğini bilmek istiyor. Bu durumda yapacağı işlerden biri, mantıklı olarak, samimi biçimde duygularını yoklamak olabilir. Ve normal İngilizce'de iç gözlem diyebileceğimiz şey budur. Kendisine şu soruları sorar: 'Onu gerçekten seviyor muyum, seviyorsam, ne kadar?'; 'Ona karşı hissettiğim en derin duygular nelerdir?' vb. Bence, buradaki sorun iç gözlem kavramının normal kullanımıyla değil, filozoflar olarak bizim bu metaforu (mecaz) tam olarak ele alma isteğimizle ilgilidir. Bu metafora göre, kendi bilinçli durumlarımızı inceleme yetisine sahibiz ve bu yeti görme üstüne biçimlenmiştir. Fakat bu biçim veya benzerlik kesinlikle yanlıştır. Görme durumunda, görülen nesne ile algılayıcının nesneyi algıladığı andaki görsel deneyimi arasında açık bir ayrım yaparız. Fakat kişinin kendi bilinçli zihin durumlarına yönelik iç gözlem edimi için bu ayrımı yapamayız. Sally, Jimmy'ye yönelik en derin duygularının iç gözlemini yapmak için dikkatini kendi içine çevirdiğinde, iyi bir görüntü yakalamak ve ilgisini, Jimmy hakkındaki duygularının bağımsız olarak varolan nesnesine yöneltmek için geri adım atamaz. Kısacası, eğer 'iç gözlem' ile basitçe, kendi zihinsel durumlarımız hakkında düşünmeyi kastediyorsak, bu durumda iç gözleme karşı bir itiraz olmaz. İç gözlem her zaman gerçekleşir ve her türlü kendilik bilinci için son derece önemlidir. Fakat eğer 'iç gözlem' ile *iç denetim* yapmamıza yarayan, tıpkı görme yetisi gibi ama biraz daha az renkli, özel bir yetiyi kastediyorsak, bu durumda, herhalde böyle bir yeti yoktur. Olamaz çünkü iç denetim modeli denetlenen nesne ile onu denetlemek arasında bir ayrım yapmayı gerektirir ve bu ayrımı bilinç durumları için yapamayız. Bir zihin durumunu bir diğerine yöneltebilir, düşüncelerimiz ve duygularımız hakkında kafa yorabilir, düşüncelerimiz ve duygularımız hakkında duygulara sahip olabiliriz, fakat bunların hiç birisi özel bir iç gözlem yeteneğini gerektirmez.

3. Düzeltilemezlik

Çoğu kez kendi zihinlerimizin içeriği hakkında hatalı olamayacağımız söylenir. Geleneksel Dekartçı zihin anlayışında, zihinsel durumların birinci şahıs aktarımları bir bakıma *düzeltilemezdir*. Bu görüşe göre, zihinsel durumlarımızın aktarımlarında belli bir tür *birinci şahıs otoritesi* vardır. Hatta bu düzeltilemezliğin, bir şeyin zihinsel olduğunun kesin bir göstergesi olduğu da iddia edilmiştir.[1] Fakat bir an için bunu düşündüğünüzde, bu düzeltilemezlik iddiasının apaçık yanlış olduğunu görürsünüz. Sally ve Jimmy'yi ele alalım. Sally sonradan, Jimmy'ye âşık olduğu şeklindeki düşüncesinin hatalı olduğunu, duygusunun yanlış biçimde yorumlandığını, bu duygunun gerçekte sadece bir tür hayranlık olduğunu fark edebilirdi. Ve onu iyi tanıyan birisi, Sally'nin başından beri hatalı olduğunu anlayabilirdi.

---

[1] Rorty, 1970.

Bu olgulara baktığımızda, bir kimse kendi zihinsel durumlarının içeriği hakkında hatalı olmasının imkânsız olduğunu niçin düşünsün? Bu zihinsel durumların daha baştan 'düzeltilemez' olduklarını niçin kabullensin? Bu soruların cevabı, belki de, zihinsel olanın öznel varlıkbilimi ile bilgiye dair kesinliği birbirine karıştırmakla ilgili olmalıdır. Aslında, bu kitap boyunca defalarca söylediğim gibi, bu bilinçli zihin durumlarının öznel bir varlıkbilime sahip olması durumudur. Fakat öznel varlıkbilimi olgusundan, kişinin kendi zihinsel durumları hakkında hatalı olamayacağı sonucu çıkmaz. Bütün bunlardan çıkan sonuç, standart yanılgı biçimlerinin, yani görünüm-gerçeklik ayrımına dayalı olan modellerin, zihinsel durumların varoluşu ya da nitelendirilmesi konusunda bir işe yaramayacağıdır. Fakat bunlar, bir görüngü hakkında hatalı olmanın yegâne olası biçimleri değildir. Kendi deneyimlerimizden biliyoruz ki, çoğu zaman bizim dışımızdaki birisi gerçekte, örneğin, kıskanç, sinirli veya cömert olup olmadığımızı belirlemek için bizden daha iyi bir konumdadır. Zihinsel durumlarımı ve dolayısıyla onlar hakkındaki aktarımlarımı ele alış biçimimin, diğer insanların benim zihinsel durumlarımı ele alış biçimlerinden farklı olduğu bir gerçektir. Ve bu da onların, benim zihinsel durumlarım hakkındaki aktarımlarını etkiler. Yine de onların aktarımları benim aktarımlarımdan daha doğru olabilir.

Kendi zihnimin içerikleri hakkında tam olarak hangi anlamda bir birinci şahıs otoritesine sahip olmam gerekiyor ve niçin? Wittgenstein *Philosophical Investigations* (1953) kitabında, birinci şahıs zihinsel sözcelerimi (utterances) tümüyle *aktarımlar* veya *betimlemeler* (tasvirler) olarak düşünmemiz gerektiği fikrini cesurca elemeye çalışmıştı. Wittgenstein'ın ileri sürdüğü gibi, eğer bunları ifadeler (*Aeusserungen*) olarak düşünebilseydik, bu durumda hiç bir şekilde aktarımlar veya betimlemeler olmayacaklardı ve dolayısıyla ortada bir yetki sorunu da olmayacaktı. Basitçe, acı içinde çığlık attığımda

Bilincin Yapısı: Giriş 185

ortada bir otorite sorunu olmaz. Çünkü acı davranışım sadece acıdan kaynaklanan doğal bir tepkidir ve bir tür iddia değildir. Eğer 'acı içindeyim' diye söyleyişim aynı şekilde, acı davranışının gelenekselleşmiş bir formu olan bir tür alışılmış çığlık olarak görülürse, bu durumda otoritem hakkında hiçbir sorun olmayacaktı. Wittgenstein'ın bu probleme yönelik gayretli çözümünün başarısız olduğunu söylemenin daha doğru olduğunu düşünüyorum. Aslında, zihinsel durumlarını göz önünde tutarak bir kişinin sözel davranışının, daha doğal bir biçimde, zihinsel görüngüyü tasvir etmekten daha çok örneğin aman! demek gibi, o görüngünün bir ifade biçimi olarak görüldüğü durumlar da vardır. Fakat hala, bir kişinin kendi zihinsel durumu hakkında özenli bir ifade veya betimlemede bulunmaya çalıştığı ve bu duruma basitçe bir açıklama getirmediği birçok durum da vardır. O halde, bir kişi bu tür sözceler hakkında ne tür bir otoriteye sahip olur ve niçin?

Sanırım, birinci şahıs aktarımlarında özel olanın ne olduğunu anlamanın yolu, zihinsel durumlarımız *dışında,* nesneler ve dünyada olup bitenler hakkında aynı özel otoriteye sahip olduğumuzu neden düşünmediğimizi sormaktan geçer. Bunun nedeni ise, geniş anlamda dünya hakkındaki aktarımlarımızda, şeylerin bize nasıl göründüğü ile gerçekte nasıl oldukları arasında bir ayrım yapılmasıdır. Penceremin önündeki çalılardaki görüntü gerçekte bir ışık ve gölge biçim iken bana onun arkasında gizlenen bir adam varmış gibi görünebilir. Fakat şeylerin bana nasıl göründüğü konusunda gerçeklik ile görünüm arasında yapılacak bir ayrım yoktur. Gerçekten de bana çalıların arkasında bir adam varmış gibi görünür. Bir yerde eğer niyetli zihin durumlarından bahsediliyorsa, görünümü oluşturan, bu durumların kendileridir. Kısacası, özel bir birinci şahıs otoritesinin varlığı hakkındaki kanaatlerimizin temelinde, görünümlerin kendisi için geleneksel gerçeklik/görünüm ayrımını yapamayışımız yatmaktadır. Bu bizi iki soruyla baş başa bırakıyor. Birincisi, nasıl oluyor da kendi zihinsel durumlarımız hakkında hataya düşebiliyoruz? Eğer bu hata genel anlamda dünya hakkında yaptığımız görünüm/gerçeklik hataları ile aynı değilse, düştüğümüz bu hatanın, tabiri caizse, *biçimi* nedir? Ve ikincisi, görünümlerin kendileri gerçekliğin bir parçası olduğuna göre, gerçeklik/görünüm ayrımını görünümler için neden yapamayalım? Kişinin, örneğin, sinirli olup olmadığı hakkında hataya düşebilme biçimlerinin bazılarını araştırırsak ilk soruyu cevaplamaya başlayabiliriz. Sorudaki dilbilimsel hataları bir kenara bıraktığımızda yani, bir adamın örneğin, 'sinirli' sözcüğünün mutlu anlamına geldiğini düşündüğü durumları bir kenara bıraktığımızda, kişinin kendi zihinsel görüngülerini yanlış olarak betimlediği bazı tipik durumlar; kendini kandırma, yanlış yorumlama ve dikkatsizliktir. Bunların her birini sırasıyla ele alacağım.

Kendini kandırmanın imkânsızlığını 'kanıtlamak' yeterince kolay görünüyor. Fakat kendini kandırma yine de yaygın bir psikolojik görüngüdür ve dolayısıyla bu kanıtta yanlış bir şey olmalıdır. Kanıt şudur: x'in y'yi kandırması için, x bir p inancına sahip olmalı ve y'yi başarılı bir biçimde bu inancın p olmadığına ikna etmeye çalışmalıdır. Fakat x'in y ile özdeş olduğu durumda, herhalde x kendi içinde, kendisiyle çelişik bir p olan ve olmayan inancını üretecekti. Ve bu da olanaksız görünüyor.

Fakat yine de kendini kandırmanın mümkün olduğunu biliyoruz. Şüphesiz, birçok kendini kandırma biçimi vardır, fakat çok yaygın olan bir biçimi, amilin bir güdü veya sebeple belli bir zihinsel durum içinde olduğunu kendisine itiraf etmemesidir. Sinirli olduğu veya belli bir kişiden ya da belli bir insan topluluğundan nefret ettiği gerçeğinden utanabilir. Bu tür durumlarda fail, belli psikolojik durumları hakkında bilinçli olarak düşünmeye karşı sadece direnir. Bu durumların düşüncesi ortaya çıktığında, hemen gerçekte içinde bulunmak istediği karşıt durumu düşünür. Bir azınlık grubunun üyelerinden nefret ettiğini, fakat bu önyargıdan utandığını ve bilinçli olarak bu nefrete sahip olmamak istediğini farzedelim. Önyargısına yönelik bir kanıt ile yüz yüze geldiğinde, onu kabullenmeyi basitçe reddeder ve hatta şiddetle ve samimiyetle inkâr eder. Fail, nefretinin yanı sıra, bu nefrete sahip olmama isteğine yani, bu nefrete yönelik bir utanma biçimine de sahiptir. Bu ikisini uzlaştırmak için, nefreti hakkında bilinçli olarak düşünmekten kaçınır ve dolayısıyla bir kanıtla yüz yüze geldiğinde bu nefretin varlığını kabullenmeyi samimi olarak reddedebilir. Bu kesinlikle, yaygın bir kendini kandırma biçimidir.

Kişinin kendi zihinsel görüngüleri hakkında düşebileceği ikinci bir 'hata' biçimi de yanlış yorumlamadır. Örneğin, bir adam ihtirasının ateşi ile âşık olduğunu sanabilir, hatta oldukça samimi olarak, âşık olduğunu düşünebilir. Fakat daha sonra o an duygularını yanlış yorumladığının net olarak farkına varır. Bu tür bir durumda *ağ bağlantısı* ve *arkaplanın* işleyişi çok önemlidir. Nasıl ki bir kişi bir metni, metindeki öğelerin birbiri ile ilişkilerinin nasıl olduğunu göremeyip ve metnin oluşturulduğu arkaplan olaylarının işleyişini anlayamayıp yanlış yorumlayabiliyorsa, kendi niyetli durumlarını da, onların birbirleri ile olan ilişkilerini göremeyip ve onları temsili olmayan zihinsel yetilerin arkaplanına bağlı olarak doğru yere yerleştiremeyip, yanlış yorumlayabilir. Bu gibi durumlarda, yetersiz *kanıtlara* dayalı olarak, yanlış *çıkarımlar* yapan bilgiye dair geleneksel modeli benimsemeyiz. Bu bir görünümden gerçekliğe ulaşma sorunu değil, yap-bozdaki bir parçayı diğer parçaların bütününe uygun olarak yerleştirme sorunudur.

Kişinin kendi zihinsel durumları hakkındaki sonuncu ve aslında en belirgin 'hata' durumu basit dikkatsizliktir. Hayatın bütünüyle düzensiz yoğunluğunda çoğu kez bilinç durumlarımıza ciddi olarak dikkat etmeyiz. Örneğin, ünlü bir politikacı yakın zamanda basında Demokratların kendisini sempatik bulduğunu düşünmekle hata ettiğini açıkladı. Bunun farkında olmadan, kendi sempatisi Cumhuriyetçilere yönelikti. Bu politikacının durumunda gördüğümüz şey niyetliliğin bütün *ağ bağlantısıdır* yani, yasama gücüne yönelik tavırlar, belli politikacılara yönelik sempati ve diğerlerine karşı düşmanlık, dış politikadaki belli olaylara tepkiler ve buna benzer şeyler. Bu ağ bağlantısı, o bunun farkında olmaksızın değişmişti. Bu tür durumlarda hatalarımız görünüm ve gerçeklik arasındaki geleneksel ayrımdan çok, bir dikkat odaklanması sorunudur.

III. Sonuç

Bu hataların en azından ikisinin ve belki de üçünün de Dekartçılıkta yaygın bir kaynağı olduğuna inanıyorum. Dekartçı bir bilgibilim geleneğine bağlı filozoflar, bilincin, bilginin tümü için bir temel sağlamasını istiyordu. Fakat bilincin bize belli bir bilgi temeli vermesi için öncelikle bizim belli bir bilinç durumları bilgisine, yani düzeltilemezlik öğretisine, sahip olmamız gerekir. Bilinci tam olarak bilmek için, onu, ona doğrudan erişimi sağlayan bir tür özel yetenek, yani iç gözlem öğretisi sayesinde bilmeliyiz. Ayrıca, bunun tarihsel bir teşhis olduğuna fazla güvenmesem de, eğer kendilik bütün bilginin ve anlamın kaynağı olacaksa ve bunlar da onun kendi bilincine dayalı olacaksa, bu durumda bilinç ile kendilik bilinci arasında zorunlu bir bağ, yani kendilik bilinci öğretisi olduğunu düşünmek oldukça doğal olur.

Her halde, bilince karşı son zamanda yapılan birkaç eleştiri,[1] şu hatalı varsayıma dayalıdır: Düzeltilemezlik veya iç gözlem öğretisinde yanlış olan bir şeyin olduğunu gösterebilirsek, bilinçte de yanlış bir şey olduğunu göstermiş oluruz.

---

[1] Örn., Dennett, 1991.

Fakat hiçbir şey hakikatten daha ileride olamaz. Düzeltilemezlik ve iç gözlemin, bilincin temel özellikleri ile bir ilgisi yoktur, bunlar sadece bilince yönelik hatalı felsefe teorilerinin öğeleridirler.

Yedinci Bölüm

Bilinçdışı ve Bilinçle İlişkisi

Bu bölümün amacı bilinçdışı zihin durumları ile bilinç arasındaki ilişkiyi açıklamaktır. Bilinçdışı kavramının açıklama gücü o kadar büyüktür ki onsuz yapamayız fakat kavram açık olmaktan uzaktır. Bu kapalılık, ileride göreceğimiz birtakım talihsiz neticeleri vardır. Ayrıca, bilinç ile bilinçdışı arasındaki ilişkiye yönelik Freudcu görüş hakkında da söyleyeceklerim var. Çünkü bu görüşün temelde tutarsız olduğuna inanıyorum. Birinci bölümde açıkladığım bilgibilim, nedensellik ve varlıkbilim arasındaki ayrımları çokça kullanacağım.

I. Bilinçdışı

Kabaca söylersek yirminci yüzyıl öncesinde yaşamış önceki nesiller, bilinç kavramını problemsiz bir kavram olarak görürken, bilinçdışı kavramını ise kafa karıştırıcı ve belki de kendisiyle çelişik buluyorlardı. Biz bu rolleri değiştirdik. Biz, Freud'un ardından, insanoğlunu açıklamak için düzenli olarak bilinçdışı zihinsel görüngülere başvururken, bilinç kavramını ise kafa karıştırıcı ve hatta bilimdışı buluyoruz. Açıklayıcı vurgudaki bu değişim çeşitli biçimlerde ortaya çıkageldi. Fakat kognitif bilimdeki genel eğilim, bir bilimsel inceleme konusu olarak görülmeyen bilinçli, öznel zihinsel süreçler ile kognitif bilimin gerçek bir inceleme konusu olarak görülen ve dolayısıyla nesnel olmak zorunda olan süreçler arasına bir set çekmek olageldi. Genel tema, bilinçdışı zihinsel süreçlerin bilinçli olanlardan daha önemli olduğudur. Belki de bu konudaki en güçlü ifade Lashley'nin ifadesidir:

'Hiçbir zihin aktivitesi bilinçli değildir' (italikler Lashley'nin).[1] Diğer bir ilginç yaklaşım biçimi Ray Jackendoff'ın (1987) savında görülmektedir. Ona göre, aslında 'sayısal zihin' ve 'görüngüsel zihin' olmak üzere iki 'zihin kavramı' vardır.

Bilinçdışı kavramını rahatlıkla kullanıyor olmamıza rağmen, açık bir bilinçdışı zihinsel durumlar fikrine sahip olmadığımıza inanıyorum ve açıklığa kavuşturacağım ilk konu bilinçdışı ile bilinç arasındaki ilişkiler olacak. Benim ileri süreceğim iddia bir cümleyle şöyle özetlenebilir: <u>Bir bilinçdışı zihinsel durum kavramı, bilince erişilebilirliği gösterir. Bilinçli olma potansiyeli olmayan bir bilinçdışı kavramı yoktur.</u>
author

Bizim basit, teori öncesi bir *'bilinçdışı* zihinsel durum' kavramımız, bir bilinçli zihinsel durum, eksi bilinç demektir. Fakat bu tam olarak ne anlama gelir? Nasıl olup da bir zihinsel durumdan bilinci çıkarırız ve geriye yine bir *zihinsel durum* kalır? Freud'dan bu yana, bilinçdışı zihinsel durumlar hakkında konuşmaya o kadar alıştık ki bu sorunun cevabının hiçbir suretle apaçık olmadığını anlayamayacak hale geldik. Ama yine de bilinçli olan modeli üzerinden bir bilinçdışı düşüncesine sahibiz. Bir bilinçdışı durum fikrimiz, vuku bulduğu anda ve orada bilinçdışı bir zihinsel durum fikridir. Fakat tam bir bilinçli durum gibi ve bir bakıma bilinçli olabilecek bir durum olarak düşünmemiz bakımından, bilinçdışını hala bir bilinçli durum modeli üzerinden anlıyoruz. Bu örneğin, Freud'un 'bilinç öncesi' ve 'bilinçdışı' kavramlarının ikisini de oldukça basit bir bilinçli durumlar modelinin üze-

---

[1] Lashley 1956. Lashley'nin tam olarak bunu kastettiğini sanmıyorum. Bence anlatmak istediği şey, bilinç durumlarının çeşitli özellikleri ile oluşan süreçlerin hiçbir zaman bilinçli olmadığıdır. Bu ifade maksadını aşıyor görünse de, Lashley'in böyle bir abartıya başvurmuş olması gerçeği bile benim tespit etmeye çalıştığım temayı göz önüne seriyor.

rine oturtmasında açıkça görülür.[1] En basitinden, bizim resmimiz şöyle bir şeye benzer: Zihindeki bilinçdışı zihinsel durumlar, denizin dibindeki balıklar gibidir. Su yüzeyinin altında bulunan ve bizim göremediğimiz balıkların şekli su yüzeyindeyken sahip oldukları şeklin aynısıdır. Su altına indiklerinde balıkların şekilleri değişmez. Başka bir benzetme: Bilinçdışı zihin durumları zihnin karanlık tavan arasında depolanmış eşyalar gibidir. Bu eşyaların şekilleri, siz onları hiç göremeseniz de, her zaman aynıdır. İçimizden bu basit modellere gülüp geçmek geliyor, fakat sanırım bu betimlemeler bizim bilinçdışı zihinsel durumlar kavrayışımızın temelini oluşturuyor ve bu kavrayışta neyin doğru ve neyin yanlış olduğunu görmeye çalışmak önemlidir.

Daha önce bahsettiğim gibi, son on yıllarda bilinci, niyetlilikten ayırmak için oldukça sistemli bir çaba sarf edilmektedir. Bu ikisi arasındaki bağlantı, sadece kognitif bilimde değil dilbilim ve felsefede de yavaş yavaş kaybolmaktadır. Sanırım bu niyetliliği bilinçten ayırma arzusunun gizli ve belki de bilinçdışı motivasyonu bilinci nasıl açıklayacağımızı bilmememizdir. Bu yüzden de içinde bilinç teorisi yok diye itibarını yitirmeyecek bir zihin teorisine sahip olmak istiyoruz. Buradaki düşünce, niyetliliği 'nesnel olarak' ele almak ve onu, bilincin öznel özellikleri kendisi için bir sorun oluşturmayacakmış gibi değerlendirmektir. Örneğin, birçok işlevselci, işlevselciliğin bilinci 'ele alamadığını' itiraf ederler (buna *qualia*- problemi denir. Bkz., ikinci bölüm). Fakat bu sorunun onların inanç, istek vb. olan yaklaşımlarını etkilemediğini düşünürler, çünkü bu niyetli durumların bir *quale*'sı, özel bilinçli nitelikleri yoktur. Bunlar tamamen bilinçten bağımsızmış gibi ele alınırlar. Benzer şekilde, gerek bazı dilbilimcilerin psikolojik açıdan gerçek olan fakat bilince tama-

---

[1] Freud, 1949, özellikle s. 19–25.

men erişemeyen söz dizim kuralları olduğu şeklindeki düşünceleri ve gerekse de bazı psikologların gerçek psikolojik çıkarım süreçleri olan fakat bilince erişemeyen karmaşık algı çıkarımları olduğu şeklindeki düşünceleri, bilinç ile niyetlilik arasında bir ayırım olduğunu ima etmektedir. Bu iki durumda da 'birdenbire vuku bulan bilinçdışı zihinsel görüngüler olduğu' şeklinde bir düşünce yoktur. Fakat bir şekilde, bunlar *ilkece* bilince erişememektedir. Ve bunlar bilinçli olabilen veya olabilmiş türden bir şey değildirler.

Ben bu son gelişmelerin hatalı olduğunu düşünüyorum. Birtakım anlaşılmaz nedenlerle bilinçdışı zihinsel durum fikrimiz bilinçli durum fikrimize zarar veriyor. Elbette, herhangi bir anda bir kişi bilinçdışı olabilir; uykuda olabilir, komada olabilir vb. Tabii ki, birçok zihinsel durum bir daha asla bilince getirilemeyebilir. Ve şüphesiz öyle veya böyle bir gerekçeyle bilince getirilemeyen durumlar mevcuttur; bunlar, örneğin, çok acı verici olabilir ve dolayısıyla onları düşünmemiz anlaşılmaz bir biçimde engellenebilir. Bununla birlikte, bir failin (etkin unsur) her durumu zihinsel bir durum değildir ve hatta beynin zihinsel görüngülerin *üretiminde* etkili olan her durumu bizzat bir zihinsel görüngü değildir. O halde bir şey bilinçli olmadığında onu zihinsel yapan şey nedir? Bir durumun zihinsel bir durum olması için ve daha ziyade niyetli bir zihinsel durum olması için, belli şartlar karşılanmalıdır. Peki nedir bunlar?

Bu soruları araştırmak için, öncelikle bilinçdışı olsa da açık bir biçimde zihinsel olan durumları ele alalım ve bunları hiçbir suretle zihinsel olmadıkları için 'bilinçdışı' olan durumlarla karşılaştıralım. Örneğin, benim Eyfelkulesinin Paris'te olduğuna yönelik inancım (onu düşünmüyorken) ile merkezi sinir sistemimdeki sinir ucu uzantılarının miyelinleşmesi[1] arasındaki farkı düşünün. Her ikisinin de bilinçdışı olduğu bir anlam var. Fakat aralarında büyük bir fark var; sinir ucu uzantılarımın yapısal durumları bizatihi bilinçli durumlar olamazlar. Çünkü onlarda zihinsel olan bir şey yok. Bu delil uğruna miyelinleşmenin zihinsel durumlarımın üretiminde temel bir görev yaptığını varsayıyorum. Fakat miyelinleşmiş sinir ucu uzantıları bizatihi deneyimlerin nesneleri olsalardı dahi, içimde miyelin kaplamalarının durumunu hissetmiş olsaydım dahi, yine de varolan yapılar bizatihi zihinsel durumlar olmazdı. Miyelinleşme gibi zihinsel hayatımın temelinde görev yapan, beynimin her bilinçdışı özelliği bizatihi bir zihinsel özellik değildir. Fakat Eyfelkulesinin Paris'te olduğu inancı, çoğu zaman bilinçte mevcut olmasa da, gerçek bir zihinsel durumdur. O halde benim burada iki durumum var; inancım ve sinir ucu uzantılarımın miyelinleşmesi. Her biri beynimle ilgili, ama hiçbiri bilinçli değil. Fakat sadece birisi zihinsel ve onu zihinsel yapan şeyin ne olduğunu ve bu özellikle ki bu ne ise, bilinç arasındaki bağın ne olduğunu açıklığa kavuşturmamız gerekiyor. Bu ayrımı açıklamak için, bu bölümde miyelinleşme gibi hiçbir surette zihinsel bir iş hattında bulunmayan görüngülere 'bilinçli olmayan (nonconscious)' ve hakkında düşünmediğim veya engellendiğim zihinsel durumlar gibi görüngülere de 'bilinçdışı' (unconscious) diyeceğim.

Niyetlilik kavrayışımızın önünde en azından iki kısıtlama vardır ve herhangi bir bilinçdışı teorisi bunları açıklayabilir olmak zorundadır: Birincisi, gerçekten niyetli olan görüngüler ile kimi açılardan niyetliymiş gibi görünen fakat aslında öyle olmayan görüngüler arasındaki ayrımı açıklayabilir olmalıdır. Üçüncü bölümün sonunda tartıştığım niyetliliğin

---

[1] Sinir liflerini çevreleyen kalın madde (çev.).

içsel ve *'mış gibi'* biçimleri arasındaki ayrım işte budur.[1] Ve ikincisi, niyetli durumların içerik şartlarını ancak belli yönleri ile temsil ettikleri ve bu yönlerin fail (etkin unsur) için önemli olmak zorunda oldukları gerçeğini açıklayabilir olmalıdır. Benim Eiffel'in Paris'te olduğuna yönelik bilinçdışı inancım bu şartların ikisini de karşılamaktadır. Benim bu inanca sahip oluşum bir içsel niyetlilik konusudur, başka herhangi birinin benim hakkımda söylemeyi seçtiği veya benim nasıl davrandığıma yönelik veya bir başkasının bana karşı nasıl bir duruş benimseyeceğine yönelik bir konu değildir. Ve EyfelKulesi'nin Paris'te olduğu inancı içerik şartlarını belli bakımlardan gösterir. Örneğin, Eyfelkulesinin 1900 yılından önce Fransa'da inşa edilen en uzun demir yapı ile özdeş olduğunu ve Paris'in de Fransa'nın başkenti ile özdeş olduğunu varsaysak bile, bu inanç, '1900 yılından önce inşa edilen en uzun demir yapı Fransa'nın başkentinde bulunmaktadır' şeklindeki inançtan çok farklıdır. Her niyetli durumun belli bir *yönsel biçimi* olduğunu söyleyebiliriz ve bu yönsel biçim, onun kimliğinin yani onu o durum yapan şeyin bir parçasıdır.

II. Bağlantı İlkesinin Delili

'Bilinçdışı bir niyetli durum ayrıca içsel olarak zihinsel olmalıdır' ve 'bu durumun belli bir yönsel biçime sahip olması zorunludur' şeklindeki olgular, bilinçdışı kavrayışımız için önemli neticeler doğuran iki özelliktir. Bu özellikler, sadece mümkün bir bilinç içeriği olarak; bilinçli olsa da yalnızca çeşitli nedenlerle bilince getirilmesinin belki de imkânsız olduğu bir tür şey, bununla birlikte de bilinçli olabilen veya olabilmiş olan *bir tür şey* olarak, bilinçdışı zihinsel bir durum fikrini anladığımızı göstermenin delili için bir temel sağlaya-

---

[1] Ayrıca bakınız Searle 1980b, 1984b ve özellikle 1984a.

caktır. Bu fikre, yani bütün bilinçdışı niyetli durumların ilke olarak bilince erişebilir olduğu düşüncesine, 'bağlantı ilkesi' diyorum ve şimdi bu delili ayrıntılarıyla açıklayacağım. Açık olması uğruna, delilin temel aşamalarını numaralandıracağım, fakat niyetim böyle yaparak delilin aksiyomlardan çıkarılan basit bir tümdengelim olduğunu ima etmek değil.

1. İçsel niyetlilik ile 'mış gibi' niyetlilik arasında bir ayrım vardır; sadece içsel niyetlilik gerçekten zihinseldir. Bunun apaçık bir ayrım olduğunu ayrıntılı olarak gerek bu kitapta gerekse daha önce değinilen yazılarda savunduğum için, burada delilleri yinelemek istemiyorum. Bu ayrımın doğru olduğuna ve ondan vazgeçmenin bedelinin her şeyin zihinsel olduğunu kabul etmek olacağına inanıyorum. Çünkü öyle veya böyle bir amaçla her şey 'mış gibi' zihinsel olarak ele alınabilir. Mesela, yokuş aşağı akan su niyetliliğe sahipmiş gibi tasvir edilebilir: Su büyük bir beceriklilikle en az dirence sahip olan hattı arayarak yokuşun dibine ulaşmaya çalışıyor, o bilgi işlem yapıyor, kayaların büyüklüğünü, eğim açısını, yerçekimini vb. hesap ediyor. Fakat eğer su zihinsel ise bu durumda her şey zihinseldir.

2. *Bilinçdışı niyetli durumlar gerçektir.* George Bush'un A.B.D'nin başkanı olduğuna inanan uykudaki birinden veya babasına yönelik bilinçdışı fakat engellenmiş bir nefret duyduğunun farkında olan birisinden bahsettiğimde, oldukça literal konuşuyorum demektir. Bu nitelemelerde mecazi veya *mış gibi* olan hiçbir şey yoktur. Bilinçdışına yönelik nitelemeler, eğer onları literal olarak ele almazsak, açıklama güçlerini kaybederler.

3. İçsel niyetli durumlar, ister bilinçli ister bilinçdışı olsun, daima bir yönsel bıçime sahiptirler. 'Yönsel bıçım' terimini niyetliliğin evrensel özelliğine işaret etmek için kullanıyorum. Bu şöyle açıklanabilir: Her ne zaman bir şeyi algılasak veya düşünsek, bunu birtakım yönleri ile yaparız, bunların dışındaki yönleri ile değil. Bu yönsel özellikler niyetli durum

için zorunludur ve bunlar onu zihinsel durum yapan şeyin bir parçasıdır. Yönsel biçim en apaçık şekliyle bilinçli algılar durumunda görülür: Örneğin, bir araba gördüğünüzü düşünün. Bir araba gördüğünüzde, bu basitçe algısal aygıtınız tarafından kaydediliyor olan bir nesne meselesi değildir. Dahası, aslında söz konusu nesnenin belli bir bakış açısından bilinçli deneyimine ve belli özelliklerle sahipsinizdir. Arabayı belli bir şekle sahip olarak, belli bir renge sahip olarak vb. görürsünüz. Ve bilinçli algılar için doğru olan, genelde niyetli durumlar için de doğrudur. Örneğin, bir adam gökte gördüğü bir yıldızın, Çobanyıldızı olduğuna inanmaksızın, Sabah Yıldızı olduğuna inanabilir. Örneğin, bir adam, bir bardak H_2O içmeyi istemeksizin, bir bardak su içmeyi isteyebilir. Çobanyıldızı'nın ve bir bardak suyun sayılamayacak kadar çok sayıda doğru tasviri vardır. Fakat içlerinden birine bu yönlerin dışındaki yönleri ile değil, sadece belli yönleri ile inanılır veya istenilir. Her inanç ve her istek ve hatta her niyetli görüngü, bir yönsel biçime sahiptir.

Daha çok dikkat ederseniz, söz konusu yönsel biçim, fail (etkin unsur) için önemli olmak zorundadır. Örneğin, failin H_2O istemeyip su isteyebilmesini belirleyen onun bakış açısıdır. Yönsel biçimin bilinçli durumlar için önemli oluşu ise, failin bir konuyu düşünüş veya tecrübe ediş tarzını oluşturması nedeniyledir. Bir yudum suya olan susuzluğumu, bu suyun kimyasal bileşimini hiçbir şekilde düşünmeksizin, düşünebilirim. Onu H_2O *olarak* düşünmeksizin su *olarak* düşünebilirim.

Bunun bilinçli durumlar ve deneyimler için nasıl işlediği makul ölçüde açıktır, ancak bilinçdışı zihin durumları için bu nasıl işlemektedir? Bu soruyu cevaplamanın bir yolu şöyle bir soru sormaktır: Bilinçdışı bir zihinsel durumun sahip olduğu belirli yönsel biçime sahip olmasını sağlayan olgu hangi olgudur yani, onu o zihinsel durum yapan olgusu nedir?

4. Yönsel biçim sadece üçüncü-şahıs, davranışsal veya nörofizyolojik yüklemlere bağlı olarak etraflıca veya tamamen nitelendirilemez. Bunların hiçbiri yönsel biçimin etraflı bir açıklamasını yapmak için yeterli değildir. Zihinsel durumların varlığıyla ilgili davranışsal kanıtlar, hatta kişinin davranışının nedenselliğiyle ilgili kanıtlar bile, nasıl tamamlandığı bir yana, niyetli durumların yönsel niteliğini sürekli belirlenmemiş bırakırlar. Bu yönün hazır bulunuşunun davranışsal bilgiye dair temelleri ile bu yönün bizatihi varlıkbilimi arasında, sonuçlar açısından, daima bir uçurum olacaktır.

Bir kişi gerçekte su arama davranışını sergileyebilir, fakat her su arama davranışı ayrıca bir H_2O arama davranışıdır. Zihinsel bir bileşene gönderme yapmaksızın yorumlanan bu davranışın H_2O istemekten ziyade su istemeyi oluşturabilmesi mümkün değildir. Dikkat ederseniz kişinin, 'Su ister misin?' sorusuna olumlu biçimde ve 'H_2O ister misin?' sorusuna olumsuz biçimde cevap vermesini sağlayabileceğimizi öne sürmek yeterli değildir. Çünkü olumlu ve olumsuz cevaplar kendi başlarına kişinin soruyu ve cevabı yorumladığı yönsel biçimi hazırlamak için yetersizdir. Sadece davranışa bakarak, kişinin 'H_2O' ile benim 'H_2O' ile kastettiğim şeyi ve 'su' ile benim 'su' ile kastettiğim şeyi kastedip kastetmediğini belirlemek mümkün değildir. Davranışsal olguların hiçbir miktarı, kişinin diğeri ile değil, bir yönü ile, istediği şeyi temsil etmesi olgusunu oluşturamaz. Bu bilgiye dair bir nokta değildir.

Daha az açık olsa da, nörofizyolojik tasvirler altında nörofizyolojik olguların hiçbir miktarının yönsel biçimleri oluşturmadığı da aynı derecede doğrudur. Mükemmel bir beyin bilimine sahip olsaydık ve böyle bir mükemmel beyin bilimi bize kişinin kafatasına bir beyin gözlem aygıtı yerleştirip onun H_2O değil de su istediğini görebilseydik dahi yine de ortada bir çıkarım olacaktı. Yani yine de biz, sinirsel yapının ve sinir yanmalarının H$_2$O değil, su isteğinin gerçekleşmeleri olduğunu gözlemleyip, buradan bir çıkarım yapmamızı sağlayacak ilkeleşebilecek bir bağlantı kurmak zorunda olacaktık.

Nörofizyolojik olgular daima herhangi bir zihinsel olgular dizisi için nedensel olarak yeterli[1] olduğu için, kusursuz bir nedensel bilgisi olan birisi, en azından sinirsel terimlerle belirtilen olgular ile niyetli terimlerle belirtilen olgular arasında nörofizyolojik olandan niyetli olana doğru, ilke olabilecek bir bağlantıyı, en azından şu birkaç durumda çıkarımlayabilir. Fakat eğer var ise bu durumlarda bile, hâlâ bir *çıkarım* vardır ve nörofizyolojik olanın nörofizyolojik terimler ile belirtilmesi hâlâ bir niyetli olanın belirtilmesi değildir.

5. Fakat bilinçdışı oldukları bir anda, bilinçdışı zihinsel durumların varlıkbilimi tümüyle salt nörofizyolojik olan görüngülerin varlığından ibarettir. Derin ve rüyasız bir uykuda olan bir adam düşünün. Şimdi, adam böyle bir durumdayken, bu adam hakkında belli birtakım bilinçdışı zihinsel durumlara sahip olduğu söylenebilir. Örneğin, bu adam Denver'ın Colorado'nun başkenti olduğuna, Washington'ın A.B.D'nin başkenti olduğuna vb. inanabilir. Ancak onun hakkındaki hangi olgu, onun bu bilinçdışı inançlara sahip olma durumunu oluşturmaktadır? Şöyle ki, adam tamamen bilinçsiz iken varolabilen yegâne olgular nörofizyolojik olgulardır. Onun bilinçsiz beyninde olup biten şeyler, yalnızca

---

[1] Bu amaçlarla 'nörofizyolojik' ile 'zihinsel'i karşılaştırıyorum fakat tabii ki bu kitap boyunca izah ettiğim zihin-beden ilişkileri görüşüme göre, zihinsel olan daha üst bir düzeyde nörofizyolojiktir. Zihinsel olan ile nörofizyolojik olanı karşılaştırıyorum, çünkü buradan insanlar ile hayvanlar arsında ilk sınıfın ikinci sınıfa dâhil olmadığını ima etmeksizin bir karşılaştırma yapılabilir. Benim bu mukayeseyi kullanmamda örtük bir düalizm mevcut değildir.

sinirsel yapılarda gerçekleşen nörofizyolojik olayların neticeleridir. Bu durumların bütünüyle bilinçdışı olduğu bir anda, basitçe orada nörofizyolojik durumlar ve işleyişler dışında hiçbir şey yoktur.

Fakat burada bir çelişki var gibi görünüyor: Bilinçdışı niyetliliğin varlıkbilimi bütünüyle üçüncü şahıs, nesnel, nörofizyolojik görüngülerden meydana gelir, fakat yine de söz konusu durumların bu tür olguların oluşturamayacağı bir yönsel biçimi vardır. Çünkü nöronlar ve sinapslar düzeyinde bir yönsel biçim mevcut değildir.

Bu bilmecenin sadece bir çözümü olduğuna inanıyorum. Görünüşteki bu çelişki şu şekilde çözülür:

6. *Bilinçdışı bir niyetli durum fikri, mümkün bir düşünce veya deneyim fikri demek olan bir durumdur.* Çok sayıda bilinçdışı zihinsel görüngü vardır, fakat bunlar gerçek anlamda *niyetli* oldukları oranda bir bakıma bilinçdışı oldukları zaman bile, yönsel biçimlerini korumalıdırlar. Fakat bu görüngülerin bilinçdışı oldukları durumlarda yönsel biçimlerini korudukları fikrine verebileceğimiz tek anlam bunların mümkün bilinç içerikleri olduğudur.

Bu ulaştığımız ilk temel sonuçtur. Fakat ilk sorumuza yönelik bu cevap hemen başka bir soruyu ortaya çıkarıyor: Önceki iki cümlede 'mümkün' ile kastedilen şey nedir? Bununla birlikte, söz konusu durumun bilinçli olarak gerçekleşmesi, beyin lezyonu, baskı veya başka sebeplerden dolayı oldukça *imkânsız* olabilir. O halde söz konusu durum tam olarak hangi anlamda bir düşüncenin veya deneyimin mümkün bir içeriği olmalıdır? Bu soru bizi bir sonraki sonucumuza götürüyor. Bu sonuç aslında altıncı adımın ileri bir açıklamasıdır ve 5 ve 6'nın sonucunda ortaya çıkmaktadır.

7. *Bilinçdışının varlıkbilimi, beynin öznel bilinçli düşüncelere sebep olabilen nesnel özelliklerinden meydana gelmektedir.* Bir şeyi bilinçdışı bir niyetli durum olarak tasvir ettiğimizde,

nesnel bir varlıkbilimi, nedensel bilinç üretme gücü bakımından nitelendiriyoruz demektir. Fakat bu nedensel özelliklerin varlığı, herhangi bir durumda bu özelliklerin nedensel güçlerinin, araya giren diğer bazı nedenlerle (psikolojik bastırma veya beyin hasarı gibi) bloke edilebileceği gerçeği ile tutarlıdır.

Çeşitli patoloji biçimlerinin araya girme olasılığı, herhangi bir bilinçdışı niyetli durumun gerçekte bilince erişebilir olan bir tür şey olduğu gerçeğini değiştirmez. Bu niyetli durum, sadece orada ve o zaman bilinçli *olması* bakımından değil, ayrıca öyle veya böyle bir nedenle failin basitçe onu bilince *getiremeyeceği* bakımından da bilinçdışı olabilir. Fakat bu niyetli durumu bilince getirebilen *bir tür durum* olmalıdır, çünkü varlıkbilimi, bilince sebep olabilme gücüne bağlı olarak nitelendirilen bir nörofizyoloji varlıkbilimidir.

Çelişkili bir biçimde, benim zihin görüşümdeki saf zihinsellik, bilinçdışı zihinsel görüngülerin yatkınlığına dair bir tür çözümlemeye götürmektedir; bu sadece 'davranış'ın bir yatkınlığı değil ayrıca, eğer bu gerçekten doğru sözcük ise, bilinçli düşüncelerin bir 'yatkınlığı'dır. Bu düşüncelere, davranışta gösterilen bilinçli düşünceler de dâhildir. Bu çelişkili hatta ironik bir durumdur. Çünkü zihinsel olanın yatkınlığıyla ilgili fikir aslında bilincin cazibesini ortadan kaldırmak için ortaya atılmıştır. Aslında ben, bilinçdışı inançların esasında beynin yatkınlık durumları olduğunu delillendirek, bu geleneği altüst etmeye çalışıyorum. Fakat onlar bilinçli düşünceleri ve bilinçli davranışı üretme yatkınlıklarıdır. Nedensel yetilere bu tür bir yatkınlık atfetmek bize sağduyudan ötürü tanıdık geliyor. Örneğin, bir maddenin çamaşır suyu veya zehir olduğunu söylediğimiz zaman; belli sonuçlar üretmek için bir kimyasal varlıkbilime, yatkınlığa dair nedensel bir yeti atfediyoruz demektir. Benzer şekilde, bilinçsiz olan bir adamın, Bush'un başkan olduğuna inandığını söylediğimizde; belli sonuçlar üretmek için yani, bilinçli düşünceleri kendilerine özgü yönsel biçimlerle üretmek için, nörobiyolojik varlıkbilime, yatkınlığa dair nedensel bir yeti bir atfediyoruz demektir. Bu yüzden, bilinçdışı niyetlilik kavramı, bilinçte *ortaya çıkmakla* bağıntılı bir *gizlilik*'tir.

Özetleyecek olursak: Bağlantı ilkesinin delili oldukça karmaşıktı, fakat altta yatan dürtü oldukça basitti. Kendinize bir sorun, dünyadaki hangi olgunun iddialarınızla örtüşmesi beklenir. Bilinçdışı niyetlilik hakkında bir iddiada bulunduğunuz zaman, ortada nörofizyolojik olgular dışında durumla ilgili başka bir olgu olmaz. Ortada nörofizyolojik terimlerle tasvir edilebilen nörofizyolojik durumlar ve işleyişler dışında başka hiçbir şey olmaz. Fakat bilinçli ya da bilinçdışı olsun niyetli durumlar, bir yönsel biçime sahiptirler ve sinirler düzeyinde bir yönsel biçim yoktur. Bunun için, gerçek yönsel biçimin atfedilmesi ile örtüşen nörofizyolojik yapılar hakkındaki tek olgu, sistemin bu belirli yönsel biçimlerin ortaya çıktıkları bilinçli durumları ve işleyişleri üretmek için nedensel yetiye sahip olduğu gerçeğidir.

Ortaya çıkan genel görüntü şudur. Beynimde bir kısmı bilinçli ve bir kısmı bilinçdışı olan nörofizyolojik işleyişlerden başka olup biten bir şey yoktur. Bu bilinçdışı nörofizyolojik işleyişlerin de bir kısmı zihinsel bir kısmı zihinsel değildir. Aralarındaki fark bilinçte değildir, çünkü varsayım gereği her ikisi de bilinçli değildir. Aralarındaki fark zihinsel süreç/işleyişlerin bilinç için adaylar olmalarıdır. Çünkü bunlar bilinçli durumlara neden olabilirler. Fakat hepsi bu kadar. Zihinsel hayatımın tümü beynimde yerleşiktir. Fakat beynimde 'zihinsel hayat' olan şey nedir? Sadece iki şeydir: Bilinçli durumlar ve doğru şartlar altında bilinçli durumlar oluşturabilme yeteneği olan bu nörofizyolojik durum ve işleyişlerdir. İlke olarak bilince erişebilir olan bu durumlara 'sığ bilinçdışı' ve ilke olarak da erişilemez olanlara 'derin bilinçdışı' diyelim. Buraya kadar bu bölümden çıkan temel sonuç; derin bilinçdışı niyetli durumların olmadığıdır.

III. Bağlantı İlkesine İki İtiraz

İki itirazı tartışmak istiyorum. Başka birkaç kişi[1] de bana bu itirazı farklı şekillerde yöneltmiş olsa da ilkini kendime yönelik düşündüm, ikincisi ise Ned Block'a yöneliktir.

İlk itiraz şudur: Kusursuz bir beyin bilimine sahip olduğumuzu farzedin. Örneğin, varsayalım ki birinin kafatasına bir beyin gözlem aygıtı koyduk ve bu kişinin su istediğini gördük. Şimdi beyindeki 'su istiyorum' düzenlemesinin evrensel olduğunu varsayalım. Eğer insanlar bu düzenlemeye sahipseler kesinlikle su istiyorlardır. Elbette ki bu tam bir bilim kurgu hayalidir, ama gerçekmiş gibi düşünelim. Şimdi de beyinlerinde tam olarak bu düzenlemeye sahip olan fakat 'ilke olarak' bu su isteğini bilince getiremeyen bir alt nüfus grubu bulunduğunu farzedelim. Bunlar su arama davranışı içindeler, fakat 'ilke olarak' su isteğinin bilincinde olamıyorlar. Bu kişilerde hastalıklı bir durum yoktur, sadece beyinleri bu şekilde yapılanmıştır. Şimdi eğer bu mümkünse -ki neden olmasın- bu durumda elimizde bağlantı ilkesine bir karşı örnek var demektir. Çünkü bilinçdışı bir su isteği örneği var ve bu isteğin ilke olarak bilince getirilmesi imkânsız.

Bu örneği seviyorum, fakat bunun bir karşı örnek olduğunu düşünmüyorum. Bilimin bir niteliği olarak yüzeysel görüngüleri, onların mikro nedenlerine bağlı olarak tanımlarız. Örneğin, renkleri belli sayıdaki nanometrelerin dalga boyları bakımından tanımlayabiliriz. Eğer düşlenen türde kusursuz bir beyin bilimine sahip olsaydık, kesinlikle zihinsel durumları, beyin nörofizyolojisindeki mikro nedenler sayesinde belirleyebilirdik. Fakat burada kritik bir husus vardır: Bu tekrar tanımlama, bilinçdışı zihinsel görüngünün bir belirlenmesi olarak, sadece bilinçdışı nörofizyolojinin, tabiri caizse doğru olan yönsel biçimle doğru olan zihinsel görün-

---

[1] Özellikle David Armstrong, Alison Gopnik ve Pat Hayes.

güyü hala izlediğini farzetmeye devam ettiğimiz oranda işe yarar. O halde güçlük, 'ilke olarak' ifadesinin kullanımındadır. Hayal edilen durumda, 'su istiyorum' nörofizyolojisi aslında bilinçli deneyime neden olabilme yetisine sahiptir. Sadece bu varsayımla söz konusu örnek ilk sıradaki yerini alabilir. Düşlediğimiz durumlar sadece bir tür tıkanmanın bulunduğu durumlardır. Bu durumlar Weiskrantz'ın 'kör görüş' örnekleri gibidir, yalnız hastalık istisnadır. Fakat söz konusu görüngü hakkında 'ilke olarak' bilince erişilemez olan hiçbir şey yoktur ve o örneğin bağlantı ilkesine bir karşı örnek olmamasının sebebi de budur.

İkinci itiraz ise şudur: Söz konusu delilden bütünüyle bilinçdışı bir zombi olamayacağı sonucu çıkar. Fakat neden olmasın? Eğer böyle bir şey mümkünse ki olabilir, bu durumda bağlantı ilkesi yanlış bir önermeye gerektirir ve bu nedenle de yanlış olur.

Gerçekte niyetli bir zombi olamaz ve Quine'in çevirinin belirsizliğine yönelik meşhur delili,[1] istemeyerek de olsa bize şu kanıtı sağlamıştır: Bilinçli bir failin aksine bir zombi için; onun iddia edilen niyetli durumlarının tam olarak hangi yönsel biçimlere sahip olduğu hakkında, basitçe bir sorun yoktur. Farzedin ki 'su arayan' bir zombi inşa ettik. Bu durumda, zombi hakkındaki hangi olgu; onun 'H_2O' yönünden değil de 'su' yönünden malzeme aradığı durumu oluşturur? Dikkat ederseniz bu soruyu 'Zombiyi 'H_2O değil su istediğimden eminim' demeye programlayabiliriz' diye cevaplamak yeterli olmayacaktır. Çünkü bu sadece soruyu bir adım daha geri götürecektir: Zombi hakkındaki hangi olgu onun 'su' ile kastettiği şeyin bizim 'su' ile kastettiğimiz şey ve onun 'H_2O' ile kastettiği şeyin bizim 'H_2O' ile kasttettiğimiz şey olduğu durumu oluşturur? Ve bu soruya cevap vermeye

---

[1] Quine, 1960, bl. 2.

çalışmak için zombinin davranışını karmaşıklaştırsak bile, onun sözlü davranışını yorumlamanın, sözlü davranışa ilişkin her türlü olgu ile tutarlı olacak alternatif yolları daima bulunacaktır. Fakat bunlar zombiye anlam ve niyetliliğe yönelik tutarsız yorumlamalar verecektir. Ve, Quine'in özenli detaylarla gösterdiği gibi, sorun; zombinin, örneğin, 'tavşanın yaşamındaki bir aşama'yı değil de 'tavşan'ı veya 'H_2O'yu değil de 'su'yu kastettiğinden emin olabilmemiz değildir. Zaten zombinin neyi kastettiği hiçbir surette sorun olmaz. Fakat yönsel biçime hakkında bir sorunun olmadığı yerde, bir yönsel biçim yoktur ve yönsel biçimin olmadığı yerde de niyetlilik yoktur. Diyebiliriz ki, Quine'in anlam teorisi sözlü davranışta bulunan zombilere uygun bir teoridir. Fakat bizler zombi değiliz ve bizim sözcelerimizin, en azından ara sıra, belirlenmiş yönsel biçimleri olan belirlenmiş anlamları vardır. Tıpkı niyetli durumlarımızın çoğu kez belirlenmiş yönsel biçimleri olan belirlenmiş niyetli içerikleri olduğu gibi.[1] Fakat bunların tümü mantıken bilinci gerektirir.

IV. Bilinçdışı Ağrılar Olabilir mi?

Bağlantı ilkesini biraz daha ileri götürüp 'bilinçdışı ağrı' kavramını kullanabileceğimiz bir durum hayal ederek, bir açıklamak istiyorum. Normalde bilinçdışı ağrılar üzerinde pek düşünmeyiz ve bana göre birçok kişi 'bir şeyin gerçek bir ağrı olabilmesi için bilinçli olması gerekir' şeklindeki Dekartçı fikri kabul edecektir. Fakat sanırım karşıt sezgilere başvurmak kolay olacaktır. Şöyle düşünün: Söz gelişi sırt ağrıları gibi kronik acılar çeken insanların zaman zaman bu acıdan ötürü uyumakta güçlük çekmeleri sıkça görülen bir olaydır. Ve hatta bazen gece boyunca *şartların, uyanmalarına neden olduğu* zamanlar olur. Peki, bu durumları tam ola-

---

[1] Searle, 1987.

rak nasıl tasvir edebiliriz? Bu örnek açısından, bu ağrıları çeken hastaların uyku esnasında tamamen bilinçdışı olduklarını varsayıyoruz ve onlar herhangi bir acının bilincinde değillerdir. Peki, bu durumda uyku sırasında gerçekten hiçbir acının olmadığını; ağrının hastalar uyandığında başladığını ve hastaların normalde acıya neden olacak nörofizyolojik süreçler tarafından uyandırıldıklarını; fakat bu süreçlerin acıya neden olmadıklarını, çünkü o esnada hastaların uykuda olduklarını söyleyebilir miyiz? Veya diğer yandan acının, yani acının kendisinin, hastaların uykusundan önce, uyku sırasında ve uykudan sonra devam ettiğini, fakat hastaların uykuda iken bu acının bilinçli olarak farkında olmadıklarını söyleyebilir miyiz? Benim sezgilerim ikincisini doğal ve hatta birincisinden daha doğal buluyor. Ancak, önemli olan ortada bağımsız bir olay olmadığını görmektir. Basitçe, aynı olgu dizilerini tasvir etmek için alternatif bir kelime hazinesi uyarlıyoruz. Fakat şimdi ikinci kelime hazinesini göz önünde tutun: Bu kelime hazinesine bakarak, acının bir an için bilinçli olduğunu, daha sonra bilinçdışı olduğunu, ardından da yine bilinçli olduğunu söyleriz. Acı aynı, ama bilinç durumları farklı. Eğer, bütünüyle bilinçdışı olmasına karşın, uyku esnasında vücudun acıyan bölgesini korumaya yönelik vücut hareketleri yapan kişiyi bulsaydık, bu şekilde konuşmakta ısrar etmeyi sürdürebilirdik.

O halde tamamen bilinçdışı olduğunda acının varlıkbilimi tam olarak nedir? Bana öyle geliyor ki bunun cevabı apaçıktır. Bizi acının bilinçdışı olsa bile var olmaya devam ettiğini söylemeye yönelten şey, bilinçli bir durum ve bu bilinçli duruma sahip olan kişiye uygun bir davranış üretebilme gücü olan, temelde bir nörofizyolojik işleyişin var olmasıdır. Ve yukarıda tasvir edilen örnekte geçen şey, tam olarak budur.

Fakat şu durumda, ben eğer bu konuda haklıysam, Freudcular ile muhalifleri arasında bilinçdışı zihin durumlarının gerçekten var olup olmadığı hakkında eski tartışmalarda nasıl olup da olgusal bir esas bulunabileceğini görmek zor olacaktır. Eğer buraya kadar delilimi kabul ederseniz, bu durumda ben burada sadece bir terminoloji sorunundan başka bir şey göremiyorum. Söz konusu farklılık da benim tasvir ettiğim bilinçdışı ağrıların varlığı meselesindeki karmaşıklıktan kaynaklanmaktadır. Tartışmanın bir tarafı gerçekte *bilinçdışı zihinsel durumların* var olduğunda ısrar etti; diğer taraf ise, 'eğer bunlar gerçekten *zihinsel* ise, bu durumda niçin *bilinçli* olmak zorundalar' sorusunda ısrar etti. Fakat dünyadaki hangi olguların bu iki farklı iddia ile uygunluk göstermesi beklenir?

Freudcuların ileri sürdüğü kanıtlar nedensel geçmişler, davranış ve failin bilinçli itiraflarını içeriyordu ki bunların tümü sadece bilinçli bir duruma benzeyen, bilinçdışı bir zihinsel durumun kabul edilmesi ile yorumlanabilir gibi görünüyordu. Şöyle bir tipik durum düşünün: Hipnoz altındaki bir adama hipnotik transtan çıktıktan sonra yerde emeklemek zorunda olduğu şeklinde telkin veriliyor. Ardından bilinçliyken bütünüyle konu dışı fakat görünüşte mantıklı bir biçimde davranışını haklı çıkarıyor. Örneğin 'sanırım saatimi buralarda bir yerde düşürmüş olabilirim' diyerek yerde emekliyor. Şimdi ve bence iyi bir gerekçeyle, bilinçdışı olarak emre itaat ettiğini, hipnotizmacı istediği için bilinçdışı olarak yerde emekleme niyetinde olduğunu ve bu davranış için ileri sürdüğü gerekçenin gerçek nedenle bir ilgisi olmadığını farzedelim.

Fakat bu adamın gerçek dürtülerinin tamamen bilinçdışı olduğunu farzedersek, tam orada ve o anda, bilinçdışının varlıkbilimi ne olabilir? Daha önceki sorumuzu tekrar edersek; hangi olgu, failin tamamen bilincinin dışında olan bir nedenle fiilini işlediği zaman, bilinçdışı zihinsel durumun niteliğiyle uygunluk arz eder? Eğer bu durum gerçekte tamamen bilinçdışı ise, bu durumda yegâne olgular; bilinçli düşüncelere ve bu düşüncelere sahip olan kişiye uygun türden davranışa neden olabilme yetisine sahip olan nörofizyolojik durumların varlığıdır.

Bazen gizli bilinçdışı zihinsel durum ile açık bilinçli niyetlilik arasında birkaç çıkarım aşaması olabilir. Bu durumda bize, okuldaki otoriteye karşı çıkan yetişkin erkek çocuğun, babasına yönelik nefreti tarafından bilinçdışı olarak güdülendiği söylenir. Okul babayı simgeler. Fakat yine de, hipnoz durumunda olduğu gibi, bilinçdışı olduğu zaman bilinçdışının varlıkbiliminin ne olması farzedildiğini sormak zorundayız. Ve hipnoz durumunda olduğu gibi bu durumda da bilinçdışına yönelik özel bir yönsel biçimin nitelenmesi, nörofizyolojide bu yönsel biçimle bir bilinçli düşünce üretebilme gücünün bulunduğunu ima etmelidir.

Zihinsel durumun 'bilinçdışı' olarak tasvir edilmesinin, bir nörofizyolojik varlıkbilimin bilinçli düşünceler ve davranış üretecek nedensel gücüne bağlı olarak tasvir edilmesi olduğunu gördükten sonra, şu varlıkbilimsel soruda olgusal bir esas olamayacağı görülür: Bilinçdışı zihinsel durumlar gerçekten var mıdır? Bu sorunun bütün kastedebileceği şudur: Beynin bilinçli düşünceleri ve bu düşüncelere sahip olan kişiye uygun türden davranış türlerini ortaya çıkarabilecek güçte *bilinçli olmayan* nörofizyolojik durumları var mıdır? Tabii ki iki taraf da konuyu bu yönden ele almamıştı. Fakat belki de tartışmanın yoğunluğunun bir kısmı, tam bir varlıkbilimsel mesele gibi görünen; 'bilinçdışı durumlar var mıdır? sorusunun aslında hiç de varlıkbilimsel olmayan bir olgu olmasından kaynaklanmıştı.

Eğer ben bu hususta haklıysam, bu durumda hipnoz, nevrozlar vb. tüm kanıtları içeren eski Freudcu deliller olgusal olarak boş olduklarından sonuçlandırıcı veya sonuç vermez değillerdir. Mesele, kavramsal veya terminolojik olduğu için daha az önemli değildir, fakat bunun fizyolojik veya bilinçli olmayan zihinsel varlıkların varoluşuna yönelik olgusal bir mesele olmadığını anlamamız gerekiyor.

V. Freud ve Bilinçdışı Üzerine

Bu bölümü benim bilinçdışı ve bilinçle ilişkisi kavrayışımla Freud'un bu konudaki görüşlerini karşılaştırarak bitirmek istiyorum. Benim görüşüme göre, kafataslarımızın içinde glial hücreler içine gömülmüş bir sinir yığını vardır ve bu devasa ve girift sistem zaman zaman bilinçli olur. Bilinç tahminen nöronlar, sinapslar ve kolonlar düzeyindeki düşük düzeyli öğelerin davranışından kaynaklanır ve böylece tüm sistemin üst düzey bir özelliği olur. Bilincin veya nörofizyolojinin basit bir şey olduğunu söylemeye çalışmıyorum. Her ikisi de bana çok fazla karmaşık geliyor ve özellikle de bilincin; algı, duygu, düşünce, ağrılar vb. çeşitli tarzları olduğunu görüyoruz. Fakat benim görüşüme göre, beynin içinde olup bitenlerin tümü, nörofizyolojik işleyişler ve bilinçten ibarettir. Benim yaklaşımımda, bilinçdışı zihinden bahsetmek basitçe, nörofizyolojinin bilinçli durumlara ve bilinçli davranışa neden olabilme yetilerinden bahsetmek demektir.

Kendi görüşümden yeterince bahsettim. Peki, Freud ne diyor? Ben bilinçdışı zihinsel hayatın doğru isnatlarının nesnel bir nörofizyolojik varlıkbilimle ilgili olduğunu düşünüyorum. Fakat bunu bilinçli öznel zihinsel görüngülere neden olabilme gücüne bağlı olarak tanımlayan Freud[1], bu nitelemeleri orada ve o zamanki zihinsel durumların varolmalarıyla ilgili olan zihinsel durumlar olarak görüyor. Yani, Freud'a göre, bilinçdışı zihin durumlarımız hem bi-

---

[1] Bu tartışma için Freud'un, bilinç öncesi ile bilinçdışı arasındaki ayrımını göz ardı ediyorum. Mevcut amaçlar için her ikisine de 'bilinçdışı' diyeceğim.

linçdışı hem de bilinçdışı olduğu zaman bile vuku bulan içsel niyetli durumlar olarak varolur. Bilinçdışı olduklarında bile, varlıkbilimleri zihinsel olanın varlıkbilimidir. Peki, o böyle bir tabloyu tutarlı kılabiliyor mu? Şöyle diyor Freud: Bütün zihinsel durumlar 'kendiliklerinde bilinçdışıdırlar'. Ve onları bilince getirmek basitçe bir nesneyi algılamaya benzer.[1] Bu yüzden, bilinçli ve bilinçdışı zihinsel durumlar arasındaki fark iki tür zihinsel durum arasındaki bir fark veya zihinsel durumların iki farklı tarzdaki varoluşu arasındaki bir fark değildir. Aksine, bütün zihinsel durumlar gerçekten kendiliklerinde (*an sich*) bilinçdışıdır ve 'bilinç' dediğimiz şey, varoluş tarzlarında bilinçdışı olan durumların sadece bir algılama biçimidir. Yani, bilinçdışı zihin durumları aslında zihnin tavan arasında bulunan eşyalar gibidir ve onları bilince getirmek için tavan arasına çıkıp onlar üzerindeki algı fenerimizi parlatırız. Tıpkı eşyaların 'bizatihi' görülmez olduğu gibi, zihinsel durumlar da 'bizatihi' bilinçdışıdırlar.

Freud'u yanlış anlıyor da olabilirim, fakat bu teorinin tutarlı bir yorumunu bulamıyor veya türetemiyorum. Bilinçli algı durumlarımızı bir yana bırakıp kendimizi tümüyle inançlar ve istekler gibi önermeli niyetli durumlara yöneltsek dahi, bana teori en azından iki açıdan tutarsız gibi geliyor. Birincisi, Freud'un bilinçdışının varlıkbilimine yönelik açıklaması ile bizim beyin hakkında bildiklerimiz arasında tutarlı bir bağ kuramıyorum. İkincisi ise, algı ile bilinç arasında tutarlı bir benzerlik kuramıyorum.

İlk güçlük şudur: Bir dizi bilinçdışı zihinsel duruma sahip olduğumu farzedelim. Tamamen bilinçdışı olduğum zaman, beynimde olup bitenler sadece, belli sinirsel yapılarda meydana gelen nörofizyolojik işleyişlerdir. O halde bu nörofizyolojik işleyişler ve yapılar hakkında hangi olgunun

---

[1] 1915, 1959 tekrar baskı, c. 4, özellikle s. 104 ve sonrası.

bunların bilinçdışı zihinsel durumlar olmasını *teşkil etmesi* beklenir? Bilinçdışı zihinsel durumların özelliklerinin *qua* zihinsel durumlara sahip olmak zorunda olduklarına dikkat edilmelidir. Birincisi, bunlar bir yönsel biçime sahip olmak zorundadırlar. İkincisi de benim zihinsel durumlarım oldukları için bir bakıma 'öznel' olmak zorundadırlar. Bu şartların, yönsel biçimlere sahip olarak tecrübe edilen bu bilinç durumlarını nasıl karşılayacağını görmek kolaydır. Bunların, bilinçdışı durumları nasıl karşılayacağını görmek mümkün olmakla beraber daha zordur. Tabii eğer bilinçdışının varlıkbilimini benim ileri sürdüğüm şekilde; bilinçli durumlara ve olaylara neden olabilme gücü olan olgusal nörofizyoloji olarak düşünürsek. Peki, ama bilinçli olmayan nörofizyolojinin nasıl orada ve o zaman öznelliği ve yönsel biçimi olacak? Aslında nörofizyoloji değişik tasvir düzeylerini kabul eder. Fakat bu nesnel ve nörofizyolojik tasvir düzeylerinden yani sinaps ayrımının mikro anatomisinden hippocampus gibi büyük organlara kadar olan bütün düzeylerden, hiçbiri bir yönsel biçim veya öznellik düzeyi değildir.

Görünüşe göre Freud şöyle düşünüyor. Beynimin sahip olduğu her türlü nörofizyolojik özelliklerin yanı sıra, tamamen bilinçdışı olsa da bilinçdışı zihinsel durumlarımda, niyetlilik ve öznellik dâhil olmak üzere bilinçli zihin durumlarımın özelliklerine tek tek sahip olunan bir tür tasvir düzeyi de vardır. Bilinçdışı *sadece bilinç hariç*, bilinçli olanın sahip olduğu her şeye sahiptir. Ama Freud, nörofizyolojik olaylar dışında, beyinde bilinçdışı öznellik ve niyetliliği oluşturan hangi olayların meydana gelebileceğini anlaşılır biçimde açıklamıyor.

Bilinçdışının varlığına ilişkin Freud'un sunduğu değişmez *kanıt* şudur: Hasta, *sanki* belli bir zihinsel duruma sahipmiş gibi bir davranışla meşguldür. Fakat biz bağımsız olarak hastanın böyle bir bilinçli zihinsel duruma sahip olmadığını bildiğimiz için, Freud bu davranışın nedenini bilinçdışı bir zihinsel durum olarak vazediyor. Bunu doğrulayan bir kişi bu iddiadan sadece hastanın şu şu şekilde davrandığı ve bu tarz bir davranışın normalde bilinçli bir durumdan kaynaklandığı anlamını çıkartacaktır. Fakat Freud bir doğrulayıcı değildir. Zira o, bu davranışa neden olan ne nörofizyolojik ne de bilinçli bir şeyin bulunduğunu düşünüyor. Ben bununla beyin hakkında bildiklerimiz arasında tutarlı bir ilişki kuramıyorum ve Freud bir kısım nörofizyolojik olmayan zihinsel görüngüler olduğunu öne sürdüğü için, bunu bir düalizm iması dışında yorumlamak zordur. Freud'un erken dönem bilimsel psikoloji projesini (1896) terk etmesinin nedeni buymuş gibi görünüyor.

Peki, bilinç ile algı arasındaki benzeşim ne olacak? Zihinsel durumların hem *kendiliklerinde* zihinsel ve hem de *kendiliklerinde* bilinçdışı oldukları görüşü benimsendikten sonra, bilincin bu tablonun neresinde yer alacağını açıklamak kolay olmayacaktır. Bu durumda, zihinsel durumların kendiliklerinde bilinçdışı oldukları görüşü, bilincin tamamen dışsal olduğu, yani herhangi bir bilinç durumunun ya da bilinç olayının temel bir parçası olmadığı neticesini doğuyormuş gibi görünüyor. Bana göre Freud bu neticeyi benimsiyor ve bilincin dışsal olduğu, yani bir bilinç durumunun temel bir özelliği olmadığı neticesi dikkate alındığın zaman, bilinç ile algı arasındaki benzerlik bilinci bu tablonun içine yerleştirme çabası olur. Bilinçdışı teorisi ayrıntılarıyla açıklandığında algı ile olan benzeşim kaçınılmaz gibi görünüyor. Bilinç olgusunu bilinçdışı teorisiyle açıklamak için, içsel doğasında bilincin; bilinçdışı durumlar ve olayların bir tür algılanması olduğunu ilke olarak kabul etmek gerekir.

Bu çözüm bizi tavanın içinden çıkarıp bizzat ateşin içine atıyor. İç gözlem konusunda gördüğümüz gibi, algı modeli algılanan nesne ile algı edimi arasında bir ayrım olduğunu varsaydığımızda işe yarar. Freud, bilincin dışsal olduğu neticesini açıklamak için bu varsayıma ihtiyaç duyar ki örneğin, bu aynı bilinçli düşünce göstergesi, bilinç olmadan da varolabilirdi. Şimdi benzerliği ciddi olarak ele alalım. Diyelim ki bir bisiklet görüyorum. Böyle bir algısal durumda, algılanan nesne ile algı edimi arasında bir ayrım vardır. Eğer algıyı bir kenara bırakırsam, ortada yalnız bisiklet kalır; eğer bisikleti bir kenara bırakırsam, ortada nesnesi olmayan örneğin halüsinasyon gibi bir algı kalır. Fakat bilinçli düşünceler için bu ayrımları tam olarak yapamayız. Eğer bu gösterge düşünceyi örneğin, 'Bush başkandır' gibi, bilinçli olarak düşünmeyi bir kenara bırakmaya çalışırsam, ortada bir şey kalmaz. Eğer bu düşüncenin gösterge olgusunu, onu bilinçli olarak düşünmekten uzaklaştırmaya çalışırsam, bir şeyi bir kenara bırakmayı başaramam. Algı edimi ile algılanan nesne arasındaki ayrım bilinçli düşüncelere uygulanmaz.

Dahası, bilinçdışı durumları bilince getirme görüngüsünün kendiliklerinde bilinçdışı olan önceki zihinsel görüngüleri algılamaya bağlı bulunduğunu kabul edersek bir kısır döngü içine gireriz gibi görünüyor. Bu durumda şöyle bir soru ortaya çıkar: Algı edimi ne demek oluyor? Acaba bu bir zihinsel görüngü mü? Eğer öyle olsaydı, bu edim 'kendiliğinde' bilinçdışı olmalıydı ve ben de bu edimin bilincinde olmalıydım. Yani mevcut algılama edimimin biraz daha üst düzeyinde bir algılama edimine sahip olmam gerekecekti. Bundan pek emin değilim, fakat bu, delilin tehdidi altındaki kısır bir döngü gibi görünüyor.

Algısal benzeşme ile ilgili son bir güçlük de şudur: Algı, algılanan nesnenin benim sinir sistemime yönelik nedensel bir etkide bulunduğu varsayıldığı zaman işe yarar ve bu da benim onu tecrübe etmeme neden olur. O halde, bir şeye dokunduğumda veya o şeyi hissettiğimde, algı nesnesi belli bir deneyime neden olur. Fakat bu, algılanan nesnenin kendisinin bilinçdışı bir deneyim olması durumunda nasıl işe yarayabilir?

Özetlersek, bana göre Freudcu yaklaşıma yönelik iki itiraz bulunuyor: Birinci olarak, bilinçdışının varlıkbiliminin nörofizyoloji varlıkbilimiyle ne şekilde eşleşmesi gerektiği hakkında açık bir fikre sahip değiliz. İkinci olarak da, algısal benzetmenin bilinç ile bilinçsizlik arasındaki ilişkiye nasıl uygulanacağına yönelik belirli bir fikre de sahip değiliz. Ve bunu ciddi olarak ele almaya çalışırsak elimize saçmalık ve bir kısır döngüden başka bir şey geçmeyecek gibi görünüyor.

VI. Bilinçdışının Kalıntıları

Bilinçdışından arda kalan nedir? Bilinçdışıyla ilgili teori öncesi yalın fikrimizin, denizdeki balıklar ve zihnin karanlık tavan arasındaki eşyalar fikirlerine benzediğini daha önce söylemiştim. Bunlar bilinçdışı olduklarında bile şekillerini korurlar. Şimdi ise, bu tabloların gerçekte eksik olduklarını görebiliyoruz. Çünkü bunlar, ortaya çıkan ve ardından kaybolan sabit bir zihinsel gerçeklik düşüncesine dayanırlar. Fakat derinlerdeki bu inanç, derinlerdeki balıkların aksine, bilinçdışı olduğun zaman bilinçli şeklini koruyamaz; bu şeklin olgusal yegâne gerçekliği bilinçli düşüncelerin şeklidir. Bilinçdışı durumların bu yalın görüntüsü bilinçli bir niyetli duruma neden olabilme gücü ile bilinçli durumun kendisini birbirine karıştırır yani, gizlilik ile görünülürlüğü birbirine karıştırır. Bu, rafta duran bir zehir şişesinin gerçek anlamda bir zehir olabilmesi için her zaman bir şeyleri zehirlemek zorunda olduğunu düşünmek gibi bir şeydir. Tekrar edersek, *bilinçdışının varlıkbilimi, kesinlikle bilinçli olanı üretebilme gücü olan nörofizyolojinin varlıkbilimidir.*

Bu tartışmadan çıkarmak istediğim nihai sonuç, birleşik bir bilinçdışı fikrine sahip olmadığımızdır. En azından dört değişik kavram bulunmaktadır.

Birinci olarak, beyne yönelik *mış gibi* mecazi niyetlilik nitelemeleri vardır ve bunlar harfiyen ele alınmazlar. Örneğin, omurilik soğanının bizi hayatta tutmak istediğini ve uyurken bile nefes almamızı sağladığını söyleyebiliriz.

İkinci olarak, Freudcu sığ bilinçdışı istekler, inançlar, vb. durumlar vardır. Bunları bastırılmış bilinç durumları olarak düşünmek en iyisidir. Çünkü çoğu kez istenmeyen bir biçimde olsa da sürekli olarak yüzeye çıkmaya çalışırlar. Freudcu bilinçdışı fikri mantıksal davranışında kognitif bilimdeki bilinçdışı fikrinden oldukça farklıdır. Bu fark Freudcu bilinçdışı zihinsel durumların potansiyel olarak bilinçli olmalarıdır.

Üçüncüsü, görece sorunsuz olan sığ bilinçdışı zihinsel görüngü durumları vardır. Bu görüngüler herhangi bir anda bilincimin içeriğini şekillendirmek için meydana gelmezler. Bu nedenle, inançlarımın, isteklerimin, endişelerimin ve anılarımın çoğu her hangi bir anda, şu an olduğu gibi, bilincimde bulunmaz. Bununla birlikte, hepsi benim açıkladığım anlamda *potansiyel olarak* bilinçlidirler. Eğer doğru anlıyorsam, bunlar Freud'un 'bilinçdışı' yerine 'bilinç öncesi' derken kastettiği şeylerdir.[1]

Dördüncüsü, sadece bilinçdışı olmakla kalmayıp ayrıca ilke olarak bilince erişemez olan, derin bilinçdışı zihinsel niyetli bir görüngüler gurubu olması varsayılıyor. Ben bunların olmadığını savunuyorum. Bunların varlığı hakkında bir kanıt olmamasının yanı sıra, varoldukları varsayımı da mantıksal bir kısıtlama ile niyetlilik kavramına zarar veriyor.

---

[1] Freud, 1949.

Sekizinci Bölüm
Bilinç, Niyetlilik ve Arkaplan

I. Arkaplana Giriş

Bu bölümün amacı bir yandan bilinç ve niyetlilik arasındaki ilişkiyi, öte yandan da zihinsel durumlarımızın işlerliğini sağlayan yetileri, yetenekleri ve genel 'nasılın bilgisini' açıklamaktır. Ben bu yetiler ve diğerlerinin tümüne 'Arkaplan' diyorum ve bu sözcüğü teknik bir terim olarak kullandığımı göstermek için büyük harf kullanıyorum. Arkaplan hakkındaki görüşlerim *Intentionality* (1983) kitabımı yazdıktan sonra bazı önemli yönlerden geliştiği için, bu görüşlerimdeki değişiklikleri ve bunun motivasyonunu da açıklayacağım.

Daha sonra 'Arkaplan' dediğim görüngüleri araştırmaya 1970'lerin başında başladım ve 'Arkaplan Hipotezi' adını verdiğim bir tez geliştirdim. Bu tez başlangıçta literal anlama yönelik bir iddiaydı,[1] fakat ben literal anlama uygulanan her şeyin, konuşanın kastettiği anlama ve hatta, niyetliliğin dilbilimsel veya dilbilimsel olmayan bütün biçimlerine de uygulanabilir olduğuna inanıyorum. Arkaplan tezi basitçe şöyledir: Anlamlar, anlayışlar, yorumlar, inançlar, istekler ve deneyimler gibi niyetli görüngüler sadece kendiliklerinde niyetli olmayan bir Arkaplan yetileri kümesi içinde işlerler. Bu tezi belirtmenin diğer bir yolu da, ister dilde, ister düşüncede, isterse de deneyimde olsun bütün temsillerin sadece ortada bir temsile dair olmayan bir yetiler kümesi bulunduğunda başarılı olabileceklerini söylemektir. Benim teknik

---

[1] Searle, 1978.

kullanımımda, niyetli görüngüler sadece kendiliklerinde niyetli olmayan yetiler dizisiyle bağıntılı olan *karşılama şartlarını* belirler. Bu nedenle, ortada farklı Arkaplan yetileri bulunduğu zaman, aynı niyetli durum farklı karşılama şartlarını belirleyebilir. Ve eğer uygun bir Arkaplan ile bağıntılı olarak uygulanmaz ise, niyetli bir durum hiçbir karşılama şartını belirlemeyecektir.

Bu tezi daha da geliştirmek için, Ağ Bağlantısı ve Arkaplan arasında daha önce yapmış olduğum ayrımı tekrar etmek istiyorum. Çoğu zaman niyetli durumların tek başına karşılama şartlarını belirlemesi mümkün değildir. Bir inanca veya isteğe sahip olmam için, diğer inançların ve isteklerin tüm bir Ağ Bağlantısına sahip olmam gerekir. Dolayısıyla, örneğin, eğer şu an yerel bir restoranda güzel bir yemek yemek istiyorsam, yakınlarda restoranlar olduğuna, restoranların yemek servisi yapılan bir tür kurum olduğuna, yemeklerin bu restoranlarda günün belli zamanlarında ve belli ücretler karşılığında satın alınıp yenilen bir tür şey olduğuna ve bu gibi sürüp giden şeylere yönelik inançlar gibi çok fazla sayıda diğer inançlarımın ve isteklerimin olması gerekir. Ancak buradaki sorun şudur: Bir restoranda güzel bir yemek yeme isteğimi anlamlandıran Ağ Bağlantısını tamamlayacak olan diğer bütün inançları ve istekleri listeleyecek kadar sabrım olsaydı bile, yine de ilk baştaki isteğimin yarattığı sorunla karşı karşıya olacaktım, bu sorun niyetliliğin içeriğinin, tabiri caizse, kendi kendini yorumlayıcı olmaması sorunudur. Bu sorun hala sonsuz sayıda farklı uygulamalarla yüz yüzedir. İsteğimin varolan niyetli içeriğini ilgilendirdiği kadarıyla, bu aynı içeriğe sahip olup yine onu sonsuz sayıda farklı ve tutarsız yollarla kullanmak mümkündür. Yemek yemeyi oluşturan şey, bir yemeği oluşturan şey ve bir restoranı oluşturan şey tam olarak nedir? Bu fikirlerin tümü farklı yorumlara konu olur ve bu yorumlar bizzat niyetli durumun içeriği tarafından sabitlenemezler. Bu Ağ Bağlantısına ilave

Bilinç, Niyetlilik ve Arkaplan 219

olarak, tek başlarına bu Ağ Bağlantısının bir parçası olmayan yetilerden oluşan bir Arkaplanı ilke olarak varsaymamız gerekir. Veya dahası, Ağ Bağlantısının tümünün bir Arkaplana ihtiyacı vardır. Çünkü Ağ Bağlantısının öğeleri kendi kendilerini yorumlayamaz veya kendi kendilerini uygulayamaz.

Bu Arkaplan tezi -ki şu an Ağ Bağlantısı hakkındaki iddiayı da içine kattım- çok sağlam bir iddia oluşturur. Bu tez en azından şunları içerir:

1. Niyetli durumlar kendi başlarına işlemezler. Tek başlarına karşılama şartlarını belirlemezler.
2. Her bir niyetli durumun işlemesi için diğer niyetli durumları içeren bir Ağ Bağlantısına ihtiyacı vardır. Karşılama şartları ancak bu Ağ Bağlantısına bağlı olarak belirlenir.
3. Hatta Ağ Bağlantısı da yeterli değildir. Bu Ağ Bağlantısı ancak bir Arkaplan yetileri kümesiyle bağıntılı olarak işler.
4. Bu yetiler daha fazla niyetli durumlar veya belirli bir niyetli durumun içeriğinin bir parçası değildirler ve bu şekilde değerlendirilemezler.
5. Aynı niyetli içerik, farklı Arkaplanlarla bağıntılı ve kendisinin hiç bir şekilde belirlemediği bazı Arkaplanlara bağlı olarak, doğruluk şartları gibi farklı karşılama şartlarını belirleyebilir.

Arkaplanı yalın bir şekilde düşünmek için, Wittgenstein'ın yokuş yukarı yürüyen adam resmi örneğini düşünelim. Bu resim yokuş aşağı kayan adam olarak yorumlanabilir. Adamın bu konumdaki resimsel temsili olarak yorumlansa bile, resmin içinde olan hiçbir şey doğal bulduğumuz yorumu zora sokmaz. Arkaplan fikri şudur: Resim için geçerli olan her şey genellikle niyetlilik için de geçerlidir.

Geçen yüzyılda veya daha önceleri, 'Arkaplan' dediğim görüngü çeşidi, farklı birçok felsefeci tarafından oldukça değişik kabullerle tanınmıştı. Nietzsche kesinlikle görüngüyü tanımlayan ilk kişi değildir fakat görüngünün tutarlılığının en fazla farkında olan kişilerden biriydi. Arkaplan olduğu gibi olmak zorunda değildir. Sahip olduğumuz Arkaplanın sahip olmak zorunda olduğumuz Arkaplan olduğu sonucuna götüren hiçbir kanıt yoktur. Wittgenstein'ın daha sonraki çalışması büyük oranda Arkaplana yöneliktir.[1] Sanırım, çağdaş yazarlar içinde Bourdieu'nun *habitus* (1990) kavramı benim Arkaplan kavramım ile yakından ilişkilidir.

Bu bölümde ilk olarak Arkaplan tezinin bir delilini resmedeceğim ve böylelikle Arkaplan görüngülerinin ayrı bir inceleme kategorisi olduğu kabulünü doğrulamaya çalışacağım. İkinci olarak, yedinci bölümde değinilen bilinç, bilinçdışı ve niyetlilik arasındaki ilişkilere yönelik tartışmanın ışığında, Arkaplan tezine tekrar değineceğim. Üçüncü olarak, Arkaplan tezinden çıkan çeşitli sonuçları irdeleyeceğim ve özel olarak bana göre bir Arkaplan farkındalığının üretmiş olduğu çeşitli yanlış anlamalardan ve yanlış kavrayışlardan kaçınmaya çalışacağım. Dördüncü olarak ise, Arkaplanın genel bir açıklamasını yapacağım.

II. Arkaplan Varsayımlarının Bazı Delilleri

Daha önceki çalışmalarda[2] beş tezin tümünün delillerini sunmuştum ve burada tümünü tekrar etmeyeceğim. Ancak sunmakta olduğum tezlere yönelik bir his uyandırmak için, beni en çok ilgilendiren bir kaç düşünceyi sıralayacağım. Temsilin temsîli olmayan bir yetiler Arkaplanı gerektirdiğini görmenin en basit yolu, cümlelerin anlaşılmasını incelemektir. Cümlelerle başlamanın güzelliği bu cümlelerin iyi tanımlanmış sözdizimsel objeler oluşudur ve bu cümlelerden öğrenilecek dersler genel olarak niyetli görüngülere uygulana-

---

[1] Özellikle, *On Certainty* (1969). Bu kitabın konu hakkında yazılan en iyi kitaplardan biri olduğuna inanıyorum.
[2] Searle, 1978, 1980c, 1983, 1990.

bilir. Beş numaralı madde, delilin giriş kısmını oluşturur: Aynı literal anlam farklı Arkaplan ön kabulleriyle bağıntılı olarak, farklı doğruluk şartları gibi, farklı karşılama şartlarını da belirleyecektir. Ve bazı literal anlamlar, uygun Arkaplan ön kabullerinin yokluğundan ötürü hiçbir doğruluk şartını belirlemeyecektir. Dahası (madde 4), bu Arkaplan ön kabulleri literal anlama dâhil değildirler ve dâhil edilemezler. Bu yüzden örneğin, içinde 'kesmek' sözcüğü geçen 'Sam çimleri kesti', 'Sally keki kesti', 'Bill kumaşı kesti', 'Ben derimi kestim' gibi cümleleri düşünürseniz; 'kesmek' sözcüğünün her cümlede aynı anlama geldiğini görürsünüz. Bu durum, örneğin bağlaç indirgemesinin bu fiilin kullanımlarında doğrudan objelerle işlediği olgusuyla gösterilir. Söz gelişi, birisi 'General Electric çim kesen, kek kesen, kumaş kesen ve deri kesen yeni bir alet icat etti' diyebilir. Daha sonra da basitçe 'kesmek' fiilinin ilk üç kullanımını kaldırıp, cümleyi 'General Electric çim, kek, kumaş ve deri kesen yeni bir alet icat etti' şeklinde söyleyebilir. Dikkat ederseniz bu kullanımlarda 'kesmek' sözcüğü tam anlamıyla mecazi kullanımlarından ayrılmaktadır. Eğer ben 'Sally geçen hafta iki ders kesti'[1], 'Başkan profesörlerin ücretlerini kesti' veya 'Komutanlar nöbet listesini kırk beş parçaya kesti' dersem, bu cümlelerin her birinde 'kesmek' sözcüğü gerçek anlamının dışında kullanılmış olur. Bağlaç indirgemesi bir kez daha bunu gösterir. Eğer 'General Electric çim, kek, kumaş, deri, ücret, ders, nöbet listesi kesen bir alet icat etti' dersem bu tümüyle kötü bir şaka olur. Dolayısıyla bu ifadeler 'kesmek' fiilinin gerçek kullanımlarını içerir, fakat bu sözcük, normal bir yorumlamayla, her cümlede farklı olarak yorumlanır. Bu ifadelere uyan emir biçimini düşünürseniz aynı şeyi yine görebilirsiniz. Eğer ben 'çimleri kesin' dersem ve siz bir bıçak alıp onları kesmeye

---

[1] İngilizcede 'ders asmak' yerine 'ders kesmek' kullanılır (çev.).

koyulursanız veya ben 'keki kesin' dediğimde siz kekin üstüne bir çim biçme makinesi ile giderseniz, benim sizden yapmanızı istediğim şeyi tam olarak yapmadığınız çok sıradan bir anlam ortaya çıkar.

Bu örneklerden çıkarılacak ders şudur: Aynı literal ifade birçok cümlenin gerçek sözcelerine aynı katkıyı yapabilir ve fakat bu cümleler literal anlamlarında anlaşılacak olsalar bile ifade farklı cümlelerde farklı olarak yorumlanacaktır. Burada mecaz, muğlâklık, dolaylı söz edimleri ve benzeri bir sorunlar bulunmamaktadır. Niçin? Çünkü her cümle insanın; belli uygulamalara, uzmanlığa, bir şeyleri yapma yollarına vb. ilişkin yeteneklerinin Arkaplanına karşı yorumlanır ve bu yetiler, ifadenin literal anlamı değişmese de, farklı yorumlamaları düzenleyecektir.

Bu durumda bu niçin önemli bir sonuçtur? Dile yönelik standart açıklamalarımız bakımından, bir cümlenin anlamı o cümlenin bileşen parçalarının anlamları ve bu bileşenlerin cümle içindeki sözdizimsel düzenlenmesinin bileşimsel bir işlevidir. Dolayısıyla, 'John Mary'i seviyor' cümlesini, tam olarak bileşimsellik uygulaması nedeniyle, 'Mary John'u seviyor' cümlesinden daha farklı bir şekilde anlarız. Dahası cümleleri, dilbilimi kurallarına uyan anlamlı öğelerin bileşimi oldukları için, her durumda anlayabiliriz. Bu yüzden, bileşimsellik ilkesi ve literal anlam fikri dilin herhangi bir tutarlı açıklaması için mutlak surette gereklidirler. Ancak, bir dil açıklaması için zorunlu olsa da, bu yeterli oldukları anlamına gelmez. Bunların yanı sıra, temsili olmayan bir Arkaplanı da ilke olarak kabul etmemiz gerekir.

Bu delilin muğlâklık, marjinal durumlar, vb. üzerine dayadığını düşünmek cazip olabilir. Fakat bu bir hatadır. Tam bir tek anlamlılık oluşturulup, yapısal ve sözlüksel muğlâklık ortadan kaldırıldığında dahi, Arkaplan sorunu ortaya çıkar. Kesinlik konusundaki aşamalı çabaların Arkaplan ihtiyacını ortadan kaldırmak için yeterli olmadığına bakacak olursanız bunu görebilirsiniz. Diyelim ki bir restorana gidip yemek siparişettim. Düşünün ki literal anlamını kastederek 'Bana biftek ve patates kızartması getirin' diye söyledim. Bu sözce literal anlamda kullanılmış ve öyle anlaşılmış olsa bile, muhtemel yanlış yorumlamalar oldukça sınırsızdır. Onların yemeği evime veya işyerime götürmeyeceklerini farzederim. Bifteğin paketlenmiş veya dondurulmuş halde getirilmeyeceğini farzederim. Cebime konulmayacaktır veya kafama geçirilmeyecektir. Fakat bu varsayımların hiçbiri literal sözcede açıkça belirtilmez. Siparişimi verirken daha fazla sınırlamalar koyarak başlangıçtaki siparişimi çok daha açık hale getirebileceğimi düşünmek cazip gelebilir. Fakat bu da bir hatadır. İlkin, muhtemel yanlış yorumlamaları tıkamak için başlangıçtaki siparişime yapabileceğim ilavelerin sayısında bir sınır olmadığı için hatalıdır ve ikicisi de, ilavelerin her biri farklı yorumlamalara konu olacağı için hatalıdır.

Arkaplan için bir başka delil ise şudur: İngilizce ve diğer doğal dillerde kusursuz biçimde sıradan olan yanlış yorumlanabilecek cümleler vardır. Sözcüklerin bütün anlamlarını anlarız, fakat cümleyi anlamayız. Şu halde, örneğin 'Sally dağı kesti', 'Bill güneşi kesti', 'Joe gölü kesti', ya da 'Sam binayı kesti' cümlelerini duyduğunuzda bu cümlelerin ne anlama geldiği konusunda aklınız karışacaktır. Eğer size birisi 'gidip şu dağı kes' şeklinde bir emir verse, gerçekten ne yapacağınızı bilemezsiniz. Bu cümlelerin her birinin literal anlamlarıyla yorumlanmasını sağlayacak olan bir Arkaplan uygulaması icat etmek kolay olacaktır, fakat böyle bir uygulama olmaksızın cümlenin gerçek anlamının nasıl uygulanacağını bilemeyiz.

Son dönem dilbiliminde Arkaplan sorunlarına yönelik kimi kabullenmeler bulunmakatadır.[1] Fakat gördüğüm kadarıyla tartışmalar soruna sadece yüzeysel olarak değinmektedir. Örneğin, güncel bir tartışma sözcelenen cümlenin literal anlamı ile konuşanın söylediği şeyin içeriği ve konuşanın sözceleri gerçekleştirirken ima ettiği şey arasındaki ilişkilerle ilgilidir. Bu yüzden örneğin, 'kahvaltı yaptım' cümlesinde, cümlenin literal anlamı sözcenin kastettiği güne bir gönderme yapmaz. Fakat normal olarak biz sözcenin konuşanın kahvaltıyı *bugün*, yani sözcelemenin yapıldığı gün, yaptığına dair bir içerik taşıdığını yorumlarız. Şu halde, 'kahvaltı yaptım' cümlesi, 'Tibet'te bulundum' cümlesinden farklıdır. Çünkü ikinci sözcenin söyleyenin Tibet'te bugün bulunduğunu iletmez. Veya çok tartışmalı bir başka cümleyi ele alalım; 'Sally John'a anahtarı verdi ve John kapıyı açtı.' Bu cümlenin sözcesi normal olarak *önce* Sally'nin John'a anahtarı verdiği ve *sonra* John'un kapıyı açtığı ve John'un kapıyı bu anahtar *ile* açtığı anlamını taşır. Bu ilave içerik, cümlenin literal anlamı içine kodlanmadığı için, içinde bulunduğu mekanizmalar hakkında çok tartışma olur. Cümlenin anlamının, en azından bir yere kadar, konuşanın cümleyi sözcelerken, söylediği şeyi yeterince belirlemediği, tam olarak doğru bir varsayım olur. Bu durumda benim ileri sürdüğüm iddia şudur: Cümlenin anlamı *kökten bir biçimde* söylenen şeyin içeriğini yeterince belirlemez. Yukarıda zikrettiğim örnekleri ele alalım. Hiç kimse 'kahvaltı yaptım' cümlesi ile 'ikiz çocuk yaptım' cümlesi arasında bir benzeşim kurmaz. Yani, mevcut Arkaplanımız düşünüldüğü zaman, hiç kimse bu sözceyi 'kahvaltı doğurdum' anlamına yorumlamaz. Fakat dikkat ederseniz cümlede böyle bir yorumlamayı tıkayan veya hatta

---

[1] Bkz., Davis, 1991. Örneğin, Robyn Carston ve François Récanati'nin makaleleri

'kahvaltı *yedim*' yorumlamasını zora sokan herhangi bir literal anlambilimsel içerik yoktur. Müstehcen bile olsa, '(...) yaptım' cümlesinin birbirine zıt iki yorumlamasının olduğu bir kültür düşünmek çok kolaydır. Her cümle için benzer sorunlar ortaya çıkar. 'Sally John'a anahtarı verdi ve John kapıyı açtı' cümlesini ele alalım. Bu cümlenin literal anlamsal içeriğinde cümleyi 'John kapıyı hırpalayarak anahtar ile açtı; anahtar yirmi fit uzunluğundaydı; dökme demirden yapılmıştı ve iki yüz kilo ağırlığındaydı' şeklinde yorumlamayı engelleyecek herhangi bir şey yoktur. 'John, hem kapıyı hem de anahtarı yutarak, bağırsağının peristaltik büzülmesi yoluyla anahtarı kilide sokarak, kapıyı anahtar ile açtı' şeklinde de yorumlamayı engelleyecek herhangi bir şey yoktur. Bu gibi yorumlar elbette çılgınca olacaktır, fakat cümlenin anlamsal içeriğinde bu çılgınca yorumlamaları engelleyecek, içeriğin kendisinden çıkan, hiçbir şey yoktur.

Arkaplan tezi kadar uç noktada bir iddia olmaksızın bütün bu sezileri açıklayabileceğimiz herhangi bir yol var mıdır? Bir deneyelim bakalım. François Récanati'ye ait[1] bir düşünce şudur. Herhangi bir fiili durum sonsuz sayıda doğru betimlemelere olanak sağlar, dolayısıyla herhangi bir dilbilimsel temsil daima eksik kalacaktır. Eğer birisi keki, çim biçme makinası ile saldırarak 'keser' ise, 'keki kesti' demek doğru olur. Fakat bu olayın bu cümle ile bildirilmesi bizi şaşırtır. Ancak, şaşkınlığımız anlam, anlama, vb. ile ilgili değildir. Sadece sonuca gitmeye yönelik bir beklentiler kümesine sahip oluruz ve doğru dahi olsa aktarım kesme işinin bizim normal olarak beklediğimiz biçimden farklı olduğunu belirtmemesi bakımından eksiktir.

Récanati bana bu görüşe katılmadığını söylüyor, fakat ben bunu önemli ve meydan okuyucu buluyorum ve üzerin-

---

[1] Halen tartışılmaktadır.

de daha fazla kafa yormak istiyorum. Öneri şudur: Literal anlam tek başına doğruluk şartlarını sağlar, fakat beraberinde bir beklentiler sistemi vardır ve bu sistem literal anlamla beraber işler. Örneklerin varsaydığı asıl sorun şudur: Bir cümledeki gerçek muğlâklıkların tümü çıkartıldıktan sonra, hala elimizde belirsizlik ve eksiklik kalır. Kelimeler özünde belirsizdir ve betimlemeler daima eksik kalır. Fakat daha sonra kesinlik ve tamlık, anlamların bir alışılmış/mutat beklentiler kümesi ile *tamamlanması* gerçeği ile, anlamaya eklenir. O halde şunu söylemememiz gerekir:

Gerçek anlam, doğruluk şartlarını sadece Arkaplana bağlı olarak belirler.

Söylememiz gereken şey ise şudur:

Dizinselliği ve diğer bağlama bağlı özellikleri bir yana bırakırsak, literal anlam doğruluk şartlarını mutlak surette ve tek başına belirler. Fakat gerçek anlamlar belirsizdir ve gerçek anlamda kullanılan tasvirler daima eksiktir. Daha iyi bir kesinlik ve tamlık, gerçek anlamı, tamamlayıcı varsayımlar ve beklentiler ile destekleyerek ilave edilir. Şu halde örneğin, kesme nasıl yaparsanız yapın bir kesmedir, fakat çimin belli bir yolla ve kekin başka bir yolla kesilmesini bekleriz. Bu durumda bir kişi 'Gidip şu dağı kesin' derse, doğru cevap 'anlamadım' olmaz. Elbette bu cümleyi anlıyorsunuz! Asıl doğru cevap 'benden dağı nasıl kesmemi istersin?' olacaktır.

Sanırım bu güçlü ve çekici bir delildir. Buna verecek iki cevabım vardır. Birincisi, eğer sorun bir eksiklik sorunu olsaydı, bu durumda doğruluk açısından tamlığa ilave cümlelerle yaklaşmamız gerekirdi. Fakat bunu yapamayız. Daha önce belirttiğim gibi, ekleyeceğimiz her cümle, Arkaplan ile desteklenmediği takdirde, daha fazla yanlış anlamalara yol açacaktır. İkincisi, eğer literal (lafzî) anlam ile tamamlayıcı 'varsayımlar' arasında ciddi bir ara vermeyi düşünseydiniz, bu durumda varsayımları dikkate almaksızın literal anlamı uygulayabilmemiz gerekecekti. Fakat bunu yapamazsınız. Şu halde, örneğin, 'kesmek' sözcüğünün uygulanması, sözcükteki bazı nesnelerin katı olduğu ön kabulüne karşı çıkar ve nesnelere aletlerin fiziksel bir baskısı ile nüfuz etmeye olanak sağlar. Bu varsayım olmaksızın 'kesmek' fiilinin çoğu kullanımını yorumlayamam. Fakat bu varsayım literal anlamın bir parçası değildir. Eğer öyle olsaydı, bu durumda lazerli kesme aletlerinin ortaya çıkışı sözcüğün anlamında bir değişikliği gerektirirdi, nitekim öyle olmadı. Dahası, bu varsayımın yanlış olduğu bir evrende 'kesmek' fiilinin literal anlamdaki kullanımlarını düşünebilirim. Herkes 'gölü kesin' cümlesinin tam olarak açık olduğu bir yerde bir Arkaplan yetileri dizisi tahayyül edebilir.

Benim inancıma göre eğer bir kimse bu delili tam olarak geliştirecek olsa idi, literal anlam ile Arkaplan arasında ciddi bir ara vermeniz durumunda, Kripke-Wittgenstein tarzı bir şüpheciliği benimsemeniz gerekeceğini gösterebilecekti, çünkü bu durumda her hangi bir şey söyleyip herhangi bir şey kastedecektiniz.[1] Eğer anlam ile Arkaplan arasında ciddi bir ara verirseniz, bu durumda anlamın ilgili olduğu yerde, her şey doğrudur. Fakat bu normal anlamanın sadece bir Arkaplana bağlı olarak gerçekleştiğini ima eder. Ancak, anlambilimsel şüphecilik hakkında genel herhangi bir tezi ispatlamaya çalışmıyorum.

Bu itiraza cevaplarım şunlardır: Birincisi, bu eksiklik bir sorun oluşturmaz, çünkü betimlemeyi tamamlamaya yönelik çabalar bir işe yaramamaktadır. Bir bakıma bu tür çabalar hiç başlamamıştır, çünkü ilave her cümle sadece daha ileri eksiklik biçimleri katar. İkincisi, eğer tamamen Arkaplan ön kabullerinden mahrum bir durumu ilke olarak kabul ederseniz, herhangi belirli bir yorumlamayı düzeltemezsiniz.

---

[1] Bu tarz bir şüpheciliğe verilecek doğru cevap, bana göre, Arkaplanın anlamdaki ve anlamadaki rolünü açıklamaktır (Searle, basılmadı).

İkinci bir soru, Récanati'nin de öne sürdüğü gibi, şudur: Literal anlamdan niyetliliğin tüm biçimlerine genelleme yapmanın delili nedir? Benim sunduğum yegâne 'delil', düşünce ve anlam arasında bir eşleşme olduğu sezimizi kapsayan bir sınıflandırmaya sahip olmanın yararlı olacağıdır. Örneğin, Sally'nin keki kestiği inancına sahip olan adamın 'Sally keki kesti' cümlesinin öne sürdüğü ileri anlamdaki iddia ile tamamen aynı bir önerme içeriği olduğu inancına sahip olduğuna dair sıradan sezimizi ele almak istiyorum. 'Arkaplan' ve 'niyetlilik' gibi teknik terimleri uyguluyor olduğumuz için, sıradan kullanım sorunu belirlemeyecektir. Fakat eğer niyetli içerik kavramını literal anlamın niyetli içeriğin bir ifadesi olduğu şeklinde kullanırsanız, bu durumda Arkaplan kısıtlamaları her ikisinde de eşit oranda uygulanır. Diğer sınıflandırmaları da düşünebilirim, fakat en çok işe bu yarayacak sanırım.

Arkaplanı gözlemlemenin iyi bir yolu çöküş durumlarında olur: Şu örnek bunu açıklayacaktır. Misafir bir filozof Berkeley'e gelip bazı Arkaplan seminerlerine katıldı. Deliller onu ikna etmedi. Bir gün küçük bir deprem oldu. Bu onu ikna etmişti, çünkü, daha sonra bana dediğine göre, o an öncesinde yeryüzünün hareket etmediğine dair bir inanca, kanaate veya varsayıma sahipmiş; basitçe bunun olduğunu farzetmiş. Buradaki nokta 'bir şeyin olduğunu farzetmenin' inanma ve varsayma ile birlikte dört ayak üzerinde duran niyetli bir durum olduğu anlamına gelmesi gerekmediğidir.

Arkaplanı anlamadaki önemli bir aşama kişinin herhangi bir niyetli duruma sahip olmaksızın bir önermenin, içeriğinde ne olursa olsun, doğruluğuna bağlı olabileceğini görmektir.[1] Örneğin, ben nesnelerin katı olduğu önermesine, bu so-

---

[1] Bu, benim Searl, 1991'de sahip olduğum görüşten değişiktir. Bu konuda beni, William Hirstein ikna etti.

Bilinç, Niyetlilik ve Arkaplan 229

nuca yönelik herhangi bir inanca veya kanaate gizli veya açık bir şekilde herhangi bir biçimde sahip olmaksızın, bağlı olabilirim. O halde, bağlılık duygusu neyi içerir? En azından şunu içerir: Ben davranışımla tutarlı olarak bu önermeyi inkâr edemem. Bu sandalyede otururken, bu masaya dayanırken ve ayaklarımı bu zeminin üzerinde dinlendirirken, tutarlı bir biçimde nesnelerin katı olduğunu inkâr edemem. Çünkü davranışım bu nesnelerin katılığını gerektiriyor. Niyetli davranışım, yani Arkaplan yetilerimin ortaya çıkışı, bu anlamda, daha önceden nesnelerin katılığına yönelik bir inanç benimsemeye gerek duymamış olsam dahi, beni nesnelerin katı olduğu önermesine bağlıyor.

Dahası, Arkaplan sadece, cümleleri yorumlamada bu tür görece karmaşık sorunlarla ilgilenmez, ayrıca bu tür temel özelliklerin dilin tamamı için biçimsel bir taban oluşturduğunun da farkındadır. Örneğin, mevcut dil kullanımımızın, fonetik/sesbilim ve resimsel açıklamalı (graphemic) biçimler sayesinde, aynı sözdizimsel türün fonetik ve resimsel açıklama göstergelerini belirlediği olgusunun doğru olduğunu kabul ederiz. Fakat bunun tutarlı Arkaplan yetilerine dayalı tutarlı bir uygulama olduğunu görmek önemlidir. İçinde, aynı sözdizimsel birimin üç farklı kullanımını içeren bir 'Fransa', 'Fransa' ve 'Fransa' ardıllığı olan bir dil yerine, içinde anlamların, fonetik veya resimsel açıklamalı olarak belirlenen bir türe değil, o türün gösterge kullanımlarının sayısal bir ardıllığına bağlı olduğu bir dil tahayyül etmek daha kolay olur. Dolayısıyla, örneğin, bir söylemdeki ilk kullanımında 'Fransa' ibaresi Fransa'ya gönderme yapmak için kullanılabilir. Fakat ikinci kullanımında İngiltere'ye, üçüncüsünde Almanya'ya vb. gönderme yapar. Buradaki sözdizimsel birim geleneksel anlamda bir sözcük değil, gösterge ibarelerinin bir ardıllığıdır. Benzer şekilde, yapısalcıların yürekten bağlı olduğu muhalefet sistemleri için de bu böyledir: Soğuğa karşı sıcak, güneye karşı kuzey, dişiye karşı erkek, ölüme karşı yaşam, batıya karşı doğu, aşağıya karşı yukarı, vb. aparatların tümü Arkaplan tabanlıdır. Bu karşıtlıkları kabul etmekten kaçınmanın gereği yoktur. Kendileri için doğunun doğal olarak güneye karşı olduğu varlıklar kolayca akla gelebilir, bunlar için doğuyu batının karşıtı düşünmek akıl karı değildir.

III. Ağ Bağlantısı Arkaplanın bir Parçasıdır

Burada bilinç, bilinçsizlik ve niyetlilik arasındaki ilişkiye yönelik mevcut görüşümün daha önceki Arkaplan anlayışımda nasıl bir değişime (ki umarım bir gelişimdir) yol açtığını tam olarak belirtmeye çalışacağım. Daha önceki görüşümde zihnin bir zihinsel durumlar envanteri içerdiğini düşünüyordum. Herhangi bir anda bunlardan bazıları bilinçli bazıları da bilinçsizdir. Örneğin, ben bilinçli olarak Bush'un başkan olduğunu düşünebilirim, ya da bu inanca, bu inancın göstergesel kullanımına, derin bir uykudayken bile, bilinçsiz olarak sahip olabilirim. Fakat bilinç zihinsel görüngüler için hatta algısal deneyimler için özsel değildi. Weiskrantz'ın deneyleri de galiba bunu gösteriyor.

Bu görüşe göre, inançlar olarak belirtilebilen bazı görüngüler doğal olmayarak sanki öyle belirtiliyormuş gibi tanımlanmaktadır. Ben gerçekte, bunu düşünmediğim zamanda da, George Bush'un başkan olduğu bilinçsiz inancına sahibim. Fakat örneğin, nesnelerin katı olduğu bilinçsiz inancım bu şekilde sahip olduğum bir inanç değildir. Basitçe, nesnelerin katılığının doğru olduğunu kabul ediyor gibi davranıyorum. Nesnelerin katılığı benim Arkaplan ön kabullerimin bir parçasıdır. Örneğin, bir teorik incelemenin bir parçası olmadıkça hiç bir surette niyetli bir görüngü değildir.

Ne var ki, olayları bu şekilde düşünmek benim için bazı güçlükler oluşturuyor. Arkaplan ile Ağ Bağlantısı arasındaki ayrımın temeli nedir? Bu ayrımın kanıtlanmış olduğunu farzedersek, Arkaplanın niyetli durumlar olmayan görüngülerden oluştuğunu ve Ağ Bağlantısının da bir niyetlilik ağı olduğunu söyleyebilirim. Fakat eğer örneğin, Bush'un başkan olduğu bilinçsiz inancımın, Ağ Bağlantısının bir parçası olduğu ve nesnelerin katı olduğu ön kabulümün de Arkaplanın bir parçası olduğu söylenirse, bu ayrımın tam olarak nasıl nitelendirilmesi gerekir? Peki, George Bush'un iç çamaşırı giydiği veya iki kulağı olduğu inancına ne demeli? Bunlar da benim bilinçsiz Ağ Bağlantımın bir parçası mı? Soruyu bu şekilde sorarsak hata yapmış oluruz. Zira sorunun bizim için apaçık olması gerekir. Zihnin bir zihinsel durumlar envanteri içerdiği görüşünde, Ağ Bağlantısı ile Arkaplan arasına sınır çizmeye çalışmak bir kategori yanılgısı olacaktır. Çünkü Arkaplan bir yetiler kümesinden oluşurken Ağ Bağlantısının ise yetilerle hiçbir ilgisi yoktur. Bu daha ziyade niyetli durumlarla ilgilidir.

Şu an, gerçek hatamın, bazıları bilinçli bazıları ise bilinçsiz olan bir zihinsel durumlar envanterinin var olduğunu farzetmiş olmak olduğunu düşünüyorum. Hem dil hem de kültür önümüze bu tabloyu koyuyor. Hafızayı bir önermeler ve imgeler deposu, bir tür büyük kütüphane veya suretlerden oluşan bir dosya gibi düşünürüz. Fakat aslında, hafızayı, geçmiş deneyimlere dayalı mevcut performansımızı, bilinçli düşünceler ve eylemler dâhil, üretmeye yarayan bir *düzenek/mekanizma* olarak düşünmemiz gerekir. Arkaplan tezinin, zihnin bir zihinsel görüngüler bileşimi veya envanteri olduğu varsayımını defetmek için yeniden yazılması gerekiyor. Çünkü zihinsel olarak zihinselin meydana geldiği, yegâne gerçeklik bilinçtir.

Bilinçdışı zihinsel durumlardan oluşan ve Arkaplan yetilerinden bağımsız olan bir gerçeklik olduğu inancı, büyük oranda dilimizin gramerine dayalı olan bir yanılsamadır. Jones uykudayken bile, Bush'un başkan olduğuna inandığını ve Fransızca gramer kurallarını bildiğini söyleriz. Böyle düşünmemizin nedeni orada, yani Jones'un beyninde, uyuyorken bile, Bush'un başkan olduğu inancı ve Fransızca bilgisinin yattığını düşünmemizdir. Fakat aslında, beyninin tüm içeriği, işleyişleri büyük ölçüde henüz bilinmeyen bir sinirsel yapılar dizisidir ve onun düşünüp hareket etmesini sağlayan bu dizidir. Diğer bütün şeylerle birlikte, bu yapılar Jones'un, Bush'un başkan olduğunu düşünmesine ve Fransızca konuşmasına olanak sağlar.

Bu konuları düşünmenin en iyi yolu şudur: Beynimde, glia hücreleri içine girdirilmiş muazzam ve karmaşık bir nöronlar kütlesi bulunmaktadır. Bazen bu karmaşık kütlenin öğelerinin hareketi bilinçli durumlara neden olur ki bu bilinçli durumların içinde insan eylemlerine ait olanlar da vardır. Bilinçli durumlar uyanık haldeki yaşamımızı oluşturan bütün renk ve çeşide sahiptirler. Fakat zihinsel olan düzeyinde bunların tümü olgulardan ibarettir. Bilinç dışında beyinde olup biten her şeyin psikolojik olmaktan ziyade nörofizyolojik olan mevcut bir gerçekliği vardır. Bilinçdışı durumlardan bahsederken beynin bilinç üretme yetilerinden bahsediyoruz demektir. Dahası, beynin bazı yetileri bilinç üretmez, bunun yerine bilinçli durumların uygulanmasını düzenlemekle görevlidirler. Yürümemi, koşmamı, yazmamı, konuşmamı, vb. bunlar sağlar.

Bu tabloya bakarsak, bizi başlangıçtaki Arkaplan tezine ve Arkaplan ile Ağ Bağlantısı arasındaki ayrıma yönelten bütün bu sezileri nasıl açıklarız? Bir önceki bölümde öne sürdüğüm yaklaşıma göre, bir adamı bilinçdışı bir inanca sahip olarak tanımladığımızda var olan bir nörofizyolojiyi bilinçli düşüncelere ve davranışa neden olabilme yetisi bakımından tanımlıyoruz demektir. Fakat eğer bu doğruysa, bu durumda buradan bilinçdışı niyetliliğin Ağ Bağlantısının Arkaplanın bir parçası olduğu sonucu çıkabilir. Ağ bağlantısının bu bilinçdışı olan kısımlarının mevcut varlıkbilimi, nörofizyolojik yetinin varlıkbilimidir. Fakat Arkaplan tamamen bu yetilere bağlı bulunmaktadır.

Buraya kadar her şey normal. Ağ Bağlantısı ile Arkaplanın birbirinden nasıl ayrılacağı sorunu ortadan kalkıyor. Çünkü Ağ Bağlantısı Arkaplanın bilinçli niyetliliğe neden olma yetisi bakımından tanımladığımız kısmıdır. Fakat hala bataklığın dışına çıkamadık, çünkü şimdi de şu soruyla yüz yüzeyiz: Niyetliliğin bir niyetsiz yetiler dizisine karşı işlediği iddiası ne olacak? Örneğin, Bush'un başkan olduğu inancını üreten yeti niçin, bir şekilde, nesnelerin katı olduğu inancını üreten yetiden farklı olarak değerlendiriliyor? Ve bilinçdışı niyetliliğin işleyişi ile niyetsiz yetiler arasında bir ayrım yapmak durumunda mıyız? Galiba, Ağ Bağlantısı ile Arkaplan arasında ayrım yapma problemini, niyetli olanı Arkaplan yetileri içindeki niyetsiz olandan ayırma problemi ile değiştirdik. Şu durumda, birkaç ayrım daha yapmamız gerekiyor:

1. Çevreden, yani sınır şartlarından farklı olarak, bilinçli dikkatimizin merkezinde olanla bilinçli deneyimlerimizin, altıncı bölümde tanımlanan yerleşikliği arasında bir ayrım yapmamız gerekiyor. Bir bakıma bu bir önplan-arkaplan ayrımıdır, fakat şu an bizim konumuzun dışındadır.

2. Zihinsel görüngüler dâhilinde temsile dair olanı, temsile dair olmayandan ayırmamız gerekiyor. Niyetlilik temsile bağlı olarak tanımlandığına göre, bu durumda niyetliliğin işlevselliğinde eğer varsa, temsile dair olmayanın rolü nedir?

3. Yetileri tezahürlerinden ayırmamız gerekiyor. Sorularımızın birisi şudur: Beyin yetilerimizden hangileri Arkaplan yetileri olarak kabul edilmelidir?

4. Gerçekte bizi ilgilendiren şey ile doğru olduğunu farzettiğimiz şey arasında ayrım yapmamız gerekiyor.

Bu ayrımlar birbirleri ile kesişir. Bu ayrımların ışığında ve zihnin envanteri kavramını bir yana bıraktığımızı varsayarsak, sanırım Arkaplan varsayımını yeniden şu şekilde belirtmemiz gerekir:

Bütün bilinçli niyetlilikler (bütün düşünceler, algılar, anlamalar, vb.) karşılama şartlarını, sadece bu bilinçli durumun bir parçası olmayan ve olamayan bir yetiler dizisine bağlı olarak belirler. Varolan içerik tek başına karşılama şartlarını belirtmek için yetersizdir.

Başlangıçtaki, niyetli durumların bir niyetsiz Arkaplan gerektirdiği iç görüsünden arda şunlar kalıyor: Zihnin bütün içeriklerini tek tek bir bilinçli kurallar, düşünceler, inançlar, vb. kümesi olarak belirtseniz bile, yine onları yorumlamak için bir Arkaplan yetileri kümesine ihtiyaç duyarsınız. Şunlar da gidiyor: Bilinçdışı niyetlilik Ağ Bağlantısına, yani üyelerini holistik/bütüncül olarak destekleyen bir Ağ Bağlantısına yönelik mevcut hiçbir gerçeklik yoktur. Fakat bunun Arkaplana daha çok ihtiyacı vardır. 'Kişinin bir inanca sahip olması için, başka birçok inanca sahip olması gerekir' demek yerine, 'kişinin bilinçli bir düşünceye sahip olması için, başka birçok bilinçli düşünceler üretme yetisine sahip olması gerekir. Ve bu bilinçli düşüncelerin tümü uygulanmaları için daha fazla yetilere ihtiyaç duyar', demek daha doğru olur.

Bu durumda bu yetiler dizisi, içerisinde kişinin bilinçli olarak öğrenilmiş kurallar, olgular vb. şekillerde elde ettiği bir yeti olacaktır. Örneğin, bana beyzbolun kuralları, A.B.D.'de trafiğin sağdan işlediği kuralı ve George Washington'ın ilk başkan olduğu gerçeği öğretildi. Fakat ne yürüme kuralları, ne de nesnelerin katı olduğu öğretildi. Ağ Bağlantısı ile Arkaplan arasında bir ayrım olduğu orijinal sezi bu olgudan çıkarılır. Kişinin bazı yetileri, bilinçli edimlerinde kuralları, ilkeleri, inançları, vb. belirlemesini ve uygulamasını mümkün kılar. Fakat bunların da yine uygulanmaları için Arkaplan yetilerine ihtiyacı vardır.

Kişi eğer, nesnelerin katılığını düşünmeye başlarsa, nesnelerin katı olduğuna dair bir bilinçli inanç şekillendirebilir. Bu durumda nesnelerin katılığı inancı diğer inançlar gibi, sadece çok daha genel, bir inanç olur.

Başlangıçtaki 5 tezimizden, aşağıdaki yeniden gözden geçirilmiş liste ortaya çıkmaktadır:
1. Niyetli durumlar bağımsız olarak işlev görmezler. Tek başlarına karşılama şartlarını belirlemezler.
2. Her niyetli durum, işlevselliği için, bir Arkaplan yetileri dizisine muhtaçtır. Karşılama şartları ancak bu yetilere bağlı olarak belirlenir.
3. Bu yetiler arasında diğer bilinçli durumları üretme yeteneğine sahip olanlar olacaktır. Bu diğer durumlar için, 1. ve 2. şartlar uygulanır.
4. Aynı bilinçli içerik *türü*, farklı Arkaplan yetilerine bağlı olarak ve hiçbir şekilde belirtmediği bazı Arkaplanlara bağlı olarak, farklı bilinçli göstergelerde göründüğünde, farklı karşılama şartlarını belirleyebilir.

IV. Yaygın Arkaplan Yanlış Anlamaları

Arkaplan hipotezinin önemi birkaç şekilde yanlış anlaşılmaktadır ve şimdi bu yanlış anlamaları gidermek istiyorum. İlkin, Arkaplanın farkına varmış olan birçok filozof ondan aşırı derecede endişelenmektedir. Bu filozoflara göre sanki anlam, niyetlilik, akılcılık vb., eğer uygulanmaları insan oğlu hakkında mümkün olarak varolan biyolojik ve kültürel olgulara dayanırsa, bir şekilde tehdit altında kalır. Belli bir tür felsefi duyarlılık, niyetliliği ve akılcılığı salt temele yani, zorunlu ve şüphe duyulmayan gerçekler dizisi temeline dayandırıldığında bunun ilke olarak hatalı olduğunu fark ettiği zaman, bu felsefi duyarlık türüne ilişkin bir panik duygusu ortaya çıkar. Hatta kimilerine göre bir Arkaplan teorisine sahip olmak olanaklı değildir. Çünkü Arkaplan tüm teorinin ön şartıdır ve bazı uç durumlarda, teori kaypak bir doğrulanamaz ön kabuller temeline dayandığı için, herhangi bir teori olanaksızmış gibi bile görünür.

Bu görüşe karşı olarak, Arkaplan keşfinin sadece belli bir felsefi anlayışın hatalı olduğunu gösterdiğini belirtmek istiyorum. Günlük hayatımızın, teorik günlük hayatımız dahil, herhangi bir yönünü tehdit etmez. Yani, anlam ve niyetliliğin değişken veya belirsiz olduğunu, asla kendimizi anlaşılır kılamayacağımızı, iletişimin imkânsız veya tehdit altında olduğunu göstermez. Sadece bunların tümünün tutarlı biçimde varolan bir Arkaplan yetileri ve uygulamaları kümesine karşı işlediğini gösterir. Dahası, Arkaplan tezi teori üretmenin olanaksız olduğunu göstermez, aksine bence bizzat Arkaplan, bu bölümde göstermeyi umduğum gibi, mükemmel bir teori üretme alanıdır.

Ayrıca Arkaplanın hiçbir fizikötesi uzantısı olmadığına işaret etmek de önemlidir. Zira Arkaplan temsil edilen *gerçekliğin* değil, bizim gerçeklik temsilimizin bir özelliğidir. Kimileri, Arkaplan hipotezi üzerinden öyle veya böyle gerçekliğin bizzat Arkaplanla bağıntılı olduğunu ve buradan da bir tür görecelik veya idealizm sonucunun çıkması gerektiğini düşünmeyi çekici bulur. Fakat bu bir hatadır. Bizim onu nasıl temsil ettiğimiz gerçek dünyanın umurunda bile değildir ve temsil sistemimiz işlev görmek için, temsile dair olmayan bir yetiler kümesine ihtiyaç duysa da, bu sistemin temsil için kullandığı gerçeklik kendiliğinde bu yetilere ya da başka herhangi bir şeye dayanmaz. Kısacası, Arkaplan dışsal gerçekçilik kanaatimizi veya doğrunun kavranışındaki uygunluğu ya da açık iletişim imkânını yahut da mantık olanağını tehdit etmez. Ancak, bu görüngülerin tümüne farklı bir ışık tutar. Çünkü bunlar söylemimizin aşkın doğrulanmalarını sağlayamazlar. Aslında, onları kabul edişimiz söylemin bir Arkaplan ön kabulüdür.

Arkaplanın, özellikle metinsel yorumlama teorilerinde önemli olan bir yanlış anlaşılması, bütün anlamaların bir yorumlama edimi gerektirdiğini kabullenme yanılgısıdır. 'Kişi bir şeyi anladığı zaman, sadece belli bir yönüyle anlar' ve 'Al-

Bilinç, Niyetlilik ve Arkaplan 237

ternatif yorumlamalar her zaman mümkündür' şeklindeki olgulardan kişinin söyleminin tümünde, sabit 'yorumlama edimleri' içinde olduğu sonucu çıkmaz. Kişinin sözceleri hemen, normal biçimde veya anlık olarak anlaması, sadece Arkaplana bağlı olduğunda her zaman mümkündür. Fakat buradan da normal anlamanın içinde, ayrı bir mantıksal aşama, bir tür ayrı yorumlama *edimi* olduğu sonucu çıkmaz. Benzer bir hata, bir ağacın arka tarafı oluğunu biliyorsak, bu ağacın bir tarafına baktığımızda, buradan mutlaka bir sonuç çıkartmamız gerektiğini iddia eden biliş teorilerinde de görülür. Aksine, yaptığımız şey basitçe ağacı gerçek bir ağaç olarak görmektir. Kişi elbette, farklı bir Arkaplana sahip olduğunda, algısını farklı biçimde yorumlayabilir. Örneğin, ağacı iki boyutlu olarak görebilir vs. Fakat kişiden kişiye değişen yorumlamaların bulunması olgusundan, ne sıradan algıların sürekli olarak bir yorumlama edimi gerektirdiği, ne de kişinin algılanan veriden algılanmayan veri sonucunu çıkardığı yerde, fiili bir zihinsel işlem olarak bir tür çıkarım aşaması yapıldığı sonucu çıkar.

Arkaplan kesin olarak bir kurallar sistemi değildir. Bu, bana göre, Foucault'nun (1972) söylem oluşumu kavramının ve Bourdieu'nun *Outline of a Theory of Practice* (1977) kitabındaki, erken dönem uygulama tartışmasının zayıflığıydı. Her ikisi de kuralların benim tartışmakta olduğum görüngü türlerine temel teşkil ettiğini düşünmüşlerdi. Fakat kuralların sadece Arkaplan yetileriyle bağıntılı olarak uygulandıklarını görmek önemlidir. Kurallar kendi kendini yorumlayamazlar ve bu yüzden işlev için bir Arkaplana ihtiyaç duyarlar. Bunlar kendiliklerinde Arkaplanı açıklayamaz veya teşkil edemezler.

Bu telakkiler ışığında, bazen Arkaplan temsil edilemez ya da tam olarak açık edilemez gibi görünür. Fakat bu biçimlendirme zaten bir hatayı içermektedir. Bunu söylerken zaten belli bir temsil ve açıklık modeline sahibiz. Burada ki zorluk, modelin Arkaplana basitçe uygulanabilir olmayışıdır. *Elbette* Arkaplan temsil edilebilir. İşte başlıyorum: 'Arkaplan'. Bu ifade Arkaplanı anlatır ve elbette Arkaplan aynı ifadeyi kullanarak ya da Arkaplan hakkında bir kitap yazarak 'tam olarak açık' edilebilir.

Sonuçta zihinsel durumların temsiline yönelik, temsil edilen durumlar olarak aynı niyetli içeriğe sahip olan cümleler sağlamaya bağlı bulunan bir açıklık modeline sahibiz. Örneğin, suyun ıslak olduğu inancını, suyun ıslak olduğunun bir inanç olduğunu söyleyerek açık edebilirim. Fakat anlamın bu yönde herhangi bir niyetli içeriği olmadığından, onu bir niyetli içerikler kümesinden oluşuyormuş gibi ifade edemeyiz. Bu Arkaplanı tarif edemeyeceğimiz veya işlevselliğinin çözümlenemez olduğu, ya da bu türde bir şey anlamına gelmez. Tedarik etmeye çalıştığım şey tam da bir Arkaplan çözümlemesinin başlangıçlarıdır.

V. Arkaplanın Diğer Özellikleri

Arkaplanın bir coğrafyasını çıkartabilir miyiz? Bileşenlerinin bir tasnifini yapabilir miyiz? Aslında her tasnifin, tasnif etme ilkelerine gereksinimi vardır. Arkaplanın işlevlerinin nasıl olduğu hakkında net bir kavrama sahip oluncaya kadar, yeterli bir sınıflandırma oluşturamayacağız. Ancak, ilk etapta şöyle bir başlangıç yapabiliriz. *Intentionality* adlı kitabımda[1] en azından şu ayrımlara ihtiyacımız olduğunu öne sürmüştüm: Arkaplanın, bütün insanlarda yaygın olan özellikleri ile yerel ve kültürel uygulamalarda görülen özellikleri arasındaki bir ayrım. Bu ikisini 'yerel uygulamalar'a karşı 'derin Arkaplan' olarak karşılıklı kıldım. Yerel Arkaplanlardaki farklılıklar bir dilden başka bir dile çeviriyi zorlaştırmaktadır; derin Arkaplanın yaygınlığı ise bunu her şekilde mümkün

---

[1] Searle, 1983.

kılar. Proust'un Geurmantes'in evindeki bir akşam yemeği partisi tasvirini okursanız, tasvir etmenin bazı yönlerini kafa karıştırıcı bulabilirsiniz. Bu yerel ve kültürel uygulamalardaki farklılıklarla ilgilidir. Fakat doğru olduğunu kabul edeceğiniz belli şeyler de olacaktır. Örneğin, katılımcılar yemeği kulakları ile yemiyorlar. Bu bir derin Arkaplan konusudur. Ayrıca ben, şeylerin nasıl yapılacağını bilmek ile şeylerin nasıl olduğunu bilmek arasında bir ayrım yapmıştım. Kabaca ifade edersek, bu, uygulamalı/pratik olan ile teorik olan arasında yaptığımız geleneksel ayrımımızı kavramaya yönelikti. Tabii ki, hem uygulamalı olan hem de teorik olan neden Arkaplana dayanır. Bu yüzden de Arkaplan tek başına ne pratik ne de teoriktir. Fakat yine de bir ayrım yapmak durumundayız. Şeylerin nasıl yapılacağının bir örneği nasıl yürüneceğidir. Şeylerin nasıl olduğunun bir örneği etrafımızda gördüğümüz nesnelerin sabitliği ve değişmezliği ile ilgili olacaktır. Ancak, bu ikisinin yakın ilişki içinde olduğu açıktır. Çünkü kişi şeylerin nasıl olduğunu doğru kabul etmeksizin şeylerin nasıl yapılacağını bilemez. Örneğin, tereyağından yapılan baltaların bir işe yaramayacağını ve sudan yapılan baltaların aslında balta olmadıklarını doğru kabul etmeksizin odun kesmenin 'nasıl yapılacağını' bilemem. Arkaplanın işleyişinin belli kuralları vardır ki bazıları şunlardır:

1. Çoğu zaman, algı olmaksızın eylem, eylem olmaksızın da algı olmaz.

2. Niyetlilik düzenli bir eylem ve algı akışı içinde gerçekleşir ve Arkaplan ise bu akışın oluşturduğu biçimlerin imkân şartıdır. Uyanık yaşamınızın normal bir anını ele alın. Yemek yiyorsunuz, parkta yürüyüş yapıyorsunuz, mektup yazıyorsunuz, sevişiyorsunuz, ya da arabayla işe gidiyorsunuz. Her durumda eylemin imkân şartı gizli bir Arkaplan yetisidir. Arkaplan sadece niyetli içeriğin uygulanmasını, örneğin 'arabayla işe gitmenin' nasıl yapıldığını, şekillendirmekle kalmaz ayrıca ilk durumdaki niyetli içeriğin varlığının da

Arkaplan yetilerine gereksinimi vardır. Örneğin müthiş bir aparata sahip olmadıkça 'arabayla işe gitmek' içinde yer alan niyetliliğe bile sahip olamazsınız.

3. *Niyetlilik Arkaplan yetisinin düzeyini yükseltme eğilimindedir.* Dolayısıyla, örneğin, amatör bir kayakçı kayarken ağırlığını ileriye doğru verme niyetine ihtiyaç duyabilir, orta düzeyde bir kayakçının 'sola dönme' niyetini olanaklı kılan bir becerisi vardır, gerçek anlamda uzman bir kayakçının ise sadece 'bu eğimde kayak yapma' niyeti olabilir. Bir kayak yarışında, örneğin, antrenörler yarışı kazanmak için gerekli olan niyetlilik düzeyini oluşturmaya çalışacaklardır. Fakat bunun ardında Arkaplan yetilerinin büyük ölçüde bir desteği yatmaktadır. Dolayısıyla, antrenör kayakçıya 'aynı hizadaki bayraklara yakın dur, içteki yokuşa gelmeden kırmızı bayrağa dokun' vb. talimatlar verebilir. Benzer şekilde, İngilizce konuşurken, tekil isimleri tekil fiillerle, ya da çoğul isimleri çoğul fiillerle eşleştirme niyetine sahip olmam, sadece konuşurum.

4. *Niyetlilik Arkaplan yetisinin düzeyini artırsa da, her şekilde yetinin dibine ulaşır.* Başka bir biçimde ifade edersek, daha üst-düzey bir niyetli eylemin alanı içerisinde yapılan bütün ikincil istekli eylemler yine de niyetlidir. Dolayısıyla, örneğin, kayarken kollarımı ve bacaklarımı, konuşurken de ağzımı hareket ettirmeye yönelik ayrı bir niyete ihtiyacım olmasa bile, bu hareketlerin tümü niyetli olarak yapılır.

Benzeri algı için de geçerlidir. Normal olarak renkli görüntü parçaları düzeyinde görmem. Ön çamurluğu paslanmış bir steyşın Chevrolet görürüm, ya da Vermeer'in, bir kadının pencerenin kenarında durup mektup okurken pencereden gelen ışık hüzmelerinin elbisesine, mektuba ve masaya yansıdığı bir tablosunu görürüm. Fakat dikkat ederseniz bu durumlarda, algımın niyetliliği Arkaplan yetimin örneğin, steyşın Chevroletleri vermeerleri, vb. fark etme yetimin düzeyini artırsa bile, yine de alt-düzey bileşenler de niyetli içeriğin bir parçasıdır. Tabii ki bu esnada steyşın arabanın maviliğini ve masanın kahverengiliğini de görürüm.

5. *Arkaplan sadece ortada niyetli bir içerik olduğunda görülür.*
Arkaplan tek başına niyetli olmasa da, Arkaplanın, eylemde, algıda vb. herhangi bir tezahürü, ister bilinçli ister bilinçsiz olsun her hangi bir niyetlilik olması durumunda gerçekleşmelidir. 'Arkaplan' basitçe gerçekleşebilen bir olaylar dizinini belirtmez. Daha çok zihinsel yetiler, tavırlar, tutumlar, davranış biçimleri, nasılın bilgisi, beceriklilik, vb. den oluşur ve bunların tümü sadece ortada niyetli bir edim, algı, düşünce, vb. gibi niyetli görüngüler mevcutsa ortaya çıkabilirler.

Dokuzuncu Bölüm
Kognitif (Bilişsel) Aklın Eleştirisi

I. Giriş: Kognitif Bilimin Zayıf Temelleri

On yıldır, daha doğrusu bu disiplinin başlangıç yıllarından bu yana, uygulayıcı bir 'kognitif bilim adamı' olageldim. Bu zaman dilimi içinde bu alanda birçok değerli çalışma ve ilerlemeye tanık oldum. Ancak, bir disiplin olarak, kognitif bilim, en değerli temel varsayımlarından birkaçının hatalı olması olgusundan zarar görmektedir. Yanlış varsayımlar temeline oturmuş iyi bir çalışma yapmak mümkündür, fakat bu olması gerekenden daha zordur. Bu bölümde bu yanlış varsayımlardan bazılarını açıklamak ve çürütmek istiyorum. Bu varsayımlar birinci ve ikinci bölümlerde betimlediğim hatalar zincirinden çıkarılmaktadır.

Kognitif bilimin temel ilkeleri üzerinde herkesin vardığı bir uzlaşma mevcut değildir, fakat ayrıca değinilmeyi hak eden ana akımın belli genel özellikleri de bulunmaktadır. Ben belli bir ana akıma dâhil bir kognitif bilim adamı olsaydım, şunları söylerdim:

Beynin bu şekilde incelenmesi kognitif bilimi çok fazla ilgilendirmediği gibi bilincin de bu şekilde incelenmesinin kognitif bilim alanı için pek önemi yoktur. İncelediğimiz kognitif mekanizmalar aslında beyinde gerçekleştirilmiştir ve bazılarının bilinçte yüzeysel açıklamaları vardır. Fakat biz fiili kognitif işlemlerin bilince erişemediği orta düzeyle ilgileniyoruz. Beyinde gerçekleştirilmiş olmalarına rağmen, bu mekanizmalar sınırsız sayıda donanım sistemleri içinde de gerçekleştirilmiş olabilirler. Oralarda beyinler mevcuttur, fakat asli değildir. Bilişi açıklayan işlemler sadece olguda değil, prensipte de bilinçsizdir. Örneğin, Chomsky'nin evrensel gramer kuralları (1986) veya Marr'ın vizyon kuralları (1982) veya Fodor'un düşünce dili (1975) bilinçli olabilecek türden görüngüler değildir. Bundan başka, bu işlemlerin tümü sayısal hesaplamadır. Kognitif bilimin ardında yatan temel varsayım beynin bir bilgisayar olduğu ve zihinsel işlemlerin de sayısal hesapla olduğudur. Bu nedenle birçoğumuz yapay zekânın (YZ) kognitif bilimin kalbi olduğunu düşünüyoruz. Beynin Von Neumann'ın modası geçmiş kavramıyla bir tür dijital bilgisayar mı yoksa birleştirici bir makine mi olduğu konusunda aramızda bazı anlaşmazlıklar bulunmaktadır. Aslında kimimiz bu konuda unumuzu eleyip eleğimizi duvara asmış durumdayız. Çünkü biz beyindeki seri işlemlerin bir paralel bağlantı sistemi ile gerçekleştirildiğini düşünüyoruz.[1] Fakat hemen hepimiz şu konuda uzlaşmış bulunuyoruz: Kognitif zihin işlemleri bilinçsizdir; bunlar, büyük ölçüde prensipte bilinçsizdir ve sayısal hesaplamalardır.

Bir önceki paragrafta öne sürülen temel iddiaların neredeyse hiçbirine katılmıyorum ve bazılarını da önceki bölümlerde eleştirmiştim. Özellikle de derin bilinçdışı zihinsel durumların var olduğu iddiasını. Bu bölümün temel amacı sayısal hesaplama iddiasının belli yönlerini eleştirmektir.

Sanırım bu meseleyi somut bir örnekle yerine oturtursak, bu, araştırma programını bu denli akıl almaz yapan şeyin ne olduğunu açıklamakta yarar sağlayacaktır: YZ konusunda, durum işlemci ve sonuç (DİVS)[2] üzerine yapılan programlar için büyük iddialarda bulunuldu. Kabaca ifade edersek, DİVS bir program değil bir tür bilgisayar düzenidir. Fakat

---

[1] Hobbs, 1990.
[2] DİVS Alan Newell ve çalışma arkadaşlarınca Carnegie Mellon Üniversitesi'nde geliştirilmiş bir sistemdir. DİVS, 'Durum, İşlemci ve Sonuc'un kısaltılmış halidir. Açıklama için bkz., Waldrop, 1988. (Kısaltmanın İngilizcesi 'SOAR' şeklindedir. Çev.)

Kognitif Aklın Eleştirisi 245

DİVS'de gerçekleştirilen programlar YZ'nin gelecek vadeden örnekleri olarak kabul edilmektedir. Bu programlardan birisi bir komutla blokları taşıyan bir robotun içine yerleştirilmiştir. Dolayısıyla, örneğin, robot 'küp şeklinde bir blok al ve onu üç birim sola taşı' komutuna, uygun biçimde cevap verecektir. Bunu yapması için, hem optik alıcılara hem de robot kollara sahiptir ve bu optik alıcılardan girdileri alıp motor düzeneklerine çıktılar gönderen dönüştürücülere bağlı bir biçimsel simge hareketleri dizisini gerçekleştirdiği için sistem çalışır. Fakat benim sorunum şu: Tüm bunların varolan insan davranışı ile ne ilgisi var? Örneğin, insanoğlunun gerçek hayatta nasıl davrandığı hakkında birçok detayı bilmekteyiz. İlkin, *bilinçli* olmalıdır. Bunun dışında, komutu *duymalı ve anlamalıdır.* Blokları *bilinçli olarak görmeli,* komutu yerine getirmeye *karar vermeli ve* daha sonra da *bilinçli iradi niyetli* blokları taşıma *eylemini* gerçekleştirmelidir. Dikkat ederseniz bu iddiaların tümü olgu karşıtı koşulları desteklemektedir: Örneğin, bilinç yok ise, blokların taşınması da yoktur. Ayrıca bütün bu zihinle ilgili şeylerin nörofizyolojiden kaynaklandığı ve orada gerçekleştirildiğini de biliyoruz. O halde, bilgisayar örneklemesine başlamadan önce, birçoğu bilinçli olan zihinsel düzeyler ve nörofizyolojik düzeyler olmak üzere iki düzeyler dizisi olduğunu biliyoruz.

Bu durumda bu tabloya uyması gereken biçimsel sembol yönlendirmeleri nerededir? Bu, kognitif bilimin temel bir asli sorunudur fakat buna ne kadar az önem verildiğini bilseniz şaşırırdınız. Herhangi bir bilgisayar modeli için mutlak surette önemli olan soru şudur: 'Bu model örneklenen gerçeklik ile *tam olarak* nasıl ilişkilidir?' Fakat bu yazar gibi, şüpheci eleştirmenleri okumadığınız takdirde bu konu hakkında çok az tartışmayla karşılaşırsınız. Daha ayrıntılı cevap talebini karşılayacak olan genel bir cevap şudur: İnsandaki niyetlilik düzeyi -ki Newell (1982) buna 'bilgi düzeyi' diyor- ile çeşitli nörofizyolojik düzeyler arasında orta düzeyde bir biçimsel sembol hareketi vardır. O halde, deneysel olarak ifade edersek, bizim sorumuz şudur: Bunun muhtemel anlamı nedir?

Beyin hakkında yazılmış kitapları -söz gelişi, Shepherd 1983; ya da Bloom ve Lazerson 1988 gibi- okursanız, beyinde neler olup bittiği hakkında belli bir kanaate sahip olursunuz. Ardından sayısal işleme dair kitaplara[1] dönerseniz, hesaplama teorisinin mantıksal yapısı hakkında belli bir kanaat edinirsiniz. Daha sonra da kognitif bilimle ilgili kitaplara dönerseniz, bu kitaplar, beyin kitaplarının tanımladığı şeyin gerçekte hesaplamaya ilişkin kitapların söylediği şeyle aynı olduğunu söylerler. Felsefi olarak ifade edersek, bunun kokusu bana güzel gelmiyor ve ben, en azından bir incelemeye başlarken kendi koku duyumu nasıl takip edeceğimi öğrenmiş bulunmaktayım.

II. Güçlü Yapay Zekâ, Zayıf Yapay Zekâ ve Bilişselcilik (Kognitivizm)

Zihnin bilgisayar modelindeki temel düşünce, zihnin bir program olduğu ve beynin de bir sayısal sistemin donanımı olduğudur. Çokça karşılaşılan slogan şudur: 'Program donanıma yönelik olduğu gibi, zihin de beyine yöneliktir.'[2]

Şimdi şu üç soruyu belirginleştirerek bu iddiayı araştırmaya başlayalım:

1. Beyin bir dijital bilgisayar mıdır? Bilişselcilik

---

[1] Sözgelimi, Boolos ve Jeffrey, 1989.
[2] Bu görüş, birçoğu az çok aynı başlıkla yazılmış olan çok sayıda kitap ve makalede açıklanıp savunulmuştur. Örneğin, *Computers and Thought* (Feigenbaum ve Feldman, ed., 1963), *Computers and Thought* (Sharples vd. 1988), *The Computer and the Mind* (Johnson-Laird, 1988), *Computation and Cognition* (Pylyshyn, 1984), 'The Computer Model of the Mind' (Block, 1990) ve tabii ki 'Computing Machinery and Intelligence' (Turing, 1950).

2. Zihin bir bilgisayar programı mıdır?
3. Beynin işlemleri bir dijital bilgisayarda canlandırılabilir mi?

Bu bölümde 2. ve 3. sorulara değil de 1. soruya değineceğim. Daha önceki yazılarımda[1], 2. soruya olumsuz bir cevap vermiştim. Programlar tam anlamıyla biçimsel veya sözdizimsel olarak tanımlandığı ve de zihinlerin içsel bir zihinsel içerikleri olduğu için, buradan hemen bu programın tek başına zihni oluşturamayacağı sonucu çıkıyor. Programın biçimsel sözdizimi tek başına zihinsel içeriklerin varlığını kanıtlamaz. Bunu on yıl önce Çin odası argümanımda göstermiştim.[2] Bir bilgisayar, diyelim ki ben, Çince bir kelimeyi bile anlamadan Çince'yi anlamak gibi, zihinsel bir yeti programında aşamalar kat edebilir. Bu delil şu basit mantıksal gerçeğe dayanıyor: Sözdizimi anlamla aynı olmadığı gibi anlam için de bizatihi yeterli değildir. Şu halde ikinci sorunun cevabı kesinlikle 'Hayır' dır.

Üçüncü sorunun cevabı da galiba aynı kesinlikte veya en azından normal bir yorumlamayla 'Evet' olacaktır, Yani, normal olarak yorumlarsak, soru şu anlama gelmektedir: İçinde beynin işlemlerinin bir hesaplamalı taklit yapabileceğiniz şekilde bir beyin tasviri var mıdır? Church'ün 'bir aşamalar kümesi şeklinde yeterince kesin bir nitelendirmenin yapılabildiği her şey bir dijital bilgisayarda canlandırılabilir' şeklindeki tezini doğru kabul edersek, buradan basitçe sorunun olumlu bir cevabının olduğu sonucu çıkar. Hava sistemleri, New York borsasının hareketi veya Latin Amerika üzerindeki havayolu uçuşlarının canlandırılabildiği anlamda beynin işlemleri de bir dijital bilgisayarda canlandırılabilir. Bu durumda, sorumuz 'zihin bir program mıdır?' değildir.

---

[1] Searle, 1980a, 1980b ve 1984b.
[2] Searle, 1980a.

Bu sorunun cevabı, 'Hayır'dır. Bizim sorumuz 'Beyin canlandırılabilir mi?' de değildir. Buna cevap işe 'Evet'tir. Bizim sorumuz şudur: 'Beyin bir dijital bilgisayar mıdır?' Bu tartışmanın yararı için, bu soruyu şu sorunun dengi olarak kabul ediyorum: 'Beyin işlemleri hesaplı mıdır?'

İkinci sorunun cevabı olumsuz olduğunda bu sorunun öneminin çoğunu yitireceği akla gelebilir. Başka bir deyişle, zihnin bir program olmaması durumunda, beynin bir bilgisayar olup olmadığı sorusunun hiç bir önemi olmayacaktır. Fakat aslında gerçek sorun bu değil. Hatta programların tek başlarına zihinsel görüngüleri oluşturmadıklarını kabul edenler için bile, hala ortada önemli bir soru vardır: Zihin için bir dijital bilgisayarın sözdizimsel işlemlerinden daha fazlasına gerek olduğu doğru kabul edildiği zaman yine de, ortada zihinsel durumların *en azından* sayısal hesaplama durumları olduğu ve zihinsel işlemlerin de, bu zihinsel durumların biçimsel yapısı üzerinde işleyen sayısal işlemler olduğu sorunu olacaktır. Aslında bu, bana göre, oldukça fazla sayıda kişinin durduğu noktadır.

Bu görüşün tamamen açık olduğunu söylemiyorum, fakat bu şöyle bir düşüncedir: Betimlemenin bir düzeyinde, beyin işlemleri sözdizimseldir; tabiri caizse 'başın içinde cümleler' vardır. Bu cümlelerin İngilizce ya da Çince olması gerekmez, fakat belki 'düşünce dili'nde[1] olmaları gerekir. Bu durumda, diğer cümleler gibi, bunların da sözdizimsel yapıları ve semantiği veya anlamı vardır ve bir sözdizim sorunu semantik sorunundan ayrılabilir. Semantik sorunu şudur: Başın içindeki bu cümleler nasıl anlam kazanır? Fakat bu soru şu sorudan bağımsız olarak tartışılabilir: 'Bu cümlelerle işlem yaparken beyin nasıl çalışır? Bu ikinci sorunun tipik bir cevabı şudur: Beyin, başın içindeki cümlelerin sözdizim-

---

[1] Fodor, 1975.

sel yapıları üzerinde sayısal işlemler uygulayan bir dijital bilgisayar gibi çalışır.

Terminolojiyi yerinde tutmaya çalışırsak, 'bir zihne sahip olmak demek bir programa sahip olmak demektir' görüşüne Güçlü YZ, 'beyin işlemleri (ve zihin işlemleri) sayısal hesaplama olarak canlandırılabilir' görüşüne Zayıf YZ ve 'beyin bir dijital bilgisayardır' görüşüne de bilişselcilik (kognitivizm) diyorum. Bu bölüm bilişselcilik hakkındadır.

III: Başat Hikâye

Önceki sayfalarda, kognitif bilimin ana akımının varsayımlarına ilişkin bir ön açıklamada bulunmuştum. Şimdi ise, bilişselciliğin sezgisel olarak niçin cazip göründüğünü, olabileceği kadar güçlü bir şekilde açıklamaya çalışacağım. İnsan zekâsının hesaplama ile ilişkisi hakkında, en azından Turing'in klasik yazısına (1950) kadar uzanan bir hikâye var ve bana göre bu, bilişselci görüşün temelidir. Buna başat hikâye diyeceğim:

Matematiksel mantıktaki iki sonuçla başlıyoruz, Church-Turing tezi ve Turing'in teoremi. Amaçlarımız doğrultusunda, Church-Turing tezi, herhangi bir algoritma için, bu algoritmayı gerçekleştirebilen bir tür Turing makinesi olduğunu belirtir. Turing'in tezi ise herhangi bir Turing makinesini canlandırabilen evrensel bir Turing makinesi olduğunu söylüyor. Şimdi eğer bu ikisini bir araya koyarsak, evrensel Turing makinesinin herhangi bir algoritmayı gerçekleştirebildiği sonucuna ulaşıyoruz.

Fakat bu sonuç niçin bu denli heyecan verici olmuştur? Yapay zekâ üzerinde çalışan genç araştırmacı kuşağının tüylerini diken diken eden şey şu düşünceydi: Beynin evrensel bir Turing makinesi olduğunu kabul edelim.

Peki, beynin evrensel bir Turing makinesi olabileceğine dair sağlam bir neden var mıdır? Başat hikâyeye devam edelim:

En azından insanın bazı zihinsel yetilerinin algoritmik olduğu açıktır. Örneğin, ben bilinçli olarak, uzun bölme problemlerini çözmek için bir algoritmanın aşamalarını takip ederek uzun bölme yapabilirim. İnsanın algoritmik olarak yapabildiği her şeyin evrensel bir Turing makinesinde de yapılabileceği, Church-Turing tezi ve Turing teoreminin bir diğer sonucudur. Örneğin ben, bir dijital bilgisayarda uzun bir bölme için kullandığım algoritma ile aynı algoritmayı gerçekleştirebilirim. Böyle bir durumda, Turing (1950) ve benim tanımladığım gibi, insan bilgisayar ve mekanik bilgisayar aynı algoritmayı gerçekleştiriyor. Ben bunu bilinçli olarak yapıyorum, mekanik bilgisayar ise bilinçsiz olarak yapıyor. Bu durumda, beynimde bilinçsiz olarak olup biten ve aynı zamanda sayısal olan diğer birçok zihin işlemleri bütününün olabileceğini kabul etmek mantıklı gibi görünüyor. Ve eğer öyleyse, beynin nasıl bir dijital bilgisayardaki işlemlerle aynı işlemleri canlandırarak çalıştığını anlayabiliriz. Tıpkı uzun bölmeleri yapmak için işlemlerin bir bilgisayar taklit yaptığımız gibi, dil, görsel algı, gruplandırma, vb. anlamak için de işlemlerin bir bilgisayar taklit yapabiliriz.

'Fakat semantik ne olacak? Ne de olsa, programlar yalnızca sözdizimseldir.' Bu durumda, başat hikâyede bir diğer mantıksal/matematiksel sonuçlar kümesi ortaya çıkıyor:

Kanıt teorisinin gelişmesi, bilinen belli sınırlar içerisinde, önermeler arasındaki semantik ilişkilerin, bütünüyle bu önermeleri ifade eden cümleler arasındaki sözdizimsel ilişkilerin yansıması olduğunu göstermiştir. O halde, başın içindeki zihinsel içeriklerin sözdizimsel olarak başın içinde ifade edildiğini düşünün, bu durumda, zihinsel işlemleri açıklamamız için gereken her şey, beynin içindeki sözdizimsel elemanlar arasındaki sayısal hesaplamalar olabilir. Kanıt teorisini doğru kabul edersek, semantik kendi başının çaresine bakacak ve bilgisayarların yaptığı şey de kanıt teorisini gerçekleştirmek olacaktır.[1]

Bu durumda, iyi tanımlanmış bir araştırma programına sahip oluyoruz. Beyinde gerçekleştirilen programları, bilgisayarları aynı programları gerçekleştirmeye programlayarak keşfetmeye çalışıyoruz. Biz bunu, sırayla, önce mekanik bilgisayarı insan bilgisayarın işlemesiyle eşleştirerek ve sonrasında psikologlara içsel işlemlerin her iki tip bilgisayarda da aynı olduğuna dair kanıt aratarak yapıyoruz.

Takip eden sayfalarda okuyucudan bu başat hikâyeyi akıllarında tutmalarını istiyorum. Özellikle, Turing'in, programın insan bilgisayar tarafından bilinçli bir şekilde gerçekleştirilmesi ve ister beyin isterse de mekanik bir bilgisayar tarafından olsun, programın bilinçsiz bir şekilde gerçekleştirilmesi arasındaki çelişkisine dikkat edin. Doğal olarak işleyen programları ve mekanik bilgisayarlarımızın içine yerleştirdiğimiz aynı programları *keşfedebileceğimiz* düşüncesine de dikkat edin.

Bilişselciliği savunan kitaplara ve makalelere bakıldığında, çoğunlukla belirtilmemiş olan, fakat yine de yaygın olan belli genel varsayımlar bulunur.

Birincisi, beynin bir dijital bilgisayar olduğu düşüncesinin yegâne alternatifinin bir tür düalizm olduğu sıklıkla varsayılıyor. Bu varsayımın nedenlerini ikinci bölümde irdelemiştim. Etkileyici bir dille söyleyecek olursak, bu düşünce okuyucuyu zorbalıkla, beynin bir tür bilgisayar olduğunu kabul

---

[1] Bu araştırma programının tümünü Gabriel Segal (1991) ustalıkla şöyle özetlemiştir: 'Kognitif bilim, kognitif işlemleri beyindeki sayısal işlemler olarak görür. Ve sayısal işlem, sözdizimi parçalarının hareketine bağlı bulunmaktadır. Sözdizim nesnelerinin içeriği, eğer varsa, işleniş yollarıyla ilgisizdirler. Dolayısıyla, galiba, içerikteki farklılıklar beynin sözdizimindeki farklılıklara yansıdığı takdirde içerik kognitif açıklamalarda görülebilir.' (s. 463).

etmediği takdirde, bir tür garip, bilim karşıtı görüşler ortaya attığını düşünmeye itiyor.

İkincisi, beyin işlemlerinin sayısal hesaplamalı olup olmadığı sorusu sanki basit bir deneysel soru gibi görülüyor. Bu soru da, gerçekçi bir incelemeyle, kalbin bir pompa olup olmadığı veya yeşil yaprakların fotosentez yapıp yapmadığı soruları bir olgu olarak nasıl yerleşmişse, o şekilde yerleştirilmelidir. Burada mantıksal bir baltalamaya veya kavramsal bir incelemeye yer yoktur. Çünkü güçlü bir bilimsel olgu hakkında konuşmaktayız. Aslında, bana göre, bu alanda çalışan birçok kişi, şu an değindiğim sorunun uygun bir felsefi sorun olup olmadığı konusunda şüphe duyacaktır. 'Beyin gerçekten bir dijital bilgisayar mıdır?' sorusu, 'Nöromüsküler bağlantılardaki sinir taşıyıcısı aslında asetilkolin midir?' sorusundan daha felsefi bir soru değildir.

Hatta Penrose (1989) ve Dreyfus (1972) gibi bilişselciliğe sempatisi olmayan kişiler ona tam bir olgusal sorun gibi bakarlar. Şüphe duydukları iddianın ne tür bir iddia olduğu sorusu onları pek ilgilendirmiyor gibi görünüyor. Fakat şu soru benim kafamı karıştırıyor: Beyine ilişkin ne tür bir olgu onu bir bilgisayar yapar?

Üçüncüsü, bu literatürün kendine özgü diğer bir özelliği ise temel soruları kurnazca gizleyen acelecilik ve hatta bazen de dikkatsizliktir. İrdelenmekte olan beyinlerin anatomik ve psikolojik özellikleri tam olarak nedir? Bir dijital bilgisayar tam olarak nedir? Ve bu sorulara verilen cevaplar arasında nasıl bir bağlantı vardır? Bu kitaplar ve makalelerdeki normal prosedür, 0'lara ve 1'lere ilişkin bir kaç söz söylemek, Church-Turing tezinin popüler bir özetini sunmak ve ardından da bilgisayar başarıları ve başarısızlıkları gibi daha heyecan verici şeylere geri dönmektir. Beni şaşırtan şey ise, bu literatürü okurken kendine özgü bir felsefi boşluğa benzer bir şeyle karşılaşıyor oluşumdur. Bir yandan, Turing'in teoreminden Church'ün tezine ve oradan tekrarlanan işlev teorisine uzanan müthiş bir matematiksel sonuçlar kümesi görüyoruz. Öte yandan ise, her gün kullandığımız elektronik aletlerin etkileyici bir dizini ile karşılaşıyoruz. Böylesine gelişmiş matematiksel olgular ve bu denli güzel elektronik aletlerle karşılaştığımız için, bir şekilde birisinin matematik ile elektroniği ilişkilendiren temel bir felsefi çalışma yapmış olması gerektiğini varsayıyoruz. Fakat şunu söyleyebilirim ki, aslında durum bu değil. Bilakis, öyle bir durum içindeyiz ki burada, böyle çok önemli temel sorular üzerinde pratisyenler arasında çok az bir teorik uzlaşma bulunuyor: Bir dijital bilgisayar tam olarak nedir? Bir simge tam olarak nedir? Bir algoritma tam olarak nedir? Bir sayısal işlem tam olarak nedir? İki sistem, tam olarak hangi fiziksel koşullar altında aynı programı gerçekleştiriyor?

IV. Hesaplamanın (Computation)Tanımı

Temel sorular üzerinde evrensel bir uzlaşma olmadığı için, kaynaklara, yani Alan Turing tarafından verilen ilk tanımlamalara inmenin en iyi yol olacağına inanıyorum.

Turing'e göre, bir Turing makinesi belli ilkel işlemleri gerçekleştirebilir: 0'ı manyetik bandına 1 olarak tekrar yazabilir, 1'i manyetik bandına 0 olarak tekrar yazabilir, bandı bir birim sola kaydırabilir veya bandı bir birim sağa kaydırabilir. Bu bir komut programı tarafından kontrol edilir ve her komut gerekli şart sağlandığında bir şartın ve bir eylemin nasıl gerçekleştirileceğini belirler.

Hesaplamanın standart tanımı budur, fakat literal olarak ele alındığında, en azından bir nebze yanıltıcıdır. Ev bilgisayarınızı açtığınızda, muhtemelen hiç 0, 1 veya hatta bir bantla bile karşılaşmazsınız. Fakat bu zaten tanımla ilgili bir sorun değildir. Bir nesnenin gerçekte bir dijital bilgisayar olup olmadığını anlamak için 0'lar, 1'ler, vb. aramamız zaten gerekmez. Aslında sadece 0'a ve 1'e ait olarak *ele alabileceğimiz* veya *sayabileceğimiz* veya bu şekilde *kullanılabilecek* bir şey aramak zorundayız. Bundan başka, konuyu daha kafa karıştırıcı yapacak olursak, bu makinenin hemen her şeyle anlaşılabilir olabileceğini söyleyebiliriz. Johnson-Larid'in söylediği gibi, 'Bu modası geçmiş bir mekanik hesap makinesinin çark dişlerine ve çark kollarına bakarak anlaşılabilir; içinden su akan bir hidrolik sisteme bakılarak anlaşılabilir; içinden elektrik devresi geçen bir slikon çipe yerleştirilmiş transistörlere bakarak anlaşılabilir; hatta beyin tarafından bile gerçekleştirilebilir. Bu makinelerin her biri çift değişkenli sembolleri belirtmek için farklı birer ortam kullanır. Çark dişlerinin konumları, suyun varlığı veya yokluğu, voltajın ve belki de sinir güdülerinin düzeyi'.[1]

Bu konu hakkında yazanların çoğu tarafından benzer sözler söylenmektedir. Örneğin, Ned Block (1990) 1'lerin ve 0'ların, sırasıyla, 4 volt ve 7 volt düzeylerinin yerine konduğu elektirik geçişlerini nasıl elde edebileceğimizi gösterir. Bu durumda, gidip voltaj düzeylerine bakmamız gerektiğini düşünebiliriz. Fakat Block bize 1'in sadece 'adet üzere' belli bir voltaj düzeyinin yerine konduğunu söylüyor. Devamında şunları da söyleyerek konuyu daha kafa karıştırıcı yapıyor: Hiç bir şekilde elektrik kullanmamız gerekmez, fakat gözle görülür bir kediler ve fareler ve peynirler sistemi kullanabiliriz. Burada kedi, ipinin bağlı olduğu kapıyı nasıl çekip açacaksa geçişleri o şekilde yapabilir ve 0 veya 1'i bu noktada ele alabiliriz. Bloc'un sürdürmekte kaygı duyduğu nokta şudur: 'Donanım gerçekleşmesinin sayısal hesaplama tanımlarını uyuşmazlığı. Bu geçişler farklı yollarla çalışır, fakat hesaplama olarak birbirlerine denktirler'. Benzer çizgide, Pylyshyn, sayısal bir dizinin 'Gagalama eğitimi almış bir

---

[1] Johnson-Laird, 1988, s. 39.

grup güvercinin bir Turing makinesi gibi' kullanılarak gerçekleştirilebileceğini söylüyor.[1]

Fakat bu durumda beynin bir dijital bilgisayar olduğu fikrini ciddi olarak değerlendirmeye çalışıyorsak, beynin yaptığı şeylerin dışında hemen hemen hiç bir şey yapmayan bir sistem yapabileceğimiz şeklinde rahatsız edici bir sonuca ulaşırız. Sayısal hesaplama olarak konuşursak, bu görüşe göre kedi-fare-peynir, çark kolları, su boruları, güvercinler, ya da bunların dışında her hangi bir sistem, Block'un dediği anlamda, bizim beyin sistemlerimizle 'hesaplamalı olarak denk' ise bu sistemlere bakarak sizinki ve benimki gibi işleyen bir 'beyin' kurgulayabiliriz. Bu durumda sadece bir sürü kedi, güvercin, su boruları veya muhtemel başka bir şeye ihtiyacınız olacak. Bilişselcilik savunucuları, bu sonucu büyük ve açık bir memnuniyetle karşılıyorlar. Fakat bence, bu onları kaygılandırmalı, şimdi bu sonucun, büyük bir problemler buzdağının küçük bir başlangıcı olduğunu göstermeye çalışacağım.

V. Birinci Güçlük::Sözdizim Fiziğe Özgü Değildir

Sayısal hesaplamacılığın savunucuları niçin çoklu gerçeklenebilirliğin uzantılarından rahatsız olurlar? Çünkü onlar aynı işlevin birden fazla gerçeklenmeye imkân verdiği tipik işlevsel açıklamalar olduğunu düşünürler. Bu anlamda, bilgisayarlar tıpkı karbüratörler ve termostatlar gibidir. Karbüratörler, pirinç veya çelikten yapılabildiği gibi, bilgisayarlar da, sonsuz sayıda donanım malzemelerinden yapılabilir.

Fakat arada bir fark bulunmaktadır: Karbüratör ve termostat sınıfı belli *fiziksel* etkiler üretimine bağlı olarak tanımlanabilir. Bu nedenle, örneğin, hiç kimse güvercinlerden karbüratör yapabilirsiniz demez. Fakat bilgisayar sınıfı

---

[1] Ned Block, 1990, s. 260; 1984, s. 57.

0'ların ve 1'lerin *atanmasına* bağlı olarak sözdizimsel bir şekilde tanımlanır. Çoklu gerçeklenebilirlik, aynı fiziksel etkinin farklı fiziksel maddelerde gerçekleştirilebildiği gerçeğinin değil, ilgili özelliklerin tam olarak sözdizimsel olduğu gerçeğinin bir sonucudur. Fizik, 0'ların ve 1'lerin atanmasına ve aralarındaki durum geçişlerine imkân vermediği takdirde bu konunun dışında kalır. Fakat bunun felakete yol açabilecek iki neticesi vardır:

1. Çoklu gerçeklenebilirliğe zımnen delalet eden aynı ilke evrensel gerçeklenebilirliğe de zımnen delalet etmelidir. Eğer hesaplama, sözdizimin atanmasına bağlı olarak tanımlanırsa, her şey bir dijital bilgisayar olabilir. Çünkü sözdizimsel nitelemeler yapılabilen her nesne dijital bir bilgisayar olabilir. Her şeyi, 0'lara ve 1'lere bağlı olarak tanımlayabilirsiniz.

2. Daha da kötüsü, sözdizimi fiziğe özgü değildir. Sözdizimsel özelliklerin nitelenmesi, daima belli fiziksel görüngüleri sözdizimsel olarak değerlendiren gözlemci veya faile bağlıdır.

Bu durumda, bu sonuçlar tam olarak neden felakete yol açıyor? Şöyle ki, beynin nasıl çalıştığını, özellikle de zihinsel görüngüleri nasıl ürettiğini bilmek istiyoruz. Ve mide, karaciğer, kalp, güneş sistemi ve Kansas eyaletinin tümünün bir dijital bilgisayar olması anlamında, beynin de bir dijital bilgisayar olduğunun söylenmesi bu sorunun cevabı olmaz. Elimizdeki model, beynin bir bilgisayar olduğunu gösterecek beyin işleyişi hakkında birtakım olgular keşfedebilir olmamızdı. Yeşil yaprakların kendilerine özgü biçimde fotosentez yaptıkları ya da kalbin içsel bir biçimde kan pompaladığı anlamda beyinlerin de *İçsel/kendilerine özgü* dijital bilgisayarlar olup olmadıklarını öğrenmek istedik. 'Pompalamak' kelimesini kalbe veya 'fotosentez' kelimesini yapraklara keyfi olarak ya da 'uzlaşımsal olarak' tahsis etmek bizim için sorun değildir. Burada fiili bir sorun var ve sorduğumuz soru da şuydu:

'Beyinlere yönelik bu şekilde onları dijital bilgisayar yapan bir olgu var mıdır?' Evet, her şey bir dijital bilgisayar olduğu için, beyin de bir dijital bilgisayardır denilmesi bu soruyu cevaplamaz.

Hesaplamanın ders kitaplarındaki standart tanımına göre, şu sonuçlardan nasıl kaçınacağımızı anlamak zordur:

1- Her bir nesnenin, kendisini bir dijital bilgisayar yapan bir betimlemesi vardır.

2- Herhangi bir program için ve yeterince karmaşık herhangi bir nesne için, bu nesnenin bu programı gerçekleştirdiği bir betimlemesi vardır. Bu yüzden örneğin, arkamdaki duvar şu an kelime işlemci programı gerçekleştiriyor. Çünkü kelime işlemci programının biçimsel yapısı ile eşbiçimli olan bir molekül hareketleri modeli bulunmaktadır. Fakat eğer bu duvar kelime işlemci programı gerçekleştiriyorsa ve de yeterince büyük bir duvarsa, beyinde gerçekleştirilen bütün programlar dâhil, her programı gerçekleştiriyor demektir.

Sanırım, bahsedilen savunucuların çoklu veya evrensel gerçeklenebilirliğin bir problem olduğunu anlamamalarının temel nedeni onu daha derin bir konunun sonucu olarak görmemeleri, yani 'sözdizimi'nin kütle ya da yerçekimi gibi bir fiziksel özelliğin adı olmamasıdır. Bilakis, bu konuda konuşurken, sanki benzinle çalışan motorlardan veya dizel motorlardan bahsediyor gibi, ya da beynin veya başka bir şeyin sözdizimsel bir motor oluşu basit bir olguymuş gibi, 'sözdizimsel motorlar' ve hatta 'semantik motorlar' ibarelerini kullanıyorlar.

Ben evrensel gerçeklenebilirlik probleminin ciddi bir problem olduğunu düşünmüyorum. Sanırım, evrensel gerçeklenebilirliğin sonucunu, hesaplama tanımımızı daraltarak engellemek mümkün olacaktır. Programcıların ve mühendislerin bu tanımı, hesaplamanın gerçek bir özelliği olarak değil de, Turing'in asıl tanımlamalarının bir garipliği olarak görmelerine kesinlikle saygı duymalıyız. Brian Smith, Vinod Goel ve John Batali'nin basılmamış çalışmaları, hesaplamanın daha gerçekçi bir tanımının, program durumları arasındaki nedensel ilişkiler, mekanizmanın programlanabilirliği ve kontrol edilebilirliği ve gerçek dünyadaki değişmezlik gibi özellikleri vurgulayacağını ileri sürmektedir. Bütün bunlar, söz konusu modelin yeterli olmadığı sonucunu doğuracaktır. Kabul edilebilir olgu karşıtı şartlar için yeterli bir nedensel yapı olmalıdır. Fakat hesaplamanın tanımına yönelik bu ilave kısıtlamalar mevcut tartışmamıza bir yarar sağlamaz, *çünkü asıl önemli problem, sözdiziminin temelde gözlemci-bağıntılı bir kavram olmasıdır. Hesaplı olarak denk işlemlerin farklı fiziksel ortamdaki çoklu gerçeklenebilirliği, sadece işlemlerin soyut olduğunun değil, ayrıca bu işlemlerin hiçbir surette söz konusu sisteme özgü (içsel) olmadıklarının da göstergesidir. Bunlar dışardan bir yorumlamaya dayanır.* Beyin işlemlerini hesaplı yapacak birtakım olgular arıyorduk. Fakat bizim yaptığımız hesaplama tanımı doğru ise, böyle bir olgu asla olamaz. Bir yandan, kendisine bir sözdizimi atayabiliyoruz diye, her şeyin bir dijital bilgisayar olduğunu söyleyemiyoruz, ama ardından beyin gibi doğal bir sistemin bir dijital bilgisayar olup olmadığı hakkında kendi fiziksel işlemine özgü olgusal bir sorunun olduğunu varsayıyoruz.

Ve eğer 'sözdizimi' sözcüğü kafa karıştırıcı görünüyorsa, aynı nokta o olmadan da belirtilebilir. Yani, 'sözdizimi' ve 'semboller' kavramlarının sadece bir konuşma üslubu olduğu ve gerçekte bizi ilgilendiren şeyin ise soyut fiziksel görüngüler ve aralarındaki durum geçişleri ile sistemlerin varlığı olduğu iddia edilebilir. Bu görüşe göre, gerçekte 0'lara ve 1'lere ihtiyacımız yoktur. Bunlar sadece kullanışlı bir stenografidir. Fakat bence bu hamlenin de bir yararı olmaz. Bir sistemin fiziksel durumu, ancak, bu durumu bir hesaplamalı role, işleve, ya da yorumlamaya tahsis etmeye bağlı olarak, hesaplamalı bir durum olur. 0'lar ve 1'ler olmadan da aynı problem ortaya çıkar. Çünkü *hesaplama, algoritma ve program gibi kavramlar sistemin kendilerine özgü içsel fiziksel özelliklerini belirtmezler.* Sayısal hesaplamalı durumlar fiziğin *içinde keşfedilmezler*, fiziğe *atfedilirler*.

Bu, Çin odası argümanından farklı bir argümandır ve bunu on yıl önce görmüş olmalıydım, fakat görmedim. Çin odası argümanı semantiğin sözdizimine özgü olmadığını göstermişti. Şu an ise sözdizimin fiziğe özgü olmadığı şeklinde farklı ve değişik bir noktaya değiniyorum. Başlangıçtaki delilin amacına uygun olarak, bilgisayarın sözdizimsel olarak nitelendirilmesinin bir sorun teşkil etmediğini varsayıyordum. Fakat bu bir hatadır. Bir şeyin, kendisine özgü olarak, bir dijital bilgisayar olduğunu keşfetmenin olanağı yoktur. Çünkü bu şeyin bir dijital bilgisayar olarak nitelendirilmesi her zaman sistemin tamamen fiziksel özelliklerine sözdizimsel bir yorum atfeden gözlemciye bağlıdır. Düşünce dili varsayımına uygulandığında, bu tezin tutarsız olduğu sonucunu verir. Başınızın içinde kendinize özgü bilinmeyen cümleler olduğunu keşfetmeniz mümkün değildir. Çünkü bir şey ancak, onu bir cümle olarak kullanan faile ya da kullanıcıya göre cümledir. Genel olarak hesaplamalı modele uygulandığında, bir sürecin sayısal olarak nitelendirilmesi bir fiziksel sistemin dışardan nitelendirilmesidir. Ve bu sürecin sayısal olarak belirtilmesi fiziğin kendisine özgü niteliğini belirtmez, bu aslında gözlemciye bağlı bir nitelendirmedir.

Bu nokta tam olarak anlaşılmalıdır. Doğada keşfedebileceğimiz modellere ilişkin a priori sınırlamalar olduğunu ifade etmiyorum. Kuşkusuz beyninim içinde gerçekleşen olayların bilgisayarımdaki vi-editör programının gerçekleşmesi ile eşbiçimli olan yapısını fark edebiliriz. Fakat bir şeyin sayısal hesap *olarak işlevsel* olduğunu söylemek, bir fiziksel olaylar modelinin gerçekleşiyor olduğunu söylemekten öte bir şey söylemektir. Bunun için bir sayısal hesaplama, yorumun bir fail tarafından tahsis dilemesi gerekir. Buna benzer olarak, doğada sandalyelerle aynı şekle sahip olan ve dolayısıyla onlar gibi kullanılabilen nesneler bulabiliriz. Fakat onları sandalyeler gibi gören ve kullanan failler olmadıkça, doğada sandalyeler gibi işleyen nesneler bulamayız.

Bu delili tam olarak anlamak için, dünyanın *içsel* nitelikleri ile *gözlemci/bağıntılı* olan nitelikler arasındaki ayrımı anlamak gerekir. 'Kütle', 'yerçekimi' ve 'molekül' gibi ifadeler dünyanın özgün niteliklerini isimlendirirler. Tüm gözlemcilerin ve kullanıcıların varlığı sona ererse, dünya yine de kütle, yerçekimi ve molekülleri içermeye devam eder. Ne var ki, 'piknik için güzel bir gün', 'banyo küveti' ve 'sandalye' gibi ifadeler gerçekliğin içsel niteliklerini isimlendirmezler. Bunlar, daha çok, kendilerine atfedilen bir özelliği, gözlemciye ve kullanıcıya bağıntılı olan bir özelliği, belirterek nesneleri isimlendirirler. Eğer hiçbir kullanıcı ya da gözlemci olmasa idi, yine de dağlar, moleküller, kütleler ve yerçekimi olacaktı. Fakat, hiçbir kullanıcı veya gözlemci olmasa idi, piknik için güzel bir gün, bir sandalye, ya da bir banyo küveti gibi özellikler olmayacaktı. Gözlemciye bağıntılı olan özelliklerin, dünyanın içsel özelliklerine atfedilmesi keyfi bir şey değildir. Dünyanın bazı özgün nitelikleri, örneğin, sandalyeler ve banyo küvetleri olarak kullanımlarını kolaylaştırırlar. Fakat bir sandalye veya banyo küveti ya da piknik için güzel bir gün olma özelliği, ancak kullanıcılara ve gözlemcilere bağlı olarak varolan bir özelliktir. Burada belirtiyor olduğum nokta ve bu delilin esası, hesaplamanın standart tanımlamalarına göre, hesaplamalı özelliklerin gözlemciye bağlı olduğudur. Bunlar içsel değildir. O halde buraya kadarki delil şöyle özetlenebilir:

Doğa biliminin amacı, doğal dünyada içsel olan özellikleri keşfetmek ve nitelendirmektir. Hesaplama ve bilişin kendi tanımlamalarına göre, sayısal hesaplamalı kognitif bilimin asla bir doğa bilimi olabilmesi mümkün değildir. Çünkü sayısal işlem dünyanın özgün bir niteliği değildir. Gözlemcilere göre tahsis edilir.[1]

VI. İkinci Güçlük::Küçük İnsan (Homunculus) Yanılgısı Bilişselciliğe Özgüdür

Buraya kadar, sanırım bir soruna ulaştık. Sözdizimi, fiziğin bir parçası değildir. Buradan şu netice çıkıyor: Eğer hesaplama sözdizimsel olarak tanımlanırsa hiçbir şey, sadece fiziksel özellikleri bakımından, içsel olarak bir dijital bilgisayar olmaz. Bu güçlüğün dışında başka bir yol var mıdır? Evet vardır ve bu yol kognitif bilimde standart olarak kabul edilmiş bir yoldur. Fakat kızartma tavasından ateşe götürmektedir. Zihnin sayısal hesaplama teorisine ilişkin şahit olduğum çalışmaların çoğu 'küçük insan' yanılgısı üzerinde bazı oynamalar yapmaktadır. Buradaki düşünce, beyini, sanki içinde hesaplama yapmak için kullandığı bir tür fail varmış gibi değerlendirir. Bunun tipik bir örneği David Marr'dır (1982), Marr görme işini, retina üzerindeki iki boyutlu bir görsel düzenden dış dünyanın üç boyutlu bir tasvirine doğru ilerleyen, görsel sistemin bir çıktısı olarak tanımlar. Buradaki güçlük şudur: Söz konusu tanımı kim okuyor? Aslında, Marr'ın kitabı boyunca ve bu konu üzerine yapılmış diğer standart çalışmalarda, sanki işlemlerini tam olarak hesaplamalı kabul etmemiz için sistemin içindeki bir küçük insana müracaat etmemiz gerekiyormuş gibi görünüyor.

Birçok yazar küçük insan yanılgısının aslında bir sorun olmadığını düşünüyor, çünkü bu küçük insanın 'değiştirile-

---

[1] Pylyshyn şu cümleyi yazarken bu noktayı tam anlamıyla kabul etmeye çok yaklaşır: 'Hangi sayısal işlemin gerçekleştiriliyor olduğu sorusunun cevabı, anlamsal olarak yorumlanmış sayısal durumların irdelenmesini gerektirir' (1984, s. 58) İyi güzel de, bu yorumu kim yapıyor ki?

bilir' olabileceğini düşünüyorlar.[1] Buradaki düşünce şudur: Bilgisayarın sayısal hesaplamaları aşamalı olarak daha basit birimlere ve nihayet basit iki durumlu, 'evet-hayır', '1-0' modellerine ulaşıncaya kadar, doğru çözümlenebileceği için, daha üst düzey küçük insanların aşamalı olarak, içinde hiç bir surette gerçek bir küçük insanı içermeyen basit bir iki durumluluğun en alt düzeyine ulaşıncaya kadar, daha aptal küçük insanlarla değiştirilebileceği görülüyor. Buradaki düşünce, kısacası, yinelemeli ayrışımın söz konusu küçük insanları ortadan kaldıracağıdır.

Bu kimselerin ne demeye çalıştıklarını anlamak çok fazla zamanımı aldı için, birilerinin de benim gibi kafalarının karışması ihtimaline karşı, ayrıntılı bir örnek vereceğim: Farzedin ki kırk sekiz elde etmek için altı ile sekizi çarpan bir bilgisayarımız olsun. Bu durumda şunu sorarız 'Bunu nasıl yapıyor?' Cevabı şöyle olabilir: Altıyı kendisi ile yedi kez topluyor.[2] Fakat 'altıyı kendisi ile yedi kez nasıl topluyor' şeklinde bir soru sorarsanız, cevabı muhtemelen şöyle olacaktır: İlk olarak, bütün rakamları ikilik sayma düzenine dönüştürür, ikinci olarak, 'bir 0 yaz, bir 1 sil' şeklindeki komutların olduğu en alt düzeye ulaşıncaya kadar, ikilik sayma düzeninde işlem yapmak için basit bir algoritma kullanır. Bu durumda, örneğin, en üst düzeyde zeki küçük insanımız şöyle söyler: 'Kırk sekizi bulmak için altıyı sekizle nasıl çarpacağımı biliyorum.' Fakat daha alt düzeye gelince, yerini daha aptal bir küçük insanla değiştirir ve şöyle söyler: 'Çarpma işleminin nasıl yapılacağını gerçekte bilmiyorum, fakat toplama yapabilirim.' Bu düzeyin de altında daha aptal küçük

---

[1] Dennett, 1978.
[2] Bazen altıyı kendisi ile *sekiz* kez toplamak gerektiği söylenir. Fakat bu kötü bir aritmetiktir. Altının kendisiyle sekiz kez toplanmasının sonucu elli dörttür, çünkü altıyı kendisi ile sıfır kez toplamanın sonucu yine altıdır. Bu hatanın çok fazla yapılıyor olması şaşırtıcıdır.

insanlar da vardır ve şöyle söylerler: 'Toplamanın ya da çarpmanın nasıl yapılacağını gerçekten bilmiyoruz, fakat ondalık sistemi ikilik sayma düzenine nasıl dönüştüreceğimizi biliyoruz. Bunların da altındaki daha da aptal olanları ise şöyle söyler: 'Biz bu işten hiçbir şey anlamıyoruz, fakat ikilik sayma düzeninde işlem yapmayı biliyoruz.' En alt düzeydeki küçük insanlar grubunun tümü ise sadece şunu söyler: 'Sıfır bir, sıfır bir.' Bütün bu daha yüksek düzeyler bu en alt düzeye iner. Sadece bu en alt düzey aynı kalır; en üst düzeyler sadece *mış-gibi*dirler.

Çeşitli yazarlar,[1] bu özelliği, sistemin anlamsal bir motoru süren, sözdizimsel bir motor olduğunu söyleyerek tasvir ederler. Fakat eski sorumuzla tekrar yüzleşmeliyiz: Sisteme özgü hangi olgular onu sözdizimsel yapar? En alt düzeye ya da diğer düzeylere ilişkin hangi olgular, bu işlemleri 0'lara ve 1'lere dönüştürür? *Yinelemeli ayrışımın dışında kalan bir küçük insan olmaksızın, işlem yapabileceğimiz bir sözdizimimiz dahi olmaz.* Küçük insan yanılgısını yinelemeli ayrışım ile ortadan kaldırma çabası başarısız olur. Çünkü fiziğe özgü bir sözdizimi elde etmenin tek yolu fiziğin içine bir küçük insan yerleştirmektir.

Bütün bunların büyüleyici bir yönü vardır. Bilişselciler, memnuniyetle, hesaplamanın daha üst düzeylerinin, '6'yı 8'le çarpmak' gibi, gözlemciye bağlı olduğunu kabul ederler. Burada, çarpma işlemiyle doğrudan örtüşen hiçbir şey yoktur. Tümü, küçük insanın/gözlemcinin gözlerinin içindedir. Fakat en alt düzeyler için bu yorumu yapmayı sürdürmüyorlar. Kabul ettikleri elektronik devre 6 ile 8'i gerçekte bu şekilde çarpmıyor. Aslında 0'ları ve 1'leri işliyor ve bu işlemler, tabiri caizse, çarpma işlemine varıyor. Fakat hesaplamanın daha üst düzeylerinin fiziğe özgü olmadığını kabul etmek, aynı

---

[1] Haugeland, 1981; Block, 1990.

zamanda, daha alt düzeylerin de fiziğe özgü olmadığını kabul etmektir. Şu halde, küçük insan yanılgısı hala yanımızdadır.

Bir mağazadan satın aldığınız türden gerçek bilgisayarlar için, küçük insan sorunu yoktur, çünkü her kullanıcı söz konusu küçük insandır. Fakat eğer beynin bir dijital bilgisayar olduğunu kabul edecek olursak, yine şu soruyla karşı karşıya geleceğiz: 'Peki bu kullanıcı kimdir?' Kognitif bilimdeki tipik küçük insan soruları şunlar gibidir: 'Görsel sistem tonlamadan elde ettiği şekli nasıl hesaplar; retina görüntüsündeki boyutundan uzaktaki bir nesneyi nasıl hesaplar?' Bunlara paralel bir soru şu olabilir: 'Çiviler, tahtada kat edecekleri mesafeyi çekicin darbesine ve tahtanın yoğunluğuna bakarak nasıl hesaplarlar?' Her iki durumda da cevap aynıdır: Eğer sistemin özgün olarak nasıl çalıştığından bahsediyorsak, çiviler de, görsel sistemler de hiçbir şey hesaplayamaz. Biz, küçük insanların dışında olarak, onları hesaplamayla tanımlayabiliriz. Bunu yapmak çoğu kez yararlı olur. Fakat çivilerin bir şekilde özgün olarak çekiçleme algoritmalarını gerçekleştirdiklerini varsayarak, çekiçlemeyi ve görsel sistemin, şekli tonlama algoritması ile gerçekleştirdiğini varsayarak da görmeyi anlamazsınız.

VII. Üçüncü Güçlük: Sözdiziminin Nedensel Güçleri Yoktur

Doğa bilimlerindeki belli türden açıklamalar, açıklanacak görüngülerin üretimindeki nedensel olarak işlev gören mekanizmalara açıklık getirir. Bu özellikle biyoloji bilimlerinde yaygındır. Hastalığa ilişkin tohum teorisini, fotosentezin açıklamasını, kalıtsal özelliklerle ilgili DNA teorisini ve hatta doğal ayıklanmaya ilişkin Darwinci teoriyi düşünün. Her durumda nedensel bir mekanizma belirlenir ve yine her durumda bu belirleme, mekanizmanın çıktısının açıklamasını yapar. Eğer geri dönüp başat hikâyeye bakarsanız, bunun

Kognitif Aklın Eleştirisi

bilişselciğin öne sürdüğü türden bir açıklama olduğunu açıkça görebilirsiziniz. Beyin işlemlerinin bilişi üretmesine yardımcı olan mekanizmaların sayısal olması gerekir ve programları açıkça belirterek bilişin nedenlerini açıkça belirtmiş olacağız. Bu sıkça bahsedilen araştırma programının güzel yanlarından biri, bilişi açıklamak için beyin işlevlerinin ayrıntılarını bilmek zorunda olmayışımızdır. Beyin işlemleri sadece bu kognitif programların donanım gerçekleşmesini sağlarlar, fakat program düzeyi gerçek kognitif açıklamaların verildiği düzeydir. Örneğin Newell tarafından da belirtilen standart yaklaşıma göre, üç açıklama düzeyi vardır; donanım, program ve niyetlilik (Newell bu son düzeye bilgi düzeyi der). Kognitif bilimin özel katkısı program düzeyinde olur.

Fakat buraya kadar söylediklerim eğer doğruysa, bu projenin tümünde bir bityeniği olmalı. Bilişselci teorinin en azından nedensel bir açıklama olarak yanlış olduğuna inanırdım, fakat şu an, deneysel bir tez olup olmadığı konusunda bile uyumlu olan bir biçimini şekillendirmekte güçlük çekiyorum. Söz konusu tez şudur: Beyinde işlem gören bir yığın sembol var ve bu semboller ışık hızıyla beyine giren 0'lar ve 1'lerdir. Sadece çıplak gözle değil en güçlü elektron mikroskopuyla bile görülemezler ve bilişe bunlar neden olur. Fakat 0'lar ve 1'lerin, gözlemcinin gözleri hariç, aslında var olmamaları, bunların nedensel güçlerinin olmayışı demektir ki buradaki güçlük de budur. Bu gerçekleştirilen programın, ortamı gerçekleştirmek dışında nedensel güçleri yoktur. Çünkü bu programın, ortamı gerçekleştirmenin ötesinde gerçek bir varlığı ve varlıkbilimi yoktur. Fiziksel olarak konuşursak, 'program düzeyi' diye ayrı bir şey yoktur.

Eğer geri dönüp başat hikâyeye bakar ve kendinize, mekanik bilgisayar ile Turing'in insan bilgisayarı arasındaki farkı hatırlatırsanız, bunu görebilirsiniz. Turing'in insan bilgisayarında, aslında, bu sisteme özgü bir program düzeyi vardır ve bu program, girdiyi çıktıya dönüştürmek için nedensel olarak bu düzeyde işlev görür. Bunun nedeni, insanın belli bir hesaplamayı yapmanın kurallarını bilinçli olarak takip ediyor olmasıdır ve insanın eylemini nedensel olarak açıklayan budur. Fakat mekanik bilgisayarı aynı hesaplamayı gerçekleştirmeye programladığınızda sayısal bir yorumun atfedilmesi artık bize, dışarıdaki küçük insanlara, bağlıdır. Sistemde içsel olan niyetli bir nedensellik yoktur. İnsan bilgisayar bilinçli olarak kuralları takip eder ve onun davranışını açıklayan bu olgudur, fakat mekanik bilgisayar hiçbir kuralı tam olarak takip etmiyor. Tam olarak bazı kuralları takip ediyormuş gibi davranmak üzere tasarlandığı için uygulamaya ve ticarete yönelik amaçlar için, herhangi bir kuralı takip ediyor olması aslında bir sorun oluşturmaz. Kuralları takip edemez, çünkü, nedensel olarak davranışı üretme işlevini gören sisteme özgü herhangi bir niyetli içeriğe sahip değildir. Bu durumda bilişselcilik bize, beynin ticari bir bilgisayar gibi işlediğini ve bilişe bunun neden olduğunu söylüyor. Fakat küçük insan olmaksızın, hem ticari bilgisayar hem de beyin sadece modellere sahip olur ve bu modellerin ortamı oluşturan güçler dışıda nedensel güçleri yoktur. Dolayısıyla, galiba bilişselcilik, bilişin nedensel bir açıklamasını *yapabilmesi* olanaklı değildir.

Ne var ki bana göre burada kafa karıştırıcı bir muamma var. Bilgisayarlarla çalışan herhangi bir kişi, aslında çoğu kez programa yönelik nedensel açıklamalar yaptığımızı nedensel olarak dahi bilir. Örneğin, bir tuşa basıp şu şu sonuçlara ulaştım diyebiliriz. Çünkü makine Emacs programını değil de Vi programını gerçekleştiriyordur ve bu bir sıradan nedensel açıklamadır. Dolayısıyla kafa karıştıran şey şudur: Bu tür bir sözdiziminin nedensel güçlere sahip olmaması olgusu ile programa yönelik nedensel açıklamalar yapabilme olgusunu nasıl uzlaştıracağız? Ve daha da önemlisi, bu tür açıklamalar bilişselcilik için uygun bir model sağlarlar mı; bilişselciliği kurtarırlar mı? Örneğin, termostatlar benzetmesini; 'termostat' kavramının, kendi gerçekleştirilme fiziğine yönelik yapılmış herhangi bir göndermeden bağımsız olarak nedensel açıklamalarda şekillendirilmesi gibi, 'program' kavramının da eşit derecede fizikten bağımsız olduğu halde açıklanabilir olduğunu belirterek kurtarabilir miyiz?

Bu bilmeceyi açıklamak için, başat hikâyeyi, bilişselci inceleme prosedürlerinin, fiili araştırma uygulamasında nasıl çalıştıklarını göstermeye doğru genişleterek, söz konusu durumu bilişselciliğe uygulayalım. Buradaki düşünce; tipik olarak, görme veya dil gibi bazı bilişsel yetileri taklit için bir ticari bilgisayar programlamaktır. Ardından, en azından bize Turing'e denk başarılı bir taklit elde edersek, beyin bilgisayarının ticari bilgisayar ile aynı programı çalıştırdığı varsayımına ulaşırız. Ve bu varsayımı test etmek için, tepki zamanları gibi dolaylı psikolojik kanıtlar ararız. Dolayısıyla, galiba, bu programı ticari bilgisayarın hareketini tam olarak açıklayabildiğimiz anlamda iktibas ederek, beyin bilgisayarının davranışını da nedensel olarak açıklayabiliriz. Bunda yanlış olan nedir? Kusursuz biçimde mantıklı bilimsel bir inceleme programı gibi görünmüyor mu? Ticari bilgisayarın girdiyi çıktıya dönüştürmesinin bir program sayesinde açıklandığını biliyoruz ve nedensel bir açıklamamız olduğu için bu aynı programı beynin içinde buluruz.

Bu projeye baktığımızda, birdenbire canımızı sıkan iki şey olmalı. Birincisi, nörobiyolojik düzeyde nasıl işlediğini anladığımız beynin herhangi bir işlevine yönelik böyle bir açıklama düzeyini asla kabul etmeyiz. İkincisi, böyle bir açıklama düzeyini, sayısal hesaplama olarak canlandırabileceğimiz başka türlü sistemler için de kabul etmeyiz. İlk noktayı aydınlatmak için, şu ünlü yaklaşımı ele alalım: 'Kurbağanın

Gözü Kurbağanın Beynini Açığa Çıkarır'.[1] Bu yaklaşım tamamen, kurbağanın sinir sisteminin anatomisi ve fizyolojisi bakımından öne sürülür. Rasgele seçilmiş tipik bir paragraf şöyledir:

> Uzun Süreli Netlik Algılayıcıları
> Bu gruba giren miyelinsiz bir akson, genel aydınlatma açıldığında veya kapandığında tepki vermez. Eğer bir nesnenin, arkaplandan daha açık veya daha koyu olan keskin yüzü, o nesnenin alanına doğru hareket eder ve dururase hemen değişime uğrar ve o yüzün şekli veya nesnenin alıcı alandan daha küçük ya da daha büyük olmasına bakmaksızın değişimini sürdürür.[2]

Herhangi birinin, tüm bunların, sadece bir donanım gerçekleştirmesi olduğunu ve kurbağanın gerçekleştirdiği programı çözmüş olduklarını söylediğini hiç duymadım. Kurbağanın 'böcek algılayıcıları'nın bilgisayar üzerinde bir taklit/simülasyon yapabileceğinizden kuşku duymuyorum. Belki de bazıları yapmıştır bile. Fakat hepimiz biliyoruz ki, kurbağanın görsel sisteminin *fiilen nasıl çalıştığını* anladıktan sonra, 'sayısal işlem düzeyi' sadece ilgisiz olur.

İkinci endişeyi aydınlatmak için başka sistem türlerinin taklitlerini ele alalım. Örneğin, modası geçmiş bir mekanik daktilonun hareketini canlandıran bir makinenin üzerine bu sözcükleri yazıyorum.[3] Taklitler sürdükçe, kelime işlem programı, bir daktiloyu, beyini canlandıran benim bildiğim, herhangi bir YZ programından daha iyi canlandırır. Fakat aklı başında hiçbir kişi şöyle düşünmez: 'Hele şükür daktiloların nasıl çalıştığını anladık, bunlar kelime işlem programlarının gerektirmelerididir.' Durum çoğu zaman basitçe, sayı-

---

[1] Lettvin vd. 1959, McCulloch, 1965.
[2] s. 239.
[3] Bu örnek John Batali tarafından verilmiştir.

sal hesaplama taklitlerinin, taklit edilen görüngülerin nedensel açıklamalarını sağlaması şeklinde değildir.

O halde neler oluyor? Çoğu zaman, beyin işlemlerinin sayısal hesaplama taklitlerinin, beynin gerçekte nasıl çalıştığına dair yapılan nörobiyolojik açıklamalar dışında veya onların yerini tutacak herhangi bir açıklama getirdiğini varsaymıyoruz. Ayrıca çoğu kez, bir simetrik ilişkiyi belirtmek için "x, y'nin bir sayısal işlem taklididir" ifadesini kullanmıyoruz. Yani, bilgisayar bir daktiloyu canlandırdığı için daktilonun da bir bilgisayarı simülasyonu gerektiğini farzetmiyoruz. Bir hava programı bir kasırgayı canlandırdığı için kasırganın hareketinin nedensel açıklamasının bu program tarafından yapıldığını farzetmiyoruz. O halde niçin, bilinmeyen beyin işlemleriyle ilgilenen bu ilkelere bir istisna bulmamız gereksin? Böyle bir istisna bulmanın sağlam temelleri var mı? Ayrıca, ne tür bir nedensel açıklama biçimsel bir programı iktibas eden bir açıklamadır?

Bilmecemizin çözümünün burada olduğuna inanıyorum. Küçük insanı sistemden çıkardığınızda, elinizde dışardan birisinin bir hesaplamalı yorumlama getirebileceği bir olaylar modeliyle kalakalırsınız. İçinde söz konusu modelin kendisi tarafından ayrıntılı olarak açıklanmasının, nedensel bir açıklama sağlayacağı tek anlam şudur: Bir sistem içerisinde belli bir yapının olduğunu bilirseniz, bu yapıdan öyle veya böyle bir nedenin sorumlu olduğunu bilirsiniz. Dolayısıyla, örneğin, daha önceki aşamalara bakarak daha sonraki aşamaları tahmin edebilirsiniz. Bunun dışında, sistemin dıştaki bir küçük insan tarafından programlandığını önceden bilirseniz, bu küçük insanın niyetliliğine göndermede bulunan açıklamalar yapabilirsiniz. Örneğin, bu makinenin, Vi programını çalıştırdığı için bu biçimde hareket ettiğini söyleyebilirsiniz. Bu, bu kitabın mutlu aileler hakkında kısa bir açıklama yaparak başladığını ve bir yığın erkek kardeş hakkında uzun paragraflar içermediğini, çünkü onun Dostoevsky'nin

Karamazov Kardeşler'i değil de Tolstoy'un *Anna Karenina*'sı olduğunu açıklamak gibi bir şeydir. Fakat bir daktilo veya beyin gibi fiziksel bir sistemi, hesaplamalı taklitle paylaştığı bir modelle özdeşleştirerek açıklayamazsınız. Çünkü bu modelin varlığı, sistemin gerçekte *bir fiziksel sistem olarak* nasıl çalıştığını açıklamaz. Bilişe gelirsek, çoğunlukla söz konusu model, görsel bir algının mevcudiyeti veya bir cümleyi anlamak gibi somut zihinsel ve dolayısıyla fiziksel olayları açıklamak için çok yüksek bir soyutlama düzeyidir.

Sanırım, daktiloların ve kasırgaların nasıl çalıştığını, hesaplamalı taklitlerle paylaştıkları biçimsel modellere değinerek açıklayamayacağımız apaçıktır. Beyin hakkında neden açık olmasın?

Şimdi de söz konusu bilmecenin çözümünde ikinci bölüme geliyoruz. Konuyu bilişselcilikle ilişkilendirirken, örtük bir biçimde, beynin, Turing'in insan bilgisayarının ve mekanik bilgisayarının algoritmaları gerçekleştirmesine benzer şekilde, biliş algoritmalarını gerçekleştiriyor olabileceğini varsayıyorduk. Fakat hatalı göründüğümüz varsayım tam olarak bu varsayımdır. Bunu anlamak için kendinize, bir sistemin bir algoritmayı gerçekleştirdiği zaman ne olduğunu sorun. İnsan bilgisayar, algoritma aşamalarından bilinçli olarak geçer. Dolayısıyla bu işlem hem nedensel hem de mantıksaldır: Mantıksaldır; çünkü bu algoritma girdi sembollerden çıktı sembollerini çıkartmaya yarayan bir dizi kurallar sağlar. Ve nedenseldir; çünkü bu durumda fail bu aşamalardan geçmeye yönelik bilinçli bir çaba göstermektedir. Mekanik bilgisayar durumunda ise, bütün çalışma sistemi bir dışsal küçük insan içerir ve bu küçük insan ile sistem hem nedensel hem de mantıksal olur: Mantıksal olur; çünkü bu küçük insan makinenin işleyişlerine bir yorumlama getirir. Ve nedenseldir; çünkü söz konusu makinenin donanımı, onun bu işlemlerden geçmesine neden olur. Fakat bu koşullar beynin kaba, kör, bilinçsiz nörofizyolojik işlemleri ile sağlanamaz. Beyin bilgisayarında, algoritmanın, insan bilgisayarda olduğu gibi bilinçli ve niyetli bir gerektirmesi yoktur. Fakat mekanik bilgisayarda olduğu gibi bilinçsiz bir gerektirme de olamaz. Çünkü bu, bir hesaplamalı yorumu fiziksel olaylara atfedecek, dışsal küçük bir insanı gerektirir. Beyinde en çok karşılaşabileceğimiz şey, mekanik bilgisayarda gerçekleştirilmiş programa biçimsel olarak benzeyen bir olaylar modelidir. Fakat böyle bir modelin kendisine ait olduğu söylenebilecek nedensel güçleri yoktur ve dolayısıyla hiçbir şey açıklamaz.

Özetle, sözdizimin nitelemesinin, ilave nedensel güçler belirlemediği gerçeği, programların bilişin nedensel açıklamalarını sağladığı iddiasını yok edici niteliktedir. Bunun neticelerini görmek için, bilişselci açıklamaların gerçekte neye benzediklerini hatırlayalım. Chomsky'nin doğal dillerin sözdizimi görüşü veya Marr'ın vizyon görüşü gibi açıklamalar, sembolik bir girdinin sembolik bir çıktıya dönüştürülür olduğunu gösteren bir dizi kuralları belirterek ilerlerler. Örneğin, Chomsky'nin tanımında, tek bir girdi sembolü, 'S', bir dizi sözdizimi kurallarının tekrar tekrar uygulanmasıyla, sonsuz sayıda kurulabilecek cümlelere ait bir sembole dönüştürülür. Marr'ın tanımında ise, iki boyutlu görsel bir düzenin anlatımları, belli algoritmalarla uyumlu olarak, dünyanın üç boyutlu 'tasvirler'ine dönüştürülür. Marr'ın sayısal hesaplama görevi, bu görevin algoritmik çözümü ve algoritmanın donanım gerçekleştirmesi arasında yaptığı üçlü ayrımı, (Newell'ın ayrımları gibi) genel açıklama modelinin bildirimi olarak ün kazandı.

Bu açıklamaları, benim yaptığım gibi, iyi niyetle değerlendiriyorsanız, bu açıklamaları şöyle diyerek değerlendirmek en iyi yol olacaktır: Bu, odadaki yalnız bir adamın, İngilizce cümleleri ya da üç boyutlu tasvirleri üretme kurallarını takip etme aşamalarını geçmesi gibi bir şeydir, ki bu muhtemel bir durumdur. Fakat şimdi, gerçek dünyadaki hangi olguların, bu açıklamaların beyine uygulanışıyla örtüşmesi gerektiğini soralım. Örneğin Chomsky'nin tanımında, failin bir dizi kuralların tekrar tekrar uygulanması aşamalarından bilinçli olarak geçtiğini düşünmemiz gerekmediği gibi, bu failin, bu bir dizi kurallardan geçme şeklini de bilinçli olarak düşünüyor olacağını da düşünmemiz gerekmiyor. Doğrusu, söz konusu kurallar 'hesaplamalıdır' ve bu hesaplamalı işlemleri gerçekleştiren beyindir. Fakat bu ne anlama geliyor? Şöyle ki, beynin tıpkı bir ticari bilgisayar olduğunu düşünmemiz gerekiyor. Aynı kurallar kümesinin bir ticari bilgisayara atfedilmesi ile örtüşen bir şeyin bu kuralların beyine atfedilmesi ile de örtüşmesi gerekiyor. Fakat ticari bilgisayarda bu atfın, daima gözlemciye göre olduğunu, sayısal hesaplama yorumlamalarını donanım durumlarına atayan bir küçük insana göre yapıldığını gördük. Küçük insan olmaksızın, hesaplama olmaz, yalnızca bir elektronik devre olur. O halde, hesaplamayı bir küçük insan olmaksızın beyine nasıl yerleştireceğiz? Bildiğim kadarıyla, ne Chomsky ne de Marr hiçbir şekilde bu soruya değinmediler ya da böyle bir sorunun olduğunu dahi düşünmediler. Fakat bir küçük insan olmaksızın, program durumlarının ilke olarak kabulüne yönelik açıklayıcı bir güç olmaz. Sadece, çeşitli gerçek fiziksel ve fiziksel/zihinsel nedensel tasvir düzeyleri olan fiziksel bir düzenek, beyin vardır.

Bu Kısmın Delilinin Özeti

Bu kısımdaki tartışma, istediğimden çok daha uzun oldu, fakat sanırım, kısaca şu şekilde özetlenebilir:

İtiraz: hesaplamalı açıklamaların nedensel olduğu basit bir gerçektir. Örneğin, bilgisayarlar uçakları uçurabilir ve bunu nasıl yaptıklarının açıklaması programa bağlı olarak yapılır. Bundan daha nedensel ne olabilir?

Cevap: Programın nedensel bir açıklama yaptığı anlam şudur: Fiziksel sistemlerde, bilginin bizim tarafımızdan sistemin; örneğin, farklı voltaj düzeyleri gibi içsel fiziksel özelliklerine kodlanmasına izin veren sistem modellerinin bir denklik sınıfı bulunur. Ve bu modeller, sistemin girdi ve çıktı uçlarında bulunan dönüştürücüler ile birlikte, bu denklik sınıfının herhangi bir üyesini uçağı uçurmak için kullanmamıza olanak sağlarlar. Bu modellerin yaygınlığı hesaplamalı yorumlamaların atıflarını kolaylaştırır. Bu yapılar ticari olarak böyle bir amaç doğrultusunda tasarlandığı için, bu şaşırtıcı değildir. Fakat bu yorumlamalar yine de sisteme özgü değildir. Açıklamanın, bir programa göndermede bulunduğu ölçüde, bir küçük insana ihtiyacı vardır.

İtiraz: Evet ama ya beyinde bu tür modeller bulabilirsek? Hesaplamalı kognitif bilimin ihtiyacı olan tek şey bu tür özgün/içsel modellerin var oluşudur.

Cevap: Tabii ki bu tür modeller bulabilirsiniz. Beynin herkesin ihtiyacı olduğundan daha fazla modeli vardır. Fakat uygun nedensel bağlantıları ve takip eden olgu karşıtı şartları isteyerek bu modelleri sınırlandırsak bile, söz konusu modelin bulunması yine de açıklamaya çalıştığımız şeyi açıklamayacaktır. Bir dışsal küçük insanın, bir hesaplama yorumlamasını beyin işlemlerine nasıl atfettiğini anlamaya çalışmıyoruz. Daha çok, bu somut biyolojik görüngülerin, bir cümlenin bilinçli anlaşılması, ya da bir sahnenin bilinçli görsel deneyimi olarak var olduğunu açıklamaya çalışıyoruz. Böyle bir açıklama, bu görüngüleri üreten basit fiziksel işlemlerin anlaşılmasını gerekli kılar.

VIII. Dördüncü Güçlük: Beyin Bilgi İşlem Yapmaz

Bu kısımda nihayet benim, bütün bunların merkezindeki sorun, yani bilgi işlem sorunu hakkında ne düşündüğüme dönüyorum. 'Kognitif bilim' bilimsel paradigması içinde olan birçok kişi, benim ele aldığım tartışmanın büyük bir kısmının basitçe ilgisiz olduğunu düşünecekler ve buna karşı delil olarak şunları öne süreceklerdir:

Tanımlamakta olduğunuz diğer bütün sistemler ile beyin arasında bir fark vardır ve bu fark diğer sistemler için gerçekleştirilen sayısal hesaplama taklidinin niçin yalnızca bir taklit/simülasyon olduğunu açıklar. Oysa beyinle ilgili bir hesaplamalı taklit, beynin işlevsel özelliklerini yalnızca örneklemiyor, aslında kopyalıyor da. Bunun nedeni beynin, diğer sistemlerin aksine, bir *bilgi işlem* sistemi oluşudur. Ve beynin bu olgusu, sizin ifadenizle, 'içsel'dir. Beynin bilgi işlem yapması onun sadece biyolojik bir olgusudur ve aynı bilgi işlemi biz de hesaplama olarak yapabildiğimiz için, beyin işlemlerinin hesaplama modellerinin, örneğin, havanın hesaplama modellerinden tamamen farklı bir rolü vardır.

Bu durumda iyi tanımlanmış bir araştırma sorusu bulunur: Beynin bilgi işlem yaptığı hesaplama prosedürleri, bilgisayarların aynı bilgi işlemi yaptığı prosedürlerle aynı mıdır?

Bunun için düşündüğüm karşıt söylem, kognitif bilimdeki en berbat hatalardan birini somutlaştırmaktadır. Bu hata, bilgisayarların bilgi işlem için kullanılmaları anlamında, beyinlerin de bilgi işlem gerçekleştirdiğini farzetmektir. Bunun bir hata olduğunu anlamak için beyinde olup bitenlerle bilgisayarda olup bitenler arasındaki farkı görmek gerekir. Bilgisayarda, dışsal bir fail, birtakım bilgileri, bilgisayarın devreleri tarafından işletilebilen bir biçime kodlar. Yani, bilgisayarın, örneğin, farklı voltaj düzeylerinde gerçekleştirebileceği bilginin bir sözdizimsel gerçekleşmesini sağlar. Ardından bilgisayar bir dizi elektrik aşamalarından geçer ve dışsal bir fail, bilgisayarın donanımının özgün bir sözdizimi veya anlambilimi olmasa da, bu aşamaları hem sözdizimsel hem de anlamsal olarak yorumlayabilir: Bu olanların tümü gözlemcinin gözündedir. Eğer algoritmayı gerçekleştirmeyi başarabiliyorsanız, orada fiziğin yeri yoktur. Sonuç olarak, bir çıktı, örneğin yazılı çıktı gibi bir fiziksel görüngü biçiminde üretilir ve bir gözlemci bu fiziksel görüngüleri sözdizimi ve anlambilimi kullanarak semboller olarak yorumlar.

Kognitif Aklın Eleştirisi 275

Peki, şimdi de bunu beyin ile karşılaştırın. Beyinde, ilgili nörobiyolojik işlemlerin hiçbirisi gözlemciye göre değişmez (tabii ki gözlemci bağıntılı bir bakış açısından herhangi bir şekilde tanımlanabilirler) ve nörobiyolojinin özel etkisi oldukça önemlidir. Bu farkı açığa çıkarmak için, bir örnekle devam edelim. Diyelim ki üzerime doğru gelen bir araba görüyorum. Görmeye yönelik standart bir hesaplama modeli, retinam üzerindeki görsel düzen hakkında bir bilgi içerecektir ve sonunda şu cümleyi yazılı bir çıktı olarak sunacaktır: 'Üzerime doğru gelen bir araba var.' Fakat bu, biyolojide fiilen meydana gelen bir şey değildir. Biyolojide, somut ve belli elektro-kimyasal tepkimeler dizisi, retinamın ışık alıcı hücrelerinde bulunan fotonların saldırısı ile oluşur ve tüm bu işlem sonunda somut bir görsel deneyime neden olur. Biyolojik gerçeklik görsel sistem tarafından üretilen bir simgeler ya da sözcükler yığını değildir; daha çok, somut belirli bilinçli bir görsel olay, tam bir görsel deneyimdir. Bu somut görsel olay, kasırga ya da yemeğin sindirimi gibi belli ve somuttur. Bir bilgisayarla, havanın, sindirimin, ya da başka herhangi bir görüngünün (fakat bu görüngüler bu bağlamda tek başlarına bilgi işlem sistemleri değildirler), bilgi işlem modelini geçekleştirebildiğimiz gibi, bu olayın ya da ürününün de bir bilgi işlem modelini gerçekleştirebiliriz.

Kısaca, bilgi işlemin kognitif bilimde kullanıldığı anlam, içsel niyetliliğin somut biyolojik gerçekliğini anlamak için fazla yüksek bir soyutlama düzeyidir. Beyindeki 'bilgiler' daima öyle veya böyle bir duruma özgüdür. Örneğin, düşünceye veya görmeye veya işitmeye veya dokunmaya özgüdür. Kognitif bilimin bilişe yönelik hesaplama modellerinde tanımlanan bilgi işlem düzeyi ise bir dizi girdi sembollerine tepki olarak bir dizi çıktı sembolleri elde etme sorunudur.

'Üzerime doğru gelen bir araba görüyorum' cümlesinin, hem görsel niyetliliği hem de görmenin sayısal hesaplama modelinin çıktısını kaydetmek için kullanılabilmesi gerçeği bu farkı görmemizi engelliyor. Fakat bunun, görsel deneyimin somut bir bilinçli olay olduğu ve belli elektro-kimyasal biyolojik işlemlerle beyinde üretildiği gerçeğini gizlemesi gerekmez. Bu olayları ve işlemleri biçimsel simge hareketi ile karıştırmak, gerçekliği model ile karıştırmak demektir. Tartışmanın bu kısmının sonucu şudur: Kognitif bilimde kullanılan 'bilgi' anlamında, beynin bir bilgi işlem aygıtı olduğunu söylemek tamamen yanlıştır.

IX. Delilin Özeti

1. Standart ders kitabı tanımında, hesaplama sembol hareketi bakımından sözdizimsel olarak tanımlanır.

2. Fakat sözdizimi ve semboller fizik bakımından tanımlanmazlar. Sembol göstergeleri her zaman fiziksel göstergeler olsa da, 'sembol' ve 'aynı sembol' fiziksel özellikler bakımından tanımlanmaz. Özetle, sözdizimi fiziğe özgü değildir.

3. Buradan hesaplamanın fizikte keşfedilmediği, ona tahsis edildiği sonucu çıkar. Belli fiziksel görüngüler sözdizimsel olarak kullanılır veya programlanır ya da yorumlanırlar. Sözdizimi ve semboller gözlemci bağıntılıdır.

4. Dolayısıyla, beyine başka herhangi bir şeye yapabileceğiniz gibi bir hesaplama yorumu tahsis edebilseniz bile, beynin veya başka bir şeyin içsel olarak bir dijital bilgisayar olduğunu *keşfedemezsiniz*. Buradaki nokta, 'beyin bir dijital bilgisayardır' iddiasının basitçe yanlış olduğu değildir. Bilakis, yanlışlık düzeyine ulaşmadığıdır. Bu iddianın belirgin bir anlamı yoktur. 'beyin bir dijital bilgisayar mıdır?' sorusu eksik tanımlanmıştır. Eğer bu soru, 'beyine bir sayısal işlem yorumu tahsis edebilir miyiz?' şeklinde sorulursa, cevabı basitçe evet olur. Çünkü her şeye bir hesaplamalı yorum atfedebiliriz. Eğer, 'beyin işlemleri içsel olarak sayısal mıdır?' şeklinde sorulursa; cevabı basitçe hayır olur. Çünkü hiçbir şey içsel olarak hesaplamalı değildir. Tabii niyetli olarak hesaplamalardan geçen bilinçli failler/etkenler hariç.

5. Bazı fiziksel sistemler hesaplama kullanımını diğerlerinden çok daha fazla kolaylaştırır. Bundan dolayı, onları üretiyor, programlıyor ve kullanıyoruz. Bu durumlarda, biz sistemin içindeki, fiziği hem sözdizimsel hem de anlamsal terimlerle yorumlayan küçük insanız.

6. Fakat ardından yaptığımız nedensel açıklamalar, nedensel özelliklerin, gerçekleştirme fiziğinden ve küçük insanın niyetliliğinden farklı olduğunu ifade etmez.

7. Örtük de olsa bunun dışındaki standart yol, küçük insan yanılgısını kabul etmektir. Küçük insan yanılgısı bilişin hesaplama modellerine özgüdür ve standart yinelemeli ayrışım delilleriyle ortadan kaldırılamazlar. Bu deliller farklı bir soruna yöneliktir.

8. Beynin 'bilgi işlem' yaptığını varsayarak aşağıdaki sonuçlardan kaçamayız. Beyin, kendisine özgü işlemleri söz konusu olduğunda, bilgi işlem yapmaz. O belirli bir biyolojik organdır ve bu organın belirli nörobiyolojik işlemleri belirli niyetlilik biçimlerine neden olur. Beyin içinde, özgün/içsel olarak, nörobiyolojik işlemler bulunur ve bunlar bazen bilince neden olur. Fakat hikâyenin sonu budur. Bütün diğer zihinsel atıflar, ya faile bilinçdışı durumlar atadığımızda eğilimseldirler, ya da bu amilin beyin işlemlerine bir sayısal işlem yorumu atadığımızda, gözlemciye bağlıdırlar.

Onuncu Bölüm

Doğru İnceleme

I. Giriş: Zihin ve Doğa

Zihin felsefesine dair her kitapta, yazar, açıkça veya gizlice, zihne ve zihnin doğal dünyanın geri kalanı ile ilişkisine dair genel bir görüş sunar. Buraya kadar argümanımı takip etmiş olan okuyucu, benim görüşümü anlamakta hiçbir zorluk çekmeyecektir. Ben insan beynini diğerleri gibi bir organ, bir biyolojik sistem, olarak görüyorum. Beynin özel niteliği, zihin söz konusu olduğunda, onu diğer biyolojik organlardan belirgin biçimde ayıran niteliği, bilinçli yaşamımızın muazzam çeşitliliğinin tümünü üretme ve sürdürme yetisidir.[1] Bilinçten kastım, Kartezyen geleneğin edilgen öznelliği değil, bilinçli yaşamımızın kavga etmek, firar etmek, hayvan beslemek ve zina etmekten; araba kullanmak, kitap yazmak ve sivilcelerimizi patlatmaya kadar uzanan bütün biçimleridir. Özellikle zihinsel olarak düşündüğümüz; algı, öğrenme, çıkarım, karar verme, sorun çözme, duygular, vb. bütün işlemler o veya bu şekilde hayati derecede bilinçle ilgilidir. Dahası, felsefecilerin zihne özgü olduğunu düşündükleri bu muhteşem niteliklerin tümü benzer şekilde bilince bağımlıdır; öznellik, niyetlilik, mantıklılık, özgür irade (eğer böyle bir şey varsa) ve zihinsel nedensellik. Psikoloji, zihin

---

[1] Tabii ki beynin bilinç ile hiçbir ilgisi olmayan diğer birçok özelliği de vardır. Örneğin, omurilik soğanı, sistem tamamen bilinçsiz olduğunda dahi nefes alıp vermeyi düzenler.

felsefesi ve kognitif bilimdeki bu denli kısırlık ve verimsizliği açıklayan şey her şeyden ziyade bilincin ihmalidir.

Zihnin incelenmesi bilincin incelenmesidir, yine aynı anlamda, biyoloji de yaşamın incelenmesidir. Elbette, biyologların sürekli olarak yaşam hakkında düşünmeleri gerekmez ve hatta biyolojiye dair yazıların çoğunun yaşam kavramını kullanmaları bile gerekmez. Yine de, sağduyulu hiç kimse biyolojide incelenen görüngülerin yaşam biçimleri olduğunu inkâr etmez. Bu durumda, benzer olarak, çıkarım, algı, karar verme, sorun çözme, hafıza, söz edimleri, vb. üzerine bir inceleme yaparken, bilinçten açık biçimde bahsedilemese bile, zihnin incelenmesi bilincin incelenmesidir.

Hiç kimse felsefe, bilim veya diğer disiplinlerdeki araştırmanın geleceğini tahmin etmeye veya meşrulaştırmaya çalışamaz veya böyle yapması gerekmez. Yeni bilgiler bizi şaşırtacaktır. Hazırlıklı olmamız gereken şaşkınlıklardan birisi, bilgilerdeki ilerlemenin bize sadece yeni açıklamalar değil, ayrıca yeni açıklama *biçimleri* sağlayacak olmasıdır. Örneğin, geçmişte Darwinci devrim yeni bir açıklama türü üretti ve bence bunun mevcut durumumuz için önemini tam olarak anlamadık.

Bu son bölümde, zihnin incelenmesi konusunda savuna geldiğim genel felsefi duruşun sonuçlarından bazılarını açıklamak istiyorum. Bağlantı ilkesi ve uzantıları hakkında bir tartışma ile başlıyorum.

II. Açıklamayı Tersine Çevirme

Bağlantı ilkesinin bazı oldukça çarpıcı sonuçları olduğuna inanıyorum. Kognitif bilimdeki açıklamalarımızın birçoğunun, sahip olduklarını düşündüğümüz açıklama gücünden yoksun olduklarını ileri süreceğim. Onlardan, kurtarılabilecek olanları kurtarmak için, mantıksal yapılarına yönelik, Darwinci biyolojik açıklama modellerinin, Darwin'den önceki eski teleolojik biyoloji üzerine uygulanışının benzeri bir ters çevirmeyi uygulamak zorunda kalacağız.

Kafataslarımızın içinde sadece, tüm karmaşıklığı ile beyin ve tüm renk ve çeşitliliği ile bilinç vardır. Beyin, sizde ve bende şu anda var olan bilinçli durumları üretir ve şu an var olmayan daha birçok şeyi üretme yetisine de sahiptir. Fakat hepsi bu kadardır. Zihin söz konusu olduğunda, bu hikâyenin sonu gelmiş demektir. Bu noktada, bedensel, kapalı nörobiyolojik işlemler ve bilinç vardır, bunun dışında hiçbir şey yoktur. Özgün olarak niyetli fakat doğruluk bakımından bilince ulaşamayan görüngüler arıyorsak, onlar burada bulunmaz: Takip edilen kurallar, zihinsel bilgi işlem, bilinçsiz çıkarımlar, zihinsel modeller, öncül taslaklar, 2 1/2-B imgeler, üç boyutlu betimlemeler, düşünce dili, evrensel gramer, hiç biri yoktur. Aşağıda, bu ulaşılamaz zihinsel görüngüleri kabul eden tüm bilişselci hikâyenin, beynin işlevine yönelik Darwin öncesi bir anlayışa dayandığını öne süreceğim.

Bitkileri ve Darwinci devrimin bitki davranışını açıklamak için kullandığımız açıklama aparatının üzerindeki sonuçlarını ele alalım. Darwin'den önce, bitki davranışını beşerileştirmek ve bitkinin, yaşamını sürdürmek amacıyla yapraklarını güneşe doğru çevirdiği gibi şeyler söylemek yaygındı. Bitki, yaşamını sürdürmek ve büyümek 'ister' ve 'bunu yapmak için' güneşi izler. Bu Darwin öncesi anlayışta, bitkinin davranışında bir niyetlilik düzeyi olduğu varsayılıyordu. Bu varsayılan niyetlilik düzeyinin yerini artık, başka iki açıklama düzeyi, 'donanım' düzeyi ve 'işlevsel' düzey aldı. Donanım düzeyinde, bitkinin yapraklarının güneşi takip etmedeki mevcut hareketlerinin, belirli bir hormonun (oksin) salgılanmasından kaynaklandığını keşfettik. Değişken oksin salgılanmaları, ilave bir amaç, teleoloji veya niyetlilik varsayımı olmaksızın, bitkinin davranışını açıklar. Ayrıca, dikkat ederseniz, bu davranış bitkinin yaşamını sürdürmesinde hayati bir rol oynar, dolayısıyla işlevsel düzeyde, bitkinin ışık arama davranışının, bitkinin yaşamını sürdürmesine ve üremesine yardımcı olduğu gibi şeyler söyleyebiliriz.

Bitkinin davranışına yönelik niyetliliği kabul eden başlangıçtaki açıklamanın yanlış olduğu anlaşıldı, fakat bu açıklama tam olarak yanlış değildi. Eğer niyetliliği ortadan kaldırır ve açıklamanın düzenini tersine çevirirsek, niyetliliksel iddia doğru bir şey söylemeye çalışmak olarak ortaya çıkar. Olup bitenin tam olarak açık olması için, başlangıçtaki niyetliliksel açıklamayı mekanik donanım açıklaması ile bir işlevsel açıklamanın kombinasyonu ile değiştirirken bu başlangıçtaki niyetliliksel açıklamanın, açıklama yapısını nasıl tersine çevirdiğimizi göstermek istiyorum.

a. Başlangıçtaki niyetliliksel açıklama:

Yaşamını sürdürmek istediği için, bitki yapraklarını güneşe çevirir.

veya

Yaşamını sürdürmek için, bitki yapraklarını güneşe çevirir.

b. Mekanik donanım açıklaması:

Değişken oksin salgılanmaları bitkinin, yapraklarını güneşe çevirmesine neden olur.

c. İşlevsel açıklama:

Yapraklarını güneşe çeviren bitkilerin yaşamlarını sürdürme olasılığı bunu yapmayan bitkilerden daha çoktur.

Birinci maddede açıklamanın biçimi teleolojiktir. Amacın, yani yaşamı sürdürmenin *anlatımı,* davranışın, yani güneşe dönmenin *nedeni* olarak işlev yapar. Fakat üçüncü maddede, teleoloji bir yana bırakılır ve artık ikinci madde ile bir mekanik açıklamaya kavuşan davranış, bedensel yaşamı sürdürme olgusuna neden olur ve yaşamı sürdürme artık bir amaç değil sadece basitçe meydana gelen bir sonuçtur.

Tüm bu tartışmadan çıkaracağım ders, en azından bir başlangıç olarak, şu şekilde ifade edilebilir: Bilinçsiz işlemler söz konusu olduğunda, hala Darwinci devrimden önce bitkileri beşerileştirdiğimiz şekilde beyini de beşerileştiriyoruz. Beyni beşerileştirmek hatasını niçin yaptığımızı anlamak kolaydır, ne de olsa beyin insanın evidir. Yine de, büyük bir niyetli görüngüler düzenini atfetme koşullarının uygulanmadığı bir sisteme bunu atfetmek bir hatadır. Bitki, niyetli durumlara sahip olma koşullarını karşılamadığı için, nasıl niyetli durumlara sahip değil ise, doğruluk bakımından bilince erişilemez olan beyin işlemleri de niyetliliğe sahip değildir. Niyetliliği doğruluk bakımından bilince erişilemez olan beyin işlemlerine atfettiğimizde söylediğimiz şey, zihinsel durumların bitkilere mecazen atfedilmeleri gibi ya mecazi ya da yanlış olur. Bitkilere niyetlilik atfedilmesi, onları eksiksiz olarak ele aldığımızda yanlış olacaktır. Fakat dikkat ederseniz bu atıflar tam olarak yanlış değildirler. Doğru bir şey söylemeye çalışıyorlar ve onlarda doğru olanın ne olduğuna ulaşmak için, bitki biyolojisinde yaptığımız gibi kognitif bilimdeki açıklamaların birçoğunu da tersine çevirmek durumundayız.

Bu tezi detaylı olarak incelemek için, bazı belirgin durumları ele almak zorundayız. Algı teorileriyle başlayacağım ve ardından, beynin olgularına ve bilincin olgularına önem veren bir kognitif bilimin nasıl olabileceğini göstermek için dil teorilerine geçeceğim.

Irvin Rock algı üzerine yazdığı mükemmel kitabını[1] şu gözlemlerle bitiriyor: "Algı, bilinçli düşüncede ve bilinçli bilginin kullanımında sergilenen bu daha yüksek zihinsel yetiler açısından bağımsız olsa da, ben yine de onun zeki olduğunu savunacağım. Algıya 'zeki' derken onun tanım, çıkarım ve problem çözme gibi düşünce benzeri zihinsel işlemlere, bu işlemler birdenbire, bilinçsiz ve sözsüz olsa da, bağlı olduğunu kastediyorum... 'Çıkarım' belli algısal özelliklerin,

---

[1] Irvin Rock, 1984.

bilinen kuralları bilinçsiz olarak kullanan duyusal bilgiden hesaplanmasını gerektirir. Örneğin, algılanan boyut nesnenin görüş açısı, algılanan uzaklığı ve görüş açısını nesne uzaklığına bağlayan geometrik optik kuralından çıkarılır."[1]

Şimdi bu tezi örnek olarak Ponzo yanılsaması açıklamasına uygulayalım.

Şekil 10.1
Ponzo yanılsaması

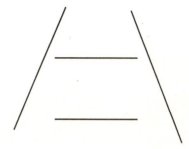

İki paralel çizginin uzunluğu eşit olsa da üst çizgi daha uzun görünüyor. Niçin? Standart açıklamaya göre, fail bilinçsiz olarak iki kural takip ediyor ve iki bilinçsiz çıkarım yapıyor. İlk kural, görüş alanında, daha alttan daha üste doğru yakınsak çizgiler yakınsama yönünde daha büyük uzaklık varmış gibi gösterir. İkinci kural, retina imgesinde eşit paya sahip nesneler, gözlemci tarafından algılanan uzaklığa bağlı olarak, algılanan boyutta farklılık gösterirler (Emmert kuralı). Bu yaklaşıma göre fail bilinçsiz olarak üstteki paralel çizginin yakınsak çizgilere bağlı pozisyonundan dolayı daha uzakta olduğu sonucunu çıkarır ve ikincisi, üstteki çizginin, daha uzakta olduğu için, daha büyük olduğu sonucunu çıkarır. Dolayısıyla, iki kural ve iki bilinçsiz çıkarım vardır ve bunların işlemleri doğruluk bakımından dahi bilince erişilemezdir. Şunu belirtmek gerekir ki, bu açıklama çelişkilidir ve

---

[1] Irvin Rock, *Age.*, s. 234.

buna yönelik bir yığın karşı çıkış vardır.[1] Fakat burada belirtilen şey açıklamanın *biçimine* karşı çıkılmadığı ve şu an benim karşı çıktığımın da bu olduğudur. Ben sadece bu örneğin detaylarıyla değil bu açıklamanın türü ile ilgileniyorum. Bu tür bir açıklamanın, bağlantı ilkesi ile tutarlı hale getirilmesi mümkün değildir. Eğer kendinize 'beyindeki hangi olguların bütün bu bilinçsiz zihinsel işlemlerin atfedilmesi ile uyuşması gerekir?' diye sorarsanız bunu anlayabilirsiniz. Bilinçli görme deneyimleri olduğunu biliyoruz ve bunların beyin işlemlerinden kaynaklandığını da biliyoruz. Fakat bu durumda, olması gereken ilave zihinsel düzey nerededir? Aslında, bu örneğin bir küçük insan olmaksızın tam olarak yorumlanması çok zordur: Retina imgeleri üzerinde gerçekleşen mantıksal işlemler olduğunu kabul ediyoruz, fakat bu işlemlerin kimin tarafından yapıldığı varsayılıyor? Yakın bir denetim bu açıklamanın başlangıç biçiminin, bitki davranışı hakkında Darwin öncesi açıklamaların, bitkinin bilinçsiz işlemlerini beşerileştirmesi ile aynı şekilde, beyindeki bilinçsiz işlemleri beşerileştirdiğini ortaya çıkarır.

Buradaki sorun, bazen iddia edildiği gibi doğruluk bakımından bilince erişilemez olan zihinsel işlemlerin varlığını kabul etmek için yeterli deneysel kanıta sahip olmamamız değildir, daha çok, bu kabulün neyi kastetmesi gerektiği pek de açık değildir. Bu kabulü, zihinsel durumların yapısı ve beynin işleyişi hakkında bildiklerimiz ile tutarlı hale getiremiyoruz. Beynin işleyişi hakkında acıklı bir şekilde bilgisiz olduğumuz için, bir gün ileri bir beyin biliminin bizim için bu bilinçsiz zeki işlemlerin tümünü bir yere oturtacağını sanıyoruz. Fakat böyle bir bilime sahip olsak bile, bu bilimde böyle işlemleri kabul etmeye yer olmayacağını görmek için sadece bu kusursuz beyin bilgisinin detaylarını hayal etmek

---

[1] Bkz., Rock, 1984, s. 156 ve sonrası.

durumundasınız. Kusursuz bir beyin bilgisi nörofizyolojik (yani 'donanım') sözlüğe yerleştirilecek. Çeşitli donanım tanım düzeyleri olacak ve bitkilerde olduğu gibi işlevsel tanım düzeyleri de olacak. Bu işlevsel düzeyler, bitkilere yönelik işlevsel tanımlarımızın ilgili olduğumuz donanım işlemlerini belirlemesi ile aynı şekilde, ilginç bulduğumuz donanım özelliklerini belirleyecek. Ne var ki, nasıl ki bitki yaşamı sürdürme hakkında hiçbir şey bilmiyorsa, beynin bilinçsiz işlemleri de çıkarım, kural takibi ya da boyut ve uzaklık yargıları hakkında hiçbir şey bilmez. Bu işlevleri, ilgilerimize bağlı olarak donanıma atfederiz, fakat bu işlevsel atıflarda yer alan ilave hiçbir zihinsel olgu yoktur.

Bir yandan beyin öte yandan bitki arasındaki önemli fark şudur: Beyin özgün/içsel bir zihinsel tanım düzeyine sahiptir. Çünkü herhangi bir noktada gerçek bilinçli olaylara neden olur ve daha fazla bilinçli olaylara neden olma yetisine de sahiptir. Beyin hem bilinçli hem de bilinçsiz zihin durumlarına sahip olduğu için ayrıca, beyinde içsel olarak bilince erişilemez olan zihinsel durumların olduğunu farzetme eğilimindeyizdir. Fakat bu tez bağlantı ilkesi ile tutarsızdır ve bitki davranışının açıklamalarında yaptığımızla aynı şekilde açıklamayı ters çevirmeyi burada da yapmamız gerekiyor. 'Üstteki çizgiyi daha büyük görüyoruz, çünkü bilinçsiz olarak iki kural takip ediyor ve iki çıkarım yapıyoruz' demek yerine; 'bilinçli olarak üstteki çizginin daha uzak ve daha büyük olduğunu görüyoruz' dememiz gerekir, nokta. Niyetliliksel hikâyenin sonu.

Bitkideki gibi, bir işlevsel hikâye ve çoğunlukla bilinmeyen bir mekanik donanım hikâyesi bulunur. Beyin, yukarı doğru yakınsak çizgileri yakınsama doğrultusunda bizden uzaklaşıyor görünmesi ile aynı şekilde çalışıyor ve retina imgesinde aynı boyutu üreten nesnelerin, eğer bizden uzakta farklı mesafelerde algılanırsalar, boyutlarının değiştiği görülecektir. *Fakat bu işlevsel düzeyde herhangi bir zihinsel içerik yoktur.* Bu durumlarda sistem bilinçli niyetliliğin belli türlerine neden olma işlevini görür, bu neden olma bizatihi niyetli değildir. Ayrıca burada belirtilen şey, yinelersek, derin bilinçsiz niyetliliğin atfedilmesinin deneysel kanıtlar tarafından yeterince desteklenmediği değil, bunun olay hakkında önceden bildiklerimizle tutarlı hale getirilemediğidir.

Şöyle diyebilirsiniz: "İyi ama bu ayrım gerçekte kognitif bilim için çok fazla bir şeyi değiştirmiyor. Daima söyleye geldiğimiz şeyleri söylemeye devam ediyor ve her zaman yaptığımızı yapıyoruz, bu durumlarda 'zihinsel' sözcüğünün yerine 'işlevsel' sözcüğünü kullanıyoruz. Bu birçoğumuzun zaten bilinçsiz olarak yapa geldiği, bir yerine kullanımdır ve birçoğumuz bu sözcükleri birbirleri yerine kullanıyoruz."

Sanırım, şu an ileri sürmekte olduğum iddianın kognitif bilim çalışmaları için önemli uzantıları vardır. Çünkü açıklama düzenini tersine çevirerek farklı bir neden-sonuç ilişkileri açıklaması getiriyoruz ve böyle yaparken psikolojik açıklamanın yapısını tamamen değiştiriyoruz. Aşağıda iki amacım var: Başlangıçtaki, kognitif bilimin, evrim biyolojisi tarafından başarılan ters çevirme ile karşılaştırılabilir olan bir açıklamayı ters çevirmeye ihtiyacı olduğu iddiamı geliştirmek istiyorum ve bu ters çevirmenin, araştırmamızın uygulanışını etkileyecek olan sonuçlardan bazılarını göstermek istiyorum.

Söz konusu hatanın büyük oranda devam ettiğine inanıyorum. Çünkü beyin açısından sözü geçen oksin türünün donanım açıklamalarına sahip değiliz. Ters çevirmeyi donanım açıklaması gibi bir şeye sahip olacağımız bir durumda açıklamak istiyorum. Hareket eden bir arabadan çekilen ev filmlerini izleyen bir kimse, böyle bir filmde dünyanın gerçek hayatta olduğundan çok daha fazla hoplayıp zıplamasından etkilenir. Niçin? Engebeli bir yolda araba kullandığınızı hayal edin. Araba ve siz dâhil içindekiler, sallanırken bile, gözlerinizi bilinçli olarak yolda ve diğer araçlarda sabit tutarsınız. Gözlerinizi yolda tutmaya yönelik bilinçli çabalarınızın dışında bilinçsiz olarak bir şey gerçekleşiyor: Gözbebekleriniz, yola odaklanmaya devam etmenize yardım eder biçimde, sürekli olarak göz çukurlarına doğru hareket ederler. Bu deneyi hemen şimdi, basitçe önünüzdeki sayfaya odaklanıp, başınızı sağa sola ve yukarı aşağı sallayarak deneyebilirsiniz.

Bu araba deneyinde bilinçsiz bir kuralı takip ediyor olduğumuzu düşünmek caziptir. Bu kuralın ilk tahmini şöyle olacaktır: Gözbebeklerini göz çukurlarına doğru başınızın geri kalan kısmına bağlı olarak, görüşünüzü niyetlenen nesneye odaklı tutacak şekilde hareket ettirin. Dikkat ederseniz bu kuralın tahminleri önemlidir. Bunu yapmanın başka bir yolu, gözleri göz çukurlarında sabit tutmak ve başı hareket ettirmek olacaktır ve aslında bazı kuşlar retina dengesini bu şekilde korurlar. (Eğer bir baykuş araba kullanabilseydi, bu işi bu yöntemle yapmak durumunda olacaktı, gözbebekleri sabittir.) Dolayısıyla, iki niyetlilik düzeyimiz var:

Bir bilinçli niyetlilik: Görsel dikkatinizi yolda tutun.

Bir derin bilinçdışı kural: Baş hareketlerine eş ve zıt olan göz çukurlarınıza bağlı olarak, retinal imgeyi dengede tutmak için göz bebeklerinizi hareket ettirin.

Bu durumda sonuç, ona ulaşma aracı bilinçdışı olsa da, bilinçlidir. Fakat bu bilinçdışı yön, zeki davranışın bütün belirtilerini taşır. Karmaşıktır, esnektir, amaca yöneliktir, bilgi işlem yapar ve potansiyel olarak sonsuz üretme yetisine sahiptir. Yani, sistem beden hareketleri bilgisini içine alır ve gözbebeği hareketleri için gereken komutları yazılı çıktı olarak dışa verir. Burada sistemin üretebileceği gözbebeği hareketlerinin sayısında hiç bir sınır yoktur. Dahası, sistem öğrenebilir, çünkü kural faile büyütücü veya küçültücü mercekler yerleştirilerek sistematik olarak değiştirilebilir. Ayrıca, fazla güçlük çekmeden bilinçsiz davranış hakkında herhangi bir standart kognitif bilim hikâyesi anlatabilir: Bilgi işlem, düşünce dili, bilgisayar programları hakkında, açık örneklerden bahsetmeye yönelik bir hikâye. Bu hikâyeyi, istediği kognitif bilim paradigmasına göre incelemesi için bir beş parmak alıştırması olarak okuyucuya bırakıyorum.

Ancak problem şu ki, bu hikâyelerin tümü yanlıştır. Gerçekte olan şey, içkulağın yarım daire kanallarındaki akıcı hareketlerin sekizinci kafatası sinirinden geçip beyine giren bir dizi nöron yanmasını harekete geçirmesidir. Bu sinyaller iki paralel gidiş hattını takip ederler, birisi 'öğrenebilir', diğeri ise öğrenemez. Bu gidiş hatları beyin sapında ve beyincikte yer alır ve başlangıçtaki girdi sinyallerini, göz kaslarına bağlı olan ve gözbebeği hareketlerine neden olan motor sinir hücreleri sayesinde, motor çıktı 'komutlarını' sağlamak için dönüştürürler. Bütün sistem hata denetimi için geri bildirim mekanizmalarını içerir. Buna girişsel göz refleksi (GGR)[1] denir. GGR'nin var olan donanım mekanizması, bitki yapraklarının oksin salgılanmasından kaynaklanan hareketinden daha ziyade niyetliliğe veya zekâya sahip değildir. Buradaki, takip edilen bir bilinçdışı kural, bilinçdışı bilgi-işlem, vb. olduğu görüntüsü bir göz yanılsamasıdır. Tüm niyetli atıflar *mış gibi* dirler. Açıklamayı ters çevirmenin seyri şöyledir.

Şöyle söylemek yerine:

Niyetli: Retinal imgemi dengede tutmak ve böylece başım hareket ederken görüşümü arttırmak için, derin bilinçdışı göz bebeği hareketi kuralını takip ederim.

Şöyle söylememiz gerekir:

Donanımlı: Başım hareket ederken bir nesneye baktığımda, GGR donanım mekanizması göz bebeklerimi hareket ettirir.

İşlevsel: GGR hareketi retinal imge dengesini korur ve bu görüşümü arttırır.

---

[1] Lisberger, 1988, Lisberger ve Pavelko, 1988.

Bu değişiklik niçin bu kadar önemlidir? Bilimsel açıklamalarda karakteristik olarak tam anlamıyla neyin, neye neden olduğunu söylemeye çalışırız. Geleneksel kognitif bilim paradigmalarında algısal yargılar veya gramer kurallarına uygun cümleler gibi, istenen bir sonucu üretmesi gereken bir derin bilinçdışı zihinsel nedenin olması gerekir. Fakat tersine çevirme, bu zihinsel nedeni tamamen ortadan kaldırır. Ortada, bir bedensel fiziksel sonuç üreten bir bedensel fiziksel mekanizma dışında bir şey bulunmaz. Bu mekanizmalar ve sonuçlar farklı düzeylerde tanımlanabilir. Bu düzeylerden buraya kadar olanlarının hiçbirisi zihinsel değildir. GGR aparatı görsel verimliliği artırma işlevini görür, fakat yegâne niyetlilik nesnenin bilinçli algısıdır. İşin geri kalan tüm kısmı bedensel fiziksel GGR mekanizması tarafından yapılır. Dolayısıyla, ters çevirme kognitif bilim açıklamasının varlıkbilimini, *derin bilinçdışı psikolojik nedenlerin bütün düzeyini ortadan kaldırarak* tamamen değiştirir. Sistemin içinde bulunduğu varsayılan kuralcı unsur, psikolojik içeriği bakımından artık şu hale gelir, *mekanizmanın dışındaki bilinçli bir fail bu unsurun işleyişi hakkında yargılarda bulunur*. Bu son noktayı belirginleştirmek için işlevsel açıklamalara yönelik bir şeyler daha söylemek durumundayım.

III. İşlevsel Açıklamaların Mantığı

Sorunsuz olarak donanım, işlevsel ve niyetli şeklinde üç farklı açıklama düzeyini ortaya koyduğum ve derin bilinçli işlemler söz konusu olduğunda niyetli açıklamalar yerine donanım ve işlevsel olanları basitçe koyabildiğimiz sanılabilir. Fakat aslında durum bundan biraz daha karmaşıktır. İşlevsel açıklamalar söz konusu olduğunda, düzeyler metaforu biraz yanıltıcı olabilir. Çünkü bu metafor nedensel düzeylerden farklı, müstakil işlevsel bir düzey öneriyor. Bu doğru değildir. 'İşlevsel düzey' denen şey müstakil bir düzey değil, basitçe *bizim ilgimize göre betimlenmiş* nedensel düzeylerden biridir. İnsan ürünleri ve biyolojik bireyler söz konusu olduğunda, ilgimiz öyle açıktır ki ilgilerimiz ulaşılamaz, işlevsel seviye sisteme özgü görünebilir. Bundan başka sözgelimi kalbin kan pompalama *işlevini* gördüğünü kim inkâr edebilir? Fakat unutmamalıdır ki kalp kan pompalama işlevi görür dediğimizde sorudaki tek olgu kalbin gerçekten de kan pompalamasıdır. Bu olgu bizim için önemlidir ve nedensel olarak bizim için önemli olan pek çok olguların bütünüyle de ilişkilidir. Kan pompalanmasının hayatta kalmak için gerekli olduğu gibi. Eğer kalple ilgili bizi ilgilendiren onun hızla atması veya ayda çekim sağlaması olsaydı onun işlevsizliğini ve bağlantı olarak sözgelimi kalp hastalığını tamamen farklı algılayacaktık. Meseleyi açıkça ortaya koyacak olursak, kalp çeşitli nedensel ilişkilere ilaveten herhangi bir işlev yerine getirmez. Kalbin işlevlerinden bahsettiğimizde, biraz normatif önemine temas ettiğimiz nedensel ilişkilerinden söz ediyoruz. Derin bilinçdışı düzeyinin elimine edilmesi iki büyük değişikliği işaret ediyor: Psikolojik nedensellik ilkesinin tamamını ortadan kaldırır ve mekanizmasının dışındaki normatif bileşeni, mekanizmayı denetleyen göze kaydırır. Örneğin Lisberger'in GVR (görünür vistibülar refleksi) işlevini tanımlarken kullandığı terminolojiye bakın. 'GVR'in işlevi, başın her hareketine karşılık ve eşit yumuşak göz hareketleri üreterek retinal görüntüleri sabitlemektir.[1]

Öte yandan niyetli seviye, niyetli olmayan işlevsel seviyeden farklıdır. Her ikisi de nedensel olmasına rağmen, asıl niyetliliğin nedensel özellikleri nedensel olanı normatif olanla birleştirir.

İstekler ve inançlar üzerinde ilerleyen ve hareket eden kurallar gibi niyetli olgular da esasen nedensel olgulardır. Fakat niyetli olgular, doğruluk ve yanlışlık, başarı ve başarısızlık,

---

[1] Lisberger, 1988, s. 728–729.

süreklilik ve değişkenlik, akılcılık, illüzyon ve genel olarak tatmin durumları gibi bazı kuralcı olgularla temelde ilişkilidir. Kısacası niyetliliğin fiili gerçekleri kuralcı unsurlar içerir. Fakat işlevsel açıklamalar söz konusu olduğunda yegâne olgular kaba ve fiziksel gerçeklere kördür. Yegâne kurallar ise bizde ve bizim bakış açımızla varolurlar.

Zihinsel olguların ilke olarak bilince ulaşamaz olduklarına yönelik genel inancın terk edilmesi, beyine herhangi bir organ gibi muamele etmek sonucunu doğuracaktır. Herhangi bir organ gibi beynin işlevsel bir (aslında birçok) tanımlama düzeyi vardır. Ve herhangi bir organ gibi 'bilgi işlem' yapıyormuş ve bir kısım bilgisayar programlarını yürütüyor *muş gibi* tanımlanabilir. Fakat gerçekte beynin onu zihinsel bir organ yapan özel niteliği, bilinçli düşünceler, deneyler, hareketler, hafıza vb. neden olma ve bunları sürdürme yetisidir.

Bilinçdışı zihinsel işlemler fikri ve bağlantılı olarak bilinçdışı zihinsel işlemlerin ilkeleri fikri de karmaşanın kaynaklarıdır. Eğer bilinçli bir işleyişi 'salt' zihinsel olarak düşünürsek, kendi kendine ses çıkarmadan bir melodi mırıldanmanın insanın kafasında olduğunu düşünebiliriz. Burada bir işlem vardır ve bu işlemin zihinsel bir içeriği vardır. Fakat ayrıca 'zihinsel içerikli işlemden' ziyade 'zihinsel olgular tarafından bağlantı kurulan işlem' anlamında 'zihinsel işlemler' de vardır. Bu ikinci anlamıyla işlemlerin zihinsel içeriği olabilir de olmayabilir de. Örneğin, eski çağrışım psikolojisinde A'nın algılanması B'yi hatırlatmasıyla ve benzerlik ilkesiyle yürüyen bir işlem varsayar. Eğer A'yı görürsem, o da B'ye benzerse, o halde bir B görüntüsünü şekillendirme eğilimim olur. Bu durumda A algısından B'ye gittiğim işlem, ilaveten herhangi zihinsel içeriği zorunlu olarak gerektirmez. İşlemin yürüdüğü bir ilke yani benzerlik ilkesi varsayılır. Fakat bu ilkeye göre işlemin varlığı, 'A algısı ile B düşüncesi'nden veya 'A'ya benzeyen B düşüncesi'nden daha fazla zihinsel içerik olması gerektiğini ima etmez. Bilhassa biri A'yı görüp B'yi hatırladığında 'A'yı gördüysem ve A, B'ye benziyorsa o halde B'yi düşünmeliyim' şeklinde içerik gerektirecek bir kuralı takip edeceğini de ima etmez. Kısacası, elbette bu ilkeye ilişkin düşüncelerimize ve teorik konuşmalarımızın, ilkeye gönderme yapan bir içeriği olmasına rağmen, *zihinsel içeriklerle bağlantılı bir işlemin bağlantıya (relata) ilaveten herhangi zihinsel içeriğe ihtiyacı yoktur.* Bu ayrımı kanıtlamak önemlidir, çünkü bilişsel bilimin çoğu tartışmasında, bunların neden olan bilinçli görüngüler bağlamındaki 'zihinsel' işlemler olduğu (örneğin görsel deneyleri üreten beyindeki işlemler gibi) iddiasından yola çıkılır ve bu işlemlerin zihinsel içerik, bilgi, çıkarsama vb. anlamında zihinsel işlemler olduğu iddiasına varılır. Görsel deneyimlere neden olan beyindeki bilinçsiz işlemler, bir anlamda kesinlikle zihinseldir, fakat bunların hiç zihinsel içerikleri yoktur ve bunun için bir anlamda da zihinsel işlem sayılmazlar.

Bu ayrımı netleştirmek için davranışların üretiminde nedensel işlev gören bir zihinsel içeriği olan örneğin izlenen kural gibi işlemlerle zihinsel içeriği olmayan ama zihinsel içerikleri, girdi uyaran, çıktı davranış ve öteki zihinsel içeriklerle birleştiren işlemler arasında ayrım yapalım. İkinci sınıfa 'eşleştirme modelleri' diyorum. Sözgelimi, çok fazla pizza yediğim her seferinde karnım ağrıyorsa, kesinlikle bir birleşme modeli vardır ama izlenen bir kural yoktur. Ben bir kural izlemiyorum. Çok fazla pizza yediğiniz zaman, karnınız ağrır; bu yalnızca böyle olur.

IV. *Bazı sonuçlar: Evrensel Modelleri, Birleşme Modelleri ve Bağlantıcılık*

İnsan ve hayvan davranışlarının niyetli açıklamalarının niteliği, şu olguyla açıklanan davranış modelleridir: Fail/etken unsurun, *'aynı modelin'* veya temsilin niyetli aygıtındaki modele bağlı oldukları bir temsil vardır. Ve bu temsil davranış modellerinin üretiminde nedensel olarak rol oynar. Bu yüzden Britanya'da insanların arabalarını sol taraftan sürdüklerini söyleriz, çünkü onlar bir kural izlemektedirler: Soldan gidiniz. Ve sağdan gitmediklerini söyleriz, çünkü yine aynı kuralı izlerler. Niyetli içerik temsil ettiği davranışın üretiminde nedensel olarak rol oynar. İki nitelik vardır. İlk olarak, kuralın niyetli içeriği davranışı kendi başına üretmez. Örneğin, hiç kimse sırf kurala uymak için araba sürmeye kalkışmaz ve hiç kimse sırf İngiltere'nin kurallarına uymanın hatırına bundan söz etmez. İkincisi, kurallar, ilkeler ve benzerleri bilinçsizdir. Daha önce gördüğümüz gibi gerçekten böyle kurallar varsa, en azından ilke olarak bilince ulaşmaları gerekse de uygulamaya dayalı bütün amaçlarda bilince çoğunlukla ulaşamamaktadırlar.

Kognitif bilimin tipik bir stratejisi, dil ve algıda bulunan türden karmaşık modelleri keşfetmeye çalışmak ve sonra modeli uygun şekilde anlatacak zihinsel temsiller bileşimlerini kabul etmektir. Bilinçli veya yüzeysel bilinçdışı temsillerin bulunduğu yerde, derin bilinçdışı zihinsel temsil ortaya koyarız. Bilgibilimsel açıdan modellerin varlığı, temsillerin varlığı için delil teşkil eder. Temsillerin varlığı nedensel olarak modellerin varlığını açıklamak için kabul edilir. Fakat hem bilgibilimsel hem nedensel iddialar, derin bilinçdışı kurallar varlıkbiliminin şimdi durdukları gibi kusursuz bir düzen içinde olduklarını varsayarlar. Derin bilinçdışı kurallar varlıkbilimine meydan okumaya kalkışıyorum, eğer başkaldırım başarılıysa, bilgibilimsel ve nedensel iddiaların hepsi birden çökmektedir. Bilgibilimsel olarak hem bitki hem de GVR sistematik modeller sergiliyorlar, fakat bu derin bilinçdışı kuralların varlığına kesinlikle delil sağlamıyor. Bitkinin durumundaki açık bir nokta, görme durumunda pek net değil ama hala doğrudur. Davranış modeli sebep olarak bütün sistemin davranışında işlevsel bir rol oynar, ama teorimizdeki modelin temsili davranış modelinin üretiminde nedensel bir rol oynayan derin bilinçdışı temsilin ayrılığını kanıtlamaz.

Çünkü böyle derin bilinçdışı bir temsil yoktur. Yine bu bitkinin durumunda açık bir nokta, görme durumunda açık değildir ama hala doğrudur.

Şimdi eldeki bu aygıtla, evrensel gramerin sözde kurallarının statüsüyle ilgili tartışmaya dönelim. Dikkatimi evrensel gramere yöneltiyorum, çünkü Fransızca ve İngilizce gibi, özel dillerin gramerleri başka şeyler içerseler de bilince ulaşan çok sayıda kurallar içermektedirler. Evrensel gramerin varlığına dair geleneksel argüman oldukça basit bir şekilde dile gelebilir: Bütün normal çocuklar özel bir yönlendirme olmaksızın yetiştikleri toplumun dilini kusursuz olmayan, dejenere olmuş dürtülerin zemininde, hazır olarak edinmektedirler. Dahası, çocuklar doğal insan dilleriyle örneklendirilen diller gibi belirli dil türlerini öğrenebilirler, fakat mantıksal olarak mümkün öteki dil sistemlerinin bütün türlerini öğrenemezler. Bu iki gerçek her normal çocuğun beyninin bilinmeyen bir şekilde özel bir dil edinme aracının (DEA) içerdiğine ve *bu dil edinme aracının derin bilinçdışı kurallar dizisinin en azından bir kısmını içine alır.*

Yukarıdaki 'dil edinme aracı'na ilişkin delile, italik yazılan kısmı dışında tamamen katılıyorum. Tek sorun derin bilinçdışı kuralların sorgulanmadan kabul edilmesidir. Bu zorunlu kabul, bağlantı ilkesine aykırıdır. Bu kuralların varlığı için elde olabilecek delillerin türleriyle ilgili geniş çaplı tartışmaların bulunması şaşırtıcı değildir. Bu tartışmalar daima söz konusudur, çünkü hipotez boştur.

Yıllar önce Chomsky'nin derin bilinçdışı kuralların nitelemesine duyduğu inançla ilgili bilgibilimsel şüpheler duymuş ve bu tür herhangi bir nitelemesinde, söz konusu davranışın üretiminde nedensel bir rol oynayan kuralın kendine has bir içeriği, özel bir yönsel biçimi olan bir kanıtı gerektireceğini önerdim.[1] Basitçe doğru modelleri tahmin etmenin, derin bilinçdışı kuralları izlediğimiz iddiasını haklı çıkarmak için yeterli olmayacağını ve ilaveten modelin üretiminde kuralın 'nedensel etkinliği' olduğu, kanıtına gerek olacağını öne sürmüştüm. Belli nitelikleriyle Chomsky gerekleri kabul etmektedir.

Bu şartlarda anlaştığımız için bunları kaydetmeye değer buluyorum:

1. 'Kural' kelimesinin kullanılması önemli değildir. Söz konusu görüngü bir ilke, bir parametre, bir zorunluluk veya benzeri şekilde olabilir. Bununla beraber mesele içsel niyetlilik düzeyindedir. Hem Chomsky hem de benim için bu, sadece bir kural izliyormuş gibi davranan bir sistem meselesi değildir. Dil melekesindeki kuralların rolü ile sözgelimi bitkilerin ve gezegenlerin davranışlarındaki 'kurallar'ın rolü arasında bir fark olmalıdır.

2. 'Davranış' bahis konusu değildir. Kısaca 'davranış' terimini kullanırken kastettiğimiz, cümlelerin anlaşılması, gramatik yapının sezilmesi ve genel olarak dil yeteneğinin tezahürleridir. Terimin kullanılmasında örtülü bir davranışçılık ve yeti ile gerçekleştirme arasında bir karışıklık bulunmaz.

3. Hiçbirimiz ilgili anlamıyla, davranışların hepsinin nedeninin yine ilgili anlamıyla kurallar olduğunu kabul etmiyoruz. Bununla beraber mesele, görüngülerin en iyi nedensel açıklamasında kurallar, açıklama sağlayan teorinin, Chomsky'nin deyimiyle, 'içine girer'.

Şimdi zihindeki bu sınırlamalarla Chomsky'nin itiraza verdiği cevap nedir?

---

[1] Searle, 1976.

Varsayalım ki bizim en başarılı açıklama ve betimleme kipimiz Jones'a belirli kuralları (sabit parametreli ilkeler veya başka türden kurallar) içeren birincil ve kazanılmış bir durum sağlıyor ve Jones'un davranışlarını bu terimlerle izah ediyor. Yani kurallar onun dili anlaması ve kullanmasının can alıcı kısımlarını şekillendiriyor ve doğrudan kurabileceğimiz en iyi teorinin içinde açıklamaya davet ediyor. (...) bu kuralların bir açıklayıcı davranış teorisi içinde kabul edilen durumların vazgeçilmez unsurları oldukları ve bu davranışın en önemli kısmının içine girdiği iddiasının ötesinde, kurallara nedensel etkinliği atfetmede herhangi bir şey göremiyorum.[1]

Chomsky aynı bağlamda, Denapoulos ve Matthews (1983)'dan da alıntı yapıyor:

Demopoulos ve Matthews'un (1983) incelediği gibi 'dilbilimsel davranışın açıklanmasında gramatik olarak karakterize edilen iç durumlara başvurmanın görünen teorik zorunluluğu, bu durumlara (biz de şunu ekleyebiliriz ve onların ilgili kurucu öğelerine) davranışın üretiminde nedensel bir rol atfetmek için kesinlikle en iyi sebep türüdür'.[2]

Dolayısıyla fikir şudur: Kuralların nedensel olarak etkin olduğu iddiası; kuralların, davranışın en iyi nedensel teorisi tarafından ilke olarak kabul edilen durumların, kurucu öğeleri olması olgusuyla doğrulanır. Şimdiye kadar açıklamak istediğim itiraz şu ifadelerle açığa çıkmış olacaktır: 'En iyi teori'nin evrensel gramerin derin bilinçsiz kurallarının kabulünü gerektirdiğini dile getirirken üç yazarın hepsi de bu kuralların ilke olarak kabulüyle başlamanın son derece meşru olduğunu varsayıyorlar. Fakat bir kere bu varsayımın meşruluğu hakkında şüphe duyulduğunda, öyle görünüyor ki 'en iyi te-

---

[1] Chomsky, 1986, s. 252–253
[2] Chomsky, 1986, s. 257.

ori' kanıtı; bu modelleri bir şekilde yansıtan, zihinsel temsille üretilmemiş fakat nörofizyolojik yapılar tarafından üretilmiş 'birleşme modelleri' olarak ele alır.

Donanım, birleşme modellerini yukarıda tanımlanmış anlamıyla üretir. Fakat birleşme modelleri davranış modellerinin üretilmesinde nedensel bir rol oynamazlar, onlar sadece davranış modelleridir.

Evrensel gramer kanıtı, özellikle aşağıdaki hipotez ile çok daha basitçe açıklanmaktadır: Aslında insan beyninde doğuştan bir dil edinme aracı (DEA) vardır ve DEA insanların öğrenebileceği dillerin biçimini sınırlar. Bu yüzden aracın yapısına göre, açıklamanın bir donanım düzeyi vardır ve bu mekanizmanın uygulanmasında insan yavrusu tarafından hangi dillerin edinilebileceğini tarif eden bir işlevsel açıklama düzeyi vardır.

Evrensel gramerin derin bilinçdışı kurallar düzeyinin varlığı hakkında ayrıca bir şeyler söylemek için daha fazla tahmin veya açıklama gücüne gerek yoktur. Gerçekten bu kabulün her halükarda tutarsız olduğunu ortaya koymaya çalıştım. Örneğin çocukların sadece birtakım biçimsel F özelliğini içeren dillerini öğrenebildiklerini varsayalım. O halde bu DEA'ın F dillerini öğrenmeyi mümkün kılacağına ve F olmayan dillerin öğrenilmesine imkân vermeyeceğine kanıttır. Böyle mi acaba? Çocuğun 'F dillerini öğren, ama F olmayan dilleri öğrenme' diye, derin bir bilinçsiz kuralı olduğunun kanıtı yoktur. Ve bu varsayımın hiçbir şekilde anlamı yoktur.

Durum tamamen şuna benzemektedir: İnsanlar renkleri ancak belirli bir tayf düzeninde algılayabilirler. Biçimsel bir yönlendirme olmaksızın, mavi ve kırmızı görebilirler ama sözgelimi kızılötesini ve moröteşini göremezler. Bu, insanların görebildikleri renk çeşitlerini sınırlayan 'görme yeteneği'nin olduğunun şüphe götürmez delilidir. Peki, şimdi 'kızıl ötesiyse göremezsin' veya 'eğer maviyse görmeye elverişlidir' derin bilinçdışı kuralları izledikleri için mi böyledir? Bildiğim kadarıyla 'evrensel dil grameri' kurallarının 'evrensel görsel gramer' kurallarından farklı bir statüsü olduğunu gösterecek hiçbir argüman sunulamamıştır. Şimdi kendinize sorun; evrensel görsel gramer kurallarının olduğunu söylemeye niçin gönülsüzsünüz? Hepsinin ötesinde, kanıtı evrensel dil grameri kurallarının kanıtı kadar sağlam ve şekli onunkiyle gerçekten aynıdır. İnanıyorum ki cevap oldukça açıktır. Biliyoruz ki böyle zihinsel bir düzey yoktur. Sadece belli şekilde işleyen bir donanım mekanizması vardır, başka bir şey yoktur, derin bilinçsiz evrensel görsel gramer ile derin bilinçsiz evrensel dil gramerin arasında hiçbir fark olmadığını burada öne sürüyorum: ikisi de mevcut değildir.

Dikkat ederseniz kognitif bilim paradigmasını kurtarmak için kurallara ve ilkelere kolayca, *mış gibi* niyetliliğimizi yüklemeye karar verebileceğimizi söylemek yeterli değildir. Çünkü *mış gibi* niyetli ifadeler gerçek değillerdir ve hiçbir şekilde nedensel güçleri yoktur. Hiçbir şeyi ifade etmezler. *Mış gibi* niyetliliğiyle ilgili sorun, sadece her yerde hazır ve nazır olması değil, mahiyetinin nedensel bir açıklama sağlamamasıdır. O sadece gerçek niyetlilik niteliğinin çözdüğü varsayılan sorunu, yeniden ortaya koyuyor. Meselenin aşağıdaki olaya nasıl uygulandığını görelim. Evrensel gramer kurallarını kabul ederek, dil kazanımıyla ilgili gerçekleri açıklamaya çalıştık. Eğer doğruysa bu dil kazanımının asıl nedensel açıklaması olacaktır. Fakat farzedelim ki bu açıklama şeklini bir yana koyup basitçe, çocuk *mış gibi* kuralları izliyormuş gibi davranır deyin, fakat elbette gerçekte öyle yapmaz. Eğer bunu dersek, artık bizim bir açıklamamız yoktur. Neden şimdi açık bırakılmıştır. Biz psikolojik bir açıklamayı spekülatif nörofizyolojiye dönüştürmekteyiz.

Eğer ben haklıysam birtakım şaşırtıcı hatalar yapmaktayız. Niçin? Kısmen böyle olduğuna inanıyorum, çünkü 'eğer sisteme giriş de çıkış da anlamlıysa, o halde ikisi arasındaki bütün işlemler de anlamlı olmalıdır' diye varsayıyorduk. Ve elbette kavrama esnasında pek çok işlem vardır. Fakat anlamlı bilinçli işlemleri bulamayınca anlamlı bilinçsiz işlemleri, hatta derin bilinçdışı işlemleri bile kabul ediyoruz. Başkaldırıyla karşılaştığımızda, çok güçlü felsefi argümanlara başvuruyoruz: 'Başka ne olabilir?', 'başka nasıl çalışabilir?'. Derin bilinçdışı kurallar bizim anlam ısrarımızı karşılıyor, dahası, başka hangi teori var? Herhangi bir teori, hiç olmamasından daha iyidir. Bir kez bu hataları yaptığımızda, bizim derin bilinçdışı teorilerimiz devre dışı kalır. Ama girdi ve çıktının anlamsızlığının ikisi arasında anlamlı işlemler dizisini belirteceğini farzetmek tamamen yanlıştır. Ve bilinçdışı işlemlerin erişilemezliğini ilke olarak kabul etmek bağlantı prensibinin ihlalidir.

Bütün bu araştırmanın beklenmedik neticelerinden biri, tabir caizse kesinlikle istemeyerek bağlantıcılığı savunmaya geçişimdir. Öteki değerler yanında en azından bazı bağlantıcı modeller bir sistemin kimi kurallar, prensipler, çıkarsamalar veya aralarında başka türlü anlamlı görüngüler olmaksızın, anlamlı bir girdiyi anlamlı bir çıktıya nasıl dönüştüreceğini gösterir. Bu, varolan bağlantıcı modellerin doğru olduğu anlamına gelmez, belki de hepsi yanlıştır. Fakat bu hepsinin açıkça yanlış olmadığı veya bağlantı ilkesini ihlal eden geleneksel bilişselci modellerin şekliyle tutarsız olmadığı anlamına gelir.

V. Sonuç

Ne kadar bildiğimiz hakkındaki modern kibrimize rağmen; bilimimizin evrenselliği ve garantisine rağmen, zihin söz konusu olduğu zaman, tipik bir şekilde karmaşa ve anlaşmazlık yaşıyoruz. Meşhur körler ve fil hikâyesindeki gibi meselenin sözde bazı özelliklerini yakalıyor, onu zihnin esası diye ilan ediyoruz. 'Orada görünmez cümleler var!' (düşünce dili). 'Orada bir bilgisayar programı var!' (bilişselcilik).

'Orada sadece nedensel ilişkiler var!' (işlevselcilik). 'Orada hiçbir şey yok!' (eleyicilik). Ve böylece kasvetle sürer, gider.

İşin kötüsü, araştırma yöntemlerimizin meseleyi dayatmasına izin veriyoruz hâlbuki aksi olmalı. Arabasının anahtarlarını karanlık çalılıkta kaybedip 'burada ışık daha iyi olduğu için' diyerek, sokak lambaları altında arayan sarhoş gibi, bilinçli insan zihninin fiili olarak nasıl işlediğini düşünmeye çalışmak yerine, insan zihninin, hesaplama modellerimize ne denli benzediğini bulmaya çalışıyoruz. Sık sık bana sorarlar, 'fakat bilimsel olarak bilinci nasıl inceleyebilirsiniz? Bu konuda nasıl, bir teori olabilir?'

Zihnin yeniden keşfinin, basit veya yegâne bir yolunun olduğuna inanmıyorum. Kabaca kimi tavsiyeler olabilir:

İlkin bir şeylerin açıkça yanlış olduğunu söylemeyi bırakmak zorundayız. Bu düsturun ciddi olarak kabul edilmesi, zihin çalışmalarını tamamen değiştirecektir.

İkincisi kesin olarak bildiğimizi kendimize hatırlatmayı sürdürmek zorundayız. Örneğin kesinlikle biliyoruz ki kafatasımızın içinde beynimiz var, beyin bazen bilinçlidir ve beyin işlemleri bütün biçimlerinde bilince sebep olur.

Üçüncü olarak, dünyada hangi fiili olguların zihnimizle ilgili iddialarımıza tekabül ettiğini kendimize sormaya devam etmeliyiz. ' Olgulara tekabül ettiği için, olgulara uygun geldiği anlamı çıkar mı? Ve herhangi bir disiplin dünyanın bu uygunluğu nasıl amaçladığını tasvir etmeği hedefler mi? Eğer orada bulunan tek şeyin beyin olduğu ve beynin bilince sebep olduğu bilgisi ışığında bu soruyu kendinize sormaya devam ederseniz, bu bölümde ulaştığım sonuçları ve bu kitabın bütününde öne sürdüğüm sonuçların çoğunu sizin de öne süreceğinize inanıyorum. Fakat bu, zihne giden yolda ancak ilk adımı atmak olur. Dördüncü ve son öneri, zihnin sosyal karakterini yeniden keşfetmeye ihtiyacımız olduğudur

Bibliyografya

Armstrong, D. M. (1968) *A Materialist Theory of Mind*. London: Routledge and Kegan Paul.
Armstrong, D. M. (1980) *The Nature of Mind*. Sydney: University of Queensland Press.
Block, N. (1978) "Troubles with Functionalism," in *Minnesota Studies in the Philosophy of Science* IX: 261-325. Minneapolis: University of Minnesota Press.
Block, N., ed. (1980) *Readings in Philosophy of Psychology*. Vol. 1. Cambridge, MA: Harvard University Press.
Block, N. (1990) "The Computer Model of the Mind," in D. Osherson and E. E. Smith (eds.), *An Invitation to Cognitive Science* 3: 247-289. Cambridge, MA: MIT Press.
Block, N. (yayınlanmamış), "Two Concepts of Consciousness."
Block, N., ve Fodor, J. (1972) "What Psychological States are Not," *Philosophical Review* 81:159-181.
Bloom, Floyd E., ve Lazerson, Arlyne (1988) *Brain, Mind, and Behavior* 2. ed. New York: W. H. Freeman.
Boolos, G. S., ve Jeffrey, R. C. (1989) *Computationality and Logic*. Cambridge: Cambridge University Press.
Bourdieu, P. (1977) *Outline of a Theory of Practice*. R. Nice, tr. Cambridge: Cambridge University Press.
Bourdieu, P. (1990) *The Logic of Practice*. R. Nice, tr. Stanford, CA: Stanford University Press.
Changeux, J. P. (1985) *Neuronal Man: The Biology of Mind*. L. Garey, tr. New York: Pantheon Books.
Chisholm, R. M. (1957) *Perceiving: A Philosophical Study*. Ithaca: Cornell University Press.
Chomsky, N. (1975) *Reflections on Language*. New York: Pantheon Books.
Chomsky, N. (1986) *Knowledge of Language: Its Nature, Origin and Use*. New York ve Philadelphia: Praeger Special Studies.
Churchland, P. M. (1981) "Eliminative Materialism and the Prepositional Attitudes," *Journal of Philosophy* 78:67-90.
Churchland, P. M. (1984) Matter and Consciousness: A Contemporary Introduction to the Philosophy of Mind. Cambridge, MA: MIT Press.

Churchland, P. M. (1988) "The Ontological Status of Intentional States: Nailing Folk Psychology to Its Perch," *Behavorial and Brain Sciences* 11,3: 507–508.

Churchland, P. M., and Churchland, P. S. (1983) "Stalking the Wild Epistemic Engine," *Nous* 17: 5-18. Reprinted in W. G. Lycan (ed.), 1990.

Churchland, P. S. (1987) "Reply to McGinn," in *Times Literary Supplement*, Letters to the Editor, March 13.

Davis, S., ed. (1991) *Pragmatics: A Reader*. New York ve Oxford: Oxford University Press.

Demopoulos, W., ve Matthews, R. J. (1983) "On the Hypothesis that Grammars are Mentally Represented," *Behavioral and Brain Sciences* 6, 3: 405-406.

Dennett, D. C. (1978) Brainstorms: Philosophical Essays on Mind and Psychology. Cambridge, MA: MIT Press.

Dennett, D. C. (1987) *The Intentional Stance*. Cambridge, MA: MIT Press.

Dennett, D. C. (1991) *Consciousness Explained*. Boston: Little, Brown and Company.

Dreyfus, H. L. (1972) *What Computers Can't Do*. New York: Harper and Row.

Dreyfus, H. L. (1991) Being-In-the-World: A Commentary On Heidegger's Being and Time, Division I. Cambridge, MA: MIT Press.

Edelman, G. M. (1989) The Remembered Present: A Biological Theory of Consciousness. New York: Basic Books.

Feigenbaum, E. A., ve Feldman, J., eds. (1963) *Computers and Thought*. New York: McGraw-Hill Company.

Feigl, H. (1958) "The 'Mental' and the 'Physical,'" in Minnesota Studies in the Philosophy of Science: vol II: Concepts, Theories, and the Mind-Body Problem. Minneapolis: University of Minnesota Press.

Feyerabend, P. (1963) "Mental Events and the Brain," *Journal of Philosophy* 60: 295–296.

Fodor, J. (1975) *The Language of Thought*. New York: Thomas Y. Crowell.

Fodor, J. (1986) "Banish DisContent," in Butterfield, J. (ed.), *Language, Mind, and Logic*. Cambridge: Cambridge University Press, 1986.

Fodor, J. (1987) Psychosemantics: The Problem of Meaning in the Philosophy of Mind. Cambridge, MA: MIT Press.

Foucault, M. (1972) *The Archaeology of Knowledge*, A. M. Sheridan Smith, tr. New York: Harper and Row.

Freud, S. (1895) "Project for Scientific Psychology," in *The Standard Edition of the Complete Psychological Works of Sigmund Freud,* vol. 1, s. 295-343, James Strachey, tr. London: Hogarth Press, 1966.

Freud, S. (1915) "The Unconscious in Psychoanalysis," in *Collected Papers,* vol. 4. s. 98-136. J. Riviere tr. New York: Basic Books, 1959. Freud, S. (1949) *Outline of Psychoanalysis.* James Strachey, tr. London: Hogarth Press.

Gardner, H. (1985) The Mind's New Science: A History of the Cognitive Revolution. New York: Basic Books.

Gazzaniga, M. S.(1970) *The Bisected Brain.* New York: Appleton Century Crofts.

Geach, P. (1957) *Mental Acts.* London: Routledge ve Kegan Paul.

Grice, P. (1975) "Method in Philosophical Psychology (From the Banal to the Bizarre)," *Proceedings and Addresses of the American Philosophical Association,* vol. 48, November 1975, s. 23-53.

Griffin, D. R. (1981) The Question of Animal Awareness: Evolutionary Continuity of Mental Experience. New York: Rockefeller University Press.

Hampshire, S. (1950) "Critical Notice of Ryle, *The Concept of Mind.*" Mind LIX, 234: 237-255.

Hare, R. M. (1952) *The Language of Morals.* Oxford: Oxford University Press.

Haugeland, J., ed. (1981) *Mind Design.* Cambridge, MA: MIT Press.

Haugeland, J. (1982) " Weak Supervenience," *American Philosophical Quarterly* 19,1: 93-104.

Hempel, C. G. (1949) "The Logical Analysis of Psychology," in H. Feigl ve W. Sellars (eds.), *Readings in Philosophical Analysis.* New York: Appleton Century Crofts.

Hobbs, J. R. (1990) "Matter, Levels, and Consciousness," *Behaviorial and Brain Sciences* 13,4:610-611.

Horgan, T., ve Woodward, J. (1985) "Folk Psychology is Here to Stay," *Philosophical Review* XCIV, 2:197-220.

Jackendoff, R. (1987) *Consciousness and the Computational Mind.* Cambridge, MA: MIT Press.

Jackson, F. (1982) "Epiphenomenal Qualia," *Philosophical Quarterly* 32:127-136.

Johnson-Laird, P. N. (1983) Mental Models: Towards a Cognitive Science of Language, Inference, and Consciousness. Cambridge, MA: Harvard University Press.

Johnson-Laird, P. N. (1988) *The Computer and the Mind*. Cambridge, MA: Harvard University Press.

Kim, J. (1979) "Causality, Identity and Supervenience in the Mind-Body Problem," *Midwest Studies in Philosophy* 4: 31-49.

Kim, J. (1982) "Psychophysical Supervenience," *Philosophical Studies* 41, 1: 51-70.

Kripke, S. A. (1971) "Naming and Necessity," in D. Davidson ve G. Harman (eds.), *Semantics of Natural Language*. Dordrecht: Reidel, s. 253–355 ve 763–769.

Kripke, S. A. (1982) *Wittgenstein on Rules and Private Language*. Oxford: Basil Blackwell.

Kuffler, S. W., ve Nicholls, J. G. (1976) *From Neuron to Brain*. Sunderland, MA: Sinauer Associates.

Lashley, K. (1956) "Cerebral Organization and Behavior," in *The Brain and Human Behavior*, H. Solomon, S. Cobb, ve W. Penfield (eds.) Baltimore: Williams and Wilkins Press.

Lepore, E., ve van Gulick, R., eds. (1991) *John Searle and His Critics*. Oxford: Basil Blackwell.

Lettvin, J. Y., Maturana, H. R., McCuUoch, W. S., ve Pitts, W. H. (1959) "What the Frog's Eye Tells the Frog's Brain," *Proceedings of the Institute of Radio Engineers* 47, 1940–51. Reprinted in W. S. McCuUoch (1965).

Lewis, D. (1966) "An Argument for the Identity Theory," *Journal of Philosophy* 63,1:17–25. Reprinted in D. Rosenthal (ed.) (1971).

Lewis, D. (1972) "Psychological and Theoretical Identification," *Australasian Journal of Philosophy* 50: 249–258.

Lisberger, S. G. (1988) "The Neural Basis for Learning of Simple Motor Skills," *Science* 4, 242: 728-735.

Lisberger, S. G., ve Pavelko, T. A. (1988) "Brain Stem Neurons in Modified Pathways for Motor Learning in the Primate Vestibulo-Ocular Reflex," *Science* 4, 242: 771–773.

Lycan, W. G. (1971) "Kripke and Materialism," *Journal of Philosophy* 71, 18:677–689.

Lycan, W. G. (1987a) *Consciousness*. Cambridge, MA: MIT Press.

Lycan, W. G. (1987b) "What is the 'Subjectivity' of the Mental," *Philosophical Perspectives* 4:109-130.

Lycan, W. G., ed. (1990) *Mind and Cognition: A Reader*. Cambridge, MA: Basil Blackwell.

Marr, D. (1982) *Vision*. San Francisco: W. H. Freeman and Company.

McCuUoch, W. S. (1965) *The Embodiment of Mind.* Cambridge, MA: Harvard University Press.

McGinn, C. (1977) "Anomalous Monism and Kripke's Cartesian Intuitions," *Analysis* 37,2: 78–80.

McGinn, C. (1987) "Review of P. S. Churchland, *Neurophilosophy*," *Times* Literary Supplement, Feb. 6, s. 131–132.

McGinn, C. (1991) *The Problem of Consciousness.* Oxford: Basil BlackweU.

Millikan, R. (1984) Language, Thought and Other Biological Categories: New Foundations for Realism. Cambridge, MA: MIT Press.

Minsky, M. L. (1986) *Society of Mind.* New York: Simon and Schuster.

Moore, G. E. (1922) *Philosophical Studies.* London: Routledge and Kegan Paul. Nagel, T. (1974) "What Is It Like to Be a Bat?" *Philosophical Review* 4 LXXXHI:435–450.

Nagel, T. (1986) *The View from Nowhere.* Oxford: Oxford University Press.

Newell, A. (1982) "The Knowledge Level," *Artificial Intelligence* 18:87-127.

Ogden, C. K., and Richards, I. A. (1926) *The Meaning of Meaning.* London: Harcourt, Brace & Company.

Penfield, W. (1975) The Mystery of the Mind: A Critical Study of Consciousness *and the Human Brain.* Princeton: Princeton University Press.

Penrose, R. (1989) *The Emperor's New Mind.* Oxford: Oxford University Press.

Place, U. T. (1956) "Is Consciousness a Brain Process?" *British Journal of Psychology* 47:44–50.

Place, U. T. (1988) "Thirty Years On—Is Consciousness Still a Brain Process?" Australasian Journal of Philosophy 66, 2: 208–219.

Postman, L., Bruner, J., ve Walk, R., (1951) "The Perception of Error," *British Journal of Psychology* 42:1-10.

Putnam, H. (1960) "Minds and Machines" in S. Hook (ed.), *Dimensions of Mind.* New York: Collier Books.

Putnam, H. (1963) "Brains and Behavior," in R. Butler (ed.), *Analytical Philosophy.* Oxford: Basil BlackweU.

Putnam, H. (1967) "The Mental Life of Some Machines," in H. Castaneda (ed.), *Intentionality, Minds, and Perception.* Detroit, MI: Wayne State University Press.

Putnam, H. (1975a) "Philosophy and Our Mental Life," in *Mind, Language and Reality: Philosophical Papers, vol. 2.* Cambridge: Cambridge University Press.

Putnam, H. (1975b) "The Meaning of 'Meaning,'" in K. Gunderson (ed.), *Language, Mind and Knowledge: Minnesota Studies in the Philosophy of Science,* VII. Minneapolis: University of Minnesota Press.

Pylyshyn, Z. W. (1984) Computation and Cognition: Toward a Foundation for Cognitive Science. Cambridge, MA: MIT Press.

Quine, W. V. O. (1960) *Word and Object.* Cambridge, MA: MIT Press.

Rey, G. (1983) "A Reason for Doubting the Existence of Consciousness," in R. Davidson, G. Schwartz, D. Shapiro (eds.), *Consciousness and Self-Regulation,* 3,1-39. New York: Plenum.

Rey, G. (1988) "A Question about Consciousness," in H. Otto, J. Tuedio (eds.), *Perspectives on Mind.* Dordrecht: Reidel.

Rock, I. (1984) *Perception.* New York: Scientific American Library, W.H. Freeman.

Rorty, R. (1965) "Mind-Body Identity, Privacy and Categories," *Review of Metaphysics 29,*1: 24-54.

Rorty, R. (1970) "Incorrigibility as the Mark of the Mental," *Journal of Philosophy* LXVII, 12: 399-424.

Rorty, R. (1979) *Philosophy and the Mirror of Nature.* Princeton: Princeton University Press.

Rosenthal, D., ed. (1971) *Materialism and the Mind-Body Problem.* Englewood Cliffs, N.J.: Prentice HaU.

Rosenthal, D., ed. (1991) *The Nature of Mind.* New York: Oxford University Press.

Ryle, G. (1949) *The Concept of Mind.* New York: Barnes and Noble.

Sacks, O. (1985) The Man Who Mistook His Wife For a Hat: And Other Clinical Tales. New York: Simon and Schuster.

Sarna, S. K., ve Otterson, M. F. (1988) "Gastrointestinal Motility: Some Basic Concepts," in *Pharmacology: Supplement* 36: 7-14.

Schiffer, S. R. (1987) *Remnants of Meaning.* Cambridge, MA: MIT Press.

Searle, J. R. (1976) "The Rules of the Language Game," review of Noam Chomsky, *Reflections on Language. The Times Literary Supplement,* 10 September.

Searle, J. R. (1978) "Literal Meaning," *Erkenntnis* 1: 207-224. Reprinted in Searle, (1979).

Searle, J. R. (1979) *Expression and Meaning.* Cambridge: Cambridge University Press.
Searle, J. R. (1980a) "Minds, Brains, and Programs," *Behavorial and Brain Sciences* 3:417-424.
Searle, J. R. (1980b) "Intrinsic Intentionality: Reply to Criticisms of Minds, Brains, and Programs," *Behavorial and Brain Sciences,* 3: 450-456.
Searle, J. R. (1980c) "The Background of Meaning," in J. R. Searle, F. Kiefer, ve M. Bierwisch (eds.), *Speech Act Theory and Pragmatics.* Dordrecht, Holland: Reidel.
Searle, J. R. (1982) "The Chinese Room Revisited: Response to Further Commentaries on 'Minds, Brains, and Programs,'" *Behavioral and Brain Sciences* 5,2:345-348.
Searle, J. R. (1983) *Intentionality: An Essay in the Philosophy of Mind.* Cambridge: Cambridge University Press.
Searle, J. R. (1984a) "Intentionality and Its Place in Nature," *Synthese* 61: 3-16.
Searle, J. R. (1984b) *Minds, Brains, and Science: The 1984 Reith Lectures.* Cambridge, MA: Harvard University Press.
Searle, J. R. (1987) "Indeterminacy, Empiricism, and the First Person," *Journal of Philosophy* LXXXIV, 3:123-146.
Searle, J. R. (1990) "Collective Intentionality and Action," in *Intentions in Communications,* P. Cohen, J. Morgan, ve M. E. Pollack (eds.). Cambridge, MA: MIT Press.
Searle, J. R. (1991) "Response: The Background of Intentionality and Action," in E. Lepore ve R. van Gulick (eds.) (1991), s. 289-299.
Searle, J. R. (yayınlanmamış) "Skepticism about Rules and Intentionality."
Segal, G. (1991) "Review of Garfield, J., *Belief in Psychology,*" *Philosophical Review* C, 3: 463-466.
Shaffer, J. (1961) "Could Mental States be Brain Processes?" *Journal of Philosophy* 58, 26: 813-822.
Sharpies, M., Hogg, D., Hutchinson, C., Torrence, S., ve Young, D. (1988) *Computers and Thought: A Practical Introduction to Artificial Intelligence.* Cambridge, MA: MIT Press.
Shepherd, G. M. (1983) *Neurobiology.* Oxford ve New York: Oxford University Press.
Sher, G. (1977) "Kripke, Cartesian Intuitions, and Materialism," *Canadian Journal of Philosophy* 7.
Smart, J. J. C. (1959) "Sensations and Brain Processes," *Philosophical Review* 68: 141-156.

Smith, D. W. (1986) "The Structure of (Self-)Consciousness," *Topoi 5, 2:* 149–156.

Sober, E. (1984) *The Nature of Selection: Evolutionary Theory in Philosophical Focus.* Cambridge, MA: MIT Press.

Stevenson, J. T. (1960) "Sensations and Brain Processes: A Reply to J. J. C. Smart," Philosophical Review 69: 505–510.

Stich, S. P. (1983) *From Folk Psychology to Cognitive Science: The Case Against Belief.* Cambridge, MA: MIT Press.

Stich, S. P. (1987) "Review of Searle, J., *Minds, Brains and Science.*" *Philosophical Review* XCVI, 1:129–133.

Turing, A. (1950) "Computing Machinery and Intelligence," *Mind* 59:433–460.

Waldrop, M. M. (1988) "Toward a Unified Theory of Cognition" and "SOAR: A Unified Theory of Cognition," *Science* 241 (July 1), 1988, s. 27–29 and (July 15), s. 296–298.

Watson, J. B. (1925) *Behaviorism.* New York: Norton Press.

Weiskrantz, L., et al. (1974) "Visual Capacity hi the Hemianopic Field Following a Restricted Occipital Ablation," *Brain* 97: 709–728.

Williams, B. (1987) "Leviathan's Program: Review of Marvin Minsky, *The Society of Mind,*" *New York Review of Books,* 11 June.

Wittgenstein, L. (1953) *Philosophical Investigations.* Oxford: Basil Blackwell.

Wittgenstein, L. *On Certainty* (1969) Oxford: Basil Blackwell.

Dizin

adet, alışkanlık (habitus), 263
akıl -bkz., zekâ- (intelligence), 20, 22, 23, 34, 53, 63, 72, 100, 238, 252
algı (perception), 68, 111, 117, 137, 145, 146, 180, 200, 217, 218, 220, 221, 248, 249, 259, 288, 289, 292
anlambilim (Semantics), 30
anlamın muğlaklığı (ambiguity of sense), 222
argüman, 23, 34, 50, 64, 72, 142, 304, 308
Arkaplan, 10, 217
Armstrong, D. M., 22, 86, 139, 210, 313
Austin, 11, 34
bağlantı ilkesi (connection principle), 203, 211, 212, 294, 295, 305, 310
Batali, J., 5, 267, 278
Bellarmine, 18
Berkeley, 5, 154, 162, 237
betimleme, 306
beyin işleyişleri, beyin süreçleri (brain processes), 41, 157
Bilgi işlem (information processing), 298
bilgibilim (epistemology), 33, 35, 38, 39, 41, 195, 197
bilgisayar, 7, 21, 23, 32, 33, 54, 70, 71, 73, 252, 253, 254, 255, 256, 257, 259, 260, 261, 263, 264, 265, 266, 267, 268, 270, 273, 275, 276, 278, 279, 280, 282, 284, 286, 298, 301, 310
bilinç (consciousness), 8, 10, 11, 13, 14, 19, 21, 25, 31, 33-35, 37, 38, 48, 51, 52, 72, 78, 82, 86, 97, 98, 100, 101, 102, 108, 111, 119, 120, 127, 128, 130, 132, 134, 135, 137-139, 141-143, 145, 146-148, 152, 157, 158, 161, 162, 164, 165, 169, 170, 172, 173, 174, 175, 176, 180, 181, 183, 184, 185, 186, 187, 188, 189, 195, 197, 198, 199, 201, 203, 207, 208, 210, 214, 217, 218, 219, 220, 222, 223, 225, 228, 238, 241, 253, 288, 290
bilinçdışı, bilinçsiz (unconscious), 8, 29, 39, 52, 85, 87, 88, 97, 100, 103, 104, 108, 111, 112, 120, 134, 147, 149, 174, 175, 182, 183, 197, 198, 199, 200, 202, 203, 204, 205, 207, 208, 209, 211, 213, 214, 215, 216, 217, 218, 219, 220, 221, 222, 223, 228, 239, 240, 241, 249, 252, 259, 260, 288, 280, 287, 290, 293, 294, 295, 296,

297, 298, 299, 300, 301, 303, 302, 305, 307, 308, 309
bilinçli durumlar (conscious states), 30, 85, 97, 108, 174, 178, 183, 184, 185, 186, 187, 189, 199, 201, 204, 205, 209, 210, 217, 219, 240, 243, 290
biliş (cognition), 26, 32, 119, 120, 245, 276, 280
bilişselcilik, 255, 258, 264, 276, 310
biyolojik doğacılık (biological naturalism), 147
Block, N., 6, 62, 63, 68, 69, 70, 120, 210, 255, 263, 264, 272, 313
Bloom, F. E., 254, 313
Boolos, G. S., 254, 313
Bourdieu, P., 228, 246, 313
Bruner, J., 318
Carston, R., 232
Changeux, J. P., 139, 140, 313
Chisholm, R., 57, 313
Chomsky, N., 42, 44, 251, 281, 305, 306, 307, 313, 319
Churchland, 19, 51, 73, 76, 94, 95, 314, 317
Church-Turing tezi, 258, 261
C-lifleri (C-fiber firings), 59
çevre, çevresi, (periphery of), 16, 127, 136, 148, 182, 184, 188
çıkarım (inference), 158, 200, 206, 215, 246, 288, 289, 293, 295
Çin odası (Chinese room), 72, 80, 255, 268

Darwin, 81, 290, 294
Davidson, 65, 316, 319
Davis, S., 232, 314
davranış, 22, 26, 32, 39, 52, 53, 55, 56, 58, 88, 90, 97, 101, 102, 103, 104, 107, 112, 136, 147, 208, 214, 215, 216, 249, 290, 291, 298, 303, 304, 306, 307
delil (Argument), 73, 74, 76, 91, 141, 157, 159, 170, 180, 181, 201, 231, 236, 256, 270, 283, 304
Dennett, D., 21, 22, 86, 118, 196, 271, 314
derin bilinçdışı kuralları (deep unconscious rules), 304, 305, 308
Descartes, 30, 53, 60, 71, 122
dilbilimsel (dilbilimsel), 193, 225, 234, 307
dil edinme araçları -DEA- (language acquisition device), 294, 297
donanım, 70, 251, 265, 274, 278, 281, 282, 290, 291, 295, 296, 297, 298, 299, 300, 308, 309
Dreyfus, H., 5, 19, 183, 261, 314
dualizm, 15, 17, 27, 45, 48, 61
düşünce dili (language of thought), 244, 248, 252, 257, 259, 280, 287, 290, 298, 299, 310
eleyici maddecilik (eliminative materialism), 20, 37, 73, 76, 77
eleyicilik (eliminativism), 310

Evrensel gramer (universal grammar), 252, 290, 304, 307, 308, 309
evrimsel biyoloji (evolutionary biology), 125
Feigenbaum, E. A., 255, 314
Feldman, J., 255, 314
Fodor, J., 5, 22, 62, 69, 79, 80, 89, 252, 257, 313, 315
Foucault, M., 246, 315
Freud, S., 197, 198, 199, 216, 217, 218, 219, 220, 223, 315
Galileo, 18, 122
Gazzaniga, M. S., 173, 315
Geach, P., 57, 315
Gestalt psikolojisi, 169
gizlilik (latency), 209, 222
Goel, V., 5, 267
Gopnik, A., 210
Görsel hafıza (memory iconic), 92, 104, 109
görüngüler (phenomena), 13, 14, 29, 33, 37, 38, 40, 41, 50, 56, 60, 77, 98, 101, 102, 113, 128, 142, 155, 167, 182, 200, 202, 220, 223, 225, 239, 240, 242, 249, 252, 268, 285, 286, 290, 292, 302, 310
Gösterge-gösterge (token-token), 20, 30, 50, 62
gözlemci bağıntılı (observer-relative), 284, 286
gözlemciye bağlı (observer-relative), 9, 10, 81, 268, 270, 273, 287
Grice, P., 67, 315
Griffin, 127, 315

Güçlü yapay zekâ (strong artificial intelligence), 21, 23, 34, 39, 71, 72, 73
halk psikolojisi (folk psychology), 18, 19, 73, 74, 75, 76, 89, 90, 91, 92, 93, 95
Hampshire, S., 57, 315
Hare, R.M., 11, 167, 315
Haugeland, J., 166, 272, 315, 316
Hayes, P., 210
Heidegger, M., 19, 183, 314
Hempel, C., 56, 316
hesaplama (computation), 10, 32, 252, 254, 257, 258, 264, 265, 267, 268, 269, 270, 277, 278, 281, 282, 283, 284, 285, 286, 287, 311
Hirstein, W., 237
Hobbs, J.R., 252, 316
Hogg, D., 320
Horgan, T., 89, 316
Hume, D., 178
Hutchinson, C., 320
iç gözlem (introspection), 55, 137, 145, 146, 186, 189, 195, 196
içsel, içkin (intrinsic), 8, 9, 10, 21, 26, 35, 58, 68, 70, 85, 97, 99, 112, 113, 114, 115, 116, 117, 118, 136, 138, 139, 171, 202, 203, 204, 217, 220, 255, 260, 266, 267, 268, 269, 270, 275, 282, 283, 285, 286, 287, 295, 305
içsel özellikler (intrinsic features), 269
imtiyazlı erişim (privileged access), 29

indirgemecilik (reductionism), 152
işlevsel açıklamalar (functional explanation), 265, 299, 301
işlevselcilik (functionalism), 21, 24, 37, 39, 68, 71, 73, 310
itiraz (objections to), 52, 56, 58, 63, 70, 80, 105, 147, 190, 210, 211, 221, 307
Jackendoff, R., 51, 198, 316
Jackson, F., 157, 158, 159, 316
James, W., 178, 183, 315
Jeffrey, R. C., 254, 313
Johnson, 71, 255, 263, 316
Johnson-Laird, P. N., 71, 255, 263, 316
Kant, E., 34, 145, 169, 173
kara kutu, 8, 69, 70
kendilik bilinci (self-consciousness), 119, 120, 186, 187, 188, 189, 190, 195
Kendilik bilinci, 189
kestirilemez, 151, 152, 156, 157
Kim, J., 166, 167, 168, 316
Kognitif bilim, 8, 251, 252, 260, 273, 274, 283, 285, 289, 303
Korsakov sendromu, 173
Kripke, S., 63, 64, 65, 157, 158, 235, 316, 317, 321
Kuffler, S.W., 110, 316
kurallar (rules), 242, 243, 246, 280, 281, 290, 301, 303, 304, 306, 308, 309, 310

kurucu ilkeler (constitutive principles), 94, 95
küçük insan, küçün insan niyetliliği (homunculus), 270, 271, 272, 273, 275, 279, 280, 282, 283, 286, 287, 294
Lashley, K., 197, 198, 316
Lazerson, A., 254, 313
Leibniz Yasası, 59, 79
Lettvin, J.Y., 277, 317
Lewis, D., 58, 67, 68, 317
Lisberger, S.G., 298, 300, 301, 317
literal, lafzî anlam (literal meaning), 114, 118, 225, 229, 230, 231, 232, 234, 235, 236
Lycan, W.G., 51, 64, 86, 94, 314, 317
Maddecilik, 47, 73, 77, 84, 85
makro, 124, 125, 168
mantıksal (logical), 52, 55, 56, 59, 60, 74, 98, 99, 102, 131, 154, 155, 175, 223, 245, 254, 256, 259, 261, 280, 289, 294, 304
Marr, D., 252, 271, 281, 282, 317
Maturana, H. R., 317
McCulloch, W. S., 277
McGinn, C., 15, 65, 144, 145, 314, 317
merkez (center), 182
mış gibi (as-if), 113, 114, 115, 116, 117, 118, 202, 203, 204, 222, 299, 309
mikro, 47, 124, 125, 152, 160, 164, 168, 211, 219
Minsky, M., 54, 318, 321
Moore, G.E., 167, 318

mümkün (contingent), 24, 25, 36, 40, 41, 51, 53, 54, 56, 59, 60, 64, 65, 74, 75, 93, 98, 100, 119, 124, 130, 133, 135, 137, 138, 141, 148, 156, 163, 175, 179, 180, 186, 193, 203, 205, 207, 208, 219, 226, 243, 244, 245, 247, 251, 267, 268, 270, 294, 304, 308
Nagel, T., 5, 15, 106, 140, 141, 142, 143, 144, 157, 158, 159, 318
nedensel açıklamalar (causal explanations), 140, 276, 278, 281, 286
nedensel ilişkiler, 20, 26, 39, 41, 67, 68, 69, 70, 78, 81, 101, 123, 143, 267, 300, 310
nedensellik, 14, 20, 35, 38, 39, 58, 79, 101, 121, 128, 168, 197, 275, 289, 300
Newell, A., 252, 254, 274, 281, 318
Nicholls, J.G., 110, 316
nitelik (property), 31, 45, 48, 61, 85, 126, 128, 130, 156, 159, 164, 184, 303
niyetli durumlar (intentional states), 81, 114, 115, 116, 175, 194, 200, 202, 203, 204, 205, 209, 210, 212, 217, 218, 226, 227, 239, 242, 292
niyetli duruş (intentional stance), 34, 37, 117
niyetli içerik (intentional content), 184, 213, 227, 236, 246
Niyetli içerik (intentional content), 303

niyetlilik (intentionality), 8, 9, 10, 14, 15, 72, 78, 81, 113, 114, 115, 117, 118, 121, 170, 171, 174, 175, 177, 185, 200, 202, 203, 209, 213, 215, 219, 222, 223, 225, 227, 228, 236, 238, 239, 242, 244, 249, 254, 274, 287, 289, 290, 292, 297, 299, 305, 309
Ogden, C. K., 58, 318
olgu karşıtı (counterfactuals), 253, 267, 283
olgular (facts), 8, 16, 27, 28, 49, 105, 137, 158, 161, 203, 206, 207, 209, 215, 243, 262, 266, 267, 273, 301, 302
Otterson, M. F., 117, 319
Özdeşlik teorisi (identity theory), 62, 63
öznellik (subjectivity), 14, 19, 25, 82, 86, 121, 133, 137, 138, 139, 143, 175, 177, 219, 289
Öznellik, 132, 133
Pavelko, T. A., 298, 317
Penfield, W., 149, 150, 316, 318
Penrose, R., W. H., 261, 318
Pitts, 317
Place, U. T., 31, 47, 59, 128, 318, 320
Postman, L., 180, 318
Putnam, H., 59, 62, 78, 318
Pylyshyn, Z. W., 255, 264, 270, 319
qualia, 37, 48, 52, 69, 80, 200
Quine, W. V. O., 22, 23, 212, 319

Ramsey cümlesi, 67
resimsel açıklama, 238
Rey, G., 21, 319
Richards, I. A., 58, 318
Rock, I., 5, 292, 293, 294, 319
Rorty, R., 19, 50, 190, 319
Rudermann, D., 117
Ryle, G., 11, 56, 315, 319
Sarna, S. K., 117, 319
Searle, J. R., 6, 8, 9, 11, 23, 31, 71, 72, 97, 115, 170, 175, 202, 213, 225, 228, 236, 247, 255, 256, 305, 316, 319, 320, 321
Segal, G., 260, 320
Shaffer, J., 60, 320
Sharpies, M., 320
Shepherd, G. M., 254, 321
Sher, G., 64, 321
Sistem özellikleri (system features), 151
Smart, J. J. C., 47, 49, 59, 60, 62, 63, 321
Smith, B., 187, 267, 313, 315, 321
Sober, E., 148, 321
sözdizimi (syntax), 255, 260, 265, 266, 267, 273, 281, 284, 286
Stevenson, J. T., 60, 321
Stich, S. P., 19, 32, 73, 89, 321
taklit (simulation), 56, 66
tanım (definition), 10, 44, 164, 265, 293, 295
tasvir etme, betimleme (description), 43, 61, 69, 86, 89, 108, 139, 173, 175, 192, 214, 247, 311
Taşma (owerflow), 181

temsil (representation), 17, 89, 113, 120, 148, 174, 202, 206, 234, 245, 246, 303
Torrence, S., 320
Turing testi, 40, 72, 88
Tür-tür (type-type), 27, 62, 64, 71
üçüncü şahıs, 22, 25, 33, 34, 37, 38, 87, 88, 103, 105, 109, 140, 157, 158, 207
Varlıkbilim (ontology), 38
Waldrop, M. M., 253, 321
Walk, R., 180, 318
Watson, J. B., 55, 58, 321
Weiskrantz, 120, 211, 239, 321
Williams, B., 54, 316, 321
Wittgenstein, L., 11, 26, 129, 146, 168, 177, 179, 191, 227, 228, 235, 316, 321
Woodward, 316
yangörüngücülük, 14
yanlış yorumlama (misinterpretation), 193, 194, 231
Yapay zekâ -bkz., güçlü yapay zekâ- (Artificial Intelligancy), 20, 22, 24, 33
yetiler, 181, 189, 209, 225, 226, 227, 229, 230, 240, 241, 242, 243, 245, 249, 256, 292, 306
Yinelemeli ayrışım (recursive decomposition), 273
yorum (interpretation), 194, 230, 231, 233, 268, 286
Young, 320
yönsel biçim (aspectual shape), 202, 203, 204, 205; 206, 207, 209, 211, 212, 216, 219, 305

yöntembilimsel (methodological), 43, 55
Zamansallık (temporality), 169, 177
zekâ, 24, 28, 32, 53, 54, 70, 71, 72, 84, 87, 89, 121, 131, 255, 258
zihinsel (mental), 7, 11, 13, 16, 17, 19, 20, 21, 22, 24-49, 50, 52, 55, 56, 58, 59, 61-70, 73, 74, 77-80, 82, 85, 88, 92, 97-105, 107, 110-115, 117, 121, 128, 130, 140, 142, 150, 155, 158, 159, 161, 162, 166-168, 187, 190, 191, 192, 194, 195, 197, 198, 200, 203-209, 211, 214-225, 239-241, 246, 249, 252, 253, 255, 257-259, 265, 280, 282, 287, 288, 290, 292, 294-296, 299, 301-303, 307, 309
zihinsel durumlar (mental states), 14, 16, 17, 19, 20, 22, 24, 25, 27, 29, 30, 33, 34, 36-39, 41, 48, 58, 59, 63, 64, 66, 68, 69, 73, 74, 77, 82, 101, 102, 103, 104, 107, 110, 112, 121, 128, 166, 187, 190, 191, 192, 195, 198, 201, 205, 207, 211, 214, 216, 217, 218, 219, 220, 223, 225, 239, 240, 246, 252, 257, 292, 295